Kohlhammer

David M. Carr

Einführung in das Alte Testament

Biblische Texte – imperiale Kontexte

Verlag W. Kohlhammer

Aus dem Englischen übersetzt von Monika Ottermann

Redaktion: Erhard S. Gerstenberger

Titel der englischen Originalausgabe:
David M. Carr, An Introduction to the Old Testament. Sacred Texts and Imperial Contexts of the Hebrew Bible

Umschlagabbildungen
Links: 4Q22, Paleo Exodus, Qumran: Ex 6,25–7,16 (Ausschnitt).
Photo Shai Halevi, Courtesy Israel Antiquities Authority
Rechts: Das Sanherib-Prisma.
© The Trustees of the British Museum

Übersetzt und veröffentlicht mit Genehmigung von Blackwell Publishing Limited
Alle Rechte vorbehalten
Für die deutsche Ausgabe:
© 2013 W. Kohlhammer GmbH Stuttgart
Satz: Andrea Siebert, Neuendettelsau
Umschlag: Gestaltungskonzept Peter Horlacher
Gesamtherstellung:
W. Kohlhammer Druckerei GmbH + Co. KG, Stuttgart
Printed in Germany

ISBN 978-3-17-021727-0

Inhalt

Boxenverzeichnis

B „Basisinformationen"-Box

Diese Boxen geben kurz gefasste Grundinformationen zu biblischen Büchern oder anderen größeren Texteinheiten, die in einem Kapitel besprochen werden. Dazu gehören ein Überblick über das Buch oder den Text, Informationen zu Abfassungszeit(en) und meist auch eine Übersicht über zentrale Themen der Auslegung des Buches oder Textes.

M „Methoden"-Box

Diese Boxen geben eine kurze Einführung in Methoden, die bei der Auslegung der Hebräischen Bibel benutzt werden. Sie stellen die Fragen vor, die eine Methode zu beantworten sucht, bieten Beispiele für die Anwendung der Methode und nennen einen Artikel oder ein Buch mit weiteren Informationen.

W „Weiterführende Informationen"-Box

Diese Boxen bieten weiterführende Informationen, die für eine breitere Diskussion relevant sind. Einige nennen die wichtigsten Daten einer bestimmten Geschichtsperiode, andere zeigen Textparallelen auf oder fassen Informationen zu einem Thema oder einer Frage zusammen, die Bezug zum Kapitel hat. Diese Informationen sind nicht fakultativ oder überflüssig, sondern heben Themen hervor, die besondere Aufmerksamkeit verdienen.

L „Lektüreempfehlungen“-Box

[„Lektüreempfehlungen“ (engl. Ausgabe „Reading“) werden in der dt.sprachigen Ausgabe mit „Übungen“ (engl. Ausgabe „Exercises“) in der Box [L] zusammengefasst (d. Übers.).]

Vorwort

Die Bücher der Hebräischen Bibel sind im Verlauf der Geschichte Israels und Judas entstanden und dann in jüdischer und christlicher Tradition unterschiedlich ausgelegt worden. Mein Buch soll Studierende in ihre Entstehungs- und Interpretationsgeschichte einführen. Ein herausragendes Thema ist auf der ganzen Linie die Frage, wie die biblischen Schriften sich jeweils mit den vergangenen oder zeitnahen Großreichen des Alten Orients auseinandergesetzt haben. Studierenden und Lehrenden mag es zunächst verwirrend erscheinen, dass ich nicht mit dem 1. Buch Mose beginne und dann die biblischen Bücher der Reihe nach abhandle. Die anfangs vorgestellten Abschnitte geben der Bibel, wie sie sie kennen, ein ganz anderes Gesicht. Weiter bietet meine Einführung Ergebnisse der jüngeren und jüngsten Pentateuchforschung, mit denen Studierende und auch manche Lehrende möglicherweise noch nicht vertraut sind. Aufgrund eigener Erfahrungen kann ich jedoch sagen, dass sich die Entwicklung biblischer Texte am besten verstehen lässt, wenn man sie von der Geschichte ihrer Entstehung her angeht. Das bestätigen auch Kolleginnen und Kollegen, die mit diesem Ansatz arbeiten. Am Ende sollten Studierende in manchen Passagen der Bibel, die sie vorher übersehen haben, einen guten Sinn entdecken. Sie werden auch merken, dass die Dynamik des biblischen Wortes zum großen Teil in seiner Fähigkeit liegt, über die Ursprungssituationen hinaus zu wirken. Am Ende jedes Kapitels werden brennpunktartig Abschnitte in jüdischer und christlicher Sicht dargestellt. Die Studierenden werden daran erspüren können, wie verschiedene Glaubensgemeinschaften die Heiligen Schriften kreativ, geistbeschwingt und manchmal todesmutig verwendeten, um ihrem eigenen Leben Richtung und Sinn zu geben.

Beim Schreiben dieser Einführung haben viele Menschen mitgeholfen, in allererster Linie meine Frau, Colleen Conway (Professorin für Neues Testament an der Seton Hall University, South Orange, New Jersey). Ältere Fassungen der hier vorgelegten Kapitel wurden ursprünglich für eine gemeinsame Einführung in das Alte und Neue Testament verfasst, deren Koautorin sie ist: *Introduction to the Bible: Sacred Texts and Imperial Contexts* (ebenso wie das englische Original des vorliegenden Buches bei Wiley-Blackwell erschienen). Daher hat sie die unterschiedlichen Fassungen gelesen, in ihren Vorlesungen benutzt und viel zu ihrer Verbesserung beigetragen. Die Kollegen Benjamin Sommer, Kent Reynolds, Mark Smith und Marvin Sweeney haben weit mehr getan, als ich von ihnen erwarten durfte, indem sie Teile des Manuskriptes, die in ihr jeweiliges Fachgebiet gehören, gelesen und mit Vorschlägen begleitet haben. Nicht alle von ihnen vorgeschlagenen Verbesserungen habe ich in den Text eingearbeitet – sie hatten sich auch nur Teile der Manuskriptentwürfe vorgenommen –, aber mit ihrer freundlichen Hilfe ist dieses Buch sehr viel besser geworden. Auch haben meine Studierenden der beiden letzten Jahre ältere Fassungen dieses Buches gelesen und Korrekturen vorgeschlagen. Zahlreiche Verbesserungen verdanke ich den Studierenden und AssistentInnen Mary Ellen Kris, Candice Olson, Lizzie Berne-DeGear, Laurel Koepf, Meagan Manas und Todd Kennedy. Herzlichen Dank an sie alle für die großzügige Unterstützung dieses Projektes.

Die verwendeten Datierungen folgen dem Bibelatlas von Anson Rainey und Steven Notley, *The Sacred Bridge: Carta's Atlas of the Biblical World* (Jerusalem: Carta, 2005). In vielen Fällen sind die genauen Daten unsicher, aber Rainey und Notley bieten ein solides und aktualisiertes System, das für eine Einführung bestens geeignet ist. Wenn nicht anders angegeben, habe ich die zitierten hebräischen Texte selbst übersetzt. [Gilt nur für das englische Original, Anm. E.G.]

Wie bei allen Studienbüchern, vor allem bei Erstausgaben, bleibt viel Raum für Verbesserungen. Mir ist völlig klar: Praktisch alles, was ich hier geschrieben habe, könnte mehrfach mit Fußnoten versehen, näher erklärt und unter weiteren Gesichtspunkten dargestellt werden. In einigen Fällen, zum Beispiel bei der Behandlung der Quellenkritik zum Pentateuch, gebe ich bewusst einen kurzen Überblick auch über sonstige Perspektiven, die Studierende in der Literatur antreffen können. Die Berücksichtigung sämtlicher alternativen Theorien hätte jedoch aus dieser Veröffentlichung ein völlig anderes Buch gemacht, vor allem ein Buch, das viel weniger geeignet wäre, Studierende in das wissenschaftliche Studium der Bibel einzuführen. Die vorliegende Einführung bietet einen (unter möglichen anderen) Gesamtüberblick über die Hebräische Bibel, den Studierende im Laufe ihrer Ausbildung dann ergänzen, verbessern und erweitern können. Ich bin also offen für Korrekturen und Vorschläge, die bei einer Neuauflage dieses Buches seine Qualität mehren.

David Carr
New York

Vorwort zur deutschsprachigen Ausgabe

David Carr ist ein in den USA (und darüber hinaus) bekannter Alttestamentler. Es lohnt sich, seine Schriften auch im deutschen Sprachraum zur Hand zu haben. Er hat sein Studium an der Emory University in Atlanta, GA, absolviert und an der Claremont Graduate School promoviert. Seit 1999 lehrt er als Nachfolger von Phyllis Trible am New Yorker Union Theological Seminary. Was zeichnet seine Einführung in das Alte Testament vor anderen aus? Vor allem dies: Carr stellt die hebräischen Schriften konsequent in die geistige und politische Geschichte des Vorderen Orients hinein. Der biblische Kanon ist nicht vom Himmel gefallen, sondern über Jahrhunderte hin gewachsen, und nicht immer planvoll gestaltet worden. Eine besondere Sichtweise ergibt sich aus dieser geschichtlichen Kontextualität: Weil die hebräische Bibel erst spät (6. bis 4. Jh. v. Chr.) zur Vollendung kam, haben sich in ihr die traumatisierenden Ereignisse von Deportation und Fremdbestimmung stark niedergeschlagen. Die Traumaforschung von AlttestamentlerInnen steht in den USA (auch dank David Carr) zur Zeit hoch im Kurs. Das ist richtig so, denn unsere Gegenwart wird von Migrationsströmen geradezu erschüttert. Das weckt Verständnis für die antiken Judäer, die ins Exil getrieben wurden und dann an ihrem heiligen Buch arbeiteten. (Warum ist eigentlich eine solche Perspektive deutschen Alttestamentlern der Nachkriegszeit nie aufgegangen?) Gekonnt stellt Carr Textgattungen des AT beispielhaft in ihrer Genese dar und lässt so Studierende teilnehmen am Entstehungsprozess des gesamten Kanons. Das pädagogische Geschick ist ein dritter Pluspunkt für Carrs Einführung. Sie sei daher ganz besonders auch allen Erstsemestrigen empfohlen. – Ich selbst habe das Buch mit großem Gewinn gelesen. Meine Mitarbeit hat sich auf den Abschnitt über Bibelübersetzungen (anstelle der englischen Editionen wurden für das deutschsprachige Publikum deutsche Ausgaben eingefügt), einige Basis- und Methoden-Boxen und auf die redaktionelle Durchsicht des Textes konzentriert.

Gießen, August 2012 Erhard S. Gerstenberger

Überblick über die Geschichtsperioden

Die Tabelle verzeichnet die wichtigsten Geschichtsabschnitte und die zugehörigen, im Buch besprochenen Bibeltexte

Daten	1250–1000 v. Chr. (13.–11. Jh.)	1000–930 v. Chr. (10. Jh.)	930–800 v. Chr. (10.–9. Jh.)	800–700 v. Chr. (8. Jh.)	700–586 v. Chr. (7. Jh. und Beginn des 6. Jh.s)	586–538 v. Chr. (6. Jh.)	538–332 v. Chr. (6.–4. Jh.)	332–63 v. Chr. (4.–1. Jh.)
Kapitel	2	3 und 4	5	5 und 6	7 und 8	9 und 10	11 und 12	12 und 13
Wichtigste Ereignisse (in zeitlicher Reihenfolge)	Ausbreitung von Dörfern im Hügelland Entstehung des „Israels" der Stämme Häuptlingschaft Sauls	Entstehung des davidischen Königtums Eroberung Jerusalems als Hauptstadt von Juda und Israel David und Salomo	Entstehung des Nordreiches „Israel" Aufstieg und Niedergang der Omridendynastie	Kontrolle und Zerstörung des Nordreiches „Israel" durch Assyrien Kontrolle Judas durch Assyrien	Endgültiger Niedergang der assyrischen Vorherrschaft Inszenierung der „Reform des Joschija" Niedergang Judas und Kontrolle durch Babylonien Erste Deportation nach Babylonien	Zerstörung Jerusalems und seines Tempels Zweite und dritte Deportation der Oberschicht nach Babylonien	Sieg der Perser, Rückwanderungswellen, Wiederaufbau des Tempels Wiederaufbau der Mauer unter Nehemia Verstoßung ausländischer Frauen unter Esra und Einsetzung der Tora	Hellenistische Herrschaft Hellenisierungskrise Hasmonäerreich
Wichtigste Schriften (und mündliche Traditionen)	(Keine Schriften, aber mündliche Traditionen über den Exodus und Trickster-Vorfahren)	Königs- und Zionspsalmen Sprichwörter Urgeschichte nach J ? Bundesbuch ? Hohelied ? Kohelet	Jakobsgeschichte Josefsgeschichte Exodus- und Wüstenerzählungen Deboralied	Prophetien über das Nordreich: Amos und Hosea Prophetien über das Südreich: Micha und Jesaja	Erste Ausgabe des Deuteronomistischen Geschichtswerkes (Dtn – 2 Kön), nur vom Deuteronomium bis zur Reform des Joschija Nahum Zefanja Erste Prophetien Jeremias	Exilsausgabe des Deuteronomistischen Geschichtswerkes Klagelieder Ezechiel und Deuterojesaja Schöpfungsgeschichte für Israel nach L Gegen-Schöpfungsgeschichte für Israel nach P	Haggai Sacharja Memoiren des Nehemia Erzählung des Tempelwiederaufbaus / des Esra Tritojesaja Pentateuch aus L und P Psalter	Älteste Teile des Buches Henoch Jesus Sirach Esra-Nehemia Ester 1–2 Chronik Daniel
Wichtigste neue Ideen und Themen	Erwählungstheologie	Königs- / Zionstheologie			Ausschließlicher Jahwekult (vorübergehend) von Joschija erzwungen	Monotheismus	Dualer Fokus: Tempel und Tora	Judentum

Zeittafel

Wichtige Texte (oder mündliche Traditionen) sind durch **Fettdruck** hervorgehoben.

v. Chr.	**Süden** (Juda)	**Norden** („Israel" im engeren Sinne)
1300	(Niedergang der ägyptischen Kontrolle über Kanaan)	
		Ausbreitung von Dörfern im palästinischen Bergland
		Erwähnung „Israels" auf der Merneptah-Stele
1200		Kämpfe zwischen Israeliten des Berglandes und Nachbarn
		Mündliche Exodustraditionen
		Mündliche Ahnentraditionen
1100		**Mündliche Siegestraditionen**
	„Häuptlingschaft" Sauls	
	David (Hebron, 1010–1002)	
1000	David (Jerusalem, 1002–970)	
	Königspsalmen, Zionspsalmen	
	Salomo (Jerusalem, 970–930)	
	Sprichwörtersammlungen	
	Urgeschichte nach J	
	? Bundesbuch, ? Hohelied	
	? Kohelet	
	Rehabeam (Jerusalem)	Jerobeam gründet das Königtum im Norden
		Jakobs-Erzählung
		Josefs-Erzählung
		Exodus-Erzählung
		(schriftliches) Deboralied
		Omridendynastie (880–841)
		Staatsstreich des Jehu (841)
800		
		Jerobeam II. (782–753)
		Amos
	Jesaja (frühe Prophetien)	Beginn der assyrischen Kontrolle über Israel (745)
	Syrisch-Efraimitischer Krieg (735–734)	**Hosea**
	Assyrische Kontrolle über Juda (734–)	
	Micha, Jesaja (spätere Prophetien)	
		Zerstörung Israels durch die Assyrer (722)
	Hiskija (715–686)	
	Aufstand und Reform Hiskijas (705)	
700	Angriff und mysteriöser Rückzug Sanheribs (701)	
	Manasse (686–642)	
	Amon (642–640)	(Niedergang der assyrischen Macht)
	Joschija (640–609)	
	Zefanja	
	Reform des Joschija	
	Joschijanische Ausgabe des Deuteronomistischen Geschichtswerkes	
		(Untergang Ninives, der assyrischen Hauptstadt)
	Nahum	
	Jeremia	
	Babylonische Kontrolle über Juda	

600 Erste Deportation nach Babylon (597)
Frühe Prophetien Ezechiels
Laienschrift (Nichtpriesterschrift) des Pentateuchs
Zerstörung Jerusalems und zweite Deportation (586)
Klagelieder und Psalm 137
Spätere Prophetie Ezechiels
Dritte Deportation (582)
Exilsausgabe des Deuteronomistischen Geschichtswerkes
Laienschrift des Pentateuchs
(Einarbeitung überarbeiteter Formen von:
Urgeschichte nach J, Jakob-Josefs-Geschichte,
Mosegeschichte, Deuteronomium)
Priesterschrift des Pentateuchs
Deuterojesaja
Persische Eroberung des Babylonischen Großreiches (539)
Erste Rückwanderungswelle (538)
Weitere Rückwanderungswelle, Beginn des Wiederaufbaus des Tempels
Weitere Rückwanderungswelle mit Serubbabel, Abschluss des Wiederaufbaus des Tempels (520–515)
Haggai und Sacharja (1–9)
500
Rückkehr und Regierung Nehemias (445–425)
(Wiederaufbau der Stadtmauer, Reinigung der Priesterschaft)
Memoiren des Nehemia
400 Rückkehr mit Esra, Verstoßung ausländischer Frauen, Einsetzung der Tora (397–)
Kombinierter Pentateuch (aus L und P)
Tempelwiederaufbau / Esra-Erzählung
Tritojesaja
Psalter
Griechische Eroberung des Persischen Großreiches (332)

300 (Wechselnde Kontrolle Palästinas durch die griechischen Ptolemäer [Ägypten] und Seleukiden [Mesopotamien] 332–142)
Älteste Teile des Buches Henoch

1–2 Chronik

Weisheit des Jesus Sirach

200

Jason erwirbt das Hohepriesteramt, Versuch der Hellenisierung Jerusalems (174)

Menelaus erwirbt das Hohepriesteramt (171), jüdischer Aufstand gegen ihn

Daniel

Maßnahmen Antiochus' IV. zur Abschaffung des Tora-treuen Judentums und Beginn des von den Hasmonäern geleiteten Aufstandes gegen die hellenistische Oberherrschaft (167–)
Reinigung und Wiedereinweihung des Tempels (164)

Unabhängigkeit und Hasmonäerherrschaft (142–63)

Esra-Nehemia

Ester

100

Römische Machtübernahme in Palästina (63)

n. Chr.

Zerstörung des Zweiten Tempels (70)

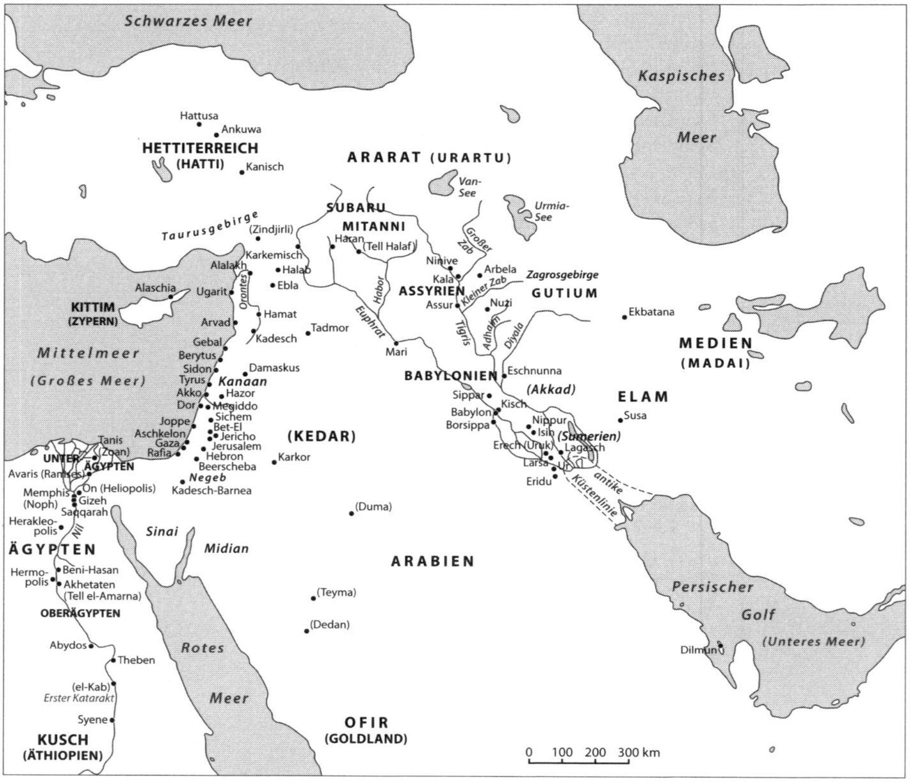

Karte 0.1 Der Alte Orient. Nachzeichnung nach CURTIS, Adrian (Hrsg.). *Oxford Bible Atlas*. Oxford / New York: Oxford University Press, [4]2007, S. 67.

Einleitung: Vorstellung verschiedener Bibeln und Übersetzungen

Dieses einleitende Kapitel soll folgende Fragen beantworten: „Wo liegen die größten Unterschiede zwischen den Heiligen Schriften von Judentum, Christentum und Islam?" und „Was ist bei der Wahl einer zeitgemäßen Bibelübersetzung zu bedenken?" Am Ende des Kapitels sollte klar sein, welche Unterschiede es bei den Heiligen Schriften des Judentums und des Christentums gibt und in welchem Verhältnis der Koran zu diesen Schriften steht. Das Kapitel informiert außerdem über die Fortschritte in der Bibelübersetzung seit der deutschen Bibelübersetzung Luthers 1522, über die Erforschung unterschiedlicher Lesarten in alten Bibelhandschriften, über die „Textkritik" und die Kenntnis alter Sprachen.

L Vergleichen Sie mit Hilfe von „Anhang 1" dieses Kapitels die unterschiedlichen Übersetzungen und freieren Übertragungen von Jes 52,13–15. Wählen Sie zwei beliebige Seiten der von Ihnen benutzten Bibelausgabe und notieren Sie – mit Hilfe der in diesem Kapitel gegebenen Informationen –, was nicht zum eigentlichen Text der Bibel gehört.

Die unterschiedlichen Schriften des Judentums und des Christentums

Zuerst müssen wir uns mit den unterschiedlichen Formen des Alten Testaments / der Hebräischen Bibel vertraut machen, die von den einzelnen Glaubensgemeinschaften anerkannt werden. Diese Formen werden jeweils als **„Kanon"** der Bibel bezeichnet, wobei **„Kanon"** eine Sammlung von Büchern meint, die von den betreffenden Religionsgemeinschaften als göttlich inspirierte Schriften angesehen werden. Diese Bücher werden als **„kanonisch"** anerkannt.

Das Judentum nennt seine Heiligen Schriften **„TaNaK"** (oder **„Tanach"**). Diese Bezeichnung setzt sich aus den Anfangsbuchstaben der drei Hauptteile der jüdischen Bibel zusammen: ***Tora*** (Genesis, Exodus, Levitikus, Numeri, Deuteronomium), *Neviim* („Propheten") und *Ketuvim* („Schriften"). Die Box auf S. 21 bietet einen Überblick über die Inhalte dieser drei Hauptteile. Die Tora, auch **Pentateuch** genannt, ist das Herzstück des jüdischen Tanach, während die Propheten und Schriften als Kommentare zu ihr verstanden werden. Wegen der großen Bedeutung von Tempel und Reinheit für das Judentum endet der Tanach am Ende von 2 Chr mit dem Kyros-Edikt, das den Wiederaufbau des Tempels gestattet. Das jüdische Volk schaut voll Hoffnung dem Wiederaufbau des Tempels entgegen, der das Kommen des Messias begleiten soll.

Die christliche Version dieser Heiligen Schriften, das ***Alte Testament*** (AT), unterscheidet sich in der Anordnung grundlegend vom jüdischen Tanach. Protestantische Bibeln enthalten zwar dieselben Bücher wie der Tanach, aber in anderer Reihenfolge. Genau wie die jüdische Bibel beginnt auch das protestantische „Alte Testament" mit den Büchern Genesis, Exodus, Levitikus, Numeri, Deuteronomium. Es folgen die Bücher Josua bis zum Zweiten Buch der Könige [Rut steht hinter Richter], sodann die parallele Geschichtsschreibung im Ersten und Zweiten Buch der Chronik und in Esra und Nehemia. Die restlichen Bücher des AT sind nach ihren herkömmlichen Verfassern geordnet, angefangen von Ijob (einem frühen edomitischen Weisen), über Psalmen (herkömmlicher Verfasser: David), Sprichwörter, Kohelet und Hohelied (herkömmlicher Verfasser: Salomo) bis zu den Großen Propheten (Jesaja, Jeremia, Ezechiel) und schließlich den Kleinen Propheten (Hosea usw.). Wie beim Tanach ist auch beim christlichen Alten Testament der Abschluss aufschlussreich:

W Inhalt der Hebräischen Bibel / des Tanachs / des Alten Testaments

Jüdischer Tanach	Protestantisches AT	Römisch-katholisches AT (*kursiv* = nicht im Tanach)	Orthodoxes AT (*kursiv* = nicht im Tanach)
Tora Genesis, Exodus, Levitikus, Numeri, Deuteronomium	**(Pentateuch)** Genesis, Exodus, Levitikus, Numeri, Deuteronomium (= 1–5 Mose)	**(Pentateuch)** Genesis, Exodus, Levitikus, Numeri, Deuteronomium	**(Pentateuch)** Genesis, Exodus, Levitikus, Numeri, Deuteronomium
Propheten (*Neviim*) *Vordere Propheten* Josua, Richter 1–2 Samuel 1–2 Könige *Hintere Propheten* *Große Propheten* Jesaja Jeremia Ezechiel	**(Geschichtsbücher)** Josua, Richter Rut 1–2 Samuel 1–2 Könige 1–2 Chronik Esra-Nehemia Ester	**(Geschichtsbücher)** Josua, Richter Rut 1–2 Samuel 1–2 Könige 1–2 Chronik Esra-Nehemia *Tobit* *Judit* Ester (*mit Zusätzen*) *1–2 Makkabäer*	**(Geschichtsbücher)** Josua, Richter Rut 1–2 Samuel 1–2 Könige 1–2 Chronik Esra-Nehemia *1 Esra (2 Esra in der Russisch-Orthodoxen Kirche)* *Tobit* *Judit* Ester (*mit Zusätzen*) *1–3 Makkabäer*
Kleine Propheten / Zwölfprophetenbuch Hosea, Joël, Amos, Obadja, Jona, Micha, Nahum, Habakuk, Zefanja, Haggai, Sacharja, Maleachi	**(Poetische Bücher)** Ijob Psalmen Sprichwörter Kohelet Hohelied	**(Poetische Bücher)** Ijob Psalmen Sprichwörter Kohelet Hohelied *Weisheit* *Jesus Sirach*	**(Poetische Bücher)** Ijob Psalmen (*mit Psalm 151*) Sprichwörter Kohelet Hohelied *Weisheit* *Jesus Sirach*
Schriften (*Ketuvim*) Psalmen Sprichwörter Ijob *Fünf Festrollen* Hohelied Rut Klagelieder Kohelet Ester Daniel Esra-Nehemia 1–2 Chronik	**(Propheten)** Jesaja Jeremia Klagelieder Ezechiel Daniel Hosea, Joël, Amos, Obadja, Jona, Micha, Nahum, Habakuk, Zefanja, Haggai, Sacharja, Maleachi	**(Propheten)** Jesaja Jeremia Klagelieder *Baruch* *Brief des Jeremia* Ezechiel Daniel (*mit Zusätzen*) Hosea, Joël, Amos, Obadja, Jona, Micha, Nahum, Habakuk, Zefanja, Haggai, Sacharja, Maleachi	**(Propheten)** Jesaja Jeremia Klagelieder *Baruch* *Brief des Jeremia* Ezechiel Daniel (*mit Zusätzen*) Hosea, Joël, Amos, Obadja, Jona, Micha, Nahum, Habakuk, Zefanja, Haggai, Sacharja, Maleachi *4 Makkabäer (Anhang)*

Es endet mit dem letzten Kapitel des Propheten Maleachi, einer Weissagung über einen zweiten Elija (oder: den wiederkommenden Elija; Mal 3,22). Dieser Abschluss leitet unmittelbar über zum ersten Buch der Neuen Testaments (NT), dem Evangelium nach Matthäus, das das Kommen von Johannes dem Täufer beschreibt, der wie Elija gekleidet ist und das Kommen Jesu verkündet (Mt 3,1–6).

Andere christliche Religionsgemeinschaften haben ihrem „Alten Testament" eine ähnliche Anordnung gegeben, erkennen in ihm aber zusätzliche Bücher an, die nicht zu den jüdischen und protestantischen Heiligen Schriften gehören. Zum Beispiel schließt die römisch-katholische Kirche Bücher wie 1 und 2 Makkabäer, Jesus Sirach und das Buch der Weisheit ein. Die äthiopische Kirche erkennt das Buch Henoch als Teil des Alten Testaments an, ähnlich betrachten einzelne orthodoxe Religionsgemeinschaften nur sich gering unterscheidende zusätzliche Bücher als kanonisch. Für die römisch-katholische Kirche sind solche Bücher **„deuterokanonisch"**, was bedeutet, dass sie zu einem „zweiten Kanon" zählen. Für Protestanten sind diese Bücher, die nicht zum jüdischen Tanach gehören, nicht wirkliche Heilige Schriften, sondern „Apokryphen" („verborgene Bücher"). Ich werde diese Bücher in meiner Einführung nicht übergehen, aber es ist auch nicht möglich, sie ausführlich zu besprechen. Doch sollen Jesus Sirach, das Buch Henoch und die beiden Makkabäerbücher in knapper Form exemplarisch besprochen werden.

„Hebräische Bibel" ist eine weitere Bezeichnung für die dem Judentum und Christentum gemeinsamen Heiligen Schriften. „Hebräische Bibel" vermeidet abwertende Untertöne, die der Bezeichnung „Altes Testament" anhaften: Das Christentum hat lange mit der Tendenz einer **„Ersatztheologie"** [Supersessionismus] gekämpft – der Vorstellung, dass das Christentum und die christliche Kirche das Judentum und das Volk Israel überholt und somit ersetzt haben. Christen, die diese Vorstellung vertreten, betrachten das Alte Testament als „veraltet" und (durch das Neue Testament) ersetzt. Sie sehen in ihm das überholte Buch des „Gesetzes", im Gegensatz zum Neuen Testament, das ihnen als wahrhaft heiliges Schriftwort über Jesus, Liebe und Gnade gilt. Solche Vorstellungen zeigen einen Mangel an ernsthafter Beschäftigung mit dem Alten wie auch mit dem Neuen Testament, sie sind aber weit verbreitet und haben beträchtlichen Einfluss. Daher vermeiden viele den Ausdruck „Altes Testament" wegen seiner möglichen Implikationen einer Ersatztheologie und bevorzugen stattdessen „Hebräische Bibel" oder „Erstes Testament". Andere finden diese Bezeichnungen eigenartig oder auch ungenau (zum Beispiel sind mehrere Kapitel des Tanach / des Alten Testaments nicht in Hebräisch, sondern in Aramäisch geschrieben). Sie bleiben lieber bei der christlichen Bezeichnung „Altes Testament", betonen aber das traditionelle Verständnis von „alt" im Sinne von etwas Gutem und nicht das heutige überwiegend vorzufindende Verständnis im Sinne von etwas Veraltetem.

Für die wissenschaftliche Beschäftigung mit der Bibel sind die Bedeutung der unterschiedlichen Bezeichnungen (Tanach / Altes Testament / Hebräische Bibel) und die Unterschiede im Inhalt und in der Anordnung dieser sonst sehr ähnlichen Sammlungen wichtig. Die Differenzen zeigen, dass die gleichen heiligen Bücher das Gut von unterschiedlichen Glaubensgemeinschaften geworden sind. Für den Islam steht die Autorität der jüdischen und christlichen Bibeln unter der des **Korans**, der sein zentraler Heiliger Text ist. Nach muslimischem Glauben enthält der Koran Offenbarungen in reiner Form über den einen wahren Gott, Allah (das arabische Wort für „der Gott"), während diese Offenbarungen im jüdischen Tanach und im christlichen Alten und Neuen Testament in weniger reiner Form enthalten seien. Der Koran unterscheidet sich stark vom Tanach / Alten Testament und enthält eine Sammlung arabischer Dichtungen, die dem Propheten Mohammed zugeschrieben werden. Der Koran ist kein paralleles „Altes Testament" oder ein paralleler „Tanach". Dennoch reflektieren einige Korantexte nachbiblische jüdische Traditionen zur Geschichte bis hin zu Mose; andere muslimische Traditionen haben eigene Erzählungen über Adam, Abraham, Ismael, Josef und weitere biblische Figuren bis hin zu Mose entwickelt. So bildet der Islam, Seite an Seite mit dem Judentum und dem Christentum, einen anderen Strang der Rezeptions- und Auslegungsgeschichte der Heiligen Schriften.

Wir sehen also, dass es keine eine „Bibel" und kein einheitliches „Altes Testament" gibt, das Judentum und Christentum gemeinsam wäre, und erst recht nicht Judentum, Christentum und Islam. Obwohl sich die Inhalte des jüdischen Tanachs und des christlichen Alten Testaments weitgehend überschneiden, gibt es bedeutende Unterschiede in der Anordnung und (gelegentlich) auch im Inhalt. Dies ist ein erster Hinweis darauf, wie unterschiedlich Christen und Juden die ihnen gemeinsamen Texte behandeln und auslegen. Außerdem geht dieser Unterschiedlichkeit der jüdischen und christlichen Bibeln eine Vielfalt von Perspektiven und Stimmen voraus, die in den Hebräischen Schriften selbst enthalten sind. Auf diesen Sachverhalt werden wir in den folgenden Kapiteln auch in Texten stoßen, die zu verschiedenen Zeiten geschrieben wurden, aber auch in Texten, die verschiedene Perspektiven auf gleiche Sachverhalte aufweisen.

Grundlegendes zu Bibelübersetzungen

Bei Bibelübersetzungen sind einige wichtige Punkte zu beachten, um sachgerecht mit ihnen umgehen zu können.

Als erstes ist zu bedenken, dass jede Übersetzung zahlreiche Sachentscheidungen über den hebräischen, griechischen oder (in einigen wenigen Fällen) aramäischen Text erfordert. Bei nicht wenigen Textstellen ist die Bedeutung einzelner Wörter unsicher, ferner ist es unmöglich, die biblischen Sprachen exakt ins Deutsche (oder in andere moderne Sprachen) zu übersetzen. Ferner besitzen wir kein einziges biblisches Buch in Originalhandschrift, außerdem variieren die existierenden Handschriften untereinander in vielen Punkten. So müssen Wissenschaftler überall da, wo Handschriften voneinander abweichen, die **Textkritik** anwenden, um sich für den bestmöglichen hebräischen oder griechischen Text zu entscheiden. Glücklicherweise wurden in den letzten Jahrhunderten viele alte Handschriften entdeckt; in ihnen enthaltene Abschreibfehler oder andere Änderungen können fast ausnahmslos identifiziert werden. Und schließlich sind unsere Kenntnisse der biblischen Sprachen immens gewachsen.

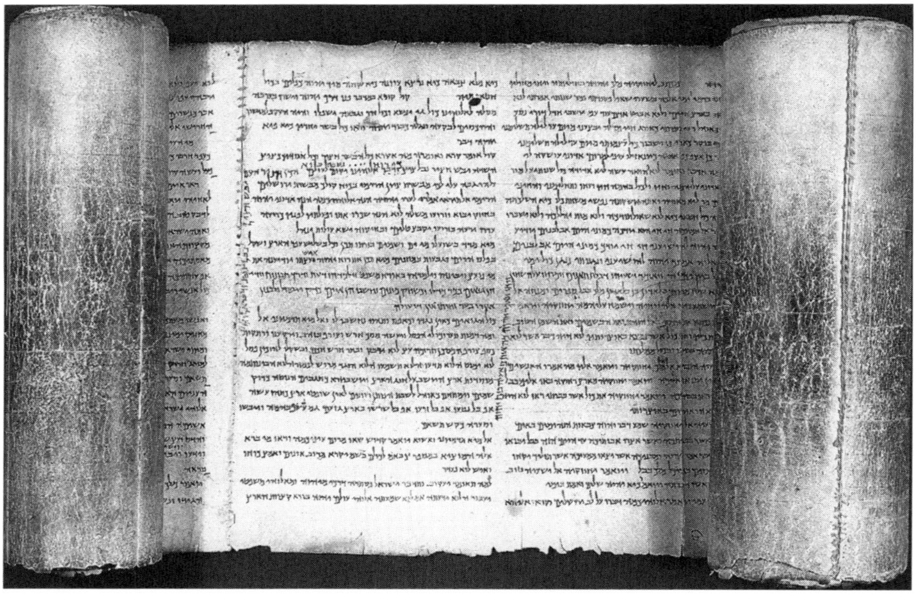

Abb. 0.1 Eine der ältesten erhaltenen Handschriften des Buches Jesaja, vom Anfang des 1. Jh.s v. Chr. Die Buchstaben auf dem Pergament „hängen" an Oberlinien, und der Schreiber hat in der Mitte einen Vers eingefügt.

Abb. 0.2 Wissenschaftliche („kritische") Ausgabe des in Abb. 0.1. wiedergegebenen Textes. Im Unterschied zur Handschrift gibt sie Kapitel und Verse an, sowie im „Apparat" wissenschaftliche Fußnoten über hebräische Lesarten, die von der auf der Seite präsentierten Lesart abweichen.

734 ישעיהו 39,3—40,6

וַיַּרְאֵם אֶת־[a]בֵּית נְכֹתֹה אֶת־הַכֶּסֶף וְאֶת־הַזָּהָב וְאֶת־הַבְּשָׂמִים וְאֵת |
הַשֶּׁמֶן הַטּוֹב וְאֵת כָּל־[b]בֵּית כֵּלָיו וְאֵת כָּל־אֲשֶׁר נִמְצָא בְּאֹצְרֹתָיו
לֹא־הָיָה דָבָר אֲשֶׁר לֹא־הֶרְאָם חִזְקִיָּהוּ בְּבֵיתוֹ וּבְכָל־מֶמְשַׁלְתּוֹ׃
3 וַיָּבֹא יְשַׁעְיָהוּ הַנָּבִיא אֶל־הַמֶּלֶךְ חִזְקִיָּהוּ וַיֹּאמֶר אֵלָיו מָה אָמְרוּ | 3
הָאֲנָשִׁים הָאֵלֶּה וּמֵאַיִן יָבֹאוּ אֵלֶיךָ וַיֹּאמֶר חִזְקִיָּהוּ מֵאֶרֶץ רְחוֹקָה
4 בָּאוּ אֵלַי מִבָּבֶל׃ 4 וַיֹּאמֶר מָה רָאוּ בְּבֵיתֶךָ וַיֹּאמֶר חִזְקִיָּהוּ אֵת כָּל־
אֲשֶׁר בְּבֵיתִי רָאוּ לֹא־הָיָה דָבָר אֲשֶׁר לֹא־הִרְאִיתִים בְּאוֹצְרֹתָי׃
5 6 5 וַיֹּאמֶר יְשַׁעְיָהוּ אֶל־חִזְקִיָּהוּ שְׁמַע דְּבַר־יְהוָה צְבָאוֹת׃ 6 הִנֵּה יָמִים
בָּאִים וְנִשָּׂא | כָּל־אֲשֶׁר בְּבֵיתֶךָ וַאֲשֶׁר אָצְרוּ אֲבֹתֶיךָ עַד־הַיּוֹם הַזֶּה
7 בָּבֶל לֹא־יִוָּתֵר דָּבָר אָמַר יְהוָה׃ 7 וּמִבָּנֶיךָ אֲשֶׁר יֵצְאוּ מִמְּךָ[a] אֲשֶׁר
8 תּוֹלִיד יִקָּחוּ וְהָיוּ סָרִיסִים בְּהֵיכַל מֶלֶךְ בָּבֶל׃ 8 וַיֹּאמֶר חִזְקִיָּהוּ אֶל־
יְשַׁעְיָהוּ טוֹב דְּבַר־יְהוָה אֲשֶׁר דִּבַּרְתָּ [a]וַיֹּאמֶר כִּי יִהְיֶה שָׁלוֹם וֶאֱמֶת
בְּיָמָי[a]׃ פ

40 1 נַחֲמוּ נַחֲמוּ עַמִּי יֹאמַר אֱלֹהֵיכֶם׃
2 דַּבְּרוּ עַל־לֵב יְרוּשָׁלַםִ וְקִרְאוּ אֵלֶיהָ
כִּי מָלְאָה[a] צְבָאָהּ כִּי נִרְצָה עֲוֺנָהּ
כִּי לָקְחָה מִיַּד יְהוָה כִּפְלַיִם בְּכָל־חַטֹּאתֶיהָ׃ ס
3 קוֹל קוֹרֵא
בַּמִּדְבָּר פַּנּוּ דֶּרֶךְ יְהוָה
יַשְּׁרוּ בָּעֲרָבָה מְסִלָּה לֵאלֹהֵינוּ׃
4 כָּל־גֶּיא[a] יִנָּשֵׂא וְכָל־הַר וְגִבְעָה יִשְׁפָּלוּ
וְהָיָה הֶעָקֹב לְמִישׁוֹר וְהָרְכָסִים לְבִקְעָה׃
5 וְנִגְלָה כְּבוֹד יְהוָה וְרָאוּ כָל־בָּשָׂר יַחְדָּו כִּי פִּי יְהוָה [דִּבֵּר׃ ס
6 קוֹל אֹמֵר קְרָא וְאָמַר[a] מָה אֶקְרָא[b]

4 Mp sub loco. 5 Mm 1292. 6 Mm 545. 7 Mm 2481. 8 Mm 98. 9 Mm 1853. 10 Mm 2036. **Cp 40** 1 Mm 2359. 2 Mm 2021.

2 a 𝔔a pc Mss et 2 R 20,13 + כָּל־ ‖ b > 2 R 20,13, dl ‖ **7** a 𝔔a ממעיכה ‖ **8** a–a > 𝔊B ad 2 R 20,19; frt add ‖ **Cp 40,2** a 𝔔a מלא; prp מִלְאָה ‖ **4** a l גַּיְא ‖ **6** a 𝔔a ואומרה 𝔊(𝔙) *καὶ εἶπα*, l וָאֹמַר ‖ b frt ins קְרָא.

Text und Ursprachen der Bibel werden weiter erforscht; die heutigen Übersetzungen können also hier und da einen anderen Wortlaut bieten als die früheren: Der Bibeltext selbst ist im Fluss. Aber nicht nur das: Auch die Übersetzungen sind jeweils an Lebensumstände und Sprachgestalt ihrer Zeit gebunden. Die Übersetzungen Luthers (er hat bekanntlich von 1521 bis zu seinem Tode 1546 an der Verdeutschung der Bibel gearbeitet) oder Zwinglis sind heutigen Lesern und Leserinnen wegen ihrer „altertümlichen Ausdrucksweise" kaum noch verständlich. Die bis jetzt weithin gebräuchliche, manchmal als „heilig" angesehene Lutherbibel ist das Ergebnis langer Revisionsarbeit. Sie wurde 1984 von der EKD angenommen und 1999 an die neue deutsche Rechtschreibung angepasst. Es ist folglich zwingend notwendig, jede Übersetzung der Bibel, wie grundsätzlich alle anderen Schriftstücke auch, als Produkt einer bestimmten Zeit, Kultur und Glaubensauffassung zu werten. Für die wissenschaftliche Arbeit sind immer mehrere neuzeitliche Versionen vergleichend zu Rate zu ziehen – im Bewusstsein ihrer Eigenheiten (s. S. 32). Im vorigen Jahrhundert galt übrigens die von Emil Kautzsch und Alfred Bertholet herausgegebene „Heilige Schrift des Alten Testaments" (2 Bde., 4. Aufl. 1922/1923) als unübertroffene Meisterleistung. Sie ist auch heute noch – mit Einschränkungen – brauchbar. Deutsche (protestantische) Kommentarreihen bringen in der Regel eine eigene, nur vom Kommentator zu verantwortende Übersetzung.

M Textkritik

„Textkritik" im wissenschaftlichen Sinne bezieht sich ausschließlich auf die Ermittlung der bestmöglichen Lesart eines biblischen Textes in seiner Originalsprache. Über Jahrhunderte hinweg haben Schreiber/Kopisten zehntausende mehr oder weniger kleiner Änderungen an den von ihnen abgeschriebenen Texten verursacht. Einige entstanden irrtümlich, z. B. wenn ein Schreiber eine Zeile doppelt kopierte. Andere aber scheinen absichtlich zu sein, z. B. wenn ein Schreiber eine Erklärung zu einem Ortsnamen oder eine theologische Korrektur oder Ergänzung eingefügt hat.

Auf der Suche nach der besten Lesart

Die Textkritik benutzt hauptsächlich zwei Methoden, um die beste Lesart eines hebräischen, griechischen oder aramäischen Bibeltextes zu rekonstruieren. Die erste Methode ist der Vergleich von alten Handschriften zu einer bestimmten Bibelstelle. Damit möchte man feststellen, ob ein oder mehrere **Textzeugen** an dieser Stelle eine bessere Lesart bieten. Zum Beispiel ist einer der wichtigsten Zeugen der Hebräischen Bibel der **Masoretische Text (MT)**, die verbindliche Version des hebräischen Textes, die von jüdischen Schreibern/Gelehrten im Mittelalter erstellt wurde. Andere wichtige Textzeugen der Hebräischen Bibel sind Handschriften, die in Qumran (nordwestlich des Toten Meers) gefunden wurden, der Pentateuch in der Form, wie ihn die samaritanische Glaubensgemeinschaft aufbewahrt hat (in der Umgebung von Samaria im Nordreich, heute die Gegend von Nablus). Auch antike Übersetzungen alter hebräischer Handschriften, besonders die **Septuaginta (LXX)**, eine antike Sammlung von Übersetzungen verschiedener biblischer Bücher ins Griechische, erlauben Rückschlüsse auf den hebräischen Urtext. Bibelwissenschaftler kommen manchmal zu dem Urteil, dass alle Textzeugen einen Fehler enthalten. In diesem Fall können sie einen Wortlaut vorschlagen, der in keiner der erhaltenen Handschriften vorkommt. Diese zweite Methode der Textkritik nennt man **Konjektur**, während Verbesserungen von reinen Schreibfehlern als **Emendation** bezeichnet werden.

Nicht nur die Bibeltexte, sondern auch ihre Übersetzungen verraten spezifische religiöse Einstellungen der VerfasserInnen. Der Konfessionshintergrund der ÜbersetzerInnen spielt eine große Rolle. Jüdische Übersetzungen sind geprägt von der rabbinischen Theologie und von der kollektiven Erfahrung des jüdischen Volkes und der jüdischen Gemeinden. Bei Martin Buber schwingt osteuropäische Mystik mit, Franz Rosenzweig setzte sich mit der deutschen philosophischen Tradition auseinander, auch Tur-Sinai wollte möglichst alle Schattierungen des hebräischen Textes im Deutschen auffangen. – Die Katholische Kirche hielt sehr lange an der lateinischen Fassung der Bibel (Vulgata) als dem alle Nationalkirchen verbindenden und für alle verbindliche Glaubensdokument fest. Erst im 20. Jh. bekam die landessprachliche Bibel für Laien eine stärkere Bedeutung. Bibelwerke entstanden, und die Deutsche Bischofskonferenz bemühte sich um eine moderne „Einheitsübersetzung". – Die Protestantische Theologie leitet sich direkt von der Bibel her und vertritt das „Priestertum aller Gläubigen". Konsequenz: Seit Luther und Zwingli sind Bibelübersetzungen für alle Mitglieder das Fundament des persönlichen Glaubens und der evangelischen Kirchen. – Allen Übersetzungen, die für eine bestimmte Zielgruppe gemacht werden, ist der konfessionelle Stallgeruch gemeinsam. So heißt es in Röm 3,28 nur in protestantischen Bibeln „allein" durch den Glauben. Weder im griechischen Grundtext noch in katholischen Übersetzungen findet sich die reformatorische Ausschließlichkeit.

Weiter unterscheiden sich Übersetzungen durch ihren Sprachstil, der nicht nur von der Individualität der DolmetscherInnen, sondern auch von Grundsatzentscheidungen oder Theorien über das Wesen der Sprache und die Rolle von Übertragungen bestimmt sein kann. Enger Anschluss an die Originalsprache ist der eine Pol, der andere ist der Wunsch, in der „Empfängersprache" verstanden zu werden. Dazwischen liegen viele Kompromissmodelle. ÜbersetzerInnen, welche die formale Übereinstimmung mit den Urtexten herstellen wollen, im Extremfall durch eine interlineare Wort-für-Wort-Wiedergabe – und die so auf einen eigenen Satzbau verzichten! –, lassen ihre grenzenlose Ehrfurcht vor dem heiligen, unveränderlichen Wort

Gottes erkennen. Im Mittelfeld arbeiten sich die Übersetzer ab, die der Ursprache in unterschiedlichem Maß genügen, aber auch verstanden werden wollen. Am anderen Ende der Skala stehen Verdeutschungen, die bewusst eine „dynamische Gleichwertigkeit" der Aussagen des Originals und der Übersetzung erstreben. Sie ist nicht auf der Wort-, eher auf der Satzebene zu erreichen. Die Amerikanische Bibelgesellschaft in New York war seit den sechziger Jahren federführend in der „gleichwertigen" Wiedergabe der Bibeltexte (Eugene A. Nida). Von dort kam die Anregung auch nach Deutschland. Die „Gute Nachricht" entstand in der Sprache „unserer Zeit". Sie orientiert sich am Urtext, will aber in der Übersetzung die originale Aussage kreativ in gleichsinnige Rede umwandeln. Paraphrasen biblischer Texte gehen noch weiter, sie konzentrieren sich auf den Sinngehalt und beachten weniger Vokabular und Satzbau des Originals. Konservativer in der Sache bei modernisierter Ausdrucksweise ist die Übersetzung „Neues Leben" (2006).

Ein neuer Typ von Bibelübersetzungen hat das erklärte Ziel, Diskriminierungen von Frauen, Minderheiten, Ausländern, sogar Juden, die sich während des verschärften patriarchalen und nationalistischen Denkens des 19. Jh.s in die deutschen Bibeln eingeschlichen hatten, wieder zu löschen oder zumindest bewusst zu machen. Die Idee, neusprachlichen Versionen der Bibel eine „einschließende" (nicht: ausgrenzende) und „gender-neutrale" Sprachgestalt zu geben, kam aus den USA und fiel in anderen Ländern auf fruchtbaren Boden. Die deutsche „Bibel in gerechter Sprache" ist eine Frucht solcher Bemühungen. Wenn Gott, im Einklang mit der öffentlichen Meinung, einseitig als Mannsbild empfunden und verbal dargestellt wird, müssen Frauen sich ausgeschlossen fühlen, weil so „der Mann zum Gott wird" (Mary Daly). In dieser „Einführung" wird möglichst das gender-freie Nomen „Gott" verwendet, auch dort, wo im Original das Personal- oder Possessivpronomen vorkommt. Menschen sind normalerweise gender-neutral bezeichnet, damit „der Mensch" nicht automatisch ein Mann ist. Dennoch ist klar, dass die Bibel in einer Kultur entstanden ist, welche der Maskulinität in der Öffentlichkeit den Vorzug gab und sich tatsächlich ihren Gott überwiegend maskulin vorstellte. Das ist gelegentlich in den hier zitierten Bibelstellen zu spüren.

Schließlich sollten Leser und Leserinnen sich darüber Rechenschaft geben, dass Übersetzungen in verschiedenen Ausgaben und Auflagen erscheinen können. Sie bekommen eventuell einen anderen Rahmen, eine veränderte Ausstattung und dienen unterschiedlichen Zielgruppen. In der Tat, wann immer man eine gegebene Übersetzung benutzt, wird man allerlei spezifische Zutaten des Verlages entdecken: Überschriften zu den biblischen Passagen; Verweise auf andere Bibelstellen; Landkarten und anderes. Die Beigaben können sehr nützlich sein. Dennoch sollten die Leser und Leserinnen von Bibelausgaben auf der Hut sein, denn das beigefügte Zubehör, das ja in keiner Weise original zur Bibel gehört, kann unmerklich das Verständnis bestimmter Abschnitte der Bibel beeinflussen. Alle Editionen sind kritisch zu behandeln.

Wenn man genügend Zeit hat, sollten mehrere brauchbare Übersetzungen miteinander verglichen und bedeutsame Differenzen zwischen ihnen aufgespürt werden. Manche nutzen dazu CD- oder DVD-Dateien, wie etwa BibleWorks (www.bibleworks.

com): Hier findet man neben den Urtexten verschiedene Übersetzungen. Nicht-HebraistInnen sind die online-Ausgaben neuzeitlicher Übersetzungen zu empfehlen (z. B. www.bibleserver.com). Eine solche vergleichende Untersuchung wird gravierende Unterschiede offenlegen. Je mehr man die Divergenzen erkennt, desto weniger weiß man, wie man sich entscheiden soll. Die beste Lösung wäre natürlich, die biblischen Sprachen zu erlernen! Vielen Studierenden fehlt aber Zeit und/oder Interesse, so tief in das Bibelstudium einzusteigen. Eins sollten diejenigen, die keiner biblischen Sprache mächtig sind, erkennen können: ob eine bestimmte Übersetzung nur eine mögliche Wiedergabe eines hebräischen, aramäischen oder griechischen Ausdrucks ist, den man auch anders, möglicherweise besser, verdeutschen kann. Der Vergleich der Übersetzungen verschafft diese Einsicht.

Rückblick

Überprüfen Sie Ihr Wissen zu folgenden Fachbegriffen, die in diesem Kapitel behandelt wurden:

- Altes Testament
- Apokryphen
- Deuterokanonische Bücher
- Dynamische Gleichwertigkeit
- Einheitsübersetzung
- Emendation
- Ersatztheologie
- Formale Übereinstimmung
- Hebräische Bibel
- Kanon, kanonisch
- Konjektur
- Koran
- Lutherbibel
- LXX
- Masoretischer Text
- MT
- Pentateuch
- Septuaginta
- Tanach oder TaNaK
- Textkritik
- Textzeuge
- Tora

Weiterführende Literatur

Deutsche Bibelübersetzungen

Zehn deutsche Bibelübersetzungen sind online unter www.die-bibel.de/online-bibeln/ direkt einzusehen (Stuttgart: Deutsche Bibelgesellschaft), nämlich: Luther; Gute Nachricht; Menge; Basisbibel; Einheitsübersetzung; Zürcher; Elberfelder; Neue Genfer; Schlachter; Neues Leben

Die *Bibel nach Martin Luther, revidierte Fassung*. Stuttgart: Deutsche Bibelgesellschaft, 1984

Zürcher Bibel. Zürich: Theologischer Verlag, ³2009

Bibel in gerechter Sprache. Gütersloh: Gütersloher Verlagshaus, ³2007

Die Heilige Schrift, übersetzt von Naftali Herz Tur-Sinai. Holzgerlingen: SCM Hänssler, ⁵2008

Elberfelder Bibel. Wuppertal: R. Brockhaus, rev. Fassung 2006

Kommentare

Das Alte Testament Deutsch. Göttingen: Vandenhoeck & Ruprecht (zu allen at.lichen Büchern)

Echter Bibel. Würzburg: Echter Verlag (zu allen biblischen Büchern)

KRIEG, Matthias. *Der Kommentar zur Zürcher Bibel, 3 Bde*. Zürich: Theologischer Verlag, 2010

Stuttgarter Erklärungsbibel mit Apokryphen. Lutherbibel mit Erklärungen. Stuttgart: Deutsche Bibelgesellschaft, 2005

SCHOTTROFF, Luise; WACKER, Marie-Theres (Hrsg.). *Kompendium feministischer Bibelauslegung*. Gütersloh: Gütersloher Verlagshaus, ³2007

Die Entstehung der jüdischen und christlichen Heiligen Schriften

Wer hat die Bibel geschrieben? Welt und Umwelt der Bibel Nr. 28. Stuttgart: Katholisches Bibelwerk, 2003

FELDMEIER, Reinhard; SPIECKERMANN, Hermann. *Die Bibel: Entstehung – Botschaft – Wirkung*. Göttingen: Vandenhoeck & Ruprecht, 2004

LANG, Bernhard. *Die Bibel*. Frankfurt: Fischer Verlag, 2004

LISS, Hanna. *Tanach. Lehrbuch der jüdischen Bibel*. Heidelberg: Winter Verlag, ²2008

VAN DER KAM, James C. *Einführung in die Qumranforschung*. Göttingen: Vandenhoeck & Ruprecht, 1998

FINKELSTEIN, Israel; SILBERMAN, Neil A. Keine Posaunen vor Jericho: *Die archäologische Wahrheit über die Bibel*. München: Beck, ⁵2003

Software zur Bibel (Suche nach und Arbeit mit biblischen Sprachen)

BibleWorks (www.bibleworks.com)

Bibloi (früher Bible Windows: www.silvermnt.com)

Bibleserver (www.bibleserver.com)

Logos (www.logos.com)

Crosswire (www.crosswire.org)

Internetseiten zur Bibelwissenschaft

Das wissenschaftliche Bibelportal der Deutschen Bibelgesellschaft – http://www.bibelwissenschaft.de

Bibelübersetzungen online – http://www.bibelwissenschaft.de/online-bibeln/

WiBiLex: Das wissenschaftliche Bibellexikon im Internet – http://www.bibelwissenschaft.de/wibilex/
Bibelwissenschaft Universität Zürich
http://www.theologie.uzh.cg/forschung/bibelwissenschaft.html (weitere Links)
Informationsstelle für alttestamentliche Exegese (ISATEX) (z.Zt. in Bearbeitung)
http://www.isatex.de
Biblische Literaturdokumentation Innsbruck (BILDI)
http://www.uibk.ac.at/bildi/

Bibliographie der englischen Originalausgabe (Prologue)

Editions of translations

The first edition listed provides an overview of several translations; some good editions follow.

The Complete Parallel Bible. New York: Oxford University Press, 1993.

The New Jerusalem Bible. New York: Doubleday, 1985. This is the NJB.

The New Oxford Annotated Bible (3rd edition), eds. Michael Coogan et al. New York: Oxford University Press, 2001. This contains the NRSV.

The Jewish Study Bible, eds. A. Berlin et al. New York: Oxford University Press, 2004. This contains the NJPS.

The HarperCollins Study Bible (fully revised and updated), eds. Harold W. Attridge et al. San Francisco: Harper-SanFrancisco, 2006. This contains the NRSV.

One-volume commentaries

Mays, James L., ed. *HarperCollin's Bible Commentary* (revised edition). San Francisco: Harper & Row, 2000.

Newsom, Carol A., and Ringe, Sharon H., ed. *The Women's Bible Commentary* (2nd edition). Louisville, KY: Westminster John Knox Press, 1998.

The formation of the Jewish and Christian scriptures

Barton, John. *How the Bible Came to Be*. Louisville, KY: Westminster John Knox Press, 1997.

Bible software packages for searches and initial work with biblical languages

For Mac (and Windows with a free Mac Emulator):

The "Introductory Level" of the "Scholars Collection" of Accordance software from Oaktree Software (www.accordancebible.com). Be sure to specify that you want the NRSV, NJB, or other up-to-date translation. Otherwise you are given the King James Version by default.

Only for Windows:

Bible Works (www.bibleworks.com)

Bibloi (www.silvermnt.com; this was formerly "Bible Windows")

Logos (www.logos.com)

You can also obtain free software for searching and reading the Bible at www.crosswire.org.

Useful websites for translation comparison

Note that these mainly feature old translations.

Crosswire – www.crosswire.org/study

The Bible Gateway – www.biblegateway.com

Studylight (more up-to-date translations) – www.studylight.org

Anhang 1:
Vergleich deutscher Übersetzungen von Jesaja (Jescha'jahu) 52,13–15

52	Lutherbibel von 1984	Zürcher Bibel	Elberfelder Bibel	Gute Nachricht Bibel	Einheitsübersetzung	Bibel in Gerechter Sprache	Die Schrift, verdeutscht von Martin Buber	Die Heilige Schrift ins D. übertragen von N. H. Tur-Sinai
13	Siehe, meinem Knecht wird's gelingen, er wird erhöht und sehr hoch erhaben sein.	Sieh, mein Diener wird Erfolg haben, er wird emporsteigen, wird hoch erhoben und sehr erhaben sein.	Siehe, mein Knecht wird einsichtig handeln. Er wird erhoben und erhöht werden und sehr hoch sein.	Der HERR sagt: „Gebt Acht: Meinem Bevollmächtigten wird gelingen, wozu ich ihn bestellt habe; er wird zu großem Ansehen und höchsten Ehren gelangen.	Seht, mein Knecht hat Erfolg, / er wird groß sein und hoch erhaben.	Schau, der Mensch in meinem Dienst wird Erfolg haben, wird hoch erhöht und sehr erhaben sein.	Wohlan, ergreifen wirds mein Knecht, wird sich erheben, emporgetragen werden, mächtig ragen.	Sieh, Glück erschaut mein Knecht / er steigt, emporgetragen, raget hoch. /
14	Wie sich viele über ihn entsetzten, weil seine Gestalt hässlicher war als die anderer Leute und sein Aussehen als das der Menschenkinder,	Wie sich viele über dich entsetzt haben – so entstellt, nicht mehr menschlich war sein Aussehen, und seine Gestalt war nicht wie die eines Menschen –,	Wie sich viele über dich entsetzt haben – so entstellt war sein Aussehen, mehr als das irgendeines Mannes, und seine Gestalt mehr als die der Menschenkinder –,	Viele haben sich entsetzt von ihm abgewandt, so entstellt war er. Er hatte keine Ähnlichkeit mehr mit einem Menschen.	Viele haben sich über ihn entsetzt, / so entstellt sah er aus, nicht mehr wie ein Mensch, / seine Gestalt war nicht mehr die eines Menschen.	So sich viele darüber entsetzt haben – so unmenschlich war seine Gestalt, kaum noch menschenähnlich ihr Anblick,	Eben wie vor ihm die Vielen erstarrten – so unmenschlich verderbt war sein Aussehn, ungleich Adams Söhnen seine Gestalt –,	Wie viele sich bei dir entsetzt / weil so entstellt vom Menschlichen sein Aussehn / und die Gestalt ihm vor den Erdenkindern – /
15	so wird er viele Heiden besprengen, dass auch Könige werden ihren Mund vor ihm zuhalten. Denn denen nichts davon verkündet ist, die werden es nun sehen, und die nichts davon gehört haben, die werden es merken.	so wird er viele Nationen besprengen, und Könige werden ihren Mund vor ihm verschließen. Denn was ihnen nie erzählt wurde, werden sie gesehen haben, und was sie nie hörten, werden sie verstanden haben.	ebenso wird er viele Nationen besprengen; über ihn werden Könige ihren Mund schließen. Denn sie werden sehen, was ihnen nicht erzählt worden war, und was sie nicht gehört hatten, werden sie wahrnehmen.	Doch nun werden viele Völker über ihn staunen, sogar ihren Königen wird es die Sprache verschlagen. Was niemals zuvor geschehen ist, das erleben sie jetzt; wovon sie noch nie etwas gehört haben, das sehen sie mit eigenen Augen."	Jetzt aber setzt er viele Völker in Staunen, / Könige müssen vor ihm verstummen. Denn was man ihnen noch nie erzählt hat, / das sehen sie nun; was sie niemals hörten, / das erfahren sie jetzt.	so werden viele fremde Völker in Staunen geraten und Majestäten davor ihren Mund verschließen. Denn was ihnen nie erzählt wurde, sehen sie, und was sie nie gehört haben, nehmen sie wahr.	so wird er die vielen Weltstämme überraschen, Könige werden ihren Mund über ihn spötzen, denn was ihnen nie erzählt wurde, das sehen sie, wovon sie nie hörten, des werden sie inne:	so macht er viele Völker staunen / verschließen Könige ob ihm den Mund; / denn nie Erzähltes schauen sie / und was sie nie erhört / des werden sie gewahr.

Anhang 2: Charakteristische Merkmale deutscher Bibelübersetzungen

Luther 1984 (Lu 84)
Zürcher 2007 (Zü 07)
Einheitsübersetzung 1980 (EÜ 80)
Elberfelder 2006 (Elb 06)
Buber/Rosenzweig 1961 (BuR 61)
Tur-Sinai 1997 (TSin 97)
Gute Nachricht 1997 (GuN 97)
Jörg Zink 1998 (JöZi 98)
Herderbibel 2005 (Her 05)
Bibel in gerechter Sprache 2006 (BigS 06)
Pattloch 2009 (Patt 09).
Vgl. HAUG, Hellmut. Deutsche Bibelübersetzungen (aktualisierte Neuausgabe von Rolf Schäfer). Stuttgart, 2008
www.die-bibel.de

Übersetzung	**Hintergrund**	**Sprachstil**	**Wie wird MT gedeutet? (Jes 7,14)**	**Genderbewusstsein**
Lu 84	Rat der EKD Lutherische Bewegungen	sucht Originaltreue und Verständlichkeit	christologisch	fehlt
Zü 07	Reformierte Kirchen	wissenschaftlich genau, doch verständlich	zeitgenössisch, prophetisch	wenig ausgebildet
EÜ 80	Katholische Bischofskonferenz	wortgetreu, liturgisch	dogmatisch: Jungfrauengeburt	traditionell
Elb 06	bergischer Pietismus	auf das Original fixiert, Erläuterungen in <Klammern>	heilsgeschichtlich	keines
BuR 61	jüdische Gelehrsamkeit und Poetik	kreiert ein hebräisches Deutsch	wirkkräftig	gering
TSin 97	jüdische Gemeinden in D; H. Torczyner	dem Urtext wort-, sinn-, stil- und stimmungsgetreu	messianisch	nebensächlich
GuN 97	interkonfessionell, kirchentagsnah	zeitgenössisch modern, umgangssprachlich	kontextuell	kaum sichtbar
JöZi 98	Bemühung um Verständlichkeit	flüssig, sinngemäß und sinngetreu, bebildert	zeitgebunden	verhalten
Her 05	Herder Kommentare (katholisch; bis 1984)	gehobene Alltagssprache	zukunftsoffen	unentwickelt
BigS 06	feministische Exegese; Studienbibel	vielfarbig; über 50 Übersetzer/innen; inklusive Sprache	historisch-kritisch	hochgradig
Patt 09	katholische Bibelbewegung, V. Hamp u.a.	prägnant, wissenschaftlich fundiert	traditionell katholisch	vernachlässigt

Kapitel 1
Das Studium der Bibel in ihren geschichtlichen Kontexten

Kapitel 1 befasst sich mit der Zielsetzung unserer Einführung in das Alte Testament und bereitet die folgenden Kapitel mit drei Überblicken zu Geografie, Geschichte und Methoden vor. Zunächst soll die Frage beantwortet werden, worin sich das wissenschaftliche Bibelstudium von der herkömmlichen „Bibelarbeit" unterscheidet und warum es notwendig ist. Anschließend werden die wichtigsten Regionen des Landes Israel (Palästina) beschrieben. Es folgt eine Übersicht über die Geschichtsperioden Israels sowie über die wichtigsten Methoden der Bibelwissenschaft. Voraussetzung für das Verständnis der folgenden Ausführungen ist die Kenntnis der beiden Teile des Alten Israel – das Gebiet der Stämme Israels im Norden und das Gebiet des Stammes Davids, Juda, im Süden (mit der Stadt Jerusalem, geographisch zwischen diesen beiden Gebieten) – sowie die Kenntnis der wichtigsten Perioden der Geschichte Israels (s. auch den Anhang zu diesem Kapitel).

L Exodus 14–15: Versuchen Sie, die zwei unterschiedlichen Erzählungen über die Rettung der Israeliten herauszuarbeiten, die Bibelwissenschaftler in diesen beiden Kapiteln identifiziert haben.

Schreiben Sie einen halb- bis ganzseitigen Bericht oder auch eine Miniautobiographie über Ihre früheren Begegnungen mit der Bibel. Welche Texte waren dabei für Sie von besonderer Bedeutung? Hatten Sie sich zuvor in einem akademischen Kontext mit der Bibel beschäftigt? Hatten Sie außergewöhnlich positive oder negative Erfahrungen mit der Bibel oder mit Leuten, die von der Bibel sprachen?

Auf den ersten Blick ist die Bibel das vertrauteste aller Bücher. Viele Familien besitzen ein Exemplar; Juden wie Christen lesen in ihr bei gottesdienstlichen Anlässen. Die Bibel kommt in den verschiedensten Musikwerken und Musikstilen vor – in Händels *Messias* etwa bis hin zu Reggae und Hiphop. Weit verbreitete Redensarten oder Sprichwörter kommen aus der Bibel, zum Beispiel: „Du sollst nicht …" oder „Liebe deinen Nächsten wie dich selbst". Filme sind oft voller Anspielungen auf die Bibel, in vielen Hotels findet der Gast eine Bibel vor oder zumindest eine Ausgabe des Neuen Testaments und der Psalmen.

W Zeitrechnung: A.D., v. Chr. und n. Chr. oder v. u. Z. und u. Z.

Unsere herkömmlichen Zeitangaben bzw. -einteilungen orientieren sich ausschließlich am Christentum: v. Chr. und n. Chr. (vor Christus und nach Christus). Dasselbe gilt für A. D. (vom lateinischen *anno Domini*), „im Jahre des Herrn". In letzter Zeit werden zunehmend auch neutralere Bezeichnungen benutzt, im Englischen BCE und CE („*before the Common Era*" und „*Common Era*"), im Deutschen v. u. Z. und u. Z., „vor unserer Zeitrechnung" und „unserer Zeitrechnung". Das englische Original unserer Einführung verwendet die Bezeichnungen bzw. Abkürzungen BCE und CE, die vorliegende deutsche Übersetzung die im Deutschen üblicheren Abkürzungen v. Chr. und n. Chr.

Auf den zweiten Blick ist die Bibel das fremdeste aller Bücher. Ihre Sprache ist oft schwer verständlich, besonders die der alten (auch aktualisierten) Lutherübersetzung (1545) mit ihren herrlichen, aber oft rätselhaften Stilfiguren. Die biblischen Texte selbst sind wesentlich älter. Das griechisch verfasste Neue Testament ist nahezu 2000 Jahre alt (entstanden zwischen 50 und 200 n. Chr.). Das Alte Testament wurde auf Hebräisch geschrieben, einige Teile sind bis zu 3000 Jahre alt (entstanden zwischen 1000 und 164 v. Chr.). Beide Testamente zeigen in vielen Details ihre antike Herkunft. Sie benutzen alte literarische Formen und Bilder, die uns unvertraut sind. Sie stammen aus religiösen Kontexten, die sich sehr vom heutigen Judentum und Christentum unterscheiden. Und sie wurden unter dem Eindruck historischer Ereignisse geschrieben, die die meisten heutigen Leserinnen und Leser nicht kennen.

W Angaben von Kapiteln und Versen, Abkürzungen der biblischen Bücher

Wenn Bücher und Artikel Bibelstellen nach Kapiteln und Versen zitieren, tun sie dies gewöhnlich nach folgendem System: Abkürzung des biblischen Buches, Nummer des Kapitels, Komma, Vers. Ein Beispiel: Jes 44,28 (Kapitel 44, Vers 28). Wenn mehr als ein Vers zitiert wird, steht ein Bindestrich und/oder Punkt: Jes 44,20.28 oder Jes 44,10–13.28. Wenn Wissenschaftler einen Gesamttext angeben wollen, ohne einzelne ausgelassene Verse gesondert zu erwähnen, benutzen sie ein Sternchen, um anzuzeigen, dass bestimmte Verse in der Zitation nicht eingeschlossen sind, z. B.: Gen 28*.

Abkürzungen der biblischen Bücher der Hebräischen Bibel nach den Loccumer Richtlinien und in der Reihenfolge des Alten Testaments der Einheitsübersetzung:

Gen	= Genesis	Jes	= Jesaja
Ex	= Exodus	Jer	= Jeremia
Num	= Numeri	Klgl	= Klagelieder
Lev	= Levitikus	Ez	= Ezechiel
Dtn	= Deuteronomium	Dan	= Daniel
Jos	= Josua	Hos	= Hosea
Ri	= Richter	Joel	= Joel
Rut	= Rut	Am	= Amos
Sam	= Samuel	Obd	= Obadja
Kön	= Könige	Jona	= Jona
Chr	= Chronik	Mi	= Micha
Esra	= Esra	Nah	= Nahum
Neh	= Nehemia	Hab	= Habakuk
Est	= Ester	Zef	= Zefanja
		Hag	= Haggai
Ijob	= Ijob	Sach	= Sacharja
Ps	= Psalmen	Mal	= Maleachi
Spr	= Sprichwörter		
Koh	= Kohelet		
Hld	= Hohelied		

Die Eigentümlichkeiten der biblischen Texte machen zwar ihr „heiliges Flair" aus, die Texte sind aber dadurch auch oft schwer verständlich. Wenn jemand in Jes 44,28 und 45,1 auf „Kyros" stößt, wird er/sie eher nicht wissen, wer dieser Kyros war und was er für den Verfasser dieses Textes bedeutet. Die meisten Leserinnen und Leser verbinden noch viel weniger mit Orten oder mit Großreichen, die in der Bibel erwähnt werden, zum Beispiel „Efraim" oder „Assyrien". Normalerweise beschränkt sich ihr Wissen über „Ägypten" und „Babylon" auf das Wenige, was sie in der Schule über die Geschichte des Altertums gelernt haben. Bei vielen Bibeltexten ist sich der heutige Leser über deren Sinn und Funktion im Unklaren – zum Beispiel bei den langen Stammbäumen der Genesis oder wenn er brutalen Worten über Feinde in den Psalmen begegnet. So wundert es nicht, dass vielen Leserinnen und Lesern große Teile der Bibel nichts oder nur wenig bedeuten. Wenigen gelingt es, einen Sinn darin zu erkennen, was sie gelesen haben.

Unsere Einführung in das Alte Testament will dazu verhelfen, für die vielen, immer wieder unklaren Ereignisse, für historische Hintergründe, Namen oder sonstige Einzelheiten in der Bibel Wissen und Verständnis zu erlangen. Für viele ist die Erfahrung, die Bibel in ihrem geschichtlichen Kontext zu lesen, so etwas wie einen Film plötzlich in Farbe zu sehen, den man bisher nur in Schwarz-Weiß kannte. Das heißt allerdings nicht, dass das Verstehen der Bibel nur auf die Kontexte beschränkt werden könnte oder sollte, in denen die Bibel ursprünglich geschrieben wurde. Im Gegenteil: Im Laufe unserer Darstellung werden wir sehen, dass die Bibel auch für unsere Zeit ein wichtiges Dokument ist. Dies verdankt sie dem Umstand, dass sie über Jahrhunderte hinweg radikal *re*interpretiert worden ist, zuerst in bestimmten Kreisen des Alten Israel, später in jüdischen und christlichen Kreisen, denen die Bibel lieb und teuer war. So können wir, indem wir die Heiligen Schriften innerhalb ihrer alten Geschichte und Kulturen betrachten, diese uns zunächst unklar oder gar verwirrend erscheinenden Texte verständlicher – lebendig – werden lassen.

W Die Herkunft von Versen und Kapiteln

Die ältesten hebräischen und griechischen Handschriften der Bibel enthalten keinerlei Kennzeichnung oder Nummerierung von Kapiteln oder Versen. Die Hebräische Bibel war für die Synagoge in Leseabschnitte eingeteilt (ebenfalls in Abschnitte unterteilt war das griechische Neue Testament).

Eine Einteilung in Verse, allerdings ohne Nummerierung, wurde für die Hebräische Bibel von den Masoreten – jüdischen Gelehrten des 7.–10. Jh.s n. Chr. – eingefügt, die die Standardausgabe der Hebräischen Bibel erarbeiteten, die heute im Judentum in Gebrauch ist. Die Kapiteleinteilungen, wie wir sie heute kennen, wurden 1205 von Stephen Langdon entwickelt, Professor in Paris und später Erzbischof der Kirche von England.

Die erste Bibelausgabe des Alten und Neuen Testaments mit Verseinteilung wurde 1555 von dem Pariser Buchhändler Robert Estienne (auch Stephanus genannt) herausgegeben. Es wird erzählt, er habe ein Exemplar seines Neuen Testaments in die heutigen 7959 Verse eingeteilt, während er zu Pferd von Paris nach Lyon ritt. Er nummerierte auch die Kapitel (und Verse) des Alten und Neuen Testaments.

Wir betrachten Bibeltexte im Zusammenhang mit den verschiedenen historischen Kontexten, auf die sie sich beziehen. Das bedeutet, unsere Einführung in das Alte Testament beginnt nicht mit den Schöpfungserzählungen in Genesis 1–3, sondern mit Überbleibseln der ältesten mündlichen Traditionen Israels, nämlich Liedern und Sagen aus der Zeit, als Israel noch ein reines Stammesvolk war. Es folgen Texte von der Entstehung des ersten Königtums in Israel, vor allem einige „Königs"-Psalmen, die die göttliche Erwählung Jerusalems und die Salbung der Könige in dieser Stadt preisen. Auf unserem Weg durch die israelitische Geschichte werden wir sehen, wie biblische Texte die sehr unterschiedlichen Einflüsse der bedeutendsten altorientalischen Großreiche widerspiegeln: Ägyptens und der mesopotamischen Imperien Assyrien und Babylon, danach des persischen, hellenistischen (griechischen) und römischen Reiches. Unser Ansatz ist historisch. Dies bedeutet, dass die meisten Kapitel mit einer kurzen Diskussion der historischen und kulturellen Kontexte der hier zu verhandelnden Bibeltexte beginnen.

W Überblick: Hauptthemen der schwerpunktmäßig besprochenen biblischen Bücher

Richterzeit: Kapitel 2
Mündliche Traditionen in Genesis 12–35, Exodus und Richter 5.

Frühe Königszeit / David und Salomo: Kapitel 3 und 4
1–2 Samuel, David und Salomo zugeschriebene Texte (Psalmen [besonders Königs- und Zionspsalmen], Sprichwörter, Kohelet, Hohelied), Genesis 2–4 und Teile von 6–11 (eine frühe Urgeschichte).

Spätere Königszeit des Nordreiches und des Südreiches: Kapitel 5 und 6
Amos, Hosea, Micha und frühe Teile Jesajas (sowie mögliche Nordtraditionen in Exodus, Genesis 25–35 usw.).

Niedergang des Königtums in Jerusalem: Kapitel 7 und 8
Deuteronomium bis 2 Könige, Jeremia, Nahum und Zefanja.

Exil von Judäern in Babylonien: Kapitel 9 und 10
Klagelieder, Ezechiel, Jesaja 40–55 und große Teile von Genesis bis Numeri (besonders die Abrahams-Erzählung in Genesis 12–25 und das Buch Levitikus).

Rückkehr der Exilierten und Wiederaufbau: Kapitel 11 und 12
Haggai, Sacharja, Jesaja 56–66, Jona, Rut, Ijob und das Buch der Psalmen (sowie Teile von Esra-Nehemia und Genesis bis Numeri).

Die hellenistischen Reiche und hellenistische Krise: Kapitel 13
Ben Sira, Henoch, Daniel, Esra-Nehemia, 1–2 Chronik, Ester und die abschließende Redaktion der Hebräischen Bibel (sowie Bemerkungen zu Kohelet und zum Hohelied).

Diese Vorgehensweise mag zunächst verwirrend erscheinen, weil sie dazu führt, dass bekannte Bibeltexte in eine neue Reihenfolge und in neue Kontexte gestellt werden. Nehmen wir als Beispiel die Schöpfungserzählung in Gen 1,1–2,3. So, wie sie da steht, scheint sie völlig richtig platziert zu sein. Warum also bis zum Kapitel 9 unserer Einführung warten, und dann viele Worte über diesen Auftakt der Bibel verlieren? Ein Grund ist, wie wir sehen werden, dass Gen 1,1–2,3 im Horizont der judäischen

Erfahrung der Zwangsexilierung in Babylonien (das zentrale Thema von Kapitel 9) die starke Betonung des Sabbats in diesem Text erklärt. Dies ist ein Aspekt, der vielen Menschen, vor allem Nichtjuden, völlig entgeht, weil er für sie wenig bedeutet. Aber die gesamte Sieben-Tage-Struktur dieser Erzählung hat den Sinn, auf einen einzigen Aspekt hinzuführen: das Ausruhen Gottes am siebten Tage und sein Segen über ihn (Gen 2, 1–3). Wenn wir diesen Text im Horizont des babylonischen Exils lesen, wird dieses wichtige Detail klar, und auch andere Aspekte der Schöpfungserzählung erhalten einen Sinn.

Hier wird sichtbar, worin sich das wissenschaftliche Studium der Bibel vom Bibelunterricht in der Sonntagsschule oder gar im Religionsunterricht an konfessionellen weiterführenden Schulen unterscheidet. Viele Studierende kommen zu biblischen Vorlesungen an Hochschulen in der Erwartung, einen Überblick über die Inhalte der Bibel oder eine Unterweisung in biblischer Theologie zu erhalten. Andere erwarten einen predigtartigen Ansatz, den sie bei der kirchlichen Bibelarbeit kennengelernt haben, wo die Bibel oft als ein Unterrichtsbuch für das Leben gelesen wird. Alle diese Ansätze haben ihren eigenen Wert und ihren eigenen Ort, aber sie unterscheiden sich vom wissenschaftlichen Ansatz einer akademischen Veranstaltung. Außerdem können sie in die Irre führen, was die Erwartungen an theologische Studiengänge angeht. Während Studierende darauf gefasst sind, in den Fächern Geschichte oder Organische Chemie hart arbeiten zu müssen, scheint das Studium der „Bibel" eher leicht zu sein, vor allem, wenn jemand bestimmte, durch seine religiöse Erziehung vorgeprägte Vorstellungen mitbringt. Ein *wissenschaftlicher* Bibelkurs hat jedoch ein ganz eigenes Anforderungsprofil, das in gewisser Weise dem einer guten Vorlesungsreihe über Geschichte oder Deutsche Literatur gleicht. Manche Studierende halten bibelwissenschaftliche Studien sogar für besonders kompliziert, weil sie Alternativen zu früheren, ihnen lieb gewordenen Bibelauslegungen darstellen. So müssen sie sich nicht nur mit den Inhalten der Vorlesungen auseinandersetzen, sondern sie auch in ihre Glaubens- und Wertevorstellungen einordnen.

Das wissenschaftliche Bibelstudium ist von beträchtlichem Nutzen. Bekannte Texte enthüllen neue Bedeutungen. Schwierige Bibeltexte machen mehr Sinn, wenn sie in ihren ursprünglichen historischen Kontexten gelesen werden. Wo die Bibel früher als ein einheitliches und antikes Regelwerk angesehen wurde, gewinnt sie jetzt eine reiche Diversität von verschiedenen Perspektiven, die den Stürmen der Zeit standgehalten haben. Deshalb möchte ich alle Leserinnen und Leser ermutigen, sich auf diesen Ansatz einzulassen und selbst zu entdecken, was er zu bieten hat.

Geographie und Hauptpersonen des biblischen Dramas

Soll jemand ein Bild vom Land Israel entwerfen, wird er wohl auf Bilder zurückgreifen, die er aus dem Fernsehen kennt oder auch aus Unterhaltungsfilmen, in denen biblische Ereignisse sich inmitten von Dünen, Palmen und beschaulichen Dörfern abspielen. In Wirklichkeit zeigt das Land Israel große Kontraste hinsichtlich Topographie, Klima und Vegetation. Wie wir sehen, ist die Karte 1.1 in vier schmale Streifen

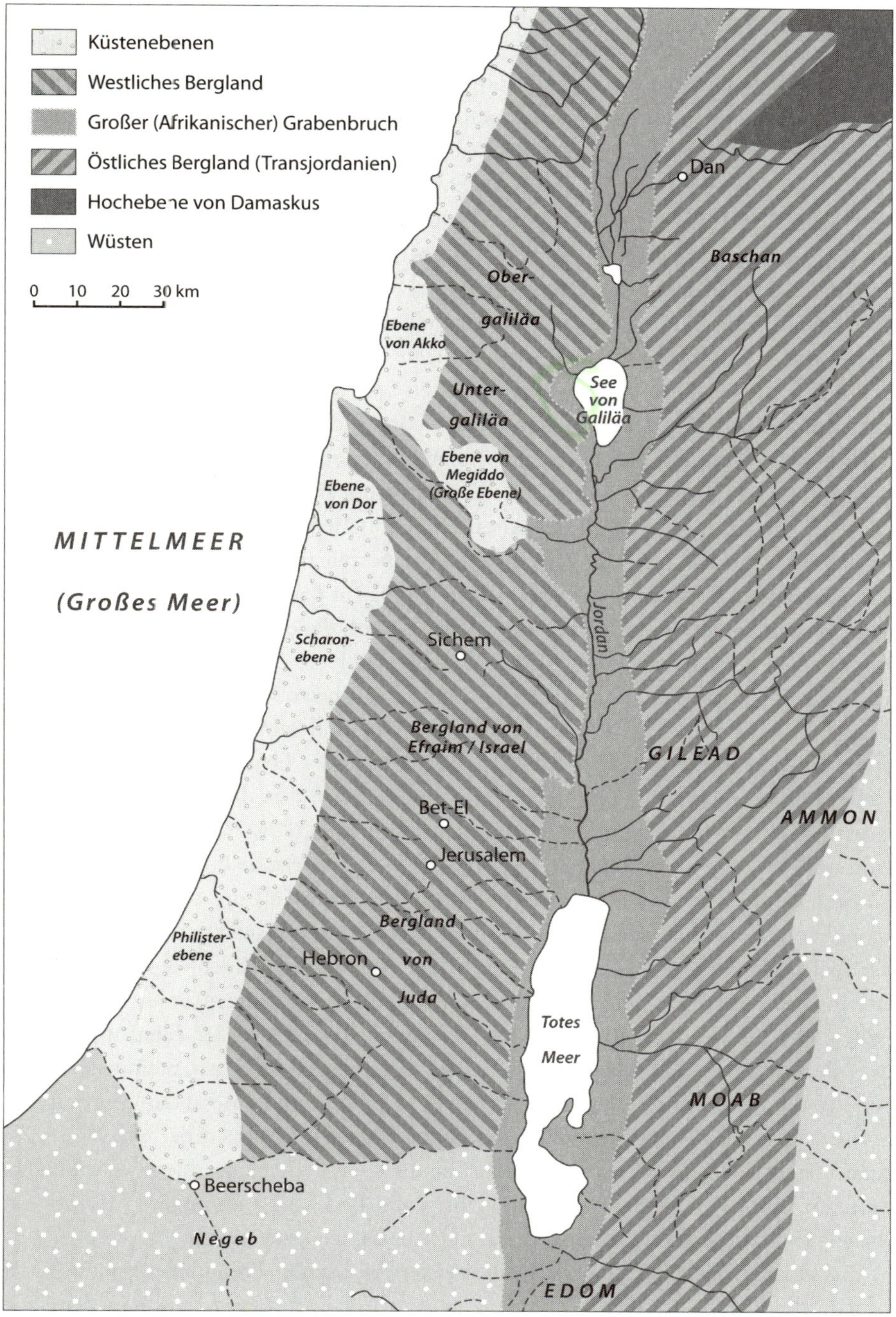

Karte 1.1 Das Land Israel und seine Umgebung. Nachzeichnung nach CURTIS, Adrian (Hrsg.). *Oxford Bible Atlas*. Oxford / New York: Oxford University Press, 2007.

eingeteilt, die von oben nach unten verlaufen. Der Streifen ganz links zeigt die *Küstenebene* entlang des Mittelmeeres. Sie ist niedrig, flach, fruchtbar und kommt in den Genuss regelmäßiger Regenfälle. In diesem Gebiet lebten über die längste Zeit der israelitischen Geschichte Nichtisraeliten, von Jerusalem nur für relativ kurze Zeit beherrscht. Der nächste Streifen erstreckt sich über das *zentrale Bergland*, das das bis zu 1000 m aufsteigende Bergland von Juda, Efraim (Israel) und Galiläa umfasst. Hier hat sich der größte Teil der israelitischen Geschichte abgespielt. Das Bergland ist trockener und schwerer zugänglich als die Küstenebene im Westen. Der dritte Streifen durchläuft das *Jordantal* mit dem Toten Meer, dem Jordan und dem See Gennesaret (von Süden nach Norden). Es ist eine der tiefstgelegenen Zonen der Erde, etwa 300–400 m unter dem Meeresspiegel – von einigen Oasen abgesehen eine sehr trockene und unfruchtbare Gegend. Der vierte Streifen zeigt das Transjordanische Hochland mit Edom, Moab, Ammon und dem Gebiet von Gilead (wo sich Israeliten ansiedelten). Dieses Hochland, das heute zum Staat Jordanien gehört, ähnelt dem zentralen Bergland Israels; östlich von ihm (auf der Karte nicht sichtbar) liegt die Wüste.

Bevor wir uns mit der Welt des Alten Orients näher beschäftigen, müssen wir uns zunächst Kenntnisse über die verschiedenen seinerzeit im Land Israel lebenden Völker verschaffen. Obwohl der Name „Israel" häufig für das gesamte Gebiet verwendet wird, bezieht er sich im engeren Sinn auf die Völker, die den *nördlichen* Teil des oben beschriebenen Berglandes (auf Karte 1.1: „Bergland von Efraim/Israel" mit Sichem als Zentrum) sowie Teile Gileads in Transjordanien bewohnten. Für einige Jahrhunderte biblischer Geschichte müssen dieses Gebiet und seine Bewohner von „Juda" unterschieden werden, das im *südlichen* Teil des Landes liegt („Bergland von Juda"; Hebron ist eine judäische Stadt). Auch ist zu beachten, dass die Stadt Jerusalem zwischen Israel und Juda lag und nicht „israelitisch/judäisch" war, bis David sie zu Beginn seiner Königsherrschaft mit List eroberte. Die Unterscheidung zwischen „Juda" im Süden und „Israel" im Norden ist für den größten Teil der frühen Geschichte Israels von grundlegender Bedeutung. Erst später wurde „Israel" eine Bezeichnung, die auch Juda einschloss. Die Erzählungen der Hebräischen Bibel – von denen viele erst in dieser späteren Zeit aufgeschrieben wurden – übertrugen dieses Bild auf die Frühgeschichte des Volkes. Daher hat der Name **„Israel"** in der Bibel mindestens zwei Bedeutungen: Eine im engeren Sinne, die sich auf die alten Stammesgruppen bezieht, die in den nördlichen Hügelgebieten siedelten, und eine andere im weiteren Sinne, die sich auf Juda sowie diese nördlichen Stammesgruppen bezieht. Wer vom „Land Israel" oder „Volk Israel" spricht, benutzt diese Bezeichnung gewöhnlich im weiteren Sinne, es ist aber nicht unwichtig, die Bedeutung im engeren Sinne von „Israel" (im Norden) im Gegensatz zu „Juda" (im Süden) zu kennen.

Das „Land Israel", in dem sich die meisten biblischen Ereignisse abspielten, ist relativ klein. Wie die Karte 1.1 zeigt, beträgt die Entfernung zwischen dem See Gennesaret und dem Mittelmeer nur etwa 50 km, das Tote Meer ist nur etwa 100 km vom Meer entfernt. Die Entfernung zwischen dem Gebiet um Sichem im Norden und Beerscheba im Süden beträgt etwa 150 km. Das bedeutet, dass der eigentliche Schauplatz der biblischen Geschichte, das Gebiet des zentralen Berglandes (also ohne die nichtisraelitischen Küstenebenen), etwa 70 km breit und 150 km lang ist – nicht viel größer als die meisten heutigen städtischen Ballungsgebiete. Dieses winzige Gebiet ist der Ort, an dem religiöse Texte und Ideen entstanden, die die Weltgeschichte verändern sollten. Es ist bemerkenswert, dass es wegen einzelner Abschnitte dieses Berglands im heutigen Nahen Osten heftige Auseinandersetzungen gibt, Gebiete, die gelegentlich als „Westbank" (das „Westufer" des Jordans), als „Besetzte Gebiete" oder als „Juda und Samaria" bezeichnet werden. Vor 1967 unterstanden diese Gebiete nicht dem modernen Staat Israel, sondern Jordanien. Israel eroberte sie während des Sechstagekrieges im Juni 1967; ihr politischer Status ist eines der Hauptprobleme des Nahostkonfliktes.

Die heutigen Streitigkeiten sind lediglich das neueste Kapitel jahrtausendelanger Kämpfe um die Kontrolle dieses schmalen Korridors. Im Altertum hatte das Land Israel strategische Bedeutung entlang des „Fruchtbaren Halbmondes", der sich von Ägypten im Südwesten bis nach Mesopotamien (Assyrien und Babylonien) im Nordosten erstreckte. Da der größte Teil des Gebietes östlich von Israel unpassierbare Wüste war, führten die Hauptverkehrswege zwischen Ägypten und Mesopotamien durch den schmalen Streifen Land zwischen dem Mittelmeer und der Wüste (s. Karte 1.2, S. 42). Israel lag genau an diesen großen Straßen und wurde wiederholt von den Kriegsheeren seiner mächtigen Nachbarn überrannt. Die verschiedenen Imperien des Alten Orients erhoben fast immer Anspruch auf Israel und seine benachbarten Gebiete.

Wichtige Abschnitte des biblischen Dramas

In diesem Kontext werden die bedeutenden Veränderungen in der biblischen Geschichte sichtbar. Das ägyptische Imperium kontrollierte das Gebiet des Alten Israel von etwa 1420 bis 1200 v. Chr., also in den Jahren, in der nach Ansicht der meisten Wissenschaftler der Exodus vermutlich stattgefunden hat. Danach machte eine Reihe von Katastrophen der ägyptischen Vorherrschaft ein Ende und führte zu einem Machtvakuum im Land Israel. Aus dieser Zeit tauchen die ersten identifizierbaren archäologischen Hinweise auf ein „Volk Israel" auf. Dieses Volk besiedelte in kleinen Dörfern das Bergland von Juda und Israel in **vorstaatlicher Zeit** (1250–1000 v. Chr., einschließlich der Zeit der Häuptlingschaft Sauls). Anschließend regierten David und Salomo etwa hundert Jahre lang von ihrer Hauptstadt Jerusalem aus über das gesamte Gebiet (**vereintes Königtum** 1000–930 v. Chr.), schließlich trennten sich die Nordstämme vom vereinten Königtum (930 v. Chr.). Dies war der Anfang des geteilten **Königtums**, von nun an bestanden im Großraum Israel zwei Königreiche: das Königreich Israel im Norden und das Königreich Juda im Süden (930–722 v. Chr.).

Diese Zeit der Freiheit von imperialer Dominanz sollte jedoch nicht lange währen. Ab 745 v. Chr. gewann das assyrische Großreich (mit Zentrum im Gebiet des heutigen Nordirak) die Kontrolle über Israel und (später) über Juda (s. Karte 1.3). Die Assyrer zerstörten 722 v. Chr. das Reich Israel vollständig und kontrollierten für mehrere Jahrzehnte das Reich Juda. So standen Israel und Juda zwischen 745 und

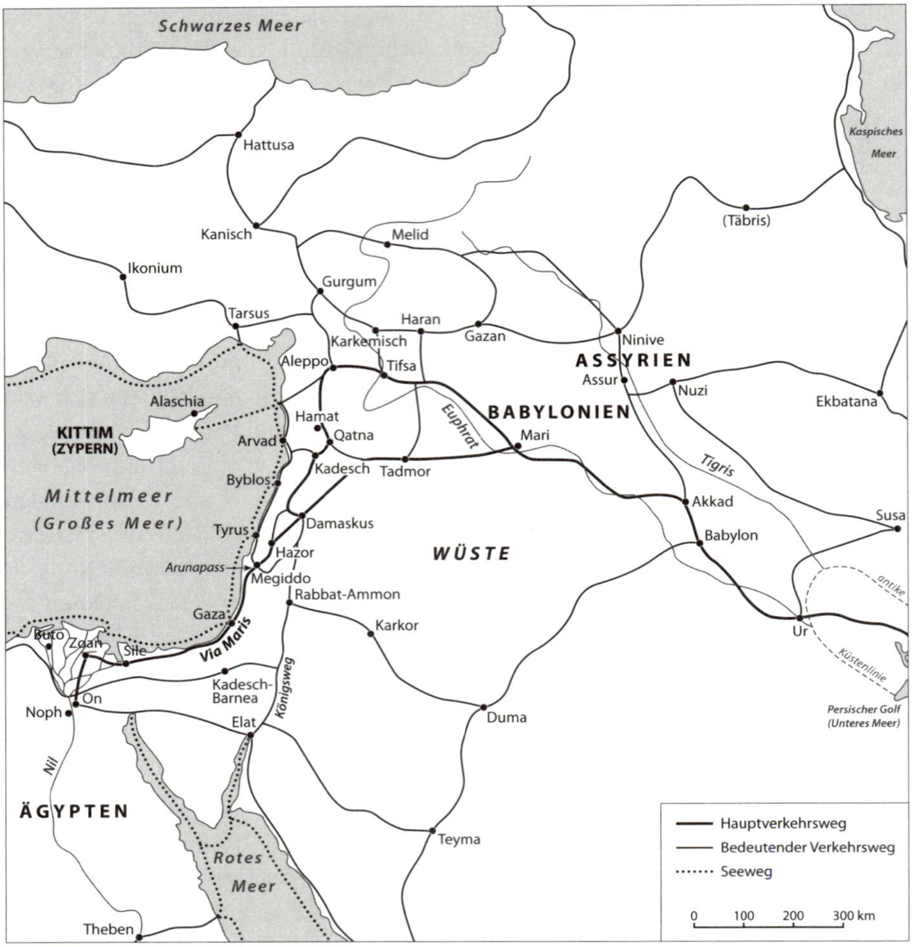

Karte 1.2 Die Hauptverkehrswege des Alten Orients. Die großen Straßen verlaufen von Ägypten (südwestlich) durch Juda/Israel am Mittelmeer nach Syrien und Mesopotamien im Nordosten und Osten.

586 v. Chr. unter ständiger Kontrolle brutal agierender Großreiche: Assyrien, Ägypten (nur kurz) und Babylonien (mit Zentrum im heutigen Mittelirak). Zwischen der assyrischen und der ägyptischen Vorherrschaft genoss Juda eine kurze Zeit der Unabhängigkeit, wurde aber dann vom babylonischen Reich unterworfen und schließlich zerstört. Von Jerusalem und seinem Tempel blieben 586 v. Chr. nur Ruinen, die **Zerstörung Jerusalems** war das Ende der alleinigen Existenz des Königreiches Juda (722–586). So begann einer der einschneidendsten Abschnitte der biblischen Geschichte, das **Babylonische Exil** (586–538). Zunächst wurde der größte Teil der Oberschicht Judas nach Babylon zwangsdeportiert, die meisten dieser Männer, Frauen und Kinder kehrten nicht mehr in ihr Land zurück. Damit war die Geschichte „Israel und die Großreiche“ jedoch noch nicht zu Ende. Nur wenige Jahrzehnte später

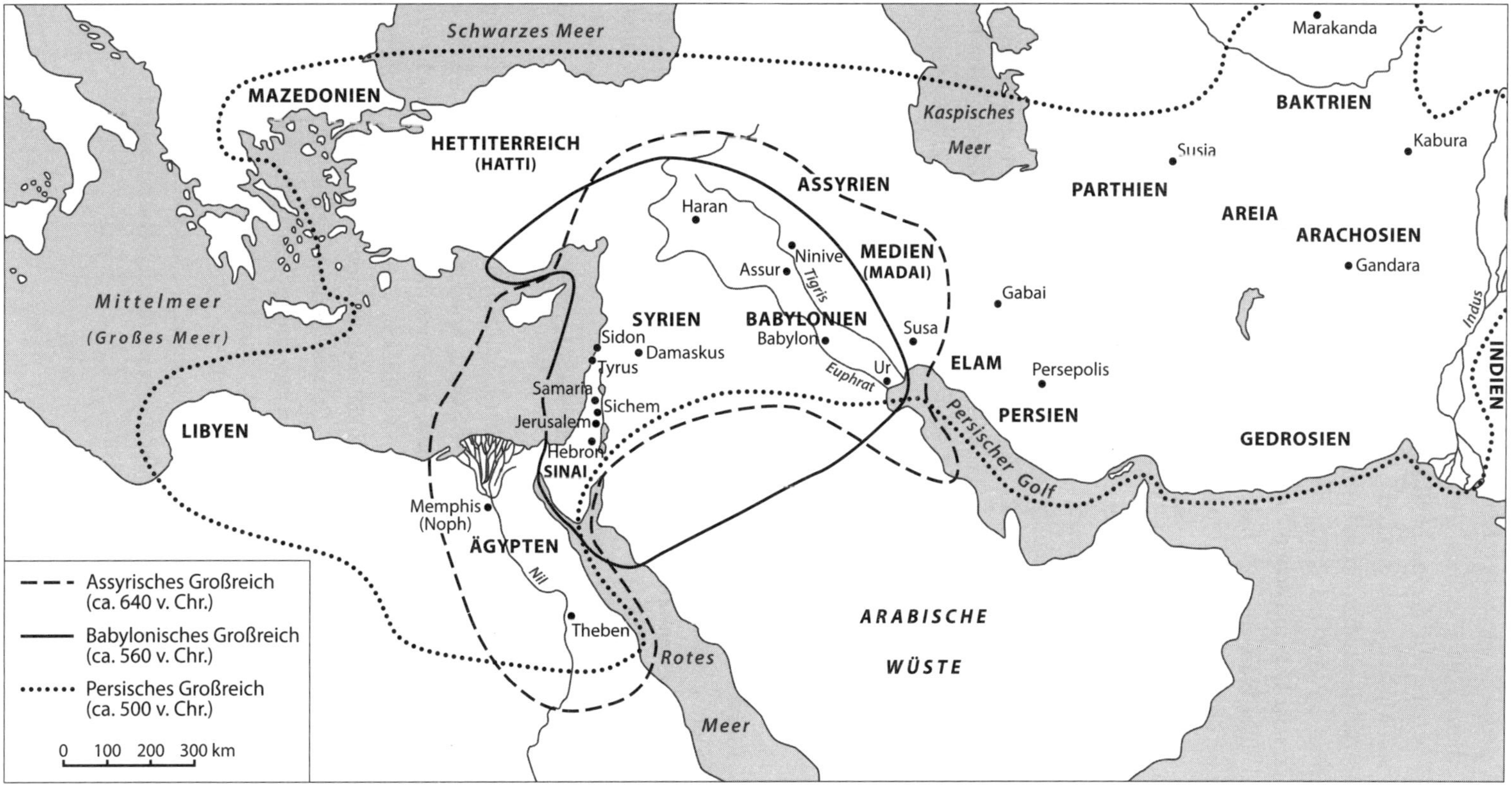

Karte 1.3 Die Ausdehnung der drei größten Imperien, die Israel und/oder Juda kontrollierten: das Assyrische Reich, das Babylonische Reich und das Perserreich.

eroberte der persische Herrscher Kyros das Babylonische Reich und errichtete die persische Vorherrschaft über Juda, die von 538 bis 332 v. Chr. dauerte (die **Perserzeit**, die 538 v. Chr. mit der **nachexilischen Zeit** beginnt). Die Bibel erzählt von einer Reihe von Maßnahmen, durch die Kyros und seine Nachfolger den ehemaligen Exilierten aus Babylon halfen, in Juda ihre Gemeinschaft und den Tempel wiederaufzubauen. Später, im Jahr 333 v. Chr., eroberte Alexander der Große die Region, es begann die Zeit der hellenistischen Herrschaft. Es scheint, dass er und seine Nachfolger während ihrer Herrschaft in Juda und Jerusalem (**hellenistische Zeit**, 332–167 v. Chr.) die persische Politik der Unterstützung Jerusalems und seiner Herrscher im großen und ganzen weiterführten. Im späten 2. Jh. kam es jedoch in Juda zu einer schweren Krise, ausgelöst durch Bestrebungen eines Teils der judäischen Oberschicht, aus Jerusalem eine griechische Stadt (Polis) zu machen. Diese Krise führte (ab 167 v. Chr.) zum Befreiungskampf der Hasmonäer (auch **Makkabäer** genannt) gegen die hellenistische Seleukidenherrschaft, schließlich (ab 104 n. Chr.) zur Entstehung des Königtums der **Hasmonäer**. Das **Hasmonäische Königtum** dauerte bis 63 v. Chr., als die Römer die Kontrolle über die Region übernahmen, die sie „Syria Palaestina" nannten und Statthaltern unterstellten. So beginnt mit dem Jahr 63 v. Chr. die **Römerzeit** in Palästina.

Wir befinden uns nur noch wenige Jahrzehnte vor der Zeit, in der Jesus lebte, in der nach seiner Kreuzigung durch die Römer das Urchristentum entstand und in der sich die christliche Bewegung dann im römisch beherrschten Mittelmeerraum ausbreitete. Es ist auch die Zeit vieler jüdischer Aufstände gegen die römische Herrschaft. Diese führten 70 n. Chr. schließlich zur Zerstörung des Jerusalemer Tempels, der in der Perserzeit wiederaufgebaut worden war (**Zerstörung des Zweiten Tempels**), und 135 zur völligen Zerstörung Jerusalems. Dadurch wurde der jüdische Tempelstaat völlig vernichtet. Die bedeutendste Strömung, mit der das Judentum diese Katastrophe überlebte, war das rabbinische Judentum, das aus dem Gelehrtentum und der Führerschaft der seit dem 2. Jh. v. Chr. bestehenden pharisäischen Bewegung herauswuchs.

Spätere Kapitel unserer Darstellung werden Einzelheiten der Geschichtsperioden behandeln und sie mit Bibeltexten in Verbindung bringen. Hier geht es lediglich darum, eine Vorstellung davon zu gewinnen, wie stark die israelitische Geschichte von ihrem Verhältnis zu den verschiedenen Großreichen geprägt war. Es ist wichtig sich klarzumachen, dass „Israel" wie auch „Juda" sich während eines Machtvakuums der Großmächte als erkennbare Völker bzw. Staaten herausbildeten – also zwischen ca. 1200 und 745 v. Chr. –, dass aber die meisten biblischen Bücher während der Herrschaftszeit Assyriens, Babyloniens, Persiens, Griechenlands und des Römischen Reichs geschrieben wurden, also seit Mitte des 8. Jh.s v. Chr. Je deutlicher wir erkennen, wie die verschiedenen biblischen Vorstellungen vom „(Groß-)Reich Gottes" als Reaktion auf die machtvolle Dominanz der antiken Imperien entstanden, desto besser werden wir das Alte Testament verstehen.

Vielfältige Kontexte, vielfältige Methoden

Biblische Texte im Horizont ihrer ursprünglichen Kontexte zu lesen, kann viele ihrer spezifischen Aspekte – wieder – zum Leben erwecken. Aber der eigentliche Grund, weshalb diese Texte noch heute gelesen werden, ist die Bedeutung, die sie für verschiedene Gemeinschaften in wesentlich späteren Kontexten haben. Diese Texte stehen in der Bibel, weil sie ihre Ursprünge permanent transzendiert haben. Unsere Einführung in das Alte Testament will beides zur Sprache bringen: ihren Ursprung im Alten Orient und ihre späteren Interpretationen durch jüdische, christliche und auch muslimische Gruppierungen. Eine tiefere Kenntnis der alten biblischen Kontexte bietet uns bessere Perspektiven auf zeitgenössische Unterschiede ihrer Auslegung. Je mehr wir über das Alter der Bibel wissen, umso mehr können wir die Behutsamkeit und Kreativität wertschätzen, mit denen sie über die Jahrhunderte hinweg von verschiedenen Gemeinschaften interpretiert und reinterpretiert wurde.

Wir können uns das veranschaulichen, indem wir kurz aufzeigen, mit welch unterschiedlichen Methoden an den „Exodus" Israels herangegangen werden kann. Es geht also um die Erzählung der Befreiung des Volkes aus Ägypten durch **Jahwe** (s. Box auf Seite 46), wie sie sich in den ersten Kapiteln des Buches Exodus findet (Exodus 1–15). Beginnen wir damit, dass es Bibelwissenschaftler gibt, die herauszubekommen versuchen, ob und wann dieser Auszug aus Ägypten tatsächlich stattgefunden hat. Solche mehr oder weniger wissenschaftlichen Untersuchungen zur Geschichte Israels benutzen Bibeltexte als Quelle zur Rekonstruktion dessen, „was vermutlich geschehen ist". Bislang sind dabei keine gesicherten Ergebnisse erzielt worden. Einerseits sind viele Forscher der Meinung, dass es irgendeine Art von Exodus aus Ägypten wirklich gegeben hat, vermutlich während der Jahrhunderte vor dem Auftauchen des Volkes „Israel" als spezifischer Gruppe des kanaanäischen Berglands. Andere sind der Auffassung, dass die geschriebenen Texte so weit von den Ereignissen entfernt sind, dass sie keinesfalls den Stoff für eine genaue Nacherzählung dessen bieten können, was damals „wirklich" geschah: wer was gesagt hat, welche und wie viele Menschen betroffen waren usw. Die biblischen Texte sind keine zuverlässigen Quellen für solche Details, da sie über Jahrhunderte hinweg durch mündliche Erzählung und schriftliche Erweiterung späterer Generationen Israels umgeformt wurden. Stellen wir uns das Spiel „Flüsterpost" vor, bei der Hunderte Menschen über fünfhundert Jahre hinweg eine Geschichte nacherzählen, die ihnen von Generation zu Generation weiterzugeben wichtig ist. Und dann stellen wir uns vor, was dabei herauskäme, wenn wir das Endergebnis dieses Tradierungsprozesses für eine historische Analyse heranziehen würden. Weil aber die Bibeltexte im Laufe der Zeit derart umgeformt wurden, versuchen Wissenschaftler die Ereignisse der israelischen Geschichte zu rekonstruieren, indem sie diese analysieren und – soweit möglich – mit archäologischen Befunden und außerbiblischen historischen Quellen vergleichen.

W Der Name des Gottes Israels: YHWH / Jahwe / der Herr

Der Name des Gottes Israels heißt auf Hebräisch „Yahweh" (übliche deutsche Schreibweise: Jahwe), aber er findet sich in dieser Form kaum in Bibelübersetzungen. Stattdessen benutzen viele „der Herr", wo hebräische Handschriften eine eigentümliche Kombination der Konsonanten von Yahweh (YHWH) und der Vokale des hebräischen Wortes „Herr" bieten. Was ist der Grund für diese Kombination?
In den ältesten Handschriften der Hebräischen Bibel wurden nur Konsonanten geschrieben. Als jüdische Gelehrte begannen, Handschriften mit Vokalenzeichen zu versehen, galt der Gottesname Yahweh schon als so heilig, dass er nicht laut ausgesprochen werden durfte. (Dies gilt für viele Juden bis heute.) So fügten sie an allen Stellen, wo die Konsonanten für Yahweh vorkamen, die Vokale von „Herr" (*„adonaj"*) ein, damit die Leser „Herr" sagten, statt den heiligen Namen auszusprechen. Im Deutschen kann diese Kombination dadurch ausgedrückt werden, dass man „Herr" ganz mit Großbuchstaben schreibt (HERR), um anzuzeigen, dass dieser konkrete Herr Yahweh ist. Das Wort „Jehova" entsteht, wenn man die Konsonanten von Yahweh mit den Vokalen von *adonaj* ausspricht.

In unserer Darstellung konzentrieren wir uns auf die Bibel vor jener Zeit, in der das Verbot aufkam, den Gottesnamen auszusprechen. Folglich ist es in manchen Kontexten sinnvoll, den Gott Israels bei seinem alten Namen „Jahwe" zu nennen.

Die **historisch-kritische Methode** umfasst eine Reihe von Analyseschritten, die der Frage nachgehen, wie und wo biblische Texte (und die in ihnen enthaltenen mündlichen Traditionen) verfasst wurden. „Kritisch" bedeutet dabei nicht, dass die historisch-kritische Methode Fehler in den Bibeltexten aufspüren will, sondern dass sie für ihre Untersuchungen die wissenschaftliche kritische Analyse benutzt und nicht etwa von Glaubensüberzeugungen ausgeht. Mit Hilfe der **Traditionskritik** und der **Formkritik** (Traditionsgeschichte, Formgeschichte) suchen Bibelwissenschaftler frühe mündliche Traditionen zu identifizieren, die hinter den Texten der Bibel stehen. Zum Beispiel haben Traditionskritik und Formkritik zur These geführt, dass das Mirjamlied eine der ältesten biblischen Traditionen enthält, die an die Niederlage des ägyptischen Heeres am Roten Meer erinnert:

> Singt Jahwe ein Lied, denn er ist hoch und erhaben!
> Rosse und Wagen warf er ins Meer. (Ex 15,21)

Die Formkritik untersucht die verschiedenen Textgattungen, die in der Bibel und ihren gesellschaftlichen Kontexten benutzt wurden. So kommt sie zum Beispiel zum Schluss, dass der obige Text der Gattung „Siegeslieder" zuzurechnen sei, die von

Frauen gesungen wurden, wenn die Männer aus der Schlacht zurückkamen. Die Traditionskritik untersucht den Prozess des Erzählens und Nach(bzw. Neu)erzählens von frühen biblischen Traditionen. Bei ihrer Analyse schriftlicher Texte stößt sie oft auf die jahrhundertelange Evolution mündlicher (bzw. auch schriftlicher) Traditionen von Geschehnissen wie z. B. den Exodus. **Quellenkritik** und **Redaktionskritik** (Redaktionsgeschichte) suchen die literarische Entwicklung dieser Bibeltexte zu rekonstruieren. Zum Beispiel entdeckte die Quellenkritik vor mehr als zweihundert Jahren, dass die Erzählung von der Errettung Israels aus Ägypten in Exodus 14 ein Gewebe aus zwei verschiedenen und ursprünglich eigenständigen Erzählungen über dasselbe Geschehnis ist. Die eine Quelle erzählt, dass das Wasser des Meeres von einem starken Wind zurückgedrängt wurde, die andere, dass die Israeliten durch das Meer geführt wurden, während das Wasser wie zwei Mauern zu ihren Seiten stand. Die Redaktionsgeschichte analysiert die Entstehung der Endform eines Bibeltextes durch die Kombination solcher Quellen und ihrer literarischen Erweiterungen. Während die Quellenkritik sich mit den schriftlichen Blöcken eines biblischen Textes befasst, untersucht die Redaktionskritik, wie diese Blöcke zusammengestellt und miteinander verbunden wurden. Der übergreifende Begriff für diese Methode, die die Entstehung der Bibel aus mündlichen und schriftlichen Quellen untersucht, lautet **„Überlieferungsgeschichte“**.

Viele Wissenschaftler legen den Schwerpunkt allerdings nicht auf Fragen der Entstehung der Bibel, sondern auf das, was sie Generationen von Bibellesern bedeutet hat und bedeutet. Zum Beispiel hat die **Literaturkritik** Methoden der Interpretation moderner Literatur benutzt, um die Handlung, die Charakterisierung, den Rhythmus und die Form biblischer Texte zu bestimmen. Hier wird Exodus 15 so betrachtet, als wäre dieser Text Teil eines Romans; von besonderem Interesse ist die Frage, *wie* die Geschichte kunstvoll erzählt wird: Wie wird Mose eingeführt und dargestellt? Wie kontrastiert dies mit der Darstellung der Ägypter und ihrer Anführer? Was erwartet und was lernt der Leser im Lauf der Erzählung? Solche Untersuchungen zur poetischen und narrativen Dynamik biblischer Texte unterscheiden sich von denen zur Frage, wie solche Texte von späteren Lesern ausgelegt wurden. Letzteres Anliegen will die **Auslegungsgeschichte** eines Textes erhellen. Wissenschaftler, die so arbeiten, analysieren zum Beispiel, wie der Exodus im Islam behandelt wird und wie er im Judentum und Christentum seine zentrale Bedeutung erlangt hat. Die Exoduserzählung ist das Herzstück der jüdischen Pessachfeier, und sie ist eine der Gründungsgeschichten von Taufe und Eucharistie im Christentum. Sodann beschäftigt sich die **Kulturkritik** mit der Art und Weise, wie die Exoduserzählung nicht nur in Glaubensgemeinschaften gelesen wird, sondern wie sie allgemein in die Kultur eingeflossen ist, z. B. durch Medien wie Reggae-Musik oder Filme wie *Die Zehn Gebote* oder *Der Prinz von Ägypten*. Die Auslegungsgeschichte und die Kulturkritik gehören zum weiteren Feld der **Wirkungsgeschichte**, die sich damit befasst, wie biblische Texte verwendet und bewusst ausgelegt wurden/werden.

Schließlich gibt es die verschiedensten Formen der **Ideologiekritik**, die die Art und Weise untersuchen, mit der die Exoduserzählung im Zusammenhang mit systemimmanenten Machtstrukturen ausgelegt wurde bzw. werden kann oder werden sollte.

Zum Beispiel hat die **Feministische Kritik** in ihrer Anfangszeit die Bedeutung der Hebammen (Ex 1,15–21) für das Zustandekommen des Exodus herausgestellt; spätere feministische Untersuchungen haben die Konzentration der Exoduserzählung und der meisten anderen Bibeltexte auf männliche Figuren hinterfragt. Die **Genderkritik** analysiert biblische Darstellungen sowohl des männlichen als auch des weiblichen Genders (Geschlechterkonstruktion und -rollen) in der Bibel, einschließlich der stillschweigenden Charakterisierung Gottes als männlich, beim Exodus als eines männlichen und kriegerisch-militaristischen Gottes, als „Krieger"/„Kriegsmann" (Ex 15,3). Schließlich untersucht die **Postkoloniale Kritik**, wie Texte (z. B. die Exoduserzählung als Reaktion auf imperiale Kräfte entstanden sind und später eine Rolle im kolonialen Imperialismus gespielt haben. So kann die Postkoloniale Kritik konstatieren, dass die biblische Exoduserzählung Hunderte von Jahren nach den erzählten Ereignissen geschrieben wurde, weil sie eine Antwort auf die Unterdrückung durch Assyrien, Babylonien oder andere Imperien geben sollte. Postkoloniale Kritik hat aber auch aufgezeigt, wie christliche Missionare und europäische Kolonialmächte die Unterwerfung fremder Völker gerechtfertigt haben, indem sie sich als die wahren Erben „Israels", auf dessen Seite Gott in der Exoduserzählung steht, darstellten. So trägt die „postkoloniale" Kritik mit ihrer besonderen Perspektive zur Erforschung der Entstehung wie auch der Auslegungs- und Wirkungsgeschichte biblischer Texte bei.

Schlussbetrachtung

Dieses erste Kapitel hat uns eine Übersicht vermittelt, die in den folgenden Kapiteln weiter auszuführen sein wird. Es mag zunächst verwirrend sein, auf engem Raum so vielen Fachausdrücken und Daten zu begegnen. Diese Übersicht ist aber wichtig, um die nachfolgenden Einzelheiten zu verstehen. Die weiteren Kapitel werden die Entstehungsgeschichte der Bibel entfalten. Diese beginnt mit der Diskussion der mündlichen Traditionen im vorschriftlichen Israel und durchläuft zahlreiche Stadien bis zur endgültigen Abfassung der Hebräischen Bibel zur Zeit des Hasmonäerreichs. Obwohl die nächsten Kapitel ein unbekanntes, eigenartiges Israel zum Vorschein bringen werden, das vielen Leserinnen und Lesern unvertraut ist, wird dieses historische Vorgehen viele Aspekte der Bibel zutage fördern, deren Sinn sonst verborgen bliebe. Ferner wird es den Ausgangspunkt für die Anwendung anderer wissenschaftlicher Methoden bilden, mit denen wir Bibeltexte auf neue Art und Weise betrachten können.

Theorien über die Entstehung der Bibel und ihrer Texte sind einem ständigen Wandel unterworfen. Auf dem begrenzten hier zur Verfügung stehenden Raum können nur einige wenige wichtige Diskussionen angesprochen werden. Immerhin kennt die Forschung diese Art historischer Analyse der Bibel seit etwa dreihundert Jahren, ihre Arbeit hat viele interessante und wichtige Ergebnisse erbracht. Die vorliegende Einführung in das Alte Testament basiert auf dieser Bandbreite der Bibelwissenschaft: Sie bietet eine historisch vorgehende Einführung in die Bibel, die als Ausgangspunkt für weitere Untersuchungen, Fragestellungen und Verbesserungen dienen kann.

Rückblick auf Kapitel 1

1. Überprüfen Sie Ihr Wissen zu folgenden Fachbegriffen, die in diesem Kapitel behandelt wurden:
   - Auslegungsgeschichte
   - Feministische Kritik
   - Formkritik (Formgeschichte)
   - Genderkritik
   - Historisch-kritische Methode
   - Ideologiekritik
   - Israel (zwei verschiedene Bedeutungen)
   - Jahwe (Yahweh)
   - Kulturkritik
   - Literaturkritik
   - Postkoloniale Kritik
   - Quellenkritik
   - Redaktionskritik (Redaktionsgeschichte)
   - Traditionsgeschichte
   - Traditionskritik
   - Überlieferungsgeschichte
   - Wirkungsgeschichte

2. Suchen Sie auf einer Karte die folgenden Gebiete und beschreiben Sie ihre wichtigsten Charakteristika:
   - Jordantal
   - Juda
   - Küstenebene
   - Transjordanien
   - Zentrales Bergland

3. Überprüfen Sie Ihr Wissen zu Daten und allgemeinen Merkmalen der folgenden großen Geschichtsperioden:
   - Vorstaatliche Zeit (Stammeszeit)
   - Vereintes Königtum
   - Geteiltes Königtum
   - Juda allein
   - Zerstörung Jerusalems
   - Babylonisches Exil
   - Perserzeit
   - Nachexilische Zeit
   - Hellenistische Zeit
   - Hasmonäerreich (Makkabäisches Königtum)
   - Beginn der Römerzeit
   - Zerstörung des Zweiten Tempels

4. In welcher Reihenfolge kontrollierten die folgende Großreiche Israel und Juda?
   - Assyrien
   - Babylonien
   - Hellenistisches Reich
   - Persien
   - Rom

Weiterführende Literatur

Geschichte Israels

DONNER, Herbert. *Geschichte des Volkes Israel und seiner Nachbarn in Grundzügen.* Göttingen: Vandenhoeck & Ruprecht, ^{2}1995 (ATD Ergänzungsreihe 4/1)

SAND, Shlomo. *Die Erfindung des jüdischen Volkes: Israels Gründungsmythos auf dem Prüfstand.* Berlin: Propyläen, ^{2}2010

SCHMITT, Hans-Christoph. *Arbeitsbuch zum Alten Testament: Grundzüge der Geschichte Israels und der alttestamentlichen Schriften.* Göttingen: Vandenhoeck & Ruprecht, 2005

KINET, Dirk. *Geschichte Israels.* Würzburg: Echter Verlag, 2001 (Die neue Echter-Bibel Altes Testament, Ergänzungsband 2)

Landeskunde

HAAG, Herbert. *Das Land der Bibel: Geographie – Geschichte – Archäologie.* Stuttgart: Katholisches Bibelwerk, 2000

RASMUSSEN, Carl G. *Historisch-geographischer Atlas zur Bibel.* Neuhausen-Stuttgart: Hänssler, 1997

DALMAN, Gustaf. *Arbeit und Sitte in Palästina* (1928–1942). Bd. 8 – Berlin: de Gruyter, 2001; Bd. 1–7 (reprints) – Hildesheim: Olms, 1964

AHARONI, Yohanan. *Das Land der Bibel: Eine historische Geographie.* Neukirchen-Vluyn: Neukirchener Verlag, 1984

Exegetische Methoden

ADAM, Gottfried. *Einführung in die exegetischen Methoden.* Gütersloh: Kaiser, ^{7}2000

BECKER, Uwe. *Exegese des Alten Testaments: Ein Methoden- und Arbeitsbuch.* Tübingen: Mohr, ^{2}2008

GERTZ, Jan Christian. *Grundinformation Altes Testament: Eine Einführung in Literatur, Religion und Geschichte des Alten Testaments.* Göttingen: Vandenhoeck & Ruprecht, ^{3}2009

HUNING, Ralf. *Bibelwissenschaft im Dienste popularer Bibellektüre. Bausteine einer Theorie der Bibellektüre aus den Werken von Carlos Mesters.* Stuttgart: Katholisches Bibelwerk, 2005 (SBB 54)

MESTERS, Carlos. *Vom Leben zur Bibel, von der Bibel zum Leben.* Mainz und München: Grünewald und Kaiser, 2 Bde., 1983

GERSTENBERGER, Erhard. Der Realitätsbezug alttestamentlicher Exegese. In: *VT.S 36.* Leiden: Brill, 1985, 132–144

Buch Exodus

JACOB, Benno. *Das Buch Exodus*. Stuttgart: Calwer Verlag, 1997

FISCHER, Georg / MARKL, Dominik. *Das Buch Exodus*. Stuttgart: Katholisches Bibelwerk, 2009 (Neuer Stuttgarter Kommentar 2)

NOTH, Martin. *Das zweite Buch Mose: Exodus*. Göttingen: Vandenhoeck & Ruprecht, [5]1973 (ATD 5)

WILLI-PLEIN, Ina. *Das Buch vom Auszug, 2. Mose (Exodus)*. Neukirchen-Vluyn: Neukirchener Verlag, 1988

KIESOW, Klaus. *Exodustexte im Jesajabuch. Literarkritische und motivgeschichtliche Analysen*. Fribourg: Universitätsverlag, 1979 (OBO 24)

SCHMIDT, Werner H. *Exodus*. Neukirchen-Vluyn: Neukirchener Verlag, seit 1974 in Lieferungen (Stand 2011: Ex 11; BKAT 2)

Bibliographie der englischen Originalausgabe (Chapter 1)

Overviews of the history of Israel

Miller, J. Maxwell. *The History of Israel: An Essential Guide*. Nashville: Abingdon, 1997.

Shanks, Hershel., ed. *Ancient Israel: From Abraham to the Roman Destruction of the Temple* (2nd edition). Washington, DC: Biblical Archaeology Society, 1999.

Geography of lands and places featured in the Bible

Atlas of the Bible Lands (revised edition). Maplewood, NJ: Hammond, 1990.

Rainey, Anson F., and Notley, R. Steven. *The Sacred Bridge: Carta's Atlas of the Biblical World*. Jerusalem: Carta, 2006. Detailed. Much focus on reconstructing history.

Rogerson, John. *The New Atlas of the Bible*. London: McDonald, 1985. Organized not by historical periods, but by regions. Excellent photographs and art.

Discussions of methods in biblical interpretation

Barry, Peter. *Beginning Theory: An Introduction to Literary and Cultural Theory* (2nd edition). Manchester: Manchester University Press, 2002. Excellent, accessible overview of more recent literary theory and methods of interpretation.

McKenzie, Steven L., and Haynes, Stephen R., ed. *To Each Its Own Meaning: An Introduction to Biblical Criticisms and Their Application* (2nd edition). Louisville, KY: Westminster John Knox Press, 1999.

Book of Exodus, problems of history, and history of interpretation

Johnstone, William. *Exodus*. Old Testament Guides. Sheffield: Sheffield Academic Press, 1990. Especially pp. 31–8.

Langston, Scott M. *Exodus*. Blackwell Commentary Series. Oxford: Blackwell, 2006. History of interpretation.

Anhang: Geschichte Israels und Großreiche

(Vorgeschichte Israels: Kontrolle Kanaans durch Ägypten	**1450–1200 v. Chr.)**
Entstehung „Israels" im Machtvakuum der Imperien	
Erste israelitische Dörfer im vorher unbesiedelten Bergland	(1250–1000 v. Chr.)
Vereintes Königtum von David und Salomo in Jerusalem	(1000–930 v. Chr.)
Getrenntes Königtum: Südreich Juda und Nordreich Israel	(930–722 v. Chr.)
Unterdrückung durch aufeinanderfolgende Großreiche:	
Assyrien, Ägypten, Babylonien	**(745–586 v. Chr.)**
Untergang des Nordreiches	(722 v. Chr.)
Zerstörung Jerusalems und Deportation seiner Führungselite	(586 v. Chr. sowie weitere Deportationen)
Imperiale Unterstützung von (ehemals exilierten) Judäern:	
nachexilische Zeit	**(Beginn: 538)**
Wiederaufbau/Verwaltung Judas mit persischer Unterstützung	(538–332 v. Chr.)
Hellenistische Fortführung der persischen Politik bis zur hellenistischen Krise	(332–167 v. Chr.)
Hellenistische Krise und Entstehung des Hasmonäischen/ Makkabäischen Königtums	(167–63 v. Chr.)
Römische Herrschaft	**(ab 63 v. Chr. mit verschiedenen Enddaten)**
Zerstörung des Zweiten Tempels	(70 n. Chr.)
Vollständige Zerstörung Jerusalems	(135 n. Chr.)

Kapitel 2
Die Entstehung des Alten Israel und seiner ersten mündlichen Traditionen

Dieses Kapitel will eine Vorstellung vom Leben der ersten Israeliten vermitteln und behandelt einige der ältesten Traditionen Israels. Es stellt das Leben im Stammesverband vor und zeigt, wie sich diese gesellschaftliche Organisation von zwei anderen Gesellschaftsformen unterscheidet, die in der Geschichte Israels später wichtig wurden: dem monarchischen Stadtstaat und dem Großreich. Außerdem zeigt es besondere Merkmale der mündlichen, für Stammesgruppen typischen Tradition auf und geht ihren Spuren in biblischen Texten nach, z. B. in den Erzählungen über Jakob, den Exodus aus Ägypten und den Sieg Deboras über die Truppen von Hazor. In ihrer frühen mündlichen, uns nicht mehr zugänglichen Form waren diese Erzählungen und Gedichte, die oft „Trickster" verherrlichen, Bestandteil des „kollektiven Gedächtnisses". Als „Trickster" bezeichnet die Anthropologie einen listigen Helden, der Tricks anwendet, um widrige Umstände zu überwinden. Den Israeliten in ihrer Stammeskultur half die Erinnerung an solche und andere Gestalten, sich von den Kanaanäern ihrer Umwelt abzugrenzen. Dieses Kapitel zeigt aber auch, dass Kultur und Religion des Alten Israel in vieler Hinsicht „kanaanäischer" waren, als wir vielleicht dachten. Beides zusammen macht klar, dass das Alte Israel seinen Nachbarkulturen in wesentlichen Aspekten ähnelte, sich in anderen aber auch von ihnen unterschied.

Das Alte Israel – so könnte es entstanden sein

Beginnen wir mit einem Blick auf die Geschichten und Lieder, die Israel zu Anfang seiner Geschichte schuf und weitergab. Wie nirgends sonst in unserer Darstellung erfordert das erhebliche Fantasie, denn wir besitzen keine schriftlichen Zeugnisse aus dieser Zeit und müssen archäologische Funde, Material aus Nachbarkulturen und den fernen Nachhall aus Israels Anfangszeit in wesentlich späteren biblischen Texten miteinander kombinieren, um uns ein Bild davon zu machen.

Fangen wir also mit dem Versuch einer Rekonstruktion der Dörfer an, in denen sich die ältesten mündlichen Traditionen Israels entwickelt haben mögen. Es ist eine Reise zurück in die Zeit, die in den biblischen Büchern Josua und der Richter dargestellt wird. Doch gibt es große Unterschiede zwischen dem, was sie über die „Richterzeit" erzählen, und dem, was heutige Historiker herausfinden. Die Bücher Josua und Richter sind in sehr viel späterer Zeit entstanden; sie werden in Kapitel 7 bespro-

Abb. 2.1 Hügellandschaft in Zentralpalästina. Sie lässt die antiken Terrassen erkennen, die man in die Kalksteinhügel geschnitten hatte, um sie besser bebauen zu können.

chen, zusammen mit dem Pentateuch, der ihnen in der Bibel vorangestellt wurde (Genesis bis Deuteronomium). Hier aber befassen wir uns noch nicht mit den geschriebenen Büchern der Bibel, sondern mit der mündlichen Kultur, die die ersten Traditionen Israels hervorgebracht hat. Es entsteht also ein Bild, das auf der Archäologie und der sorgfältigen Analyse von biblischen und außerbiblischen Texten aufbaut.

Wenn wir uns mit einer Zeitmaschine in die Anfänge Israels zurückversetzen könnten, würden wir eines der **Dörfer** aufsuchen, die gegen Ende des zweiten Jahrtausends (1250–1000 v. Chr.) auf den Höhen des Berglandes existierten, zwischen der Küstenebene und der Jordansenke (s. Abb. 2.1). Die alten Israeliten lebten hier von einer Subsistenzwirtschaft, vor allem vom Anbau von Kulturpflanzen.

Es gab zwei Hauptjahreszeiten: die Trockenzeit im Sommer und Herbst, und die Regenzeit im Winter und Frühjahr, die mit der Ernte der Gerste und danach des Weizens und anderer Feldfrüchte abschloss. Die Ernte wurde in großen Keramikkrügen aufbewahrt. Regen, auf den die Bauernfamilien angewiesen waren, fiel in unregelmäßigen Abständen. Deshalb speicherte man Regenwasser in versiegelten unterirdischen Löchern, den „Zisternen". Alle drei oder vier Jahre reichte der Regen jedoch nicht für eine gute Ernte aus. Dann war das Leben besonders hart, und die Familien mussten gegen den Hunger kämpfen, bis ein folgendes Jahr eine bessere Regenzeit brachte und die erste neue Ernte reif war. Um in solchen Zeiten zu überleben, mussten oft die wertvollen Tiere geschlachtet und verzehrt werden, die ansonsten hauptsächlich Milch und Kleidung lieferten (Wolle oder Häute).

Unser kleines Dorf hat nur wenige Häuser. In ihnen wohnten einige wenige Klans mit mehreren Großfamilien und jeweils eigenen Haushalten: Großeltern, deren Söhne, deren Frauen, unverheiratete Töchter und Kinder. In jedem Dorf lebten nur etwa 50–300 Menschen, ihr Leben war kurz und hart, wie überall im Altertum. Obwohl ein paar Glückliche viel länger lebten, wurden die meisten Männer, wenn sie die frühe Kindheit überstanden, nur etwa 30 bis 40 Jahre alt. Die meisten Frauen starben noch früher, nämlich bevor sie die 30 erreichten, die Hälfte von ihnen im Kindbett. Das Leben dieser Menschen war durch Hungersnöte, Krankheiten, Kriege und (bei Frauen) durch Probleme bei Schwangerschaft und Geburt bedroht.

Da die Dörfer keine Stadtmauern hatten und es nur wenige Männer im kampffähigen Alter gab, waren sie Überfällen aus anderen Gebieten oder Angriffen von Berufsheeren der Stadtstaaten im Küstenstreifen und den Ebenen ausgesetzt. Ihre einzige Hoffnung bei der Verteidigung war göttliche Hilfe und der Zusammenschluss mit anderen Dörfern ihres Stammes (z. B. Efraim, Manasse, Ascher). In Zeiten besonders schlimmer Krisen kam es vor, dass auch Dörfer verschiedener Stämme sich in einem vorübergehenden Militärbündnis zusammentaten, das von charismatischen Einzelpersonen angeführt wurde. Wie wir im Deboralied sehen werden, war es nicht immer einfach, diese verstreuten Stämme und Dörfer zu einer koordinierten Verteidigung zusammenzubringen. Im Gegensatz zu anderen biblischen Darstellungen zeigen Texte wie das Deboralied, dass das älteste „Israel" ein äußerst locker organisiertes Gebilde war. Dörfer und Stämme taten sich zusammen, um den Unwägbarkeiten militärischer oder landwirtschaftlicher Katastrophen zu begegnen. Trotzdem war die primäre gesellschaftliche Gegebenheit für die meisten Menschen im Alten Israel ihr Dorf und ihr Klan. Sie verbrachten den allergrößten Teil ihres Lebens im Bereich ihres Dorfes und der sie umgebenden Hügel.

Diese Lebensweise unterschied sich stark vom Leben in den nahe gelegenen nichtisraelitischen **Stadtstaaten**, die von **Königen** regiert wurden. Die Stadtstaaten des Alten Orients waren Territorien, die von einer Stadt kontrolliert wurden, die normalerweise einem König unterstand, Ressourcen anhäufte und ein Organisations-

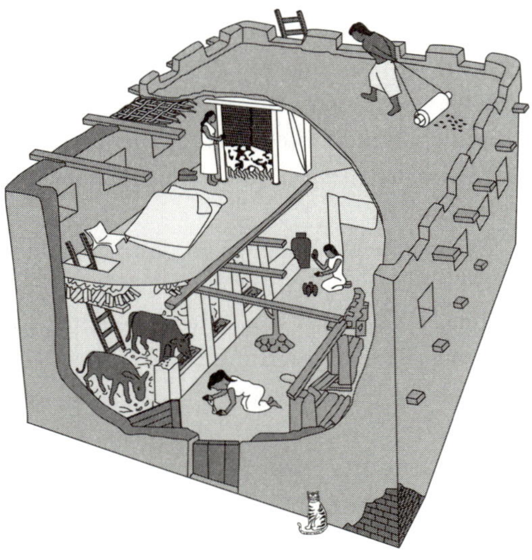

Abb. 2.2 Rekonstruktion eines typischen israelitischen Pfeilerhauses. Im Erdgeschoss befanden sich Ställe für das Vieh, die Wasserzisterne und Bereiche für Nahrungszubereitung. Im Obergeschoss spielte sich das sonstige Familienleben ab – es gab Schlaf-, Ess- und Freizeitzonen.

niveau erreichte, das in dezentralisierten Systemen wie der Stammesgesellschaft Israels unmöglich war. Die massiven Mauern, die solche Städte schützten, verliehen ihnen immense Vorteile bei der Verteidigung gegen angreifende Heere, selbst wenn deren Kräfte ihnen zahlenmäßig überlegen waren. Die Stadtstaaten verfügten normalerweise über ein Berufsheer, dessen Ausbildung und Ausrüstung ihnen Vorteile gegenüber einem eher unorganisierten freiwilligen Heerbann wie dem Israels brachten. Der höhere Standard militärischer Macht und sozialer Organisation erlaubte den Städten, die umliegenden Gebiete zu kontrollieren und deren bäuerliche Bewohner zu Zwangsarbeiten heranzuziehen, zum Beispiel zum Bau von Befestigungsanlagen und zur regelmäßigen Lieferung eines Teils ihrer Produkte. Auch wenn die Erzählungen des Richterbuches aus späterer Zeit stammen, lesen wir zwischen den Zeilen, wie die Israeliten sich gegen die Versuche umliegender Stadtstaaten (z. B. Hazor) wehrten, sie zu unterwerfen. Solche Bedrohungen, aber auch räuberische Einfälle etwa der Midianiter und Amalekiter, machten in Krisenzeiten charismatische Führungspersonen nötig, „Richter" wie Debora oder Simson, die die verzweifelten Dorfbewohner und Stämme zusammenbrachten und ihre Kräfte und Mittel vereinten, um den gemeinsamen Feind zurückzuschlagen.

Ein Feind, den die alten Israeliten *nicht* zu fürchten brauchten – sehr im Unterschied zum Israel späterer Geschichtsepochen –, war die Macht eines altorientalischen Großreiches wie Ägypten oder Babylon. Sie wussten von solchen Supermächten allerhöchstens durch deren Nachwirkung, zum Beispiel des ägyptischen Einflusses auf einige Stadtstaaten, gegen die ihre Dörfer ums Überleben kämpfen mussten. Vor dem

W Was war das älteste „Israel" und wer waren die „Richter"?

Obwohl die Bibel „Israel" als eine geschlossene Gruppe von zwölf Stämmen darstellt, die von Jakob abstammen, sind sich heute die meisten Forscher einig, dass dies kein historisch exaktes Bild ist. Wir wissen jetzt (die nähere Begründung folgt bei der Besprechung von Ri 5), dass das älteste „Israel" eine lose organisierte Gruppe von Stämmen war, die einen sich ähnelnden (dörflichen) Lebensstil hatten und sich in militärischen Angelegenheiten gegenseitig beistanden. Anthropologen nennen dezentralisierte soziale Gruppen wie das alte Israel eine **„segmentierte Gesellschaft"**.

Eines ihrer Kennzeichen ist das Fehlen einer festen Machtstruktur wie zum Beispiel das Königtum. Stattdessen wurden die Dörfer und größere Gruppierungen in ihrem Alltagsleben von Ältesten geleitet. In Zeiten großer Not erhoben sich charismatische AnführerInnen, wie z. B. Debora, um die verschiedenen Gruppen „Israels" in einem gemeinsamen Heer zu vereinen. Solche AnführerInnen werden in der Bibel als „Richter" bezeichnet, aber eine bessere – wenn auch weniger schöne – Übersetzung des dahinterstehenden hebräischen Wortes wäre wohl „befristete AnführerInnen".

Abb. 2.3 Tontafel mit einem Brief an den Pharao, im Namen Abdi-Hepas, des Königs von Jerusalem, das vor der Eroberung durch David eine jebusitische Stadt war. Der Brief berichtet über die angespannte Situation in der Region.

Aufkommen der israelitischen Siedlungen hatte Ägypten nämlich die Region etwa 200 Jahre lang kontrolliert, die Herrscher der größeren Städte unterworfen und sie zu Untertanen gemacht. Wir besitzen sogar Briefe, die zwischen den Schreibern des Pharaos und den Königen solcher Stadtstaaten in Palästina ausgetauscht wurden, zum Beispiel von Jerusalem, Sichem und Megiddo. In jener Zeit war Jerusalem nicht von Israeliten besiedelt, sondern von Jebusitern; ihr König, Abdi-Hepa, schreibt dem Pharao: „Ich bin dein Sklave, und ich erneuere meinen Bund mit dir als meinem Pharao, indem ich mich siebenmal siebenmal vor dir niederwerfe" (s. Abb. 2.3). In einem späteren Brief drückt er seine Befürchtung aus, dass „die Länder meines Herrn, des Pharao, in Kanaan verlorengehen werden", wenn dieser nicht genug Truppen sende. Tatsächlich verlor Ägypten letztendlich die Kontrolle über die Region, aber der ägyptische Einfluss in größeren Küstenstädten, zum Beispiel in Byblos und in Städten Palästinas, blieb für viele Jahrhunderte bestehen.

Im Unterschied zu diesem Schreiber, der seinerzeit für Abdi-Hepa, den König des (vorisraelitischen) Jerusalem, Briefe verfasste, hatten unsere Dorfbewohner im Bergland keine Zeit oder keinen Grund, lesen und schreiben zu lernen. Wie wir aus Vergleichen und durch archäologische Zeugnisse wissen, steht die Schreibkunst – wo es sie gibt – in erster Linie im Zusammenhang mit zentralisierten und hierarchischen städtischen Formen der sozialen Organisation (z. B. in Jerusalem).

Dennoch hatten auch unsere alten israelitischen Dorfbewohner, wie alle anderen kleinen Gruppen zu allen Zeiten, ein reiches und vielfältiges kulturelles Leben. Aber statt Texte zu schreiben gaben sie ihre Traditionen mündlich von Generation zu Generation weiter. Diese Traditionen enthielten Stammbäume, nach denen die Klans und Dörfer in Stammesgruppen und Untergruppen gegliedert waren, Geschichten über Helden wie Jakob und Lieder über Erfahrungen der Befreiung wie beim Exodus oder des Sieges wie bei Debora.

Diese **mündlichen Traditionen** waren ständig im Fluss, da sie jahraus, jahrein von den nachfolgenden Generationen gesungen und weitererzählt wurden. Früher war die Forschung der Meinung, dass Menschen in schriftlosen Kulturen wie der israelitischen über ein ungewöhnlich gutes Erinnerungsvermögen verfügten, das ihnen erlaubte, mündliche Traditionen exakt auswendig zu lernen und über Jahrhunderte hinweg unverändert wiederzugeben. Genauere Studien zu solchen Gesellschaften haben jedoch gezeigt, dass Menschen, die Traditionen mit rein mündlichen Mitteln bewahren, sie ständig und stark verändern. Natürlich können gewisse Elemente zuverlässig bewahrt werden, weil sie mit einem Namen, einer geographische Gegebenheit oder einem fortdauernden Brauch verknüpft sind. Jedoch passen Dichter bzw. Sänger in mündlichen Kulturen die Traditionen, die an sie weitergegeben wurden, ständig ihrer eigenen Situation an. Dieser Adaptationsprozess wird nur in beschränktem Maße durch die Kommunikation innerhalb des Netzwerkes kontrolliert, in dem Sänger und Geschichtenerzähler in ihrer jeweiligen Gesellschaft stehen.

Dies bedeutet, dass die ersten Traditionen des Alten Israel mündlich weitergegeben wurden, wobei sie sich seit dem späten zweiten Jahrtausend v. Chr. auf ihrer Reise durch die Jahrhunderte ständig weiterentwickelt und verändert haben. Ein Name wie „Mose" und selbst der Name einer schon längst verlassenen ägyptischen Stadt wie „Ramses" wurden bewahrt, aber die Geschichte des Auszugs der Israeliten aus Ägypten entwickelte sich weiter in dem Maße, wie Israel sich in den folgenden Jahrhunderten neuen Feinden und neuen Problemen stellen musste. Im Prozess des mündlichen Erzählens und Nacherzählens kann z. B. der Mose einer späteren Zeit Anführer oder Befreier um sich versammeln, und das „Ägypten" der weitererzählten Geschichte kann späteren Feinden angeglichen werden. Auf ähnliche Weise erklärt die Geschichte von Jakob, der am Jabbok mit Gott ringt (jetzt in Gen 32,22–32), den Ortsnamen „Penuel". Da dieser Ortsname eine Gottesbegegnung andeutet (Penuel wird als hebräischer Ausdruck für „Angesicht Gottes" interpretiert), mag dieser Teil der Erzählung über die Zeiten hinweg unverändert geblieben sein, während andere Einzelheiten im Prozess des Wiedererzählens verändert wurden.

Ein auffallend häufiges Merkmal, vor allem in den ältesten Traditionen Israels, ist – wie schon oben erwähnt – der **„Trickster"**: jemand, der mit Hilfe von List und Tricks und sogar Gesetzesüberschreitung zu überleben versteht, und wegen seiner Fähigkeiten in Religion, Literatur und anderen Kulturbereichen gepriesen wird. Anthropologen ist schon lange aufgefallen, dass viele Kulturen, vor allem besonders gefährdeter Gruppen, gerne Figuren verherrlichen, die durch ihr listiges und zuweilen betrügerisches Verhalten widrige Umstände überwinden. Gestalten wie der Kojote der nordamerikanischen Prärie-Indianer zeigen ihrem Volk, wie es in einer feindli-

W Die Geschichte, das Buch Josua und das Buch der Richter

Wir sprechen gerade über Israels älteste Geschichte in seinem Land. Es ist die Geschichte eines Israel, das in Dörfern lebt und noch keinen König hat, und einer Zeit, die in den Büchern Josua und Richter beschrieben wird. Diese Bücher stammen jedoch frühestens aus der Zeit um 600 v. Chr., sind also mindestens 500 Jahre jünger als die Ereignisse, von denen sie berichten. Sie unterscheiden sich auch untereinander, denn sie bauen auf unterschiedlichen mündlichen und schriftlichen Traditionen auf, um ihre Geschichten zu erzählen. Zum Beispiel finden wir bis zu drei unterschiedliche Erzählungen über die Eroberung einiger Städte: Hebron in Jos 10,36–37; 15,13–14 und Ri 1,10; Debir in Jos 10,38–39; 15,15–17 und Ri 1,11. Deshalb sind Historiker äußerst vorsichtig, wenn sie Daten aus Josua und Richter zur Rekonstruktion der Geschichte des Alten Israel heranziehen. Auch stellt die Archäologie eine wichtige Gegenkontrolle dar, durch die Historiker die geschichtliche Zuverlässigkeit biblischer Traditionen beurteilen können. In späteren Kapiteln unserer Darstellung kommen wir auf die Bücher Josua und Richter zurück, und zwar als theologische Texte für Menschen des 7. Jahrhunderts v. Chr.

M Traditionsgeschichte und Überlieferungsgeschichte

Obwohl Überlieferungen sowohl mündlich als auch schriftlich existieren können, benutzen viele Wissenschaftler den Fachausdruck **„Traditionsgeschichte“** nur für die Geschichte mündlicher Traditionen vor und neben den schriftlichen Texten, die wir jetzt in der Bibel finden. Verschiedene Versionen einer mündlichen Tradition können identifiziert werden, indem man Parallelen in der Thematik oder Handlung einerseits und Variationen der Personen, des Erzählrahmens und vor allem des Wortlautes andererseits miteinander kombiniert. Nehmen wir das Beispiel der Parallelgeschichten von Abraham und Sara im philistäischen Gerar des Königs Abimelek (Gen 20,1–18; 21,22–34) und von Isaak und Rebekka am selben Ort mit demselben König (Gen 26,6–33) und achten dabei auf die Übereinstimmungen und die Unterschiede. Obwohl die Rahmen der Geschichten bemerkenswert parallel sind, weichen sie doch so stark voneinander ab, dass es sich um mündliche Varianten derselben Erzählung handeln muss.
Forscher können den Terminus **„Überlieferungsgeschichte“** benutzen, um sich im weiteren Sinne auf die Geschichte *sowohl der mündlichen als auch der schriftlichen* Traditionen der Bibel zu beziehen. Unten, besonders in Kapitel 10 und 11, werden wir an verschiedenen Beispielen aufzeigen, wie ein schriftlicher Text aus der Zusammenstellung oder Erweiterung älterer Quellen erwachsen kann.

chen Umgebung überleben kann, in der sich die Verhaltensregeln zu seinen Ungunsten auswirken. Zu allen Zeiten haben Völker in besonders widrigen Lebenssituationen solche Trickster verherrlicht, oft als Helden innerhalb ihrer eigenen Gruppe. Bei häuslichen Ritualen, Erntefeiern, Hochzeiten und anderen Übergangsriten erzählen und singen sie davon, wie ihre Vorfahren allen Widrigkeiten getrotzt und dabei ihre mächtigeren Gegner oft ausgetrickst und überwunden haben.

Probleme bei der Rekonstruktion des Alten Israel

L

1. Josua 11 und Richter 1 – beides Texte, die viele Jahrhunderte nach den erzählten Ereignissen geschrieben wurden und historisch gesehen Probleme aufweisen. Welchen Eindruck bekommt man von den militärischen Erfolgen Israels?
2. Die Merneptah-Stele, die erste außerbiblische Erwähnung Israels: www.bibelwissenschaft.de, Stichwort: „Israel" oder www.wiley.com/go/carr (englisch)

Selbst wenn das Dorf, das wir uns hier vorgestellt haben, einmal genau so existiert hätte, ist es für uns auf immer verloren; bestenfalls haben wir von ihm Bruchstücke. Archäologische Ausgrabungen haben die Überreste von Hunderten solcher Siedlungen im nördlichen Bergland Palästinas freigelegt, die ab 1250 plötzlich und in ungewöhnlich großer Zahl entstanden sind. Auffallenderweise ist dies auch etwa die Zeit, in der zum ersten Mal der Name „Israel" in einem datierbaren Dokument erwähnt wird. Eine steinerne Gedenksäule oder „Stele", die der Pharao Merneptah aufstellen ließ (s. Abb. 2.4), preist die Siege seiner Truppen über Städte und andere Gruppen in Syrien-Palästina und gibt an:

> Kanaan ist mit allem Übel erbeutet. Askalon ist herbeigeführt, Gezer ist gepackt. Inuan ist zunichte gemacht. Israel ist verwüstet; es hat kein Saatgut. […] Alle Länder insgesamt sind in Frieden (Merneptah-Stele, Abschnitte 26–28, nach der Übersetzung von Ursula Kaplony-Heckel, in: *TUAT I/6*, S. 546–552, hier: S. 551f.).

Die Stele erinnert an einen ägyptischen Feldzug aus der Zeit um 1220 v. Chr., wobei besonders interessant ist, dass das ägyptische Schreibsystem das hier erwähnte „Israel" ausdrücklich als ein Stammesvolk und nicht als ein Territorium identifiziert. Die nächste mit Sicherheit datierbare Erwähnung von etwas spezifisch Israelitischem ist vierhundert Jahre jünger. So ist diese Erwähnung eines Volkes „Israel" auf der 1207 v. Chr. errichteten Merneptah-Stele ein wertvoller Hinweis, mit dessen Hilfe die Dorfsiedlungen, die sich um 1250–1000 v. Chr. im Bergland ausbreiteten, als die ältesten Überreste „Israels" angesehen werden können, also des Volkes, das später die Hebräische Bibel / das Alte Testament schaffen würde.

Die jener Zeit vorausgehende Geschichte dieses Volkes kann nicht ermittelt werden. Die Zeit um 1200 v. Chr. ist das Limit, bis zu dem wir mit wissenschaftlichen

Abb. 2.4 Die „Merneptah-Stele", eine ägyptische Siegesstele von ca. 1200 v. Chr., die die erste außerbiblische Erwähnung Israels aufweist (deshalb manchmal auch „Israel-Stele" genannt).

Methoden historischer Rekonstruktion zurückgehen können. Die archäologischen Zeugnisse von alten Dörfern im Bergland machen es zusammen mit der Merneptah-Stele wahrscheinlich, dass es schon ab etwa 1300 v. Chr. im Bergland Palästinas eine bestimmte Form von Dorfkultur „Israels" gegeben hat (s. Karte 2.1). Aber wir besitzen keinerlei sichere Quellen, weder schriftliche noch sonstige, auf die Historiker sich normalerweise stützen, um sagen zu können, woher dieses Volk stammt oder wie es in diese Region kam.

Natürlich erzählt die Bibel eine Geschichte, wie dieses Volk aus Nachkommen von Jakobs Söhnen entstand, die nach Ägypten hinabzogen, es im Exodus wieder verließen und durch die Wüste wanderten, bevor sie in Kanaan einzogen, in einer triumphalen militärischen Eroberung, die zur Besetzung der gesamten Region und zur Ausrottung all ihrer Bewohner führte. Früher haben Forscher einmal geglaubt, dass die Archäologie dieses Bild der Einwanderung Israels von außerhalb und der totalen Eroberung des Landes bestätigen würden, da in vielen kanaanäischen Städten Trümmerschichten aus dem späten 2. Jahrtausend gefunden wurden. Manche hielten diese Schichten für das Resultat der israelitischen Attacken. Andere haben jedoch zu Recht darauf hingewiesen, dass die Städte, in denen Trümmer gefunden wurden, fast nie in der Bibel erwähnt werden. Außerdem vollzog sich ihre Zerstörung offensichtlich über einen Zeitraum von etwa hundert Jahren hinweg und nicht mit einer einzigen Eroberung (so das Buch Josua). Damit wird der Gedanke hinfällig, wir könnten es hier mit dem Ergebnis einer koordinierten israelitischen Eroberung zu tun haben,

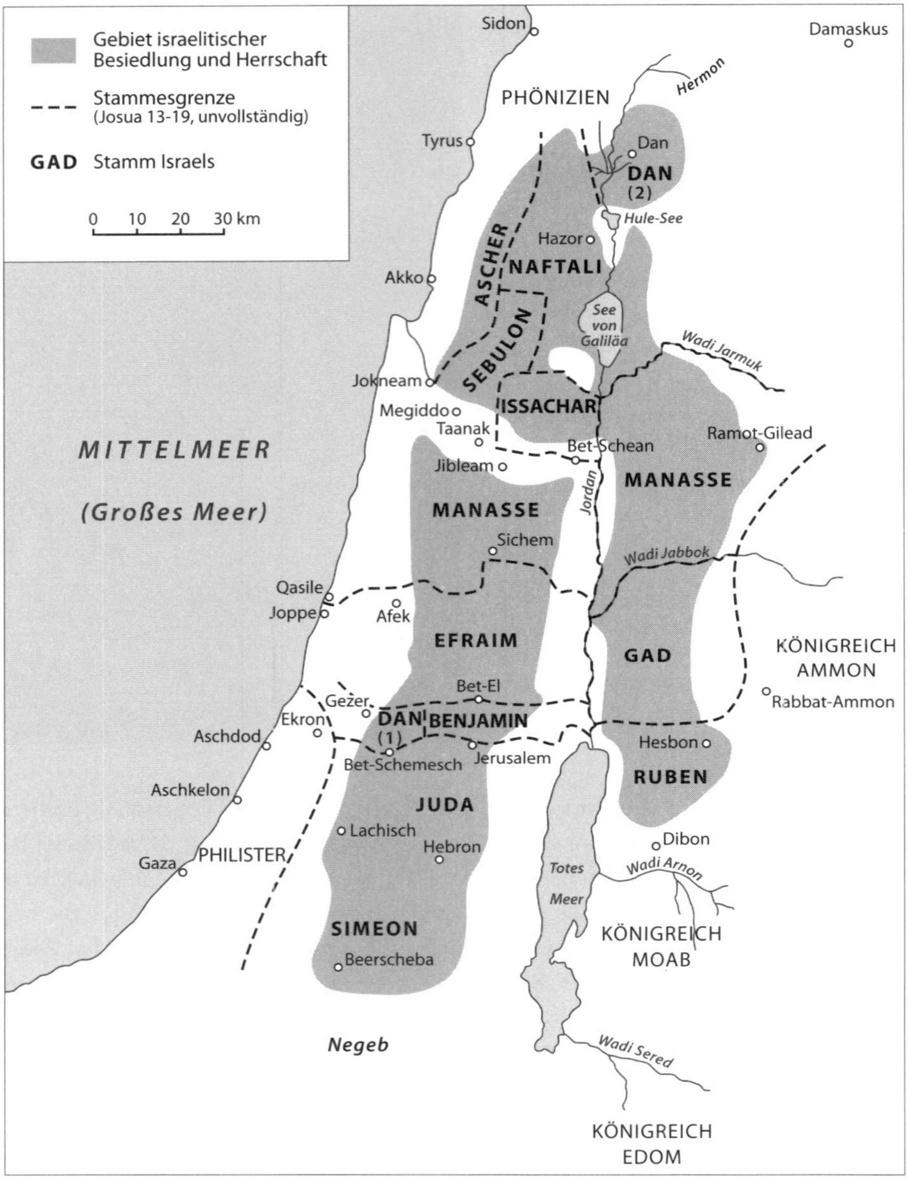

Karte 2.1 Gebiete des Berglandes, die von Israeliten und Judäern besiedelt wurden und in denen die Stämme in vorstaatlicher Zeit gelebt haben sollen. Nachzeichnung nach GOTTWALD, Norman. *The Hebrew Bible. A Socio-Literary Introduction*. Minneapolis: Fortress, 1985, S. 133.

wie im Buch Josua berichtet. Stattdessen verschwanden viele Städte gegen Ende des 2. Jahrtausends vermutlich im Zuge einer breiter angelegten Zerstörung der wichtigsten urbanen Zentren. Ihre Ursache ist ein Zusammentreffen von Umweltkatastrophen und dem Einfall der „Seevölker", die aus dem westlichen Mittelmeerraum kamen. Außerdem wurden von den neunzehn Städten, von deren Vernichtung durch Israeliten die Bibel erzählt, lediglich drei tatsächlich eindeutig zerstört. Die anderen wurden entweder gar nicht vernichtet oder waren schon zu einer Zeit verlassen, in der nach Meinung der meisten Wissenschaftler die Eroberung stattgefunden haben könnte. Dies alles bedeutet, dass die archäologischen Zeugnisse, falls sie überhaupt zur Klärung dieser Frage beitragen können, dem Josua-Bild der totalen Vernichtung des kanaanäischen Volkes eher widersprechen als es bestätigen. Sie passen viel besser zum Bild einer Koexistenz von Israeliten und Kanaanäern in Palästina, das Richter 1 zeichnet, ein Text, der der Erzählung des Josuabuches von der totalen Eroberung widerspricht.

Man könnte also fragen, wo die biblischen Geschichten im Buch Josua denn nun herkommen. Es gibt verschiedene Erklärungen, sowohl für einzelne Erzählungen als auch für die breiter gefasste Darstellung einer vollständigen Eroberung. Zum Beispiel verstehen viele Gelehrte heute „Berichte" wie den von der Eroberung Jerichos als Triumphgeschichten, die entstanden seien, um über alte Ruinen aufzuklären. Ein israelitischer Geschichtenerzähler, der nicht wusste, dass Jericho schon in Ruinen lag, lange bevor die Israeliten in Palästina lebten, erzählte zu einem viel späteren Zeitpunkt eine Geschichte, die die vorhandenen Ruinen als Überbleibsel eines großen Gottessieges bei der Landnahme Israels erklärte. Diese Erzählung entwickelte sich dann weiter, bis sie schließlich in die umfassendere Geschichte über Israels Eroberung des ganzen Landes unter Josua eingefügt wurde. Das Bild einer totalen Eroberung des Landes (Jos 1–12) im Gehorsam gegenüber einem Befehl Gottes (Dtn 7) ist noch viel weiter davon entfernt, eine fotografisch genaue Reproduktion antiker Ereignisse zu sein. Sprache und Theologie von Josua 1–12 zeigen ganz klar, dass diese Geschichte entstanden ist, um Israeliten späterer Zeiten Kraft zu geben, die von den Supermächten ihrer Zeit wiederholt gedemütigt und unterdrückt worden waren. Kapitel 7 unserer Darstellung enthält Weiteres zum biblischen Bild der Eroberung; es behandelt die Zeit, in der das Buch Josua geschrieben wurde.

All dies führt zu der Erkenntnis, dass die Anfänge Israels *innerhalb* von Kanaan lagen. Die vorhandenen Zeugnisse zeigen insgesamt, dass der Großteil der ersten Israeliten aus Kanaan stammte und dessen Sprache, materielle Kultur und – in gewissem Maße – Religion teilte. Sicherlich kann es eine „Mosegruppe" gegeben haben, die selbst kanaanäischen Ursprungs war und die Versklavung in und die Befreiung von Ägypten erlebt hatte. Die meisten Forscher glauben allerdings, dass eine solche Gruppe – wenn es sie gegeben hat – im Alten Israel nur eine kleine Minderheit war, obwohl ihre Geschichte dann von allen anderen Gruppen als die eigene übernommen worden ist. Aber die sonstigen ersten Israeliten kamen nicht von außerhalb des Landes und drangen nicht durch Eroberung oder allmähliche Besiedlung in das Land ein. Die Architektur und die Keramik der alten israelitischen Siedlungen zeigen enge Beziehungen zur vorisraelitischen, sogenannten „kanaanäischen", Architektur und Keramik. Frühere Versuche, eine typisch „israelitische" Keramik, Bauweise usw. zu bestimmen, die sich definitiv von einer „kanaanäischen" unterscheiden würde, sind fehlgeschlagen. Die hebräische Sprache, einschließlich ihrer ältesten Erscheinungsformen, ist so eng mit Nachbarsprachen verwandt, dass jemand, der Hebräisch studiert, schon fast auch Phönizisch, Moabitisch, Ammonitisch usw. lesen kann.

Schließlich zeigen sowohl die archäologischen Zeugnisse als auch die wesentlich späteren Texte der Hebräischen Bibel, dass die ältesten Formen der israelitischen Religion sich nicht so stark von der nichtisraelitischen, „kanaanäischen" Religion unterschieden, wie Forscher früher einmal glaubten. Die Kanaanäer verehrten verschiedene Gottheiten, zum Beispiel den Schöpfer- und Vatergott **El**, seine Gemahlin **Aschera**, den Sturmgott **Baal** und die Liebes- und Kriegsgöttin **Anat**. Anat kommt in biblischen Traditionen wenig vor, aber die anderen drei Gottheiten scheinen im Alten Israel eine wichtige Rolle gespielt zu haben – neben dem Kult eines nichtkanaanäischen Gottes, „Jahwe". Zum Beispiel brachten die Alten Israeliten ihre Theologie oft dadurch zum Ausdruck, dass sie ihren Kindern Satznamen mit religiöser Bedeutung gaben. Laut Bibeltext hatte Saul, einer der ersten Anführer Israels, Nachkommen, die „Ischbaal" (hebräisch: „Mann des Baal") und „Mepibaal" („aus dem Mund Baals" hießen [die übliche deutsche Übersetzung lautet „Merib-Bal", „Kämpfer des Baal"]). Diese Namen der Nachkommen Sauls zeigen möglicherweise, dass in seiner Familie Baal verehrt wurde. Der Name „El" ist in biblischen Traditionen noch häufiger; er ist Bestandteil des Namens „*Israel*" und verschiedener bedeutender Ortsnamen (z. B. Bet-El – „Haus des El"). Ein biblischer Text benutzt sogar ein häufiges Epitheton [Bei- oder Ehrenname] Els, nämlich „der Allerhöchste", um zu beschreiben, wie El den Gott Jahwe als Gott Israels eingesetzt hat:

> Als der Allerhöchste [den anderen Gottheiten] die Völker übergab,
> als er die Menschheit aufteilte,
> legte er die Grenzen der Völker
> nach der Zahl der Gottheiten fest.
> Der Anteil Jahwes war sein Volk,
> Jakob wurde der ihm übergebene Teil (Dtn 32,8–9).

Der Kult Israels beschränkte sich aber nicht auf männliche Gottheiten wie Baal, El oder Jahwe. Archäologen fanden in frühen israelitischen Siedlungen Überreste von weiblichen Figürchen und frühisraelitischen Darstellungen von Bäumen – im Alten Kanaan geläufige Symbole weiblicher Reproduktionskraft (s. Abb. 2.5). Viele Forscher meinen, dass diese Darstellungen von Bäumen und weiblichen Körpern die Göttin Aschera zeigen, die Gemahlin des Schöpfergottes El. Der Aschera-Kult scheint im ältesten Israel sehr weit verbreitet gewesen zu sein. Jede alte Siedlung hatte wohl ihr eigenes Höhenheiligtum, eine erhöhte Plattform für die Darbringung von Opfern, auf der sich eine Säule als Symbol der männlichen und ein Baum als Symbol der weiblichen Gottheit befanden. Die Göttin Aschera stand in ihrer Verkörperung als Baum wahrscheinlich im Mittelpunkt der Baumsymbolik.

W Der Name „Israel“

Wie die meisten alten hebräischen Namen ist auch der Name „Israel“ ein Satzname, der mit dem Gottesnamen „El“ gebildet ist. Er kann „El regiert“ oder „Möge El seine Herrschaft beweisen“ bedeuten. Er zeigt, wie zentral im ältesten Israel wohl die Rolle Els war, den Stämmen in ihrem Widerstand gegen die „Herrschaft“ der umliegenden Städte und gegen ihre Heere beizustehen.

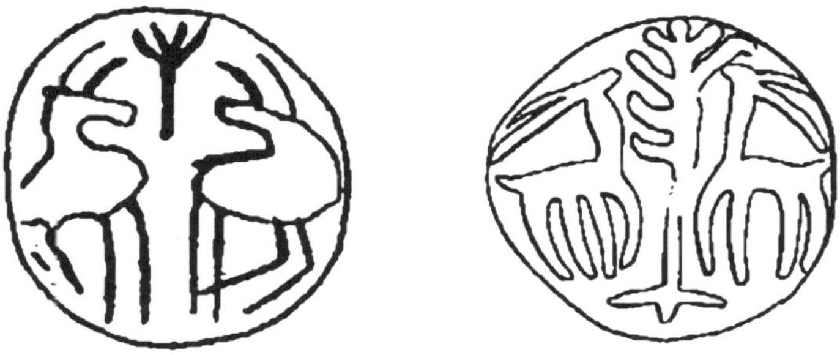

Abb. 2.5 Tiere, die von einem Baum fressen. Altisraelitische Übernahme eines noch älteren ikonographischen Schemas in vorisraelitischen Darstellungen, in denen eine Göttin Tieren zu fressen gibt, möglicherweise Aschera.

Spuren der ältesten mündlichen Traditionen Israels in der Bibel

Archäologische Zeugnisse dieser Art helfen uns in vielerlei Hinsicht bei der Rekonstruktion der Ursprünge Israels, die die Bibel nicht direkt reflektiert, handelt es sich doch hier um ein Textkorpus, das erst lange nach der Stammeszeit niedergeschrieben wurde. Diese Zeugnisse geben uns eine Vorstellung von Israel als einer Stammesgesellschaft, die der vorisraelitischen Kultur ähnelt, aus der Israel entstanden ist. Man kann das Alte Israel als eine Untergruppe kanaanäischen Lebens in den Dörfern des Berglandes verstehen, mit eigenen Traditionen, die über Generationen hinweg von Mund zu Mund weitergegeben wurden. Diese Traditionen wurden ständig weiterentwickelt, weil man sie den Hoffnungen und Ängsten ihrer Erzähler und Hörer anpassen wollte, und sie drückten die zentralen Werte ihrer Gesellschaft aus. Die folgenden Abschnitte dieses Kapitels behandeln drei Gruppen von biblischen Texten, die uns einen recht guten Einblick in die charakteristischen Elemente der Theologie und der Traditionen des Alten Israel geben, mag dieser Einblick auch etwas unscharf sein.

Exodus

L	Exodus 2; 5–10 sowie das wahrscheinlich sehr alte Miriamlied in Ex 15,20–21.

Wie schon in Kapitel 1 erwähnt, stammen die Erzählungen in Ex 1–15 alle aus der Zeit nach der vorstaatlichen Periode des Alten Israel. Aber vieles weist darauf hin, dass sich diese Traditionen schon sehr früh in der Anfangszeit des Alten Israel bildeten – wahrscheinlich, als eine „Exodusgruppe" von Gefangenen, denen die Flucht aus Ägypten gelungen war, sich anderen in den Dörfern des Berglandes lebenden Gruppen anschloss und ihnen die Geschichte ihrer Befreiung von der Unterdrückung des Pharao unter der Führung von Mose erzählte. Indizien von Geschichtlichkeit in der Exoduserzählung machen wahrscheinlich, dass sie nicht von späteren Autoren erfunden wurde, und weisen in die Spätbronzezeit.

Aber selbst wenn wir annehmen, dass irgendeine Art Exodus aus Ägypten wirklich stattgefunden hat, hätte die Erzählung darüber nicht überlebt, wenn sie nicht eine wichtige neue Botschaft für die Dorfbewohner des Berglandes gewesen wäre. Wir haben gute Gründe anzunehmen, dass sie wichtig war, denn diese Dorfkultur-Israeliten hatten ihre eigenen „Pharaos", nämlich die Könige der umliegenden Stadtstaaten, denen sie zu widerstehen versuchten. Das Deboralied in Ri 5 (und die spätere entsprechende Erzählung in Ri 4) beschreibt anschaulich die Bedrohungen, die von den Städten mit ihren Berufsheeren und Streitwagen ausgingen. Außerdem ist anzunehmen, dass einige dieser Städte, die einst der ägyptischen Oberherrschaft unterworfen waren, wie Jerusalem oder Sichem, auch Elemente der ägyptischen Kultur bewahrt hatten. Zumindest wurden diese ehemaligen Vorposten der ägyptischen Herrschaft über Kanaan von den Dorfbewohnern quasi als Gegenstück zur ägyptischen Unterdrückung empfunden, die einst dieser Region ihre Prägung gab.

So kann die Erzählung der Befreiung von Sklaven aus Ägypten durch Jahwe Dorfbewohnern als machtvoller Schlachtruf gedient haben, gegen die Stadtstaaten um ihr Überleben zu kämpfen. Die Erzählung wurde Gemeingut von ganz „Israel", nicht nur der ehemaligen Sklaven und ihrer Nachkommen. Heute sehen wir dieselbe Art gemeinschaftlicher Aneignung älterer Geschichten zum Beispiel in der Art und Weise, wie Afroamerikaner die Geschichten des Alten Testaments auf sich beziehen. In seiner am 18. März 2008 gehaltenen Rede zum Thema Rasse mit dem Titel „Eine vollkommenere Einheit" [*A More Perfect Union*, Anspielung auf die Präambel der Verfassung der USA] griff Barack Obama auf seine Autobiographie zurück, um zu beschreiben, wie er bei der schwarzen Gemeinde in der Verschmelzung von biblischen Geschichten und heutigem Leben Hoffnung fand:

> Leute begannen zu rufen, sich von ihren Plätzen zu erheben, zu klatschen und zu schreien; es war ein machtvoller Wind, der die Stimme des Pastors zum Dachstuhl emportrug [...]. Und in diesem einen Ton – Hoffnung! – hörte ich noch etwas anderes. Ich stellte mir vor, wie am Fuße jenes Kreuzes, in tausenden von Kirchen in der ganzen Stadt, die Geschichten von einfachen schwarzen Menschen verschmolzen mit den Geschichten von David und Goliat, von Mose und dem Pharao, von den Christen in der Löwengrube, von Ezechiels Ebene voller verdorrter Gebeine. Diese Geschichten – von Überleben und Freiheit und Hoffnung – sind zu unserer Geschichte geworden, zu meiner Geschichte; das vergossene Blut war unser Blut, die Tränen waren unsere Tränen, bis diese schwarze Kirche an diesem herrlichen Tag aufs Neue ein Schiff zu sein schien, das die Geschichte eines Volkes zu den kommenden Generationen und zu einer größeren, weiteren Welt trägt. Unsere Prüfungen und Triumphe wurden mit einem Mal einzigartig und universal, schwarz und mehr als schwarz. Indem sie unsere Weggeschichte aufzeichneten, gaben sie uns mit diesen Geschichten und Liedern ein Werkzeug, Erinnerungen einzufordern, deren wir uns nicht zu schämen brauchten [...], Erinnerungen, die alle Menschen kennen und schätzen sollten – und mit denen wir beginnen konnten wiederaufzubauen.

Die Aneignung älterer Geschichten durch neue Gruppen beschränkt sich nicht auf die schwarze Kirche. Viele US-Amerikaner beziehen heute die Geschichten der *Mayflower* und des puritanischen Erntedanktages [*Thanksgiving Holyday*] auf sich selbst, obwohl viele von ihnen Nachkommen von Einwanderern sind, die sich erst im letzten Jahrhundert in die nordamerikanische Gesellschaft integriert haben. Auf ähnliche Weise haben auch israelitische Dorfbewohner verschiedenster Herkunft die Exodusgeschichte als ihre eigene betrachtet. Diese Geschichte feierte den Gott Jahwe, der „sie" aus Ägypten befreit hatte, und gab ihrer Hoffnung Ausdruck, dass der Gott des Exodus auch für sie selbst kämpfen werde, gegen die „Pharaonen" ihrer eigenen Zeit, also gegen die Könige der lokalen Stadtstaaten.

Wie schon im ersten Kapitel dargelegt, müssen wir uns jedoch klarmachen, dass die Exoduserzählung(en), die die alten Israeliten als ihre eigene(n) ansahen, mit großer Sicherheit nicht mit der Erzählung identisch ist (sind), die wir heute in Exodus 1–15 finden. In den Dörfern des Alten Israel hätte niemand solche Texte geschrieben. Außerdem gibt es viele Anzeichen (über die wir noch an anderer Stelle sprechen werden), dass die Erzählungen im Buch Exodus in ihrer heutigen Form zustande kamen, als andere Israeliten sehr viel später die Exodusgeschichte überarbeiteten – im Blick auf immer neue „Pharaonen": den „Pharao" Salomon und sein Königreich, den „Pharao" der Supermächte Assyrien und Babylonien usw. Der Verschmelzungsprozess von Geschichten, den Barack Obama beschreibt, existierte schon zu biblischen Zeiten.

Nachdem wir dies geklärt haben, können wir uns einigen Trickster-Elementen in der biblischen Exoduserzählung zuwenden, die auf frühe mündliche Elemente hinweisen, die in welcher Form auch immer hinter dem Text in Exodus 1–15 stehen. Nehmen wir zum Beispiel die Erzählung der listigen Hebammen Schifra und Pua (Ex 1,15–22), die den Befehl des Pharao missachteten, alle männlichen israelitischen Babys zu töten, indem sie behaupteten: „Bei den hebräischen Frauen ist es nicht wie bei den Ägypterinnen, sondern wie bei den Tieren: Wenn die Hebamme zu ihnen kommt, haben sie schon geboren." Später geschieht Folgendes: Mose ist völlig klar, dass die Israeliten für immer wegziehen wollen. Dennoch versucht er, sie freizubekommen, indem er den Pharao nur um einen dreitägigen Wüstenaufenthalt bittet, um das Opfergebot Gottes erfüllen zu können (Ex 5,1–5). Noch später, als der Pharao den Israeliten ein dreitägiges Fest innerhalb Ägyptens erlaubt, statt sie in die Wüste ziehen zu lassen, gibt Mose vor, das sei unmöglich, weil das Opferfest bei den Ägyptern Anstoß erregen würde (8,21–23). Als die Plagen schließlich den Pharao dazu bringen, die männlichen Israeliten zu einem vorgeblichen Wallfahrtsfest ziehen zu lassen, behauptet Mose listigerweise, dass dieses konkrete Fest nicht von den Männern allein, also nicht ohne die Familien und die entsprechende Versorgung begangen werden kann (Ex 10,7–10). All diese Details finden sich heute in sehr viel späteren schriftlichen Bibeltexten, aber sie zeigen einen Unterton von List, der besonders typisch ist für frühe mündliche Traditionen. So belegen sie, dass die Trickster-Komponente auch in späteren israelitischen Erzählungen vorhanden war, obwohl es auch die Vorliebe für Trickster-Elemente in alten Bestandteilen sein kann, die in die späteren Exodustraditionen Israels eingearbeitet wurden.

Überlieferungen um die Figur des Jakob

L Genesis 25; 27–35.

Solche Trickster-Elemente treten noch deutlicher hervor in den Traditionen über Jakob und seine Familie in Gen 25–35. In Gen 25 ist Jakob so clever, dem hungrigen Esau sein Erstgeburtsrecht abzuluchsen, indem er ihm ein bisschen Linsengemüse abgibt. In Gen 27 ersinnt Rebekka einen Trick, mit dem sie Jakobs Vater Isaak dazu bringt, ihm den wertvolleren Segen zu geben, den er eigentlich Esau erteilen wollte. Auf Rebekkas Drängen flieht Jakob, um den Mordplänen Esaus zu entgehen, und in Haran bekommt er einen Geschmack davon, was er selbst anderen antut: sein Schwiegervater Laban bringt ihn dazu, sieben Jahre zu arbeiten, ehe er Rahel heiraten darf, und steckt ihm dann auch noch Lea statt Rachel ins Ehebett (Genesis 29). Das zahlt ihm Jakob denn auch bald heim, indem er mit magischen Mitteln Labans Plan zunichte macht, ihn um seinen Lohn in Form von Viehherden zu bringen (Genesis 30). Später flieht er mit Labans Töchtern, ohne dass dieser es bemerkt (Genesis 31). Dabei beweist dann auch Rahel ihre Trickster-Fähigkeiten, denn sie lässt die Hausgötter der Familie mitgehen und verhindert, dass ihr Vater sie findet, indem sie sich draufsetzt und ihrem Vater weismacht, sie könne sich nicht erheben, weil sie ihre Tage hätte („Es geht mir grade, wie es eben Frauen ergeht"; Gen 31,35). In diesen und anderen Beispielen zeigen die Erzählungen Jakob und seine nächsten Verwandten als geschickte Trickster, die es schaffen, inmitten größter Schwierigkeiten zu überleben und zu gedeihen. Nicht nur Jakob selbst ist ein Trickster, er lernte es von seiner Mutter; und nachdem er 14 Jahre lang gearbeitet hatte, um Rahel zu heiraten, setzte diese die Tradition fort.

Derartige Trickster-Geschichten sind nicht das, was normalerweise im Mittelpunkt von Predigten und Religionsstunden steht. In den heute bestehenden Kulturen sind es die meisten Menschen nicht gewohnt, Kulturhelden zu verherrlichen, die tricksen und sogar lügen, um weiterzukommen. Diese Geschichten können jedoch Menschen zu solchem Verhalten ermächtigen, die spüren, dass sie rettungslos verloren sind, wenn sie sich an die Spielregeln ihres sozialen Kontextes halten. Ob es sich um die Ureinwohner Amerikas handelt oder um die alten Israeliten – unterdrückte Völker schöpfen ihre Kraft und Macht oft aus der Verherrlichung von Ahnen, die sich in der Welt behauptet haben, weil sie clever genug waren, in aussichtslosen Situationen eine Lösung zu finden. Für Leute, die in der Gesellschaftspyramide ganz oben stehen, mögen diese Trickster-Geschichten als peinliche Zutaten einer ansonsten hübsch sauberen Bibel erscheinen. Aber für Menschen, die ganz unten stehen, können solche Geschichten das beste Mittel sein, Hoffnung zu schöpfen und der Unterdrückung Widerstand zu leisten.

Auf jeden Fall aber unterscheiden sich die Erzählungen, die uns heute in Genesis 25–35 begegnen, sehr von den Jakobs-, Rebekka- und Rahelerzählungen, die in den Dörfern des Alten Israel erzählt wurden. Einerseits wissen wir mit großer Sicherheit, dass das Alte Israel Geschichten über Jakob erzählte (der bezeichnenderweise ein Namensbruder des alten „Israel" ist), und dass die Erzählungen der Genesis irgendwie mit diesen alten Geschichten zu tun haben. Andererseits waren diese Geschichten in Jahrhunderten mündlicher und dann mündlich-schriftlicher Tradierung radikalen Veränderungen unterworfen; zahlreiche Details weisen ganz konkret auf eine deutlich spätere Periode des Geschichte Israels hin. Zum Beispiel können viele Ortsnamen, die heute durch die Jakobsgeschichten bekannt sind, wie etwa Penuel und Bet-El, Anzeichen dafür sein, dass diese Geschichten im späteren Kontext des Nordreiches Israel bearbeitet wurden, wo Bet-El eines der wichtigsten königlichen Heiligtümer und Penuel einige Jahre lang die Hauptstadt war. Des Weiteren werden wir in Kapitel 10 sehen, dass Menschen im Exil der Jakobsgeschichte wahrscheinlich das Thema der Verheißung hinzugefügt haben, das sich jetzt in Gen 26,1–33 und an anderen Stellen der Jakobsgeschichte findet (z. B. Gen 28,13–16; 32,10–13; 35,9–15).

Auf diese und vermutlich noch andere Art und Weise wurde die Geschichte von Jakob und seiner Familie auf ihrer Reise durch die Jahrhunderte bearbeitet, so dass wir heute nicht mehr in der Lage sind, diejenigen Elemente zu identifizieren, die aus der ältesten Geschichte Israels stammen. Alles, was wir sagen können, ist, dass die Menschen in Israel wahrscheinlich seit Beginn ihrer Geschichte Trickster-Geschichten über Rebekka, Jakob, Rahel und andere Gestalten erzählten, dass sie in jener Zeit noch keinen König hatten und dass sie in unbefestigten, vielen Gefahren ausgesetzten Dörfern im Bergland Kanaans lebten.

B Die Jakobsgeschichte

Der Chiasmus der Jakobsgeschichte	A Begegnung zwischen Jakob und Esau (25,21–34; 27,1–45) B Begegnung mit Gott, Weggang (28*) C Erwerb der Ehefrauen (29,1–30) **D Fruchtbarkeit: Kinder (29,31–30,24)** **D' Fruchtbarkeit: Herden (30,25–43)** C' Bewahrung der Ehefrauen (31,1–32,1) B' Begegnung mit Gott, Rückkehr (32,22–32) A' Begegnung zwischen Jakob und Esau (33,1–17)
Definition: „Chiasmus“	**Chiasmus** ist eine zirkulare Literaturform, die durch eine Gruppe von Themen hindurch zur Mitte gelangt (zum Beispiel A, B, C, D) und dann durch ähnliche Themen hindurch in umgekehrter Reihenfolge zurückläuft (zum Beispiel A', B', C', D'). Das Hauptgewicht liegt oft auf den Texten im Zentrum des Chiasmus.
Hauptthemen der Jakobsgeschichte	Die Mitte der alten Jakobsgeschichte ist die Fruchtbarkeit der Familie und der Herden Jakobs (Gen 29,31–30,43). Neben diesem Hauptthema ist von Bedeutung die Cleverness von Jakob (und seiner Frauen) in Situationen von Gefahr und Bedrohung.

FOKUS-TEXT Das Deboralied

L Richter 5. (Beachten Sie, dass sich dieses wohl sehr alte Gedicht von der späteren Erzählung in Richter 4 unterscheidet.)

Das Deboralied in Richter 5 ist einer der Bibeltexte, die eine alte Tradition der Dorfkultur wahrscheinlich treffender wiedergeben als die bisher besprochenen (Prosa-) Erzählungen. Im Unterschied zu den oben behandelten Texten ist es ein Gedicht. Seine poetische – und vielleicht gesungene – Form könnte zu einer präziseren Memorierung und Rezitation über die Jahre hinweg beigetragen haben. Außerdem enthält es archaische Elemente der hebräischen Sprache. Die Liste der Stämme und anderen Gruppen in Ri 5 überschneidet sich nur teilweise mit späteren Listen von Stämmen, die das Alte Israel ausmachten. Einige der Südstämme werden in Ri 5 überhaupt nicht erwähnt; es kommen andere Namen vor, die üblicherweise nicht zur Liste der zwölf Stämme gehören (z. B. Machir = Manasse und Meros). Dies sind erste Indizien dafür, dass hinter diesem Text ein sehr altes Gedicht steht. Wir wollen ihn deshalb als ein offenes Fenster benutzen, das uns auf eine Zeit blicken lässt, die lange vor der Zeit liegt, in der die ersten Texte unserer Bibel niedergeschrieben wurden.

5,2–5: Das Lied beginnt mit einem Hymnus, der Jahwes triumphierendes Erscheinen aus den südlichen Wüstengebieten von Seir und Edom beschreibt (5,4–5). Es ist einer von mehreren wahrscheinlich sehr alten Texten, die den Sinai und die Herkunft Jahwes in den südlichen Wüstenregionen Palästinas suchen (Dtn 33,2; Hab 3,3; Ps 68,7–9). Unser alter Text zeigt Jahwe als einen mächtigen Sturmgott, dessen Erscheinung von Erdbeben und sintflutartigen Regenfällen begleitet wird. Aber er legt auch hier und im gesamten Gedicht einen Schwerpunkt auf das Volk. Der erste Vers preist die Art, wie AnführerInnen die Führung übernommen haben, und betont, dass das Volk ihnen willig gefolgt ist (5,2). Der zweite Vers (5,3) ruft die mächtigen „Könige und Fürsten" der Welt auf, dieses „Lied" vom Triumph einer Gruppe von Dorfbewohnern zu hören, die nicht einmal einen König haben.

5,6–12: Der nächste Teil des Gedichtes preist die Anführerin, die sich in der ansonsten anführerlos organisierten Gruppe erhebt: Debora. Zuvor lagen die Wege verlassen da, die Dörfer waren schutzlos, die Menschen hatten keine Waffen (5,6–7). Aber dann erhob sich Debora als „eine Mutter in Israel". Danach wendet sich das Gedicht erneut denen zu, die sich als Freiwillige zur Verfügung gestellt haben, ruft sie zum Lobpreis auf (5,9) und wendet sich dann an andere Gruppen (5,10–1) und an Debora und Barak selbst (5,12).

5,13–18 und 5,23: Anschließend wird detailliert beschrieben, welche Stammesgruppen willig dem Aufruf zur Schlacht gefolgt sind und welche nicht: es kamen Efraim, Benjamin und Machir (zu Manasse gehörig; Num 26,29), Sebulon, Issachar und Naftali. Vier kamen nicht: Ruben, Gilead (vielleicht an Stelle von Gad in den gewöhnlich aufgeführten Stammeslisten), Dan und Ascher. Zwei Südstämme werden nicht einmal erwähnt: Juda und Simeon. Anscheinend wurden sie zu der Zeit, in der das Lied verfasst wurde, nicht einmal als potenzielle Verbündete in diesem militärischen Einsatz betrachtet. Selbst die hier erscheinenden nördlichen Gruppen sind noch nicht geeint; nur sechs von zehn folgten dem Aufruf zum Kampf. Vom einleitenden Aufruf zum Lobpreis derer, die dem Aufruf folgten (5,2), bis hin zum Kontrast zwischen denen, die zum Kampf bereit waren, und denen, die es nicht waren (5,13–18), scheint ein Großteil des Deboraliedes die sich abgesonderten Stämme ermutigen zu wollen, ihr gemeinsames Schicksal anzunehmen. Es ruft Dorfbevölkerungen auf, Gott für einen Sieg zu preisen, bei dem sich sechs Stämme vereint hatten, um mit seiner Hilfe die mächtigen militärischen Kräfte Siseras zu besiegen. Und gleich im Anschluss ruft es sie auf, „Meros" zu verfluchen, eine unbekannte Gruppe, die dem Aufruf nicht gefolgt ist (5,23).

5,19–22: Die eigentliche Beschreibung der Schlacht erfolgt nur in diesen vier Versen. Sie gehen weit über den Konflikt zwischen Israel und Sisera hinaus und stellen die „Könige Kanaans" mit ihren Pferden der kosmischen Macht Jahwes gegenüber. Die Könige mögen eine überlegene militärische Technologie besitzen, aber sie haben keine Chance gegen die Macht der Sterne, die vom Himmel her kämpfen, und gegen die Wucht des Baches Kischon (5,19–21). Die einst so mächtigen Hengste werden sehr bald fliehen (5,22).

5,24–31: In zwei Szenen, 5,24–27 und 5,28–30, schließt der Dichter mit Vignetten über die Nachwirkungen der Schlacht. Die erste preist Jael, eine Keniterin, für ihre Beteiligung an den gemeinsamen Bemühungen: mit einem cleveren Trick bringt sie Sisera dazu, ihre Gastfreundschaft anzunehmen, und dann erschlägt sie ihn mit einem Zelthammer (5,24–27). Hier finden wir erneut ein Trickster-Element, denn die Gastfreundschaft wird normalerweise als hoher Wert gepriesen, nicht nur in den Nachbarkulturen, sondern auch in den israelitischen Traditionen selbst. Trotzdem heißt Jael Sisera in ihrem Zelt willkommen und gibt ihm zu essen, bevor sie ihn mit dem Zelthammer tötet. Wie in einer Zeitlupenaufnahme bedient sich die Poesie hier der Wiederholung, um sich ganz auf diesen Moment zu konzentrieren:

> Zwischen ihren Füßen brach er zusammen, brach zusammen, fiel nieder;
> er lag zwischen ihren Füßen, brach zusammen, fiel nieder;
> wo er zusammenbrach, dort fiel er nieder, getötet.

In 5,28–34 bietet der Dichter eine weitere Vision, deren Hauptperson eine Frau ist, diesmal die Mutter Siseras, die darauf wartet, dass ihr Sohn triumphierend aus der Schlacht zurückkehrt, und noch nicht von seinem Tod weiß. Als sie darüber klagt, dass er so lange ausbleibt, spekulieren ihre „weisen Frauen" darüber, dass ihn wahrscheinlich die Verteilung der Beute aufhält: ein paar israelitische Mädchen für jeden Krieger und ein paar hübsche Kleider und Tücher für deren Frauen zu Hause.

Auf diese Weise nutzt das „Deboralied" zwei Szenen mit Frauen, um den Kontrast zu illustrieren, der zwischen den Schicksalen von Jahwes Freunden und Jahwes Feinden besteht. Die Feinde Jahwes werden vernichtet und ihre Frauen werden klagen wie Siseras Mutter. Aber die Menschen, die sich wie Jael dem Kampf anschließen, „sind wie die Sonne, wenn sie aufgeht in all ihrer Kraft" (5,31).

Dieser Glaube an den Triumph des von Gott auserwählten Volkes ist eine frühe Form dessen, was oft **„Erwählungstheologie"** genannt wird. Es ist die Vorstellung, dass Gott ein bestimmtes Volk erwählt hat, für das er sorgt und das er verteidigt. Diese Vorstellung findet sich explizit in den Aussagen der Exodustradition, dass Jahwe Israel aus Ägypten befreit hat, und implizit in den Trickster-Erzählungen, wenn Gott die Vorfahren Israels, Jakob und seine Familie, beschützt und versorgt. In all diesen Erzählungen erwählt Gott nicht einen Ort und nicht eine Territorialnation, sondern ein Volk, und beschützt es gegen scheinbar unüberwindbare Widerfahrnisse. Der in Stammestraditionen wie dem Deboralied und der Exodustradition wurzelnde Glaube, dass Gott ein spezielles Volk erwählt hat, ist ein ganz grundlegendes Urgestein der späteren israelitischen Theologie, besonders im nördlichen Teil Israel. Außerdem mag es die Idee der Einzigartigkeit und Erwählung eines *Volkes* gewesen sein, also die Erwählungstheologie, die das frühe Israel von einigen benachbarten monarchischen Nationalstaaten unterschied. In diesen Staaten war es wichtiger zu bekennen, dass ihre Götter eine bestimmte Stadt und/oder eine bestimmte königlich-priesterliche Dynastie erwählt hatten.

Die Entstehung „Israels" durch kulturelle Erinnerung an den Widerstand gegen Unterdrückung

All dies ist ein Vorspiel zur allmählichen Entstehung der Hebräischen Bibel / des Alten Testaments. In der hier besprochenen Phase der israelitischen Geschichte war noch kein einziges Buch, waren noch nicht einmal ein paar Kapitel geschrieben. „Israel" war lediglich ein sehr lockerer Verband von dörflichen Stammesgruppen, aber diese Dörfer hatten eine bestimmte Lebensweise gemeinsam. Sie unterstützten sich gegenseitig in Zeiten der Hungersnot; in Krisenzeiten standen charismatische AnführerInnen wie Debora auf, um den gemeinsamen Feind zu bekämpfen. Wie unterschiedlich ihre Herkunft auch gewesen sein mag, die Dorfbewohner identifizierten sich schließlich mit einer gemeinsamen Geschichte der Befreiung aus Ägypten. Sie adoptierten einen gemeinsamen Vorfahren, Jakob, zusammen mit den anderen Mitgliedern seiner Trickster-Familie. In Gedichten wie dem Deboralied verherrlichten sie jene Ereignisse, die sie gemeinsam die Befreiung von den mächtigeren Stadtstaaten durch Jahwe hatten erfahren lassen, in deren Mitte sie lebten.

Wissenschaftler wie z. B. Maurice Halbwachs (*On Collective Memory*. Chicago: University of Chicago Press, 1992) oder auch Jan Assmann (Religion und kulturelles Gedächtnis. München: Beck, [1]2000) haben überzeugend dargelegt, dass es solche gemeinsamen Erinnerungen sind, die menschliche Gruppen entstehen lassen. Diese Art von **kulturellem Gedächtnis** wird durch elterliche Erziehung, Schule, Feste und andere Praktiken gefestigt, bei denen Menschen in Gruppen ihr gemeinsames Erbe rezitieren oder aufführen. Nationale Feiertage, wie zum Beispiel der Unabhängigkeitstag der USA am 4. Juli [oder der Tag der Deutschen Einheit am 3. Oktober – und nicht mehr am 17. Juni!] sind Gelegenheiten, bei denen die nationale Identität durch verschiedene Festlichkeiten gestärkt wird und die in diesem Falle den Tag hervorheben, an dem eine Nation geboren oder wiedervereinigt wurde. In den USA wird von neuen Staatsbürgern verlangt, dass sie die gemeinsame Geschichte lernen, bevor sie „(US-)Amerikaner" werden können. Auf ähnliche Weise hat das liturgische Jahr in jüdischen Synagogen und christlichen Kirchen die Funktion, die jeweiligen Gemeinschaften ständig an ihre Geschichte(n) zu erinnern und sie die Ereignisse der Tora (in der Synagoge) oder des Lebens Jesu (in den Kirchen) erleben zu lassen und so ihr Bewusstsein einer bestimmten religiösen Identität zu stärken. In gewisser Hinsicht werden wir „Juden" oder „Christen", indem wir die Geschichte dieser Gruppe lernen und als unsere eigene anerkennen.

Wir wissen nicht, wie und wozu die mündlichen Versionen der Texte über den Exodus, über die Familie Jakobs und über den Sieg Deboras gebraucht wurden. Aber es scheint, dass sie einem ähnlichen Zweck gedient haben, indem sie halfen, das Bewusstsein der gemeinsamen Identität eines „Israel" zu schaffen und zu stärken, das aus verschiedenen Gruppen entstanden war. Ob sie Kindern beigebracht wurden, in Sippengottesdiensten (vgl. 1 Sam 20,6) rezitiert, bei Festen gesungen oder auf irgendeine andere Weise gebraucht wurden – die alten mündlichen Traditionen, die wir in diesem Kapitel besprochen haben, halfen den Menschen im syrisch-palästinischen Bergland, zu jenen „Israeliten" zu werden, die später die Bibel schufen.

Die in diesem Kapitel besprochenen gemeinschaftlichen mündlichen Erinnerungen sorgten dafür, dass eine ganz bestimmte Art von Gemeinschaft entstand: Einerseits feierte diese Gemeinschaft das machtvolle Eingreifen Gottes, andererseits die cleveren Aktionen von Trickstern. Eingebettet in das pluralistische religiöse Milieu Kanaans, preisen diese Traditionen die befreienden Taten Jahwes, eines Gottes, der aus den südlichen Wüsten kam. Aber sie preisen auch die Findigkeit und Gewitztheit der Israeliten, sie ermächtigen insbesondere das Verhalten von Menschen, die am Rand der herrschenden Gesellschaft leben, indem sie clevere Außenseiter wie Jakob und Jael verherrlichen. Frauen kommt in diesen Traditionen durchaus eine wichtige Rolle zu, als Mütter, als Trickster und sogar als militärische Anführerinnen (Debora). „Könige" und ihre Repräsentanten sind stattdessen in diesen Traditionen der Dorfkultur die Gegner, ob es sich nun um den Pharao handelt oder um Sisera, den General von Hazor.

Selbst als Israel seine Schrift entwickelte, wurden die Geschichten dieser mündlichen Traditionen – in äußerst unterschiedlichen Formen – weiterhin von den Israeliten erzählt und gesungen, denn viele von ihnen haben niemals Lesen und Schreiben gelernt. Deshalb müssen wir stets bedenken, dass unsere geschriebene Bibel nur die Spitze des Eisberges der verlorengegangenen mündlichen Traditionen des Alten Israel ist. Der Überlieferungsprozess begann nicht mit dem Niederschreiben, sondern mit dem Erzählen der Geschichten von Israels Befreiung, Überleben und Sieg.

Rückblick auf Kapitel 2

1. Überprüfen Sie Ihr Wissen zu folgenden Fachbegriffen, die in diesem Kapitel behandelt wurden:
   - Aschera
   - Baal
   - Dorf
   - El
   - Erwählungstheologie
   - Großreich (Imperium)
   - Kulturelles Gedächtnis
   - Monarchische Stadtstaaten
   - Mündliche Traditionen
   - Segmentierte Gesellschaft
   - Trickster

2. Überprüfen Sie Ihr Wissen zu folgenden drei Formen gesellschaftlicher Organisation:
   - Dorf
   - Großreich (Imperium)
   - Monarchische Stadtstaaten

3. Was ist „Traditionsgeschichte", und was wäre ein Beispiel für das biblische Phänomen, mit dem sie sich befasst? Was ist der Unterschied zwischen „Traditionsgeschichte" und „Überlieferungsgeschichte"? Gibt es Überschneidungen?

4. Was wissen Anthropologen heute über den Charakter mündlicher Traditionen? In welcher Weise berührt dies ihre Brauchbarkeit für die Rekonstruktion von frühen Traditionen? Konkret: wie zeigen sich solche mündlichen Traditionen in Gen 12–25 oder Ex 1–15?

5. Welches sind die wichtigsten Fragen und Probleme bei der Rekonstruktion einer geschichtlichen „Eroberung" von ganz Kanaan durch ganz Israel?

Weiterführende Literatur

Die vorstaatliche Epoche

LEMCHE, Niels Peter. *Die Vorgeschichte Israels. Von den Anfängen bis zum Ausgang des 13. Jahrhunderts v. Chr.* Stuttgart: Kohlhammer, 1996 (BE 1)

FRITZ, Volkmar. *Die Entstehung Israels im 12. und 11. Jahrhundert v. Chr.* Stuttgart: Kohlhammer, 1996 (BE 2)

Erzeltern Israels

BIN GORION, Micha Josef. *Sagen der Juden zur Bibel.* Frankfurt: Insel-Verlag, 1980

FISCHER, Irmtraud. *Gottesstreiterinnen., Biblische Erzählungen über die Anfänge Israels.* Stuttgart: Kohlhammer, ²2000

KRINETZKI, Günter. *Exegetische und motivgeschichtliche Beobachtungen zu den wichtigsten Texten der Jakobgeschichte.* Regensburg: Pustet, 1979

Buch Josua

FRITZ, Volkmar. *Das Buch Josua.* Tübingen: Mohr, 1994 (HAT I/7)

KNAUF, Ernst Axel. *Josua.* Zürich: Theologischer Verlag, 2008 (Zürcher Bibelkommentar AT 6)

DEURLOO, Karel A. *Josua. Auslegung eines biblischen Buches.* Wittingen: Erev-Rav, 1995 (Biblische Erkundungen 1)

ELSSNER, Thomas. *Josua und seine Kriege in jüdischer und christlicher Rezeptionsgeschichte.* Stuttgart: Kohlhammer, 2008 (Theologie und Frieden 37)

Buch der Richter

GROSS, Walter. *Richter.* Freiburg: Herder, 2009 (HThKAT)

JOST, Renate. *Gender, Sexualität und Macht in der Anthropologie des Richterbuches.* Stuttgart: Kohlhammer, 2006 (BWANT 164)

BRETTLER, Marc Zvi. *The Book of Judges.* London: Routledge, 2002

GÖRG, Manfred. *Richter.* Würzburg: Echter Verlag, 1993 (Die neue Echter-Bibel)

TRIBLE, Phyllis. *Mein Gott, warum hast du mich vergessen! Frauenschicksale im Alten Testament.* Gütersloh: Gütersloher Verlagshaus Mohn, 1987 (Kapitel über die Frau des Leviten und die Tochter Jiftachs)

Leben im Alten Israel

DALMAN, Gustaf. *Arbeit und Sitte in Palästina* (s.o. Kap. 1)
KESSLER, Rainer. *Sozialgeschichte des alten Israel. Eine Einführung.* Darmstadt: Wissenschaftliche Buchgesellschaft, 2006
Welt und Umwelt der Bibel, Stuttgart: Katholisches Bibelwerk
Nr. 21: Liebe und Eros in der Bibel, 3/2001
Nr. 40: Ostern und Pessach – Feste der Befreiung, 2/2006
Nr. 47: Gott und das Geld, 1/2008

Religionsgeschichte Israels

ALBERTZ, Rainer. *Religionsgeschichte Israels in alttestamentlicher Zeit.* Göttingen: Vandenhoeck & Ruprecht, 1992; ²1996/97 (ATD Ergänzungsreihe 8,1/2)
KEEL, Othmar / UEHLINGER, Christoph. *Göttinnen, Götter und Gottessymbol. Neue Erkenntnisse zur Religionsgeschichte Kanaans und Israels aufgrund bislang unerschlossener ikonographischer Quellen.* Freiburg im Breisgau / Basel / Wien: Herder, ⁵2001 (Quaestiones disputatae 134) (schwierig, aber gut)

Bibliographie der englischen Originalausgabe (Chapter 2)

Commentaries and other books on Joshua

Hawk, Daniel L. *Every Promise Fulfilled: Contesting Plots in the Book of Joshua.* Literary Currents in Biblical Interpretation. Louisville, KY: Westminster John Knox Press, 1991.
Nelson, Richard D. *Joshua.* Old Testament Library. Louisville, KY: Westminster John Knox Press, 1997.
Niditch, Susan. "Joshua" in the *Oxford Bible Commentary* (revised edition), eds. John Barton and John Muddiman. New York: Oxford University Press, 2007.

Commentaries and other books on Judges

Hamlin, John E. *At Risk in the Promised Land: A Commentary on the Book of Judges.* Grand Rapids: Eerdmans, 1990.
McCann, J. Clinton. *Judges.* Interpretation. Louisville, KY: Westminster John Knox Press, 2002.
Soggin, J. Alberto. *Judges.* Old Testament Library. Philadelphia: Westminster Press, 1981.
Trible, Phyllis. *Texts of Terror: Literary-Feminist Readings of Biblical Narratives.* Philadelphia: Fortress, 1984. Chapters on the Levite's wife and Jephthah's daughter.

Everyday life in ancient Israel

King, Philip J., and Stager, Lawrence E. *Life in Biblical Israel.* Library of Ancient Israel. Louisville, KY: Westminster John Knox Press, 2001.

The history of Israelite religion

Keel, Othmar, and Uehlinger, Christoph. *Gods, Goddesses, and Images of God in Ancient Israel,* trans. Allan W. Mahnke. Minneapolis: Fortress, 1997. Difficult, but good.

Kapitel 3
Die Entstehung des Königtums und Königs- und Zionstexte

Das Aufkommen der Monarchie steht jetzt auf dem Programm; es werden biblische Texte untersucht, die mit dieser Geschichtsphase zu tun haben. Im ersten Teil ist von der geschichtlichen Rekonstruktion des beginnenden frühen Königtums die Rede. Die Forschungsergebnisse stimmen nur partiell mit den viel späteren und stark theologisch motivierten Berichten überein, die in den Samuel- und Königsbüchern erhalten sind. David und Salomon (nicht Saul!) erheben als erste gezielt Anspruch auf den Königstitel. Sie haben damit offensichtlich Anleihen bei den Nachbardynastien gemacht, als sie ihre Herrschaft in Jerusalem begründeten. Vor allem Ägypten kommt als Leihgeber in Frage, hatte es doch die ganze Region bis ein paar Jahrhunderte vor der israelitischen Staatenbildung fest in der Hand gehabt. Die älteren Nationen pflegten bestimmte schriftliche Texte zur Stärkung des „kulturellen Gedächtnisses" in ihrem Einflussgebiet einzusetzen. Diesen wichtigen Brauch übernahmen die Israeliten. Ihre Schriftdokumente verherrlichen oft die Bedeutung des eigenen Königtums und dessen Hauptstadt Zion. Folglich schließen wir das Kapitel mit der Untersuchung einiger biblischer Huldigungen an Königtum und Zion ab. Etliche mögen sogar aus der frühen Königszeit stammen, und manche berühren sich deutlich mit alten monarchischen Überlieferungen Ägyptens und Mesopotamiens. Die Königs- und Zionspsalmen beißen sich in ihrer Treue zur Monarchie mit den harten Verurteilungen in den viel späteren Samuel- und Königsbüchern. In jedem Fall aber enthalten sie Anklänge an antike Großreiche; sie werden in diesem und im folgenden Kapitel besprochen. Leserinnen und Leser mögen sich bei der Lektüre der folgenden Ausführungen vornehmen, die stereotypen Urteile über die Monarchie in den Erzählungen von Samuel und 1 Könige ständig zu hinterfragen und auf ganz andere Zeugnisse über das frühe israelitische Königtum zu achten. Man wird diesen Vorsatz verwirklichen können, wenn man bei jenen jüngeren Geschichten zwischen den Zeilen liest und biblische Texte, besonders Königspsalmen, analysiert, die möglicherweise bis auf die fragliche Periode zurückgehen.

Israel in der frühen Königszeit – Versuch einer Rekonstruktion

Wir beginnen wieder mit einer erdachten Rekonstruktion des Kontextes, in dem die biblischen Überlieferungen aufgezeichnet wurden. Unsere Quellen sind spärlich, von unterschiedlicher Art und umstritten. Obwohl die Bibel Israel zur Zeit Davids und Salomos als eine Weltmacht beschreibt, haben Archäologen bis heute keine bedeutenderen Überreste ihrer Königreiche gefunden. Einige äußern sogar den Verdacht, dass das ganze biblische Bild ihrer Herrlichkeit nichts anderes ist als das fiktive Gebilde eines „goldenen Zeitalters" Israels. Unsere Darstellung geht jedoch von einer anderen Perspektive aus. Sicherlich weiteten sich die Geschichten über David und Salomo im Laufe der Zeit, wobei das Ansehen dieser Könige wuchs. Trotzdem legen Archäologie und kritische Interpretation der Bibeltexte nahe, dass Israel unter David und Salomo die Anfänge einer bescheidenen stadtstaatlichen Monarchie entwickelt hat, die wohl auch kurzfristig einige Nachbarvölker kontrollierte. Der folgende Rekonstruktionsversuch basiert auf einer solchen Kombination von archäologischen und biblischen Zeugnissen.

Unsere Zeitreise führt uns zu einem anderen kleinen Berg im Alten Kanaan, dem Berg **Zion**, einem Hügel südlich des Kernlandes der israelitischen Stammesgesellschaft. Generell können wir sagen, dass „Zion" und die damit verbundene Stadt „Jerusalem" in der Bibel Synonyme sind. Weniger bekannt ist jedoch, dass Jerusalem eine lange Geschichte als bedeutende Stadt hatte, bevor David sie eroberte und zur Hauptstadt seines Königreiches machte. In Kapitel 2 haben wir einen Brief von Abdi-Hepa besprochen, einem der Könige des vordavidischen Jerusalem. Dieser Brief ist nur einer von vielen Beweisen, dass Jerusalem vor David seine eigenen kulturellen und politischen Überlieferungen hatte. Außerdem haben David und seine Nachfolger wohl einige Überlieferungen dieser alten Stadt in die Entwicklung ihres eigenen jungen Königtums aufgenommen. Zum Beispiel enthält die Bibel einen provozierenden Hinweis darauf, dass schon die vorisraelitischen (jebusitischen) Einwohner Jerusalems an die Uneinnehmbarkeit Jerusalems glaubten. Als David Jerusalem belagerte, sollen die Jebusiter ihm zugerufen haben: „Du kommst hier nicht herein; es genügen Blinde und Lahme, um dich zu vertreiben" (2 Sam 5,6). Diese Behauptung, dass Jerusalem nicht erobert werden könne, ist quasi ein Vorläufer der späteren biblischen **Zionstheologie**, der Theologie über die Sonderstellung und Unverwundbarkeit Jerusalems, die wir in einigen Psalmen und in anderer Literatur Israels finden werden.

Versuchen wir uns als erstes vorzustellen, wie Jerusalem in etwas späterer Zeit, während der Regierung Salomos, ausgesehen haben könnte. Die Jebusiter hatten sich geirrt, denn David hatte Jerusalem mit List erobert, es zur Hauptstadt seines Königreiches gemacht und dadurch Juda im Süden und Israel im Norden miteinander verbunden. In unserem Gedankenexperiment besuchen wir jetzt das Jerusalem Salomos, Sohn und Nachfolger Davids, das schon zum Zentrum eines jungen Miniimperiums geworden ist. Es besitzt weiterhin seine alten Mauern und Überlieferungen, aber Salomo hat einen neuen Palast für den König und einen neuen Tempel für Jahwe gebaut (Abb. 3.1). Im Tempel befindet sich die „Bundeslade", ein Symbol des stammesgebundenen Exodusgottes des früheren Israel.

Abb. 3.1 Moderne Rekonstruktion Jerusalems zur Zeit Salomos. Oben rechts liegt der Tempel, direkt unterhalb von ihm der Palast, dann die Davidszitadelle mit der terrassenförmigen Steinstruktur, die sie stützt.

Salomo ist als König auch Hohepriester und Armeechef. Ihm untersteht eine kleine, aber sich ausweitende Klasse von priesterlichen, königlichen und militärischen Funktionären. Dies ist eine neue Form von Führung und Regierung, die zeigt, dass unter David eine Entwicklung stattgefunden hat, die von Stammesstrukturen weg und hin zu ausländischen Monarchiemodellen geführt hatte, wie sie vor allem aus Ägypten bekannt sind. Der Hof Salomos ähnelt stark dem ägyptischen Königshof; viele seiner Posten wurden mit Söhnen von Beamten besetzt, die am Hof Davids gedient hatten. Einer der Schreiber Salomos mag sogar einen ägyptischen Vater gehabt haben, nämlich „Schischa", ein Schreiber Davids, in dessen Name das ägyptische Wort für „Schreiber" anklingt. Diese Hofbeamten und ihre Untergebenen verwalteten das komplexe Königreich und waren sozusagen der Leim, der die verschiedenen Stämme und Territorien zusammenhielt.

Diese Nation, in der Tat ein Miniimperium, besaß viele Voraussetzungen für eine langdauernde Existenz. Während die Stammeskultur mit charismatischen AnführerInnen wie Debora auskam, die in Krisenzeiten das Volk „elektrisierten", sicherte das Königtum seine politische Stabilität durch eine fortdauernde Dynastie. Während die Stammeskultur davon abhing, dass Stämme sich freiwillig am Widerstand gegen Feinde beteiligten, hatte die Monarchie ein Berufsheer. Und während die Gruppen der Stammeskultur gemeinsame *mündliche* Überlieferungen besaßen, die in ständigem Fluss waren, ähnelte diese Monarchie anderen und größeren, indem sie *schriftliche* Texte dazu benutzte, das mündliche Gedächtnis zu stärken und zu standardisieren. In der weitgehend schriftlosen Gesellschaft waren diese Texte nicht allen Menschen zugänglich, aber sie waren ein wichtiges Mittel, die neue herrschende Klasse für dieses nun größer gewordene Reich zu erziehen. Beim Auswendiglernen einer bestimmten Sammlung von schriftlichen Texten erlernten junge Menschen, die sich auf Führungsaufgaben vorbereiteten, eine gemeinsame Weltanschauung, die Zeit und Raum überdauerte. So sind die Schreiber Davids und Salomos vermutlich die Verfasser der ersten Sammlung von schriftlichen hebräischen literarisch-theologischen Texten.

Die Entstehung des israelitischen Königtums und der Widerstand dagegen

L 1 Samuel 8–12; 16–20; 2 Samuel 2–10 und 1 Könige 1–10

Diese Texte sind Geschichten über die Entstehung des Königtums, die viele Jahrhunderte nach den beschriebenen Ereignissen erzählt wurden. Durch die unterschiedlichen Gründe, die sie für die Entstehung des Königtums in Israel angeben, lassen die Verfasser viel über ihre eigenen Werte durchblicken.
Legen Sie beim Lesen von 1 Samuel 8–12 eine Liste der verschiedenen Gründe an, die für die Entstehung der Monarchie angeführt werden (mit Kapitel und Vers), und notieren Sie alle anderen Hinweise darauf, ob die Verfasser dieser Texte die Monarchie befürworteten oder ablehnten. Wenn Sie das Gesamtbild betrachten – glauben Sie, dass die Autoren dieser Texte das Königtum für eine gute Idee hielten?

Bevor wir uns den ältesten hebräischen Texten zuwenden, müssen wir den Kontext der Stadtstaaten betrachten, in dem sie geschrieben wurden. In Kapitel 2 sahen wir, wie Israel als ein loser Verband von in Stämmen organisierten Dörfern entstand, die hauptsächlich im nördlichen Bergland Palästinas lagen. Die Menschen dieses Verbandes waren ein „Volk", kein Stadtstaat und keine Nation. Ihre begrenzten Mittel und ihre gesellschaftliche Organisation machten es schwer, sich gegen Überfälle von Nachbarstämmen oder gegen die Unterwerfungsversuche nahe gelegener Stadtstaaten zu verteidigen. Abgesehen von den zeitlich begrenzten AnführerInnen in Krisenzeiten, den „Richtern", gab es keine Oberklassen. Die Menschen hatten gemeinsamen Zugang zum mündlich überlieferten „kulturellen Gedächtnis", das ihnen half, sich als Israeliten zu verstehen.

Das Erste Buch Samuel, das Jahrhunderte nach der von ihm erzählten Zeit geschrieben wurde, bietet viele Erklärungen, warum die Stammesexistenz unter Richtern an ihr Ende kam: man forderte einen König, weil Samuels Söhne korrupt waren oder weil man andere Nationen imitieren wollte oder einen menschlichen König anstelle Jahwes wünschte (vergleichen Sie dies mit der Liste, die Sie bei der Eingangslektüre angelegt haben). Die Erklärung, die die meisten Forscher für die überzeugendste halten, ist jedoch eine andere: die Israeliten akzeptierten das Königtum, weil es die einzige gesellschaftliche Organisationsform war, die es aufgrund ihrer Zentralisierung ermöglichte, die Philistereinfälle im zentralen Bergland Palästinas zurückzuschlagen. Die Bibel erinnert an Zusammenstöße zwischen Israeliten und Philistern in Geschichten über Samson (Ri 14–16) und über die Zeit Samuels (1 Sam 4,1–7,1), Sauls (1 Sam 13–31) und Davids (2 Sam 5 und 8). Saul, vom Stamm Benjamin, wurde zum „König" gesalbt, um die Philister zu bekämpfen, aber er war kaum mehr als ein Kriegerhäuptling. Er baute keine Hauptstadt und kein Berufsheer auf und hatte nur mäßige Erfolge, bevor er zusammen mit seinem Erbsohn Jonatan in einer Schlacht gegen die Philister fiel (1 Sam 31 // 2 Chr 10). Der Führungsstil Sauls war nicht vom

Typ „Königsherrschaft“, der zur Verteidigung gegen die Philister notwendig war; es handelte sich eher um eine „Häuptlingschaft“.

Ein wirkliches Königtum entstand erst mit David und vor allem mit seinem Erben, Salomo. In der Erinnerung der sehr viel späteren Bibeltexte ist David eine paradoxe Mischung. Einerseits zeigen viele Texte ihn als einen König, der Jahwe „treu“ war (z. B. 1 Kön 3,6), andererseits ist er unmoralisch genug, Batseba, die Ehefrau eines Offiziers, zu missbrauchen und ihren Mann in den sicheren Tod zu schicken, damit er sie heiraten kann (2 Sam 11–12). Im größeren Zusammenhang scheint David jedoch ein außerordentlich talentierter Militärkommandeur gewesen zu sein, der die ersten Schritte zur Errichtung einer Monarchie tat, die mehr als vierhundert Jahre bestehen sollte.

W Zeittafel: Die Entstehung des Königtums

Häuptlingschaft Sauls	1025–1010 v. Chr. (wegen der Unvollständigkeit von 1 Sam 13,1 ist diese Zeitspanne besonders unsicher)
Regierungszeit Davids	1010–970 v. Chr.
in Hebron	1010–1002 v. Chr.
in Jerusalem	1002–970 v. Chr.

David begann seine Karriere als Offizier im israelitischen Heer Sauls und hatte so große militärische Erfolge gegen die Philister, dass er vor Sauls eifersüchtigem Hass fliehen musste (vgl. 1 Sam 16–29). Als Saul starb, regierte David von Hebron aus für ein paar Jahre seinen eigenen Stamm Juda, während Ischbaal, ein Sohn Sauls, Israel regierte (2 Sam 2–3). Nach der Ermordung Ischbaals salbten die israelitischen Anführer David zu ihrem König, so dass er nun sowohl König von Juda als auch von Israel war (2 Sam 4,1–5,5). Eine seiner ersten Maßnahmen als Herrscher beider Völker waren mehrere Feldzüge gegen die Philister, die der philistäischen Bedrohung Judas und Israels dauerhaft ein Ende setzten (2 Sam 5,15–25; vgl. auch 2 Sam 21,15–22).

David tat jedoch noch viel mehr als die Philister zu besiegen. Im Unterschied zum Kriegerhäuptling Saul führte er gesellschaftliche Veränderungen ein, die zu einem echten Königtum gehören: Die Errichtung eines Staates mit einer durch Mauern geschützten Hauptstadt, die Organisation eines Berufsheeres und die Besteuerung der Bevölkerung zum Unterhalt der befestigten Stadt (oder Städte) und der Armee. Erstens eroberte David Jerusalem mit List und machte es zur Hauptstadt seines neuen Königreiches (2 Sam 5,6–16). Das war ein cleverer politischer Schachzug, durch den ein judäischer König auch seine Autorität über Israel behaupten konnte, denn Jerusalem wurde nicht mit dem südlichen Stamm Juda identifiziert, wie das bei Hebron der Fall war. Zweitens bekräftigte David den Anspruch Jerusalems, die neue Hauptstadt „Israels“ zu sein, indem er die allen israelitischen Stämmen heilige Bundeslade dorthin überführte (2 Sam 6). Drittens errang er weitere militärische Erfolge durch die Unterwerfung benachbarter Königreiche wie Moab, Edom, Ammon und sogar Damaskus (ein Alliierter Ammons, vgl. 2 Sam 8,10–12). Dadurch konnte er Soldaten seines Heeres mit Ländereien bezahlen und seinen jungen Staat mit Tributen benachbarter Völkergruppen finanzieren. Viertens schließlich begann er mit dem Aufbau langfristiger Stadtstaaten-Strukturen: Er machte erste Pläne für einen Tempel (2 Sam 24,18), konsolidierte die Beziehungen zu Nachbarvölkern durch Heiratsbündnisse (2 Sam 3,2–5), stellte ein Berufsheer aus Söldnern auf und bereitete durch eine Volkszählung eine umfassende Besteuerung vor (2 Sam 24,1–9). Er scheint sogar ägyptische Vorbilder nachgeahmt zu haben, indem er einen Königshof mit einem Verwaltungsapparat schuf, der wohl auch einen Beamten zur Verwaltung der „Zwangsarbeit" einschloss, durch die seine Untertanen zur Befestigung des Landes beitragen mussten (2 Sam 20,23–26, vgl. 2 Sam 8,16–18). (Königreich Davids s. Karte 3.1.)

Davids Nachfolger Salomo ging noch viel weiter in der Entwicklung eines Stadtstaates mit Basis in Jerusalem. Er kam durch einen sehr wirkungsvollen Staatsstreich an die Macht, den seine Mutter Batseba in enger Zusammenarbeit mit verschiedenen nahen Vertrauten Davids inszeniert hatte (s. 1 Kön 1–2), und begann sofort mit dem Ausbau eines voll ausgestatteten altorientalischen Stadtstaates. Er erweiterte das königliche Regierungskabinett, setzte Söhne von Beamten Davids in wichtige Ämter ein und schuf einige neue, wiederum nach ägyptischem Vorbild. Er baute die Armee aus und schaffte Streitwagen an. Er ging Heiratsbündnisse mit ausländischen Königen ein. Er begann lukrative Handelsbeziehungen mit Tyros, Arabien und anderen Mächten. Er befahl große Bauprojekte in Jerusalem und anderen Festungsstädten wie Hazor, Geser und möglicherweise Megiddo (s. Karte 2.1 auf S. 62). Die allerwichtigste Maßnahme jedoch, mit umfassender technischer und materieller Unterstützung von Hiram, dem König von Tyrus, war der Bau eines Tempels für Jahwe und eines Palastes für sich selbst in Jerusalem.

Für all dies benötigte Salomo bedeutende Mittel. Er teilte das Königreich in zwölf Distrikte ein, die jeweils von einem Gouverneur regiert wurden und einen Monat pro Jahr zur Versorgung des königlichen Staatsapparates verpflichtet waren. Viele Wissenschaftler sehen in diesem System von zwölf Regierungsbezirken, deren Besteuerung nach dem monatlichen Mondzyklus organisiert war, die Wurzel der Vorstellung, dass Israel aus *zwölf* Stämmen entstanden sei. Dieses Konzept von zwölf Stämmen wurde auf Israels Frühgeschichte rückprojiziert – auf die Zeit der Richter und die Zeit davor. Für Israeliten, die in einer Dorfkultur lebten, war die wichtigste Veränderung die Auferlegung einer zusätzlichen Last, mit der sie in ihrer alltäglichen Existenz zu kämpfen hatten. Sie mussten nicht nur einen Weg finden, jedes Jahr die nötigen Vorräte zur Versorgung ihrer Familien zu beschaffen; jetzt mussten sie auch noch beträchtliche Mittel zur Versorgung des Königshauses und seines Stadtstaates aufbringen.

So waren nicht alle Israeliten glücklich über die Veränderungen, die das Königtum Davids und Salomos mit sich brachte. Obwohl sie sicherlich zufrieden waren mit der Beseitigung der Philistergefahr, betrachteten viele David und besonders Salomo als judäische Verkörperung der repressiven Könige, die sie gerade losgeworden waren.

Karte 3.1 Gebiete unter der Herrschaft und Kontrolle Davids und Salomos. Nachzeichnung nach: AHARONI, Yohanan; AVI-YONAH, Michael. *The Macmillan Bible Atlas (revised edition)*. New York: Macmillan, 1997, Karte 104.

Dies führte zu verschiedenen Aufständen, vor allem im Norden, wo die Menschen im Herzen des alten Stammesbundes „Israel“ am wenigsten mit einer Regierung durch Juda einverstanden waren. Eine dieser Revolten wurde sogar von Davids Sohn Absalom geleitet, eine andere von Scheba, einem Anführer aus dem israelitischen Norden. Die letzte und schließlich erfolgreiche Revolte wurde von Jerobeam angeführt, mit dem wir uns im Kapitel 5 näher beschäftigen werden. Hier ist vorläufig nur wichtig, dass sich die Herrscher dieser frühen Monarchie mit vielen Gegnern auseinandersetzen mussten, insbesondere mit solchen, die eine Beziehung zum israelitischen Norden hatten, wo man starke Zweifel an den Vorteilen der neuen Regierung hegte. Die Monarchie war ein neues umfassendes soziales Gebilde mit zahlreichen ausländischen Elementen, deren Kosten ebenso groß waren wie deren Nutzen.

Einflüsse altorientalischer Großreiche auf die Monarchie und die Schriften der frühen Königszeit

Als David und Salomo die israelitische Monarchie mit Jerusalem als Stadtstaat zu errichten begannen, taten sie dies nicht ohne gewisse Vorgaben. Sie übernahmen eine ältere Gesellschaftsform, die andernorts wohlbekannt war. Seit dem dritten Jahrtausend hatte es Stadtstaaten in ganz Mesopotamien, Syrien, Ägypten und sogar in Palästina gegeben. Wie wir sahen, war sogar Jerusalem einst ein kleiner jebusitischer (also vorisraelitischer) Stadtstaat unter ägyptischer Oberherrschaft gewesen. Eine Fülle von Indizien zeigt, dass sich David und Salomo intensiv an älteren ägyptischen und sonstigen Modellen orientierten, als sie ihr Königtum in Jerusalem etablierten: Die Organisation des Königshofes, die Vorbilder beim Bau von Tempel und Palast usw. Dies sind materielle „Nachwirkungen von Imperien“ im Zusammenhang mit der aufstrebenden davidischen Monarchie.

Es gibt aber noch eine andere Art von „imperialem Nachhall“, die hier zu besprechen ist, nämlich die Art und Weise, wie einige biblischen Schriften vorisraelitische Texte zu imitieren scheinen, die in den sehr viel älteren Großreichen Mesopotamiens und Ägyptens in Gebrauch waren. Ein Merkmal, das viele Monarchien des Altertums von den sie umgebenden Stammesgruppen unterschied, war der Gebrauch schriftlicher Dokumente (s. Abb. 3.2), einschließlich derjenigen, die wir in der Bibel finden: Weisheitssprüche, Psalmen, Mythen und Erzählungen. Genau wie die auch weiterhin zirkulierenden mündlichen Überlieferungen waren solche schriftlichen Texte eine Form des kulturellen Gedächtnisses, aber es gab erhebliche Unterschiede. Der wichtigste ist, dass die relative Beständigkeit schriftlicher Überlieferungen sie auf Dauer zu guten Instrumenten machte, Eliten hervorzubringen. Schriftstücke ändern sich nicht so leicht wie mündliche Überlieferungen. Das war wichtig für Stadtstaaten und Großreiche, die sich über große Entfernungen erstreckten und gegensätzliche Gruppen zusammenhalten mussten. Ein Imperium oder auch nur ein zentralisierter Stadtstaat konnte seine unterschiedlichen Bevölkerungsteile zusammenbinden, indem sichergestellt wurde, dass alle seine Eliten schreiben und lesen lernten und dieselben Schultexte memorierten.

Abb. 3.2 Ein Schreiber steht vor dem König eines kleinen benachbarten Königreiches, mit einer Schriftrolle in der Hand. Das Reliefbild, das etwa hundert Jahre nach David und Salomo entstand, zeigt das Prestige, das Schreibern selbst in kleinen Reichen der Region beigemessen wurde.

Unsere besten Beispiele für eine solche literarische Erziehung stammen aus Mesopotamien und Ägypten, also bedeutend größeren Zivilisationen, deren Texte besser erhalten sind (in Ägypten dank des trockenen Klimas, in Mesopotamien, weil Tontafeln benutzt wurden). Die Zeugnisse aus Ägypten und Mesopotamien zeigen, wie Schüler in der Familie unterrichtet wurden und das Lesen oft von ihrem eigenen Vater oder von einem „Vater" genannten Lehrer lernten. Diese Schulbildung im Alten Ägypten und in Mesopotamien folgte einem System, das wahrscheinlich in der ganzen Alten Welt verbreitet war. Schüler lernten zuerst das Schreiben und Lesen von Basissymbolen. Der nächste Schritt war das Auswendiglernen und Aufsagen von grundlegenden „weisheitlichen" Belehrungen, wie man zu leben hatte; die letzte und höchste Stufe war die Aneignung und Wiedergabe anderer Textgattungen, zum Beispiel Königshymnen oder Erzählungen über Schöpfung und Flut. Die sorgfältige Auswertung von Lernübungen, wie sie auf Abb. 3.3 zu sehen sind, zeigt Forschern, wie Schüler in solchen Kulturen darin unterrichtet wurden, Zeile für Zeile die Texte ihrer Kultur auswendig zu lernen. Nur wenige Menschen in den Gesellschaften des Altertums hatten die Zeit, solches Wissen zu erwerben, aber es war ein wichtiges Mittel, mit dem Ägypten, Mesopotamien und andere Kulturen die nächsten Generationen ihrer Eliten schulten.

Dieser Hintergrund ägyptischer und mesopotamischer Kulturen ist wichtig, weil ihre literarischen Erziehungssysteme ein Vorbild waren für die Monarchien, die im syrisch-palästinischen Raum in den Jahrhunderten vor der Entstehung Israels herrschten. In den tausend Jahren vor der Entstehung Israels besaßen viele Stadtstaaten dieser Region Schreiber, die mesopotamische Texte lesen und schreiben gelernt hatten und die in der Korrespondenz mit ägyptischen Herrschern sogar das Akkadische (eine mesopotamische Sprache) gebrauchten. Außerdem übte auch Ägypten selbst einen starken kulturellen Einfluss aus, vor allem auf die Küstenstädte Phöniziens. Die Bibel berichtet, wie sehr Salomo beim Bau seines Tempels und Palastes auf Materiallieferungen und auf das Know-how der phönizischen Stadt Tyrus angewiesen war (1 Kön 5,15–25; 7,13–47). Heute kennen wir Inschriften aus der Zeit Davids und Salomos – zum Beispiel das in Tell Zayit gefundene Alphabet (Abb. 3.4) –, die auch in Juda, Israel und den Nachbarvölkern den Gebrauch des phönizischen Alphabets mit 22 Buchstaben bezeugen. Sie sind wertvolle Hinweise darauf, dass die frühe israelitische Monarchie dieses altbewährte Mittel übernommen hat, größere Königreiche miteinander zu vereinigen, nämlich durch Schrift- und Erziehungssysteme (s. Abb. 3.5).

Das Königreich Davids und Salomos war viel zu klein, als dass es eigene völlig neue Gegenstücke zur umfangreichen Literatur der alten Großreiche hätte schaffen können. Als daher Schreiber in der Zeit Davids und Salomos die ersten hebräischen Texte zu verfassen begannen, scheinen sie sich *nicht* auf Textversionen von älteren mündlichen israelitischen Überlieferungen konzentriert zu haben, also zum Beispiel

Abb. 3.3 Tafel mit Schreibübungen: der Lehrer schrieb ein paar Zeilen eines Übungstextes auf die obere Hälfte der Tontafel, und der Schüler schrieb sie auf der unteren Hälfte ab.

Abb. 3.4 Stein mit einer Briefinschrift, deren Zeichen hier graphisch hervorgehoben wurden. Er wurde in einer Mauer in Tell Zayit aus dem 10. Jh. v. Chr. gefunden.

Abb. 3.5 Der „Kalender von Geser". Es kann sich um eine Schulübung aus der Zeit Salomos handeln, die auflistet, was in den jeweiligen Monaten des Landwirtschaftsjahres des Alten Kanaan getan werden musste.

auf Texte über Vorfahren, den Exodus usw. Stattdessen waren die ältesten Autoren der hebräischen Literatur abhängig von *ausländischen* Vorbildern literarischer Erziehung und ahmten *ausländische* Texte aus Mesopotamien und Ägypten nach. Warum? Vielleicht, weil diese alten judäischen Schreiber beim Verfassen der ersten schriftlichen Literatur Israels mehr daran interessiert waren, ältere Beispiele solcher Schriftwerke (die alle ausländischer Herkunft waren) den eigenen Bedürfnissen anzupassen, als die mündlichen Überlieferungen aus dem israelitischen Norden umzuformen. Daher schrieben sie für die Erziehung der Herrscher und hohen Beamten ihrer jungen Monarchie hebräische Versionen von Textgattungen, die in anderen Kulturen benutzt wurden: Mythen über Schöpfung und Flut, Hymnen über den König, Belehrungen über die richtige Lebensführung usw.

In diesem Kapitel besprechen wir zwei Textgattungen, die eine besonders enge Verbindung zum Königtum und auch eine gewisse Abhängigkeit von ausländischen Mustern aufweisen: Königs- und Zionspsalmen. Obwohl einige dieser Texte David und Salomo zugeschrieben werden (s. die Box auf S. 90), ist nicht sicher, dass sie wirklich alle aus dieser Zeit stammen. Wir stützen uns auf die oben beschriebene Theorie, dass die ältesten Verfasser judäischer und israelitischer Texte wahrscheinlich am stärksten von vorisraelitischen Mustern abhingen, als sie Texte der frühen Monarchie verfassten. Deshalb ist ein hohes Alter am wahrscheinlichsten bei den Bibeltexten, die eine klare Verwandtschaft mit Schultexten aus dem alten Mesopotamien und Ägypten zeigen. Aber selbst wenn einige der hier diskutierten Texte jünger sein mögen, lehrt uns ihre Interpretation im Zusammenhang mit ihren nichtbiblischen Gegenstücken viel darüber, wie biblische Texte benutzt wurden und was ihre Besonderheit ausmachte.

„Echos“ altorientalischer Königstheologie in den Königs- und Zionspsalmen

Ein zentrales Thema in der Literatur alter Imperien war das Königtum. Zum Beispiel beschreiben ägyptische Inthronisierungstexte, wie der neue König (der Pharao) ein Dokument erhält, in dem seine Thronnamen geschrieben standen, gipfelnd in dem Thronnamen, der seine Stellung als eingeborener Sohn des Sonnengottes Re zum Ausdruck brachte. Reliefs auf Tempelwänden zeigen, wie Re den König zeugte: nicht durch Geschlechtsverkehr, sondern dadurch, dass er die Mutter des Königs mit seinem Duft überströmte. Am Ende dieses Prozesses stattete Re den König mit allem aus, was er brauchte, um an Res Stelle regieren zu können, und verkündete:

> Ich werde meinen Sohn zum König Ägyptens einsetzen, denn ich bin da und schütze dich wie Re. Ich werde dir Leben und [Wohlergehen] gewähren [mehr als] allen Menschen, [...] indem du als König von Ober- und Unterägypten erscheinst. (Mythos von der Geburt des Gottkönigs in seiner ältesten greifbaren Version, 1. Paragraph, nach der Übersetzung von Heike Sternberg el-Hotabi, in: *TUAT III/5*, S. 995–1005, hier: S. 1000.)

L Lesen Sie die folgenden (Königs-)Psalmen und legen Sie eine Liste an von Motiven, die zwei- oder mehrmals vorkommen: 2 Sam 23,1–7; Ps 2; 21; 72; 110 (notieren Sie die entsprechenden Stellenangaben).
Lesen Sie anschließend die folgenden (Zions-)Psalmen und legen Sie eine Liste an von Motiven, die hier zwei- oder mehrmals vorkommen: Ps 9; 15; 46; 48.
Zum Abschluss vergleichen Sie diese Texte mit den Bewertungen, die in den Erzählungen über die Entstehung des Königtums in 1 Sam 8–12 durchscheinen, und legen Sie eine Liste mit Ähnlichkeiten und vor allem mit Unterschieden an.

Außerdem kennen wir auch Hymnen aus der ägyptischen Erziehung, die die Schüler lehrten, die Macht des ägyptischen Königs zu preisen, Übeltaten zu überwinden und Wohlstand zu schaffen. Hier ein Beispiel zu König Merneptah:

> Freu dich von Herzen, du ganzes Land! Die guten Zeiten sind gekommen. Ein Herr – Leben, Wohlstand, Gesundheit! – wurde allen Ländern gegeben, und die Normalität ist wieder eingekehrt. Der König von Oberägypten und Unterägypten, der Herr von Millionen von Jahren, groß wie Horus in seinem Königtum […], er, der Ägypten Glück gewährt, der Sohn des Re, der fähigste aller Könige, Merneptah – Leben, Wohlstand, Gesundheit! Ihr Gerechten alle, kommt und seht! Das Recht hat das Unrecht gebannt, die Übeltäter sind auf ihr Antlitz niedergefallen, und die Unterdrücker sind ausgeschaltet (Papyrus Sallier I, British Museum 10185; Übersetzung nach ANET, S. 378).

Ähnliche Themen erscheinen in der Königsliteratur des Alten Mesopotamien. Wir finden zum Beispiel in einem altbabylonischen Krönungsritual den folgenden Lobpreis des Königs:

> Mögen Assur und Ninlil, die Herren unserer Krone, Dir deine Krone für hundert Jahre aufsetzen! Möge dein Fuß in Ekur und deine Hände, die sich ausstrecken nach der Brust Assurs, deines Gottes, den Gottheiten angenehm sein! Möge dein Priestertum und das Priestertum deiner Söhne Assur, deinem Gott, angenehm sein! Mit deinem aufrechten Szepter erweitere Dein Land! Möge Assur dir Autorität, Gehorsam, Zustimmung, Gerechtigkeit und Frieden geben! (Übersetzung nach Livingstone, S. 472.)

Königstexte aus dem Alten Mesopotamien und dem Alten Ägypten betonen die Erwählung des Königs durch die höchste Gottheit des Pantheons, seine Einsetzung als oberster Herrscher und Hohepriester des Landes, seine Überwindung aller Feinde im Namen der Gottheit und die Aufrichtung von Gerechtigkeit und Frieden im ganzen Land durch seine Herrschaft. Diese und andere Themen sind Bestandteile dessen, was wir **„Königstheologie“** nennen.

Viele Elemente der ägyptischen und mesopotamischen Königstheologie kommen auch in den **Königspsalmen** der Hebräischen Bibel vor (Ps 2; 18; 20; 21; 45; 72; 89; 110; 144 sowie 2 Sam 23,1–7). Im Mittelpunkt dieser poetischen Texte stehen eindeutig der König und seine Beziehung zu Gott. Psalm 110 beginnt zum Beispiel mit dem Aufruf an den König, sich zur Rechten Gottes zu setzen (Ps 110,1). Dies ist ein weit verbreitetes Motiv in der Kunst altägyptischer Königsdarstellungen. Das Bild vom König, der seine Feinde unterwirft (Ps 110,1–3a), ist typisch für die altorientalische Königsliteratur Ägyptens und Mesopotamiens. Die zweite Hälfte von Vers 3 enthält jedoch einen schwer verständlichen Text, dessen Bedeutung nur klar werden kann, wenn wir auf die ägyptische Königsideologie schauen. Gott verkündet dem König: „Vom Mutterleib der Dämmerung an habe ich dich wie Tau gezeugt". Wir erinnern uns, dass der Sonnengott Re in Ägypten den König zeugte, indem er die Mutter des Königs mit seinem Duft überströmte. Das ägyptische Wort für „Duft" reimt sich auf das Wort für „Tau".

W **Überschriften (z. B. „Psalm Davids"): was sie uns (nicht) sagen**

Obwohl viele Psalmen David zugeschrieben werden (z. B. Ps 21; 110) und einige wenige Salomo (z. B. Ps 72), müssen wir vorsichtig sein, wenn es sich um das historische Gewicht solcher Verfasserzuschreibungen des Altertums handelt. Man konnte alte Texte aus vielen verschiedenen Gründen mit bestimmten Verfassern in Verbindung bringen – etwa um eine Traditionslinie weiterzuführen, die mit einer bestimmten alten Gestalt verknüpft war, um sich durch die Verknüpfung mit einer alten Gestalt Autorität zu sichern usw.

Wenn also ein Text wie Psalm 110 David zugeschrieben wird, kann das bedeuten, dass er zur Zeit Davids von einem seiner Schreiber verfasst wurde, oder es kann einfach heißen, dass dieser Psalm als Teil einer langen Tradition von davidischen Psalmen verstanden wurde. Ähnlich ist es mit Titeln, die das Hohelied, Kohelet und die meisten Teile der Sprichwörter Salomo zuschreiben: Sie bedeuten nicht, dass alle diese Texte von Salomo stammen, sondern dass einige von ihnen zur Zeit Salomos verfasst worden sind, während andere einfach Teil einer breiteren Linie „salomonischer" Überlieferungen sein mögen, die sogar bis hin zu Texten wie dem Buch der Weisheit reicht.

Trotz dieser Einsicht kann die biblische Zuschreibung von Texten an David oder Salomo von Bedeutung sein. Zunächst sind sie die ersten judäischen oder israelitischen Gestalten in der Bibel, denen ganze biblische Texte zugeschrieben wurden (Mose wird erst in *nachbiblischen* Überlieferungen der Verfasser des Pentateuch). Die Zuschreibungen von Texten an David und Salomo können in der Bibel bewahrte Erinnerungen daran sein, dass in ihrer Zeit die Entwicklung der israelitischen Literatur begann.

Dies alles gilt jedoch nicht für eine kleine Sammlung von Überschriften, die bestimmte Psalmen mit konkreten Momenten im Leben Davids verknüpfen, wie zum Beispiel die Überschrift von Psalm 51 (einem Bußpsalm). Sie verbindet diesen Psalm mit jenem Moment in Davids Leben, als Natan ihn mit seiner Sünde konfrontiert (Ehebruch mit Batseba und Schuld am Tod ihres Mannes Urija, vgl. die Erzählung in 2 Sam 11,1–12,23). Solche historisierenden Überschriften werden durch ihre Sprache und ihre Theologie als spätere Hinzufügungen zum Psalter ausgewiesen und sind Beispiele für frühe Bibelauslegungen.

Wenn Ps 110 davon spricht, dass Jahwe den König „wie Tau zeugt“ (vgl. „Duft“ im ägyptischen Text) „vom Mutterleib der Dämmerung an“, scheint er diese Vorstellungen auf den König von Juda zu beziehen. Dann horcht der Psalm gleichsam auf vorisraelitische Königsüberlieferungen aus Jerusalem, denn er erinnert an den Eid Gottes, dem König ewiges Priestertum „nach der Ordnung Melchisedeks“ zu verleihen (Ps 110,4). Melchisedek wird in Gen 14,18 als einer der Könige Jerusalems in der Zeit vor David erwähnt. Dann folgen Bilder des Königs, der seine Feinde vernichtet (Ps 110,5–6), die typisch sind für die altorientalischen Königstexte, und der Psalm schließt damit, dass der König aus der Quelle Jerusalems trinkt (Ps 110,7). Offensichtlich wurden die Könige von Juda in Jerusalem an der Gihonquelle gesalbt (1 Kön 1,33–34.38–39). So ist Ps 110 ein gutes Beispiel für einen Psalm, dessen anscheinend rätselhafte Anspielungen verständlich werden, sobald wir wissen, dass er alte Motive des Königtums aufnimmt, die aus dem vordavidischen Jerusalem stammen und aus noch älteren ägyptischen und mesopotamischen Königstheologien. Psalm 110 basiert nicht auf einem bestimmten vorisraelitischen Text, sondern ist in einem umfassenderen Sinne ein „Echo alter Großreiche“.

Dasselbe gilt für viele andere Königspsalmen der Bibel. Genau wie der ägyptische König einen schriftlichen Beschluss seiner Gottheiten erhielt, der seinen Status als „Sohn des Re“ verkündete, lässt Ps 2 einen König verkünden, dass er ein ähnliches Dekret von Jahwe erhalten hat:

> Den Beschluss Jahwes will ich kundtun. /
> Er sprach zu mir: „Mein Sohn bist du, /
> heute habe ich dich gezeugt.
> Fordere von mir, und ich gebe dir die Völker zum Erbe, /
> die Enden der Erde zum Eigentum.“ (Ps 2,7–8)

Das Motiv, dass Gott dem König alles gibt, was er will, insbesondere militärische Siege (Ps 2,8), findet sich auch in anderen Königspsalmen (Ps 21,2; s. auch 1 Kön 3,5) und ist ein zentrales Motiv der Königstheologien des Alten Ägypten und Mesopotamien. Immer wieder betonen die Texte dieser altorientalischen Imperien, dass nur der König Gott um militärische Hilfe anrufen darf. Der König, und nur er allein, hat von Gott die Erlaubnis erhalten, um militärischen Erfolg für sein Volk zu bitten und ihn zu erhalten; eine der wichtigsten Aufgaben des Königs in den altägyptischen und altmesopotamischen Königstexten ist die Vernichtung der Feinde seines Volkes.

Dieser Nachdruck, den die Königspsalmen auf die gewalttätige Macht des Königs legen, mag heutigen Lesern grausam erscheinen, vor allem solchen Lesern in Europa und Nordamerika, die keine unmittelbare Bedrohung durch Militärangriffe kennen. Für die alten Israeliten klangen diese Worte jedoch anders. Obwohl viele geneigt gewesen sein mögen, den Aufrufen Absaloms oder Schebas zu folgen und die Monarchie abzulehnen, betonen diese Königspsalmen, dass der König von Gott eingesetzt worden ist und die Menschen gegen alle Bedrohungen, wie zum Beispiel durch die Philister, schützen und verteidigen werde. Dabei verarbeiteten die Psalmen ältere

Vorstellungen über den König, die im Alten Orient geläufig waren – zum Beispiel die göttliche „Zeugung" des Königs, sein Sitzen zur Rechten Gottes, die göttliche Erfüllung seiner Wünsche –, um die Jerusalemer Monarchie gegenüber skeptischen Israeliten zu rechtfertigen.

Ein anderes wichtiges Thema der Königspsalmen ist die Bedeutung des Königtums für die „soziale Verantwortung" – hebräisch ***zedaqah***. Dieses hebräische Wort wird gewöhnlich mit „Gerechtigkeit" übersetzt, aber es bezieht sich näherhin auf die Tugend, seine sozialen Verpflichtungen anderen gegenüber zu erfüllen, insbesondere die Verpflichtung, diejenigen zu verteidigen, die in der antiken Gesellschaft am verwundbarsten waren: Waisen, Witwen und ausländische Einwanderer (die „Fremden" oder „Ausländer"). Zum Beispiel bemerkt 2 Sam 23,3, dass der König mit dieser „sozialen Verantwortung" regieren muss, um über seinem Volk aufzuscheinen wie das Morgenlicht; der gesamte Psalm 72, ein „Psalm Salomos", ist letztlich ein einziges Gebet zu Gott, dass er dem König die Kraft geben möge, sein Volk in solcher *zedaqah* zu regieren:

> Verleih deine Gerechtigkeit, o Gott, dem König, /
> und deine soziale Solidarität dem Königssohn!
> Möge er dein Volk in sozialer Solidarität (*zedaqah*) richten /
> und deine Armen in Gerechtigkeit! (Ps 72,1–2)

Diese Texte zeigen, dass das israelitische Königtum als eine Einrichtung gedacht war, die den seinerzeit gefährdeten Menschen des israelitischen Berglandes Schutz und wahre Gerechtigkeit gewähren sollte. Wie wir sehen werden, entsprach die Monarchie – wie alle menschlichen Institutionen – nicht immer den gesetzten hehren Zielen, und die Israeliten lehnten sich verschiedentlich gegen das Königtum auf. Dennoch zeigen diese Psalmen, dass das israelitische Königtum als Einrichtung gedacht war, durch die Gott den verletzlichsten Mitgliedern seines Volkes Schutz und Fürsorge zukommen ließ.

B Das Buch der Psalmen: Teil 1
(Für „Das Buch der Psalmen: Teil 2" s. die Box auf S. 270)

Mehrschichtigkeit des Psalmenbuches
Das Buch der Psalmen entstand über einen sehr langen Zeitraum hinweg. Es enthält einige der ältesten israelitischen Texte, aber es wurde auch noch in sehr späten Phasen der israelitischen Geschichte erweitert. Diese Mischung von alten und jüngeren Texten im Buch der Psalmen ergibt sich dadurch, dass sie eng mit den Veränderungen im Leben der Israeliten verbunden waren und sie widerspiegeln, also mit ständig neuen individuellen und nationalen Herausforderungen konfrontiert waren.

Identifizierung der ältesten Psalmen
Wir können nicht mit Sicherheit sagen, ob ein bestimmter Psalm aus der vorexilischen Zeit stammt, und noch weniger, ob es sich um die Zeit Davids und Salomos handelt. Dennoch sind sich die meisten Forscher einig, dass manche Psalmen sehr wohl zur ältesten israelitischen Literatur gehören können. Einige Hymnen, wie z. B. der Preis des Sturmgottes in Ps 29, mögen als vorisraelitische Hymnen auf andere Gottheiten entstanden sein, bevor sie für den israelitischen Gebrauch umgearbeitet wurden. Andere möglicherweise alten Psalmen erwähnen den König, die Lade oder den Zion, wie z. B. das Loblied auf Jahwes Erwählung des Zion und die Übertragung der Lade durch David in Ps 132. Es ist ziemlich unwahrscheinlich, dass solche Texte nach dem Untergang der Monarchie und der Zerstörung des Zionstempels samt seiner Lade verfasst worden sind.

Sonstige möglicherweise alten Psalmen?
Die oben angeführten Beispiele zeigen, dass alte Psalmen wohl in allen Teilen des Psalmenbuches vorkommen können. Sie sind ein mögliches Indiz, dass einige andere Psalmen, in denen geschichtliche Bezüge fehlen (z. B. einige Klage- oder Trostpsalmen), ebenfalls aus den älteren Perioden der israelitischen Geschichte stammen. Es ist einleuchtend, dass solche Texte zu individueller Not oder Rettung schwer datierbar sind, aber glücklicherweise ist die Datierung für ihre Auslegung relativ unbedeutend.

Die Werte von Gerechtigkeit und sozialer Solidarität stehen auch im Mittelpunkt einer anderen Gruppe von Psalmen, die oft „Zionspsalmen" genannt werden, weil ihnen die Betonung der besonderen Bedeutung der Hauptstadt der neuen Monarchie, Zion/Jerusalem, gemein ist. So beschreibt zum Beispiel Ps 9, wie Gott, der auf Zion wohnt, „die Völker in sozialer Solidarität richtet" (9,9) und „den Unterdrückten eine Burg ist" (9,10). Ps 15 und 24 sind alte Liturgien für Menschen, die zum Zion pilgern. Diese Psalmen verwehren den Zugang zum Zion für Menschen, die nicht von sich sagen können, dass sie „reine Hände und ein lauteres Herz" haben (24,4) und nicht andere durch ihre Verleihpraktiken ausbeuten (15,5). Zion, das Herz des alten Jerusalem, war der Berg, auf dem Gott wohnte. Menschen, die zu ihm gelangen wollten, mussten einen höheren Standard von Verhaltensweisen einhalten: von ihnen wurde erwartet, so gerecht zu sein wie der Gott Zions.

M Interpretation von poetischen Texten

In der biblischen Poesie finden wir nicht jene Art von Endreimen, die wir aus vielen englischsprachigen (und deutschsprachigen) Gedichten kennen. Stattdessen zeichnet sie sich durch ein Stilmerkmal aus, das ***„Parallelismus membrorum"*** (Parallelismus der [Satz-]Glieder) genannt wird. In einem **zweigliedrigen Vers** führt die zweite Zeile die Vorstellung oder Argumentation der ersten fort, erweitert sie aber auf eine bestimmte Weise. Manche Gedichte können auch **drei- oder mehrgliedrige Verse** haben. Bei dreigliedrigen Versen liegt der Akzent auf der dritten, also der letzten Zeile, die die Vorstellung(en) oder Argumentation(en) der beiden ersten weiterführt. Ein Beispiel aus Psalm 2 (Vers 7):

Den Beschluss des Herrn will ich kundtun. /
Er sprach zu mir: „Mein Sohn bist du. /
Heute habe ich dich gezeugt.

Beachten Sie, wie der Text der Einheitsübersetzung die Dreigliedrigkeit durch Schrägstriche markiert, die anzeigen, wo die Übersetzer das Zeilenende des hebräischen Textes erkannten.
Im obigen Beispiel ist die dritte Zeile, die den Höhepunkt darstellt, durch Kursivschrift hervorgehoben. Wenn man zwei- oder dreigliedrige Verse analysiert, ist es hilfreich, sie auf diese Weise niederzuschreiben und die letzte Zeile visuell hervorzuheben. Betrachten Sie die Parallelen und die Unterschiede zwischen dieser dritten Zeile und den beiden vorhergehenden. Wie bereiten die beiden ersten Zeilen die dritte vor, was ist die Wirkung dieses Abschlusses des dreigliedrigen Verses? Wie kann man die emotionale Wirkung dieses poetischen Mittels beschreiben?
Versuchen Sie, in der Einheitsübersetzung des Ps 24 einen weiteren dreigliedrigen Vers zu finden und auszulegen.

Weiterführende Literatur:

ALTER, Robert. *The Art of Biblical Poetry*. New York: Basic Books, 1985
SEYBOLD, Klaus. *Poetik der Psalmen*. Stuttgart: Kohlhammer, 2003 (Poetologische Studien zum Alten Testament 1)

Außerdem betonen andere Psalmen wiederholt einen der wichtigsten Ansprüche der Zionstheologie: dass Jerusalem, der Wohnort Gottes, unverwundbar ist gegenüber fremden Angriffen. So zum Beispiel die Beschreibung Jerusalems/Zions in Psalm 46:

Die Wasser eines Stromes erquicken die Gottesstadt, /
des Höchsten heilige Wohnung.
Gott ist in ihrer Mitte, darum wird sie niemals fallen. /
Gott wird sie retten, wenn der Morgen anbricht. (46,5–6)
[Vgl. Luthers Lied: Eine feste Burg ist unser Gott]

Große Teile dieser Königs- und Zionspsalmen sind vermutlich in späteren Phasen der Jerusalemer Monarchie geschrieben worden. Trotzdem sind sie hervorragende Beispiele dafür, wie Israeliten der Frühzeit, die über Jahrhunderte hinweg in den Dörfern des Berglandes lebten, dieser neuen Gesellschaftsform – einer neuen Monarchie mit einer neuen Hauptstadt, Jerusalem – einen theologischen Sinn verliehen. Spätere jüdische und christliche Ausleger haben natürlich viele dieser Psalmen neu interpretiert, so dass zum Beispiel der in Ps 2 oder 110 gepriesene König als Messias verstanden wurde. Solche Reinterpretationen können legitim sein, weil diese Texte nicht überlebt hätten und in die Hebräische Bibel aufgenommen worden wären, wenn spätere Leser sie nur als relevant für eine letztendlich untergegangene Monarchie verstanden hätten. Aber diese Texte sollten auch in ihrem historischen Kontext verstanden werden. In dieser Hinsicht sind sie Zeugen für einige der ältesten israelitischen Vorstellungen zu Macht und Gesellschaft, Vorstellungen, die sich für spätere Verfasser von Prophetien und Geschichtsschreibung als sehr wichtig erweisen sollten.

Rückblick auf Kapitel 3

1. Überprüfen Sie Ihr Wissen zu folgenden Fachbegriffen, die in diesem Kapitel behandelt wurden:
   - Dreigliedriger Vers
   - Königspsalmen
   - Königstheologie
   - *Parallelismus membrorum* (der [Satz-]Glieder)
   - *zedaqah*
   - Zion
   - Zionspsalmen
   - Zionstheologie
   - Zweigliedriger Vers

2. Nehmen Sie eine Bibelausgabe, die zwei- und dreigliedrige Verse markiert [EÜ; Zürcher Bibel], und identifizieren Sie solche Verse der biblischen Poesie.

3. Was ist nach Meinung der Forscher der Hauptgrund für die Entstehung der Monarchie in Israel? Worin unterscheidet er sich von den Gründen, die in den Erzählungen in 1 Sam angegeben werden?

4. Welche Rolle spielte die Schrift im aufstrebenden Königtum? Welche Beziehungen hat sie zu mündlichen Texten und zum Auswendiglernen von Texten?

5. Was sagt uns die Erwähnung Davids in Psalmüberschriften, was sagt es uns, wenn sie fehlt?

6. Forscher, die in der Perspektive der Befreiungstheologie arbeiten, halten die Entstehung der Monarchie für eine „Konterrevolution" – einen Rückschritt in den Bemühungen um Gerechtigkeit. Für sie stellen die Königs- und die Zionstheologie einen repressiven Strang der biblischen Überlieferungen dar, der von befreienden Strängen biblischer Theologie unterschieden werden muss, die sich z. B. in

der Exodusgeschichte finden (oder bei biblischen Propheten wie Amos). Andere argumentieren, dass Recht und Gerechtigkeit das Herz der Königs- und Zionstheologie sind und dass Israel und seine Überlieferungen (einschließlich der Überlieferungen zu Exodus und Gerechtigkeit) nur dank des Aufkommens der Monarchie überlebt haben. Welche Perspektive spricht Sie mehr an, und warum?

Weiterführende Literatur

Gesellschaft und Ideologie

CRÜSEMANN, Frank. *Der Widerstand gegen das Königtum. Die antiköniglichen Texte des Alten Testaments und der Kampf um den frühen israelitischen Staat*. Neukirchen-Vluyn: Neukirchener Verlag, 1978 (WMANT 49)

DIETRICH, Walter. *Die frühe Königszeit in Israel, 10. Jahrhundert v.Chr.* Stuttgart: Kohlhammer, 1997 (BE 3)

ECKART, Otto. *„Mein Sohn bist du" (Ps 2,7)*. Stuttgart: Katholisches Bibelwerk, 2002 (SBS 192)

GERSTENBERGER, Erhard S. *Theologien im Alten Testament* (Kap. 7). Stuttgart: Kohlhammer, 2001

SAUR, Markus. *Die Königspsalmen: Studien zur Entstehung und Theologie*. Berlin: de Gruyter, 2004 (BZAW 340)

SIGRIST, Christian (Hrsg.). *Macht und Herrschaft*. Münster: Ugarit Verlag, 2004 (AOAT 316)

SUCHANEK-SEITZ, Barbara. *So tut man nicht in Israel: Kommunikation und Interaktion zwischen Frauen und Männern in der Erzählung von der Thronnachfolge Davids*. Münster: LIT-Verlag, 2006 (exuz 17)

Samuel-Kommentare

ADAM, Klaus-Peter. *Saul und David in der judäischen Geschichtsschreibung: Studien zu 1 Samuel 16 – 2 Samuel 5*. Tübingen: Mohr, 2007 (FAT 51)

AHUIS, Ferdinand. *Das „Großreich" Davids und die Rolle der Frauen: eine Untersuchung zur Erzählung von der Nachfolge auf dem Thron Davids (2 Sam 10–20; 1 Kön 1–2) und ihrer Trägerinnengruppe*. Neukirchen-Vluyn: Neukirchener Verlag, 2007 (BThSt 83)

KRAUSS, Heinrich; KÜCHLER, Max. *Saul – der tragische König*. Fribourg: Paulusverlag, 2010

BAR-EFRAT, Shimon. *Das erste Buch Samuel: ein narratologisch-philologischer Kommentar*. Stuttgart: Kohlhammer, 2007 (BWANT 176)

BAR-EFRAT, Shimon. *Das zweite Buch Samuel: ein narratologisch-philologischer Kommentar*. Stuttgart: Kohlhammer, 2009 (BWANT 181)

Bibliographie der englischen Originalausgabe (Chapter 3)

McCarter, P. Kyle. *I Samuel*; *II Samuel*. Anchor Bible. Garden City: Doubleday, 1980 and 1984.

Kapitel 4
Nachklänge vergangener Großreiche in biblischer Weisheit, Liebeslyrik, Gesetzgebung und Erzählung

Wir wenden uns nun Texten der Bibel zu, in denen der Nachhall früherer Großreichsideologien besonders stark zu spüren ist. Die Tatsache, dass solche Echos vorhanden sind, könnte bedeuten: Die Texte sind in der frühen Phase der Monarchie verfasst worden. Denn da standen die Schreiber vor der Aufgabe, ein erstes israelitisches Schriftkorpus herzustellen, und waren deshalb besonders stark von auswärtigen Vorbildern abhängig. Einige der hier besprochenen Schriften werden Salomon zugeschrieben (z. B. Sprichwörter, Hohelied, Kohelet, vgl. Kap. 3, Box S. 90), andere sind von Anfang an anonym überliefert worden. Als Beispiel dafür wird im Schlussteil dieses Kapitels die „jahwistische Urgeschichte“, eine urtümliche Erzählkette um die Themen Schöpfung und Sintflut innerhalb des Komplexes von Gen 1–11, vorgestellt. Sie ist erst vor ca. 300 Jahren von Wissenschaftlern „entdeckt“ worden. Viele Fachleute setzen ihre Entstehung – das muss klar gesagt werden – teilweise in eine wesentlich spätere als die frühe Königszeit. Auffällig ist, dass den besagten alten Erzählungen jegliche Feindschaft gegenüber Fremdeinflüssen, so typisch für viele spätere biblische Schriften, abgeht. Ob die Ur-Sagen nun früher oder später entstanden sind – Vergleiche mit ihren außerbiblischen Parallelen können uns tiefe Einblicke darüber vermitteln, wie die biblischen Varianten verwendet wurden und worin ihre spezielle Bedeutung bestand.

Nachklänge vergangener Großreiche in Schriften, die Salomo zugeschrieben werden

L

Spr 6,20–8,36; 10,1–32; 22,17–29
Lehren des Amenemope (www.wiley.com/go/carr)
Koh 1,1–3,22 und Hld 1,1–17

Einige der auffälligsten Nachklänge vergangener Großreiche des ganzen Alten Testaments finden sich in Büchern, die Davids Nachfolger Salomo zugeschrieben werden: Sprichwörter, Hohelied, Kohelet (mehr zur Bedeutung dieser Zuschreibungen in Kapitel 3, Box auf S. 90). Dies ist erstaunlich, denn praktisch alle Forscher, die historisch-kritisch arbeiten, nehmen nicht an, dass Salomo diese drei Bücher wirklich geschrieben hat, die meisten datieren sie in ganz andere Zeiten. Aber trotz ihrer Unterschiede finden sich diese „salomonischen" Bücher sämtlich in Überlieferungsströmen, die im Alten Orient bekannt und beliebt waren.

Nehmen wir zum Beispiel das Hohelied (auch Hohelied Salomos oder Lied der Lieder genannt), ein oft übersehenes Buch mit leidenschaftlicher Liebeslyrik mitten im Alten Testament. Obwohl alte jüdische und christliche Gemeinschaften das Buch oft als einen Dialog zwischen Gott und der Gemeinschaft, die er liebt (also Synagoge

B Das Hohelied

Es ist schwierig, ein systematisches Schema für die lose verbundenen Liebesgedichte des Hoheliedes zu finden. Das folgende Schema bietet eine grobe Übersicht, basierend auf einer Folge von auffällig parallelen Refrains, die das Hohelied durchziehen (2,7; 3,5; 8,4).

Überblick

I	Einführen der Themen	1,1–2,7
	Suche bei Tag und bei Nacht	2,8–3,5
	Schätze und Lobpreis	3,6–5,1
	Suche bei Nacht	5,2–6,3
	Schätze und Lobpreis	6,4–8,3
II	Abschließende Bemerkungen zu den Themen	8,4–14

Datierung

Die meisten Gelehrten datieren das Hohelied ins 3. oder 4. Jahrhundert v. Chr., also Jahrhunderte nach Salomo, besonders aufgrund zeitlich später Charakteristika seiner Sprache. Einige wenige sehen Anzeichen für eine frühe Entstehung des in ihm enthaltenen Materials, z. B. Ähnlichkeiten mit ägyptischen und anderen alten Liebesliedern.

Themen: Sex, Gott und die Poesie des Hoheliedes

Viele Leser bestehen darauf, als Thema des Hoheliedes *entweder* das menschliche Verlangen *oder* die Liebe zwischen Gott und den Menschen zu bestimmen. Die Poesie des Hoheliedes ist jedoch viel schwerer zu fassen. Die dichten Metaphern und die unzusammenhängenden Dialoge laden die Leser ein, sich ihre eigenen Vorstellungen von dem zu machen, was hier geschieht. Das Fehlen von ausdrücklichen Hinweisen auf Gott und andere Merkmale des Hoheliedes zeigen, dass es verfasst wurde, um das Drama der menschlichen Liebe darzustellen. Aber seine Poesie erlaubt verschiedene Auslegungen, besonders aufgrund der Tatsache, dass das Hohelied Eingang in die Bibel gefunden hat, die in anderen Texten die Liebe Gottes zu seinem Volk beschreibt (z. B. im Buch Hosea, s. Kap. 5).

oder Kirche), verstanden haben, sind die engsten Parallelen des Buches weltliche Liebeslieder, die in Ägypten unmittelbar vor der Volkwerdung Israels zirkulierten. Diese alten ägyptischen Liebeslieder und ihre Parallelen im biblischen Hohelied beschreiben keine Liebesgeschichten von Göttern. Das Hohelied enthält nicht einmal eine klare Erwähnung Jahwes! Stattdessen geht es im Hohelied, genau wie in der ägyptischen Liebeslyrik, der es am ähnlichsten ist, ganz zentral um die menschliche körperliche Liebe: jemand erzählt von Verlangen, Suche, Verlust und neuer Suche, von menschlicher Leidenschaft zu seiner wahren Liebe. Außerdem präsentiert das Hohelied, genau wie die Liebesliteratur, deren Nachhall es verkörpert, ein positives und angstfreies Bild des weiblichen Verlangens. Die Frau des Hoheliedes ist eine starke Gestalt, die keine Angst hat, ihrem Liebhaber zu sagen, was sie möchte, und in deren Mund mehr als die Hälfte der Worte des Hoheliedes gelegt wurden. Nirgends im Buch wird sie für ihr Verlangen verurteilt (und auch ihr Liebhaber nicht), obwohl ihre Liebe frustrierend geheim und verboten bleibt (Hld 8,1–2).

Die Gelehrten sind sich nicht einig über die Datierung des Hoheliedes, obwohl seine Bezüge zur altägyptischen Liebeslyrik auf einen alten Kern hindeuten können. Bei Kohelet bestehen ähnliche Datierungsschwierigkeiten, und auch dieses Buch ist ein Nachklang altorientalischer Literatur. Das Buch, das „dem Lehrer, dem Sohn Davids in Jerusalem" zugeschrieben wird, ist eine Kombination von Skeptizismus gegenüber der Weisheit und eine Bestätigung der kleinen Lebensfreuden. Sein zentraler Gedanke ist die Hinterfragung sämtlicher Werte durch die Tatsache, dass wir alle sterben müssen und „nichts mitnehmen können". Das Alte Israel kannte keinen Glauben an einen Himmel oder eine Hölle, wo Menschen für ihr Verhalten zu Lebzeiten belohnt oder bestraft würden. Angesichts dieser Tatsache kommt der „Lehrer" des Kohelet schließlich zu der Einsicht: „Leere, Leere, alles ist Leere" (Einheitsübersetzung: „Windhauch"; Koh 1,2.14; 2,1 usw.). Da wir alle früher oder später sterben, sind sowohl die stürmische Suche nach Glück (Koh 2,1–11) als auch die übertriebene Weisheit und Gerechtigkeit sinnlos (2,12–23), sind „Haschen nach dem Wind". Der Lehrer dieses Textes drängt uns, die bescheidenen Freuden eines jeden Tages zu genießen, statt uns einem übertrieben großen Projekt zu verschreiben:

> Also: iss freudig dein Brot und trink vergnügt deinen Wein; denn das, was du tust, hat Gott längst so festgelegt, wie es ihm gefiel. Trag jederzeit weiße Kleidung, und nie fehle duftendes Öl auf deinem Haupt. Mit der Frau, die du liebst, genieß das Leben alle Tage deines Lebens voll Leere, das dir unter der Sonne gegeben wurde. Denn das ist dein Anteil am Leben und dein Werk, das du unter der Sonne tust. (Koh 9,7–9; s. auch 2,24–25; 5,18–20; 8,15)

Diese Art, von einem Tag zum andern zu leben, zu essen und zu trinken und sich schwärmerischer Liebe zu erfreuen, dieser „Imperativ der Freude", wie ein Gelehrter es genannt hat, ist das Rezept des „Lehrers" für das Leben in einer Welt, in der „alles Leere, Leere, Leere ist".

Ich habe diesen „Lehrer" des Kohelet nicht „Salomo" genannt, weil historisch-kritisch orientierte Wissenschaftler sich darüber einig sind, dass er nicht der Autor dieses rätselhaften Buches sein kann. Viele datieren Kohelet sogar viele Jahrhunderte nach der Zeit Salomos, zum Teil aufgrund der Ähnlichkeiten zwischen den Gedanken Kohelets und dem griechisch-römischen *Carpe diem* (lateinisch für „Genieße den Tag"), das im Deutschen mit dem geflügelten Wort „Lasst uns essen und trinken, denn morgen sind wir tot" umschrieben werden kann. Andere finden hier jedoch den

B Das Buch Kohelet

Gliederung: Gegendarstellung zu Weisheitslehren

I	Einführende königliche Verfügung	1,1–2,26
II	Lehren der skeptischen Weisheit	3,1–12,8
III	Epilog mit späteren Bemerkungen	12,9–14

Datierung

Die meisten Forscher zählen das Buch Kohelet zu den jüngsten Büchern der Hebräischen Bibel. Sein Hebräisch ist ungewöhnlich für einen frühen Text, und viele halten seine Perspektive für griechisch. Wie beim Hohelied gibt es jedoch Gründe für die Annahme, dass es eine ältere Form von ihm gegeben haben kann, zum Beispiel, weil Ähnlichkeiten mit dem Gilgameschepos bestehen (s. unten).

Zentrale Themen: Widersprüche in Kohelet

Die Leitthemen, die den größten Teil des Buches durchziehen, sind die Absurdität aller menschlichen Bemühungen (Koh 1,2.14; 2,1 usw.) und die alltäglichen Freuden, die das Leben schön machen (2,24–25; 5,18–20 usw.). Aber die letzten Verse des Buches (12,13–14) und einige gesondert stehende Verse in seinem Hauptteil (z. B. 2,26; 3,17) vertreten die traditionelle Ansicht, dass am Ende das Gute belohnt und das Böse bestraft wird. Viele Forscher betrachten diese eher traditionellen Vorstellungen als jüngere Zusätze zum Buch Kohelet.

Nachhall eines viel älteren Textes, des mesopotamischen Gilgamesch-Epos. Eine alte Version dieses Epos enthält eine Szene, in der sein Held Gilgamesch außer sich ist vor Trauer und Verzweiflung, als sein engster Freund, Enkidu, stirbt. Nachdem der Tod seines Freundes ihn mit dem „Schicksal der gesamten Menschheit" konfrontiert hat, gesteht Gilgamesch einer Barbesitzerin, Siduri, seine verzweifelte Angst vor dem Tod und wünscht, er könne unsterblich sein. In ihrer Antwort spricht die Frau Worte, die ganz wie der „Imperativ der Freude" in Kohelet klingen:

> Gilgamesch, wo irrst du umher? Das Leben, das du suchst, kannst du nicht finden.
> Als die Götter die Menschheit schufen, schufen sie auch den Tod. Die Unsterblichkeit reservierten sie für sich selbst.
> Du, Gilgamesch, lass deinen Bauch wohlgefüllt sein. Erfreue dich Tag und Nacht! Jeden Tag such das Vergnügen, Tanz und Schauspiel jede Nacht! Deine Kleidung möge reinlich sein, dein Haupt gewaschen; mögest du dich in Wasser baden. Schau auf das kleine Kind, das deine Hand hält, erfreue eine Frau mit deinen beständigen Umarmungen! Dies ist das Schicksal der Sterblichen. (Nach Andrew R. George: The Babylonian Gilgamesh Epic; Bd. 1. Oxford 2003: 279.)

Dieser Text entstand etwa tausend Jahre vor der Zeit Salomos und wurde an spätere Zeiten als einer der meistverwendeten Schultexte sowohl innerhalb als auch außerhalb Mesopotamiens weitergegeben. Die uralte Weisheitsrede Siduris nimmt Kohelet vorweg, nicht nur in ihrer Antwort auf den Tod im Sinne des „Imperativs der Freude", sondern auch in der genauen Abfolge der von ihr aufgezählten Genüsse: Essen, Wein, Feste, gute Kleidung, gute Körperpflege (Waschung mit „Öl") und sexuelle Partnerschaft. Es ist möglich, dass der Verfasser von Kohelet sich auf diesen Teil des alten Gilgamesch-Epos bezog statt auf spätere griechisch-römische Vorstellungen, als er seine Antwort auf ein leeres Universum formulierte.

M Vergleich mit außerbiblischen Texten

Bibelwissenschaftler gewinnen viele Informationen durch den Vergleich von Bibeltexten mit ähnlichen Texten der Alten Welt. In manchen Fällen, wie bei den Parallelen zwischen Spr 22,17–24,34 und den Lehren des Amenemope, können Forscher den Bibeltext mit einer seiner möglichen Quellen konfrontieren. Das kann, wie am Anfang des Kapitels gesagt, Konsequenzen für die Datierung des Schriftstückes haben. In anderen Fällen erlaubt eine solche Gegenüberstellung von Bibeltexten und anderen alten Texten, den Bibeltext in einem größeren kulturellen Horizont zu sehen. Dies lässt die besonderen Merkmale eines biblischen Textes innerhalb der umfangreicheren altorientalischen Überlieferung zum Vorschein kommen und gibt mögliche Hinweise auf die sozialen Kontexte, in denen die Texte einer bestimmten Gattung (z. B. Königspsalmen, Sprichwörter, Liebeslieder) verfasst und benutzt wurden (z. B. Kindererziehung).

Nützliche Hilfsmittel für Vergleiche

Übersetzungen von altorientalischen Texten:

KAISER, Otto / JANOWSKI, Bernd / WILHELM, Gernot Wilhelm (Hrsg.). *Texte aus der Umwelt des Alten Testaments, 3 Bände und Ergänzungsbände*. Gütersloh: Gütersloher Verlagshaus, seit 1981

MAUL, Stefan M. *Das Gilgamesch-Epos*. München: Beck, ^{5}2008

Zum Hintergrund von altorientalischen Texten, aus der Reihe „C.H.Beck Wissen":

CANCIK-KIRSCHBAUM, Eva. *Die Assyrer*. München: Beck, ^{2}2008

JURSA, Michael. *Die Babylonier*. München: Beck, ^{2}2008

KLINGER, Jörg. *Die Hethiter*. München: Beck, 2007

SCHLÖGL, Hermann A. *Das alte Ägypten*. München: Beck, ^{3}2008

SELZ, Gebhard J. *Sumerer und Akkader*. München: Beck, 2005

WIESEHÖFER, Josef. *Das frühe Persien*. München: Beck, 1999

Eines ist sicher: Kohelet antwortet mit Skepsis auf ältere Weisheitstexte wie die im Buch der Sprichwörter, einem „salomonischen" Buch, das die größten Chancen für eine (zumindest teilweise) Datierung in die Zeit Davids und Salomos hat. Dieses eine biblische Buch enthält in Wirklichkeit verschiedene Sammlungen, von denen viele mit einer eigenen Überschrift versehen sind: „Sprichwörter Salomos, des Sohnes Davids, des Königs von Israel" (Spr 1,1–9,18); „Sprichwörter Salomos" (Spr 10,1–22,16); „Auch das sind Sprichwörter Salomos, die die Männer Hiskijas, des Königs von Juda, sammelten" (Spr 25,1ff.) und so fort. Wir finden also im Buch der Sprichwörter eine Sammlung von Sammlungen alten israelitischen Schulmaterials.

Die „Sammlung von Sammlungen" im Buch der Sprichwörter spiegelt in einigen Textpassagen sehr deutlich ausländische Schultexte wider. Zum Beispiel ist Spr 22,17–24,22 eine Sammlung von „Worten von Weisen", deren „dreißig Sätze" (Spr 22,20) ein leicht angepasstes Exzerpt aus den 30 Kapiteln der ägyptischen „Lehre des Amenemope" darstellen (s. Abb. 4.1). Beide Sammlungen beginnen mit der Aufforderung, die folgenden Lehren auswendig zu lernen (Amenemope Kap. 1; Spr 22,17–21), und bieten dann einander ähnliche Ermahnungen, die Armen nicht zu unterdrücken (Amenemope 2; Spr 22,22–23), Grenzsteine nicht zu versetzen (Amenemope 6; Spr 22,28), sich nicht in den Erwerb von Reichtum zu verstricken (Amenemope 7; Spr 23,4–5), unvernünftige Menschen zu meiden (Amenemope 9; Spr 22,24–25) und darauf zu achten, wie und was man in Gegenwart von Herrschern isst (Amenemope 23; Spr 23,1–3). Mit Sicherheit hat der Verfasser des Buches der Sprichwörter nicht die alte ägyptische Lehre übersetzt, denn die Übereinstimmungen zwischen den beiden Texten beziehen sich auf den allgemeinen Inhalt; viele Verse von Spr 22,17–24,22 haben keine Entsprechung in der Lehre des Amenemope. Dennoch führen das gemeinsame Konzept von 30 Sätzen und die zahlreichen Parallelen zwischen diesen Texten zu der Schlussfolgerung, dass der Verfasser von Spr 22,17–24,22 Teile der ägyptischen Lehre des Amenemope kannte und in freier Weise übernahm, als er

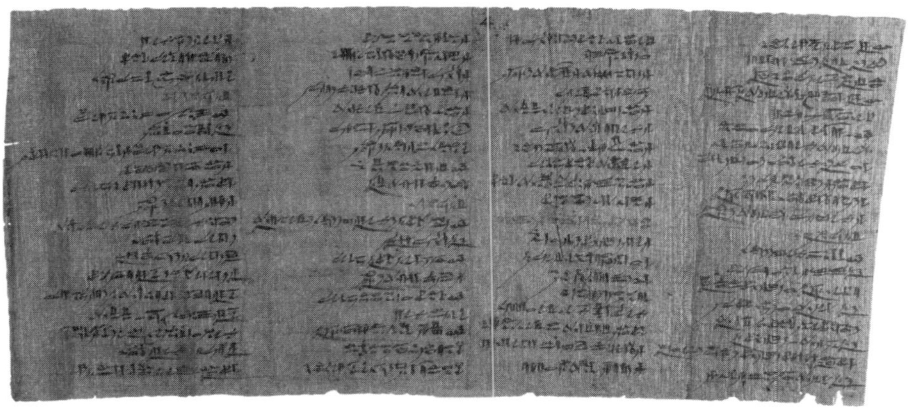

Abb. 4.1 Die ägyptische Lehre des Amenemope, um 1200 v. Chr. Es bestehen Parallelen zwischen den Themen ihrer 30 Lehrsätze (vgl. Spr 22,20) und den Sätzen in Spr 22,17–24,22.

seine eigene Version von „30" Sätzen schrieb. In diesem Sinne ist Spr 22,17–24,22 ein bedeutender „Nachhall eines alten (ägyptischen) Großreiches" in der Bibel.

Das Buch der Sprichwörter belegt auch die große Bedeutung der weiblichen Weisheit im Alten Israel, eine Bedeutung, die im Hohelied und in Kohelet auf andere Weise aufscheint. Es beginnt und fährt fort mit einer Aufforderung an die Schüler, *sowohl* die Weisheit des Vaters *als auch* die Weisheit der Mutter zu bedenken (Spr 1,8; 6,20; 23,22). Die ersten Kapitel des Buches der Sprichwörter zeichnen ein machtvolles Bild der Weisheit als weibliche Halbgöttin (z. B. Spr 1,20–33; 8,1–26); das Buch schließt mit einer der *Mutter* des Königs Lemuel zugeschriebenen Lehre (Spr 31,1–9) und einem alphabetischen („Von A bis Z") Lobpreis der „tüchtigen Frau", den jüdische Männer ihren Frauen oft bei der ersten Sabbatmahlzeit am Freitagabend vorsingen (Spr 31,10–31). Einige Forscher sehen in dieser Beschreibung der weiblichen Weisheit einen Zusammenhang mit der ägyptischen Göttin der Gerechtigkeit, Maat, aber die generelle Assoziation von Frauen und Weisheit im Buch der Sprichwörter mag auf die wichtige Rolle hinweisen, die Mütter bei der Belehrung von Kindern hatten, sowohl in Israel als auch im restlichen Alten Orient. Diese wichtige Rolle von Müttern als Lehrerinnen steht wohl auch hinter der Szene im Gilgamesch-Epos (die ihre mögliche Entsprechung in Kohelet hat), in der eine Barbesitzerin Gilgamesch belehrt. Bemerkenswert ist auch die belehrende Stimme, die der Geliebten im Hohelied zuteilwird und die die Töchter Jerusalems schwören lässt, „die Liebe nicht zu wecken (zu ‚stören'), bevor sie bereit ist" (Hld 2,7; 3,5; 8,4). Auf diese und andere Weise wurden Frauen in der Bibel und in ihrer Umwelt – dies spiegelt sich wiederum in der Bibel wider – als außergewöhnlich weise angesehen.

B Das Buch der Sprichwörter

Überblick: Eine Schatztruhe altisraelitischer Weisheit

I	Einführende Lehre: Suche die Weisheit!	1,1–9,18
II	Weitere Weisheitssammlungen	10,1–31,9
III	Eine gute Frau als Verkörperung der Weisheit	31,10–31

Datierung

Die meisten Forscher setzen bei den Sprichwörtern eine lange Entstehungszeit an. Abschnitte wie Sprichwörter 1–9 werden viele Jahrhunderte nach Salomo datiert, während für Teile anderer Abschnitte, wie Sprichwörter 22,17–24,22, angenommen wird, dass sie zu den ältesten Texten der Bibel gehören. Einige wenige Forscher finden jedoch auch in Abschnitten wie Sprichwörter 1–9 Anhaltspunkte für eine Frühdatierung.

Zentrale Themen

Da das Buch der Sprichwörter eine Sammlung von Sammlungen ist, ist es besonders schwer unter einem einzigen Thema oder in einer Gruppe von Themen zusammenzufassen. Zu den wichtigsten Merkmalen des Buches gehören jedoch die Konzentration auf weibliche Gestalten am Anfang (Sprichwörter 1–9) und am Ende (Sprichwörter 31,10–31) und seine ständig wiederholte Erinnerung, wie wichtig die „Furcht des Herrn" ist (Sprichwörter 1,7.29; 2,5 usw.).

Neben all dem findet sich auch ein religiöses Element. Sowohl die Lehren als auch die Sprichwörter im Buch der Sprichwörter zeigen eine spezielle Betonung der „Furcht des Herrn", die entscheidend ist für ein gelingendes Leben (Spr 1,7.29; 14,26–27; 23,17 usw.). Unabhängig davon sind die Sammlungen von Schultexten im Buch der Sprichwörter aber umfassendere Belehrungen darüber, wie man sowohl anderen Menschen als auch den Gottheiten gegenüber erfolgreich sein kann. Neben der Erinnerung, wie wichtig die Furcht Jahwes ist (z. B. Spr 14,26), stehen pragmatische Versicherungen, zum Beispiel in Spr 17,8, dass Schmiergelder oft ganz gut funktionieren. Das gesamte Material im Buch der Sprichwörter zeigt (im Gegensatz zu Kohelet) die grundlegende Vorstellung eines **moralischen Tun-Ergehen-Zusammenhangs**: die Vorstellung, dass die Furcht Gottes und/oder gute Taten gute Ergebnisse zeitigen, während schlechtes Benehmen ins Verderben führt. Die Schüler stehen vor der Aufgabe, den Weg zum Erfolg zu beschreiten, nicht den Weg zum Tod.

Verborgene Nachklänge vergangener Großreiche in sonstigen Bibeltexten

Genesis 1–11
Gilgamesch (Tafel 11) und Atrahasis (www.wiley.com/go/carr)

Bevor Sie sich mit diesem Abschnitt befassen, lesen Sie Gen 6,5–9,17 und legen Sie eine Liste von allen Versen an, in denen die gleichen oder sehr ähnliche Ereignisse wiederholt erzählt werden. Ein Beispiel ist die doppelte Ankündigung der Flut durch Gott, in Gen 6,13 und dann in Gen 7,4. Ein anderes Beispiel ist, dass Noach zweimal in die Arche steigt: in 7,7 und in 7,13. Danach überprüfen Sie, ob diese Dubletten „Gott" oder „Jahwe" („der Herr") verwenden, wenn sie von Gott sprechen. Stellen Sie eine eigene Theorie auf, wie diese Endform der biblischen Flutgeschichte zustande gekommen sein kann.

Bis hierher haben wir Nachklänge alter Großreiche in vollständigen Texten (z. B. Königspsalmen; s. Kapitel 3) oder Büchern gefunden (z. B. Hohelied), die auf verschiedene Weise Kontakt mit der Zeit Davids und Salomos haben. Es gibt jedoch noch andere biblische Texte, die eine starke Affinität zur altorientalischen Literatur zeigen und von denen viele auf ähnliche Weise in die frühe Monarchie datiert werden können. Zum Beispiel haben neuere Forschungen von David Wright (*Inventing God's Law*. New York: Oxford University Press, 2009) etliche besonders auffällige Parallelen zwischen dem altmesopotamischen Kodex des Hammurapi und einer Sammlung biblischer Gesetze in Ex 20,22–23,33 (im **„Bundesbuch"**, s. Ex 24,7) festgestellt. Mehr als hundert Jahre lang hatten Wissenschaftler angenommen, dass dieses „Bundesbuch" eine der ältesten Gesetzessammlungen der Bibel sei, weil seine Gesetze zu Themen wie Altarbau (Ex 20,24–26) und Feste (Ex 23,14–17) alte Opferpraktiken darstellen, die im ganzen Land und nicht nur in Jerusalem gepflegt wurden. Erst kürzlich haben Forscher entdeckt, dass das Bundesbuch in gewisser Weise in Entsprechung zum Kodex des Hammurapi (s. Abb. 4.2) entworfen worden sein könnte, ähnlich wie Spr 22,17–24,22 teilweise entsprechend der Lehre des Amenemope gestaltet wurde. Es ist tatsächlich davon auszugehen, dass auch viele Regeln

Abb. 4.2 Die Hammurapi-Stele (ca. 1700 v. Chr.). Der König erweist seine Ehrerbietung vor dem Thron Schamaschs, des mesopotamischen Gottes der Gerechtigkeit. Der Text beschreibt seine Einsetzung durch die Götter, die Gerechtigkeit schaffen wollen, und zitiert die Verkündung von Gesetzen, die gewisse inhaltliche Entsprechungen in Teilen des Bundesbuches haben (Ex 20,22–23,33).

über Reinheit und Riten in Levitikus und Numeri ältere Vorbilder haben, denn wir besitzen umfangreiche Beispiele von ähnlichen Dokumenten zu priesterlichen Themen bei anderen Völkern des Alten Orients, die vor Israel oder gleichzeitig mit ihm existierten. Gesetze, sowohl königliche Dekrete als auch priesterliche Anweisungen, gehörten zu den wichtigsten Gattungen antiker Schriften. [Die scharfen „Du sollst nicht …"-Verbote des Alten Testaments können hingegen ihre Parallelen in altorientalisch-weisheitlichen Untersagungen der Familienerziehung haben, vgl. GERSTENBERGER, Erhard. *Wesen und Herkunft des ‚apodiktischen Rechts'* (1965); Nachdruck Eugene, OR: Wipf and Stock, 2009. Mit Erlaubnis des Autors E.G.]

Die vielleicht berühmtesten Spuren alter Großreiche finden sich direkt am Anfang der Bibel, in der **Urgeschichte** (Genesis 1–11), die Erzählungen über die ganze Erde und ihre Völker enthält. Bevor wir aber darauf eingehen, müssen wir uns klarmachen, dass diese Kapitel der Genesis *zwei* parallele Sammlungen von Erzählungen über die Anfangsgeschichte der Welt enthalten. Vieles wird doppelt beschrieben. „Gott" schafft Pflanzen, Tiere und Menschen (männlich und weiblich) in Gen 1, und danach, in Gen 2, schafft „Jahwe" den ersten Mann, die ersten Tiere und dann die erste Frau. Gen 3–4 erzählt Geschichten über die ersten Menschen und ihre Nachkommen bis zur Zeit Noachs, anschließend bietet Gen 5 einen Stammbaum von Adam bis Noach. Die folgende Fluterzählung in Gen 6–9 ist voll von doppelt erzählten Ereignissen: zwei Schilderungen des Problems, das zur Flut führte (Gen 6,1–4 und 6,11); zwei Beschreibungen, wie Gott dieses Problem wahrnahm (Gen 6,5 und 6,12); zwei Versicherungen, dass Noach ein außergewöhnlich gerechter Mann war (Gen 6,8 und 6,9) und so fort. Wenn wir diese doppelten Erzählungen in der Fluterzählung und in Genesis 1–11 insgesamt betrachten, scheint es, dass einem israelitischen Verfasser zwei komplette schriftliche Erzählungen über die Schöpfung und die Flut vorgelegen haben und dass er diese älteren schriftlichen Geschichten, diese alten „Quellen" der Genesis, miteinander verwoben hat, als er den heutigen biblischen Text schuf.

Im Laufe der letzten zwei Jahrhunderte haben Bibelforscher ein hohes Maß an Konsens über die Entwirrung dieser in Gen 1–11 verwobenen Schriften (Quellen) zu Schöpfung und Flut erreicht. Sie nennen eine dieser Quellen **„P" = Priesterschrift**, weil die Abfolge ihrer Erzählungen (Gen 1,1–2,3; 5,1–32; 6,9–22; 7,6.11 und weitere Teile der Fluterzählung bis hin zu 9,1–17) in Verbindung steht mit anderen Teilen des **Tetrateuchs** (die vier Bücher Genesis, Exodus, Levitikus und Numeri), die Priester in den Mittelpunkt stellen. Die andere Quelle beginnt mit der Geschichte des Gartens Eden in Gen 2,4–3,24, geht mit der Geschichte von Kain und Abel und den Genealogien in Gen 4 weiter, hat ihre eigene Fluterzählung (Gen 6,1–8; 7,1–5,10.12 und weitere Teile bis hin zu 8,20–22) und ein Nachwort zu Noach und seinen Söhnen (Gen 9,18–27). Sie wird oft **„J"** genannt, **„Jahwist"**, weil sie für Gott den heiligen hebräischen Namen Jahwe gebraucht. Wie wir noch in Kapitel 10 sehen werden, gehen viele Forscher davon aus, dass die Quelle J (Jahwist) und die Quelle P (Priesterschrift) den gesamten Tetrateuch durchziehen, aber es gibt gute Gründe, gegenüber ihren Argumenten skeptisch zu sein. Hier gehen wir davon aus, dass der Jahwist sich auf die „Jahwistische Urgeschichte" beschränkt, also ausschließlich in Gen 1–11 enthalten ist.

Beide Quellen, sowohl J als auch P, enthalten Spuren alter Großreiche, die vor Israel existierten. Zum Beispiel ist die Schöpfungsgeschichte der Priesterschrift in Gen 1,1–2,3 in einigen Aspekten ein Echo auf das altmesopotamische Epos Enuma Elisch (TUAT). Beide Texte beschreiben den Beginn der Schöpfung als ein Chaos von Wassern, bevor Gott (die Gottheiten) sprach(en), um die Welt ins Leben zu rufen:

Enuma Elisch (Zeile 1–10; *TUAT III/4*, S. 565–602, hier: S. 659f., übersetzt von Wilfred G. Lambert)	Genesis 1,1–3 (Übersetzung nach Carr)
Als oben noch kein Himmel benannt worden war, als noch keine Erde genannt worden war, als es noch keine göttlichen Ältesten gab […], als es noch nichts gab, nichts außer […], wurden Gottvater Apsu und Mummu-Tiamat, die Gottmutter Alles Lebenden, die zwei Wasserkörper, eins […]. Als es noch keine göttlichen Krieger gab, als noch keine Namen genannt waren, als noch keine Aufgaben verteilt waren […]	Als Gott zuerst den Himmel und die Erde schuf und die Erde völlig ohne Form war, und Finsternis auf dem Angesicht der Tiefen lag, und ein göttlicher Wind über dem Angesicht des Wassers heulte […] […] sprach Gott: („Es werde Licht …")

M Quellenkritik

Der Fachbegriff „Quellenkritik" bezeichnet die wissenschaftlichen Bemühungen, gesonderte Quellen zu identifizieren, die hinter den heute existierenden Bibeltexten stehen. Wie schon dargelegt, besitzen wir keine Handschriften dieser alten Quellen. Stattdessen müssen Forscher die heutigen biblischen Texte analysieren und nach Indizien suchen, die auf frühere Erzählungen schließen lassen, z. B. Dubletten, Widersprüche und größere Unterschiede in der Ausdrucksweise. Manchmal gelangen sie bei der Rekonstruktion dieser hypothetischen älteren Dokumente zu einem weitgehenden Konsens, wie im Fall der hier besprochenen Quellen P und J in der Urgeschichte. Wie wir in späteren Kapiteln sehen werden, ist die Situation weniger klar, sobald wir über Gen 1–11 hinausgehen.

Enuma Elisch beschreibt danach die Erschaffung der bewohnten Welt ausgehend von einem Konflikt unter den Gottheiten, einschließlich des Triumphes des Gottes Marduks über die Göttin der salzigen Urwasser, Tiamat. Eine explizite Darstellung des Götterkampfes findet sich in der biblischen Erzählung nicht, aber Tiamat versteckt sich in dem hebräischen Wort für „Tiefe", das in der Beschreibung der Chaoswasser in Gen 1,2 gebraucht wird. Darüber hinaus lesen wir sowohl im Kapitel der Bibel wie auch im mesopotamischen Text, dass die Schöpfung von einem Wasserchaos zur Erschaffung des Lichtes übergeht, dann ein Himmelsgewölbe entstehen lässt, das die beiden Urozeane trennt (das „Firmament" in Gen 1,6 usw.), und schließlich das trockene Land und die Menschen. Auf diese und andere Weise wirken in Genesis 1 verschiedenste Motive des Schöpfungsepos Enuma Elisch nach, obwohl die biblische Erzählung auch ihre eigenen Schwerpunkte hat, über die wir sprechen werden, wenn wir unten in Kapitel 10 auf die Priesterschrift zurückkommen.

Auch die jahwistische Urgeschichte enthält zahlreiche Hinweise auf alte Großreiche. Viele Forscher haben eine Reihe von Berührungspunkten zwischen diesem Erzählstrang von Genesis 1–11 und dem mesopotamischen Atrahasis-Epos entdeckt, das fast tausend Jahre vor der Zeit Davids und Salomos verfasst wurde. Dieses Epos beginnt mit einer Schöpfungsgeschichte, die Teilen der Erzählung vom Garten Eden ähnelt (Gen 2,4–25), berichtet danach von einer Vermehrung der Menschen – womit Gen 6,1 vorweggenommen wird – und schließt mit einer alten mesopotamischen Fluterzählung, die zahlreiche Bezüge zu Noach und der Genesis-Fluterzählung hat. Im Atrahasis-Epos befehlen die Götter eine Flut; diese wird einem Fluthelden angekündigt, er baut eine Arche und überlebt die Flut. Schließlich geht die Flut zurück, die Arche landet auf einem Berg, der Flutheld bringt ein Opfer dar, und sobald die Gottheiten (Gott) den Duft des sie ernährenden Opfers riechen, beschließen sie, nie wieder eine neue Flut zu senden. In einigen Fällen sind die Bezüge sehr direkt. Zum Beispiel berichtet eine Version der Atrahasis-Fluterzählung, die Eingang in das Gilgamesch-Epos (s. Abb. 4.3) gefunden hat, wie der Flutheld, hier Utnapischtim, erst eine Taube, dann eine Schwalbe und zuletzt einen Raben aussendet, um herauszufinden, ob die Flut vorüber ist. Das ist eine enge Parallele zur jahwistischen Fluterzählung (Gen 8,6–12), in der Noach ebenfalls Vögel aussendet, um sich zu vergewissern.

Diese und andere Parallelen haben viele Wissenschaftler davon überzeugt, dass der Verfasser der jahwistischen Urgeschichte eine Form dieser alten mesopotamischen Überlieferungen kannte. Es mag sogar sein, dass er bewusst seine eigene echt israelitische Version der Urgeschichte des Atrahasis geschrieben hat.

Es lässt sich nicht mit Sicherheit sagen, wann die Verfasser der Erzählungen von J und P ihre Werke geschrieben haben. Die meisten Forscher datieren P insgesamt in eine recht späte Phase der Geschichte Israels. Aber es gibt Anzeichen, dass einige Teile der Priesterschrift, einschließlich einer Version der Schöpfungsgeschichte von Gen 1, schon viel früher existiert haben. Die jahwistische Urgeschichte wird von den meisten Wissenschaftlern in die Frühzeit Israels datiert, möglicherweise sogar in die Zeit Salomos. Ihre weitreichende und sehr klare Abhängigkeit von älteren mesopotamischen Texten passt gut zur Frühzeit der israelitischen Monarchie; außerdem gibt es in ihr keine klaren Bezüge zu Themen der Tora und der Gesetze, die in späteren Phasen der Geschichte Israels sehr wichtig wurden. Zusammenfassend kann man sagen: Sollte das Buch Genesis Material aus der Zeit Davids und Salomos enthalten, dann ist es am ehesten in der jahwistischen Urgeschichte zu finden.

Abb. 4.3 Tafel des Gilgamesch-Epos mit der Fluterzählung.

FOKUS-TEXT Die Erzählung vom Garten Eden

Wir wenden uns nun einem Text zu, mit dem die oben besprochene Quelle J (der Jahwist) beginnt: Die Erzählung vom Garten Eden in Gen 2,4–3,24. Die meisten gehen an ihn mit Voraussetzungen heran, die durch seine Auslegungs- und Wirkungsgeschichte bedingt sind. Wenn zum Beispiel gefragt wird, welche Frucht Adam und Eva im Garten gegessen haben, würden die meisten sofort antworten: „Einen Apfel!". Aber der Genesistext sagt das nicht. Ähnlich nehmen viele Leute an, dass die Schlange im Garten „Satan" war, und auch dies steht nirgendwo in der Bibel. Diese und andere Elemente wurden der biblischen Geschichte von späteren Auslegern hinzugefügt (s. Abb. 4.4).

Diese Auslegungsgeschichte der Erzählung vom Garten Eden hat das Gesamtverständnis selbstverständlich stark geprägt. Zum Beispiel haben viele Paulus im Römerbrief (5,18–21) so verstanden, dass er Genesis 2–3 als eine Geschichte auslegt, die erzählt, wie die Sünde in die Welt gekommen ist und alle Menschen dem Fluch des Todes unterworfen hat. Der nachpaulinische Brief 1 Timotheus schreibt die Schuld an dieser Tragödie den Frauen zu und sagt, sie sei sie teuer zu stehen gekommen, weil sie seitdem Kinder gebären müssten:

> Denn zuerst wurde Adam erschaffen, danach Eva. Und nicht Adam wurde verführt, sondern die Frau ließ sich verführen und wurde zur Gesetzesübertreterin. Dennoch wird sie durch Kindergebären gerettet werden, aber nur, wenn sie in Glaube, Liebe und Heiligkeit ein Leben in Bescheidenheit führen.
> (1 Tim 2,13–15 [der Wechsel vom Singular zum Plural entspricht dem vom Autor benutzten Text und dem griechischen Original des NT].)

Abb. 4.4 Auf diesem Gemälde Tizians nehmen Adam und Eva den Apfel von einem schlangengeschwänzten Satan in Kerubengestalt. Das Beispiel zeigt, wie spätere Interpretationen von Genesis 2–3 die Vorstellung geformt haben, die sich viele Menschen von der Szene machen.

Spätere christliche Ausleger haben solche Interpretationsweisen weiter ausgeführt. Zum Beispiel spricht der Kirchenvater Gregor von Nazianz davon, dass „Eva den Mann mit Lust betörte", und Tertullian sagt zu einer Nonnenschar: „Ist nicht jede von euch eine Eva? [...] Ihre seid das Einfallstor des Teufels." Angesichts dieser und vieler ähnlicher Interpretationen, die den Boden für moderne Auslegungen bereitet haben, ist es kein Wunder, dass viele Menschen heute sagen, dass dieser Text frauenfeindlich ist und Eva beschuldigt, Adam verführt und damit Sünde und Tod in die Welt gebracht zu haben.

Aber dank der Pionierarbeit besonders von Phyllis Trible (*Gott und Sexualität im Alten Testament*. Gütersloh: Gütersloher Verlagshaus Mohn, 1993; das Original erschien 1978 in den USA) und weiterer Feministinnen Mitte der siebziger Jahre haben auch andere Wissenschaftler nach und nach eingesehen, dass solche Auslegungen genauso wenig mit dem Text selbst begründet werden können wie die Vorstellung, dass die Frucht, von der die ersten Menschen aßen, ein „Apfel" gewesen sei (das Wort kommt in Genesis 3 nicht vor). Beide Vorstellungen sind spätere Auslegungen, die einem Text übergestülpt wurden, der ganz andere Sorgen hatte. Trible und andere Forscher haben argumentiert, dass der Text in Wirklichkeit die Frau als die Krone der Schöpfung feiert. Er spricht niemals von „Sünde", und Mann und Frau sind für das Vergehen im Garten gemeinsam verantwortlich. Außerdem werden die Konsequenzen, die wegen ihrer Tat über sie kommen, im Text als tragische und nicht gottgewollte Folgen der Schöpfung dargestellt. Versuchen wir jetzt also, diesen viel interpretierten Text mit neuen Augen zu betrachten.

Die Erzählung hat drei Hauptteile: die Beschreibung, wie Gott eine tief verbundene Partnerschaft von Mann und Frau schuf, die die Erde bearbeiten (Gen 2,4–25); die Szene eines Vergehens, die den Ungehorsam gegenüber dem einzigen göttlichen Verbot beschreibt (3,1–6); die Schilderung des tragischen Verlustes der ursprünglichen Verbundenheit von Mann und Frau und mit der Erde als Konsequenz des Vergehens (3,7–25). Die Geschichte beginnt mit der Erzählung, wie Gott den ersten „Menschen" (hebräisch: *adam*) aus der Erde (hebräisch: *adamah*) erschafft und ihm Leben schenkt, indem er ihm seinen göttlichen Atem einhaucht. Gott bringt den Menschen in den Garten, damit er ihn bearbeitet und schützt. Das Wortspiel von *Adam/adamah* (sehr ähnlich: „human" und „Humus") betont die ursprüngliche Verbundenheit des Menschen mit der Erde, die er bearbeiten soll.

Aber Gott bemerkt sofort ein Problem in dieser Konstellation: „Es ist nicht gut, dass der Mensch allein bleibt" (Gen 2,18) und beschließt, ein Pendant zu schaffen, „das ihm entspricht". Gott schafft die Tiere und bringt jedes von ihnen zum Menschen, damit er ihm seinen Namen gibt, aber keines von ihnen „entspricht ihm" wirklich (Gen 2,19–20). Deshalb macht Gott einen neuen Versuch, betäubt den ersten Menschen, indem er in einschlafen lässt, entfernt eine Rippe und „baut" aus ihr die Frau. Als der Mann aufwacht und die Frau sieht, singt er den ersten Gesang der Schöpfung, ein Lied, das die Verbundenheit betont, die zwischen ihnen besteht:

> Das ist es! Knochen von meinen Knochen, Fleisch von meinem Fleisch;
> Das hier wird Frau (hebräisch: *ischa*) genannt werden,
> denn vom Mann (hebräisch: *isch*) wurde sie genommen. (Gen 2,23)

Der Text schließt mit der Bemerkung, dass dies der Ursprung von Liebe und Ehe sei, der Grund, warum ein Mann seine Eltern verlässt und „seiner Frau anhängt, und die beiden ein Fleisch werden". In starkem Kontrast zu vielen anderen Erzählungen über die Erschaffung der Welt sind hier sexuelle Beziehungen in keiner Weise mit dem Kinderzeugen verbunden. Stattdessen ist Sex ein Zeichen der ursprünglichen Verbundenheit zwischen dem Mann und der Frau, die aus einem Teil von ihm erschaffen wurde, damit die beiden einander wahrhaft entsprechen könnten. Die Geschichte zeigt den Willen Gottes, dass die Menschen in einer engen Beziehung untereinander und mit der Erde leben sollen. Als Geschöpfe sind Mann und Frau „nackt und schämten sich nicht" (Gen 2,25). Sie dürfen gemeinsam den Garten bebauen und von seinen Früchten essen, mit einer Ausnahme: es ist ihnen bei Todesstrafe verboten, vom „Baum der Erkenntnis von Gut und Böse" zu essen (Gen 2,17).

Die Szene Gen 3,1–6 erhält eine neue Besetzung: neben Mann und Frau tritt jetzt eine „kluge" Schlange, und zwar an die Stelle Gottes (Gen 3,1). Die Auslegungsgeschichte hat Satan oft als Schlange dargestellt, aber wiederum hat dies im hebräischen Text kein Fundament. In Wirklichkeit ist die Schlange ein altes Symbol von Weisheit und Unsterblichkeit, und das Adjektiv, mit dem sie beschrieben wird (*arum* – „klug"), ist eine Tugend, die häufig in den Weisheitsschriften der Sprichwörter gepriesen wird. Ferner: Obwohl Ausleger oft angenommen haben, dass die Sünde der ersten Menschen irgendwie mit Sex und Begehren zu tun hatte, gibt es im Text keine Anhaltspunkte dafür. Wie wir sahen, erklärt schon Gen 2 die erste sexuelle Partnerschaft der Menschen als das Ergebnis der göttlichen Erschaffung einer Frau aus einem Teil eines Mannes. Hier dagegen ist das Problem, dass Menschen göttliche „Weisheit" erlangen. Nicht nur die „kluge" Schlange wird mit Weisheit assoziiert, auch der „Baum der Kenntnis von Gut und Böse" ist ein Symbol für die Früchte der Weisheit. Dies wird weiter betont, als die Schlange die Frau davon überzeugt, dass es gut sei, von dem Baum zu essen, und als die Frau selbst sieht, dass „der Baum gut war zur Nahrung, eine Wonne für die Augen und gut, um weise zu werden" (Gen 3,6). Die Frau isst von der Frucht der Weisheit, gibt auch ihrem Mann davon, dieser tut desgleichen, und der Text sagt, dass „beiden die Augen geöffnet wurden" (Gen 3,7). Das ist ein gängiger Ausdruck für „Erziehung, Bildung erlangen". Auf diese Weise beschreibt Gen 3,1–7 den ersten menschlichen Ungehorsam als eine Herausforderung gegenüber Gott und als Erlangung einer Art von „Weisheit", bei der vieles dafür spricht, dass sie mit der altisraelitischen Schriftweisheit zu tun hat, die wir in Büchern wie dem Buch der Sprichwörter gefunden haben.

Die Tat zerstört dann in tragischer Weise viel von den guten Beziehungen, die Gott ursprünglich geschaffen hatte. Der Text zeigt dies, als Gott in den Garten kommt: Die Menschen verstecken sich, und als er sie fragt, warum sie sich verstecken, beginnen sie, sich gegenseitig zu beschuldigen. Der Mann beschuldigt sowohl die Frau als auch Gott, der die Frau gemacht hat (3,12), und die Frau beschuldigt die Schlange (3,13). Gott antwortet, indem er die Konsequenzen für alle drei verkündet. Ab jetzt wird die Schlange auf der Erde kriechen und eine ewige Feindin der Menschen sein. Die Frau wird nicht länger das idyllische Leben im Garten genießen, sondern Gott wird „ihre Mühen und ihre Schwangerschaften vermehren" (nicht: „die Mühsal ihrer Schwangerschaften", wie oft übersetzt wird). Und auch das idyllische Leben des Mannes hat ein Ende. Seine Mühsal wird sein, die Erde zu bearbeiten, von der er kommt, bis er stirbt und zu ihr zurückkehrt. Wo einst ein gegenseitiges Begehren war, steht jetzt das Begehren der Frau nach ihrem Ehemann, und wo es einst Gegenseitigkeit unter einander entsprechenden Partnern gab, wird jetzt der Ehemann über seine Ehefrau „herrschen" (3,16). Dann beschreibt die Erzählung, wie Adam seine Frau „Eva" nennt (der Name kommt von dem hebräischen Wort für „Leben"), um mit diesem Namen an ihre neue Aufgabe des Kindergebärens zu erinnern (3,20). Gott gibt dem Menschenpaar Kleidung (3,21) – ein Zeichen menschlicher Zivilisation, das sich auch in alten außerbiblischen Texten findet, zum Beispiel im Gilgamesch-Epos. Schließlich vertreibt Gott die Menschen aus dem Garten, aus Angst, sie könnten gottähnliche Unsterblichkeit erlangen, wie sie schon die gottähnliche Weisheit erlangt haben (Gen 3,22–24).

Auf diese Weise stellt der Text sehr treffend die nicht-ideale Welt dar, in der das reale Israel damals lebte, aber mit einer ganz bestimmten Absicht. Die meisten Israeliten lebten noch in einem engen Bezug zum Land und bearbeiteten die Erde im Schweiße ihres Angesichts, bis sie zu ihr zurückkehrten. Die Arbeit war hart, ständig gab es Hungersnöte, und der Tod kam viel früher als bei Menschen in der entwickelten Welt von heute. Die Frauen lebten in patriarchalen Ehen und führten mit ihrer Arbeit den Haushalt, während sie eine endlose Folge von Schwangerschaften durchlebten, von denen viele lebensgefährlich waren. Die Untersuchung von weiblichen Skeletten hat gezeigt, dass etwa 50% aller Frauen bei der Geburt eines Kindes starben. In diesem Sinne sind die Umstände, die der zweite Teil von Genesis 3 beschreibt, wirklich die Lebensrealität der israelitischen Männer und Frauen gewesen. Aber interessanterweise legt dieser Text nahe, dass diese oft raue und patriarchale Wirklichkeit nicht das ist, was Gott den Menschen eigentlich zugedacht hatte. Die Menschen waren von ihm dazu erschaffen, dem Land gute Erträge abzugewinnen, lange leben zu dürfen und im gedeihlichen Miteinander von Mann und Frau das Leben auch sexuell zu genießen. Erst mit dem menschlichen Schritt zur gottähnlichen Weisheit traten sie hinaus in die raue Wirklichkeit, wie sie sie derzeit erlebten. „Weisheit" – und nicht „Frau" – ist die Quelle der tragischen endlosen Mühen, des Patriarchats und des Todes, die die Gegenwart prägen.

Diese Erzählung über die Ursprünge der Menschheit ist ebenso zeitlos wie viele der oben vorgestellten Texte, aber sie kann auch ein Beispiel dafür sein, welche Bedeutung die „Weisheit" im monarchischen Israel anzunehmen begann. Obwohl die meisten Menschen noch in Dörfern lebten, wurden Juda und Israel zunehmend von städtischen Eliten beherrscht, die mit Hilfe der neuen literarischen Überlieferungen nach dem Modell außerbiblischer Vorbilder erzogen wurden. Die Führer Israels dieser Phase machten eine folgenschwere Veränderung in ihrem kollektiven Gedächtnis durch. Vor dem Aufkommen der Monarchie hatten alle Dörfer der Stämme Israels ihre mündlichen Überlieferungen, wie die Trickstervorfahren, den Exodus oder militärische Siege. Aber nun – mit dem Königtum – kam eine frühe israelitische Literaturtradition auf, die in Gestalt *schriftlicher* Texte rezitiert und memoriert wurde: Königspsalmen, Geschichten über das Königtum, königliche Weisheit und (möglicherweise) frühe Liebeslyrik, Erzählungen über Schöpfung und Flut. Außerdem basierten viele dieser verschrifteten Texte auf Schulliteratur, die von außerhalb kam, wie zum Beispiel auf ägyptischer Weisheit und Liebesliedern oder auf mesopotamischen Überlieferungen über Schöpfung und Flut. Das wachsende israelitische Literaturkorpus, welches heute nur schwer genauer zu bestimmen ist, war das Mittel, durch das eine kleine, aber wachsende Gruppe von Israeliten „Kenntnis von Gut und Böse" erlangt hatte und durch das ihnen „die Augen geöffnet" worden waren.

Wenn wir die Erzählung vom Garten Eden – die ja selbst ein schriftlicher Text ist – in diesem Kontext lesen, legt sie nahe, dass Weisheit sowohl ein grundlegender Bestandteil menschlicher Entwicklung ist als auch eine Quelle vieler menschlicher Übel. Einerseits zeigt sie, dass es kein Zurück zu einem idyllischen Leben im Garten gibt, wo man sich den Bauch mit Früchten füllt und nur ein einziges klares göttliches Gebot zu beachten hat – nicht vom Baum der Erkenntnis von Gut und Böse zu essen. Andererseits hat diese „Aufklärung", der Menschheitsweg zu einer reifen Zivilisation, viele Beschwernisse des Erwachsenenlebens mit sich gebracht: endlose Schwangerschaften und landwirtschaftliche Arbeit. Die Prägungen der ursprünglichen Schöpfung bleiben bestehen, zum Beispiel die Art, wie Menschen immer noch davon fasziniert sind, „einander anzuhangen" und „ein Fleisch zu werden". Aber die Erzählung erkennt an, dass das Erwachsenenleben seinen Preis hat und seine tragischen Unvollkommenheiten. Der Weg aus dem Garten hinaus hat ein Leben gebracht, in dem Menschen Arbeit haben statt Vergnügen, „Weisheit" statt eines einzigen Gartengebotes, und in dem – allzu oft – Männer über Frauen herrschen statt die Verbundenheit zu leben, die Gott ursprünglich gewollt hat.

Schlussbetrachtung

Letztendlich gibt es keine Sicherheit, ob irgendeiner der in diesem Kapitel besprochenen Texte aus der Zeit des Königtums Davids oder Salomos stammt. Einige Texte werden mit David oder Salomo assoziiert, aber dies ist keine ausreichende Basis für ihre Datierung in deren Zeit. Die Form der hebräischen Sprache kann ein anderer Hinweis sein, aber sie ist nicht zuverlässig genug, wenn es sich um Texte handelt, die über Jahrhunderte hinweg und oft mündlich weitergegeben wurden. Nicht einmal das Aufspüren von „Echos" alter außerbiblischer Texte in der Bibel ist ein sicheres Indiz für eine Frühdatierung. Insgesamt gibt es keine völlig zuverlässigen Wegzeichen für die Datierung biblischer Texte, insbesondere für eine Zeit, die so weit von den ersten uns bekannten Handschriften entfernt ist. Das Beste, was wir hier tun konnten, war, dass wir uns auf einige wenige biblische Texte (in Verbindung mit David und Salomo oder auch nicht) konzentriert haben, die klare Konturen ausländischer vorisraelitischer Traditionen zeigen. Meiner Meinung nach ist dieser nichtpolemische Widerhall am ehesten für Schriften typisch, die am Beginn der israelitischen Schriftkultur stehen, und weniger für spätere Zeiten, die anderen Kulturen ablehnender gegenüberstanden.

Die Aufnahme alter Motive zeigt, wie die frühen Israeliten mit verschiedenen Arten schriftlicher Texte umgingen, die wir heute in der Bibel finden. Zum Beispiel wurden die Lehren des Amenemope, das Atrahasis-Epos und der Kodex Hammurapi in der alten ägyptischen oder mesopotamischen (Aus-)Bildung benutzt. Mesopotamische und ägyptische Führungskräfte wurden für ihre Ämter ausgebildet; sie lernten solche Texte lesen und deklamieren. Wenn man ähnliche biblische Texte betrachtet, zum Beispiel die „Worte des Weisen“ in Spr 22,17–24,23, die mit Amenemope verwandt sind, ist es logisch den Schluss daraus zu ziehen, dass diese Bibeltexte ebenfalls zur Ausbildung von Beamten der frühen Monarchie dienten. Was auch immer die ursprüngliche Funktion von älteren mündlichen Traditionen war, die dann in diese Bibeltexte eingeflossen sind, als *Schrifttexte* trugen sie aller Wahrscheinlichkeit nach zur Heranbildung der Führungselite der aufkommenden Monarchie bei.

Darüber hinaus sind die Unterschiede zwischen biblischen Texten und ihren außerbiblischen Gegenstücken ebenso wichtig wie die Ähnlichkeiten. Wir können viel über die besonderen Werte und Perspektiven von biblischen Verfassern lernen, wenn wir zum Beispiel das Bundesbuch mit Hammurapi vergleichen, die „Worte des Weisen“ in Spr 22,17–24,34 mit der Lehre des Amenemope, den Jahwisten in Genesis 1–11 mit Atrahasis und so fort. Biblische Autoren schrieben nicht einfach wichtige Texte aus Mesopotamien und Ägypten ab, sondern sie gestalteten außerbiblische Überlieferungen im Lichte ihrer eigenen spezifischen Werte um. Es besteht zum Beispiel ein großer Unterschied zwischen der biblischen Fluterzählung in Genesis 6–9, in der ein Gott allein die Flut hereinbrechen lässt und dann einen Menschen vor ihr rettet, und der polytheistischen Sage in Atrahasis, in der die Mehrzahl der Gottheiten die Flut verursacht und ein einziger Gott einen Menschen davor rettet. In diesen und anderen hier besprochenen Bibeltexten sehen wir, wie israelitische Verfasser die ältere Literatur anderer Kulturen heranziehen und sie ausgiebig benutzen, aber sie auch radikal ihren Zwecken anpassen. Diese unbekannten Autoren, von denen die ersten in der Zeit Davids und Salomos tätig waren, sind die Schöpfer der ersten schriftlichen Bausteine dessen, was sehr viel später einmal die Bibel werden sollte.

Rückblick auf Kapitel 4

1. Überprüfen Sie Ihr Wissen zu folgenden Fachbegriffen, die in diesem Kapitel behandelt wurden:
   - Bundesbuch
   - Jahwist
   - Priesterschrift
   - Tetrateuch
   - Tun-Ergehen-Zusammenhang
   - Urgeschichte

2. Überprüfen Sie Ihr Wissen über die Grundzüge der folgenden altorientalischen Texte und deren von Forschern ermittelten Beziehungen zu Bibeltexten, die in diesem Kapitel besprochen wurden:
   - Ägyptische Liebeslieder
   - Atrahasis-Epos
   - Gilgamesch-Epos
   - Kodex des Hammurapi
   - Lehren des Amenemope

3. Welches sind die beiden Möglichkeiten, mit denen der Vergleich eines Bibeltextes mit einem alten außerbiblischen Text nützlich sein kann? Nennen Sie zwei Beispiele für solche Vergleiche, die in diesem Kapitel vorkommen.

4. Welcher Art sind die vielfältigen Hinweise auf zwei Quellen in Genesis 1–11?

Weiterführende Literatur

Allgemeine Einführungen in die Weisheitsliteratur

BROWN, William P. *Character in crisis. A fresh approach to the wisdom literature of the Old Testament.* Grand Rapids: Eerdmans, 1996

FREULING, Georg. *„Wer eine Grube gräbt …“: Der Tun-Ergehen-Zusammenhang und sein Wandel in der alttestamentlichen Weisheitsliteratur.* Neukirchen-Vluyn: Neukirchener Verlag, 2004 (WMANT 102)

MÜLLNER, Ilse. *Das hörende Herz: Weisheit in der hebräischen Bibel.* Stuttgart: Kohlhammer, 2006

PREUSS, Horst Dietrich. *Einführung in die alttestamentliche Weisheitsliteratur.* Stuttgart: Kohlhammer, 1987

Buch der Sprichwörter

FUHS, Hans F. *Das Buch der Sprichwörter*. Würzburg: Echter Verlag, 2001 (Forschung zur Bibel 95)

LUCHSINGER, Jürg. *Poetik der alttestamentlichen Spruchweisheit*. Stuttgart: Kohlhammer, 2010 (Poetologische Studien zum Alten Testament 3)

PLÖGER, Otto. *Sprüche Salomos (Proverbia)*. Neukirchen-Vluyn: Neukirchener Verlag, ^{2}2003 (BKAT 17)

SANDOVAL, Timothy J. *The discourse of wealth and poverty in the book of proverbs*. Leiden: Brill, 2006 (Biblical Interpretation Series 77)

Kohelet

FISCHER, Alexander A. *Skepsis oder Furcht Gottes? Studien zur Komposition und Theologie des Buches Kohelet*. Berlin: de Gruyter 1997 (BZAW 247)

KAISER, Otto. *Kohelet: Das Buch des Prediger Salomo*. Stuttgart: Radius-Verlag, 2007

LANGE, Armin. *Weisheit und Torheit bei Kohelet und in seiner Umwelt*. Frankfurt: Lang, 1991

MARTI, *Kurt. Prediger* Salomo: Weisheit inmitten der Globalisierung. Stuttgart: Radius-Verlag, 2002

REINERT, Andreas. *Die Salomofiktion: Studien zu Struktur und Komposition des Koheletbuches*. Neukirchen-Vluyn: Neukirchener Verlag, 2010 (WMANT 126)

ROTTZOLL, Dirk U. (Hrsg.). *Abraham Ibn Esras Kommentare zu den Büchern Kohelet, Ester und Rut* (Eingeleitet, übersetzt und kommentiert von D. U. Rottzoll). Berlin: de Gruyter, 1999 (Studia Judaica 12)

SCHWIENHORST-SCHÖNBERGER, Ludger. *Kohelet*. Freiburg: Herder, 2004 (Herders Theologischer Kommentar zum Alten Testament)

TAMEZ, Elsa. *„Da hasste ich das Leben": eine Lektüre des Buches Kohelet*. Luzern: Edition Exodus, 2001

Hohelied der Liebe

BÜHLMANN, Walter. Das Hohelied. Stuttgart: Katholisches Bibelwerk, 1997 (Neuer Stuttgarter Kommentar 15)

GERHARDS, Meik. *Das Hohelied: Studien zu seiner literarischen Gesalt und theologischen Bedeutung*. Leipzig: Evangelische Verlagsanstalt, 2010

KEEL, Othmar. *Das Hohelied*. Zürich: Theologischer Verlag, ^{2}1992

ZAKOVITCH, Jair. *Das Hohelied*. Freiburg: Herder, 2004 (HThKAT)

Genesis 1–11

KEEL, Othmar; SCHROER, Silvia. *Schöpfung: Biblische Theologien im Kontext altorientalischer Religionen*. Göttingen: Vandenhoeck & Ruprecht, ^{2}2008

SCHÜLE, Andreas. *Die Urgeschichte (Gen 1–11)*. Zürich: Theologischer Verlag, 2009 (Zürcher Bibelkommentare AT 1,1)

SCHÜNGEL-STRAUMANN, Helen. *Die Frau am Anfang. Eva und die Folgen*. Münster: LIT Verlag, ^{2}1997 (exuz 6)

TRIMPE, Birgit. *Von der Schöpfung bis zur Zerstreuung: Intertextuelle Interpretationen der biblischen Urgeschichte (Gen 1–11)*. Osnabrück: Universitätsverlag Rasch 2000 (Osnabrücker Studien zur Jüdischen und Christlichen Bibel 1)

WESTERMANN, Claus. *Welt und Mensch im Urgeschehen: Die biblische Urgeschichte (1. Mose) 1–11*. Stuttgart: Deutsche Bibelgesellschaft, 1999

Diskussion von Hohelied, Genesis und anderen Texten mit Bezug zur Sexualität

CARR, David M. *The Erotic Word: Sexuality and Spirituality in the Hebrew Bible*. New York: Oxford University Press, 2003

KAISER, Helga (Hrsg.in). *Liebe und Eros zur Zeit der Bibel (Welt und Umwelt der Bibel 21)*. Stuttgart: Katholisches Bibelwerk, 2001

TRIBLE, Phyllis. *Gott und Sexualität im Alten Testament*. Gütersloh: Gütersloher Verlagshaus, 1993

Bibliographie der englischen Originalausgabe (Chapter 4)

General introductions to wisdom literature

Crenshaw, James. *Old Testament Wisdom: An Introduction*. Louisville, KY: Westminster John Knox Press, 1998.

Murphy, Roland. *The Tree of Life: An Exploration of Biblical Wisdom Literature*. New York: Doubleday, 1990.

Proverbs

Fox, Michael V. *Proverbs*. 2 volumes. Anchor Bible. New York: Doubleday, 2000, 2009.

Leeuwen, Raymond C. Van. “Proverbs.” Pp. 17 - 264 in vol. 5 of the *New Interpreters Bible*. Nashville: Abingdon, 1997.

Newsom, Carol A. “Woman and the Discourse of Patriarchal Wisdom: A Study of Proverbs 1 - 9.” Pp. 142–60 in Peggy L. Day (ed.), *Gender and Difference in Ancient Israel*. Philadelphia: Fortress, 1989.

Ecclesiastes

Brown, William. *Ecclesiastes*. Interpretation. Louisville, KY: Westminster John Knox Press, 2000.

Crenshaw, James L. *Ecclesiastes*. Old Testament Library. Philadelphia: Westminster Press, 1987.

Gordis, R. *Kohelet: The Man and His World: A Study of Ecclesiastes* (revised edition). New York: Schocken Books, 1988.

Lohfink, Norbert. *Qohelet: A Continental Commentary*, trans. Sean McEvenue. Minneapolis, MN: Fortress, 2003. Translation of a 1980 original.

Song of Songs

Exum, Cheryl. *Song of Songs*. Old Testament Library. Louisville, KY: Westminster John Knox Press, 2005.

Keel, Othmar. *Song of Songs: A Continental Commentary*, trans. Frederick J. Gaiser. Minneapolis: MN: Fortress, 1997. Translation of a 1986 original.

Weems, Renita. “Song of Songs.” Pp. 361 - 434 in vol. 5 of the *New Interpreters Bible*. Nashville: Abingdon, 1997.

Genesis 1–11

Carr, David. *Reading the Fractures of Genesis*. Louisville, KY: Westminster John Knox Press, 1996. For more detail on indicators of sources in Genesis 1–11.

Gowan, Donald E. *From Eden to Babel: A Commentary on the Book of Genesis 1–11*. International Theological Commentary. Grand Rapids: Eerdmans, 1988.

Discussion of Song of Songs, Genesis, and other texts relating to sexuality

Carr, David M. *The Erotic Word: Sexuality and Spirituality in the Hebrew Bible*. New York: Oxford University Press, 2003.

Kapitel 5
Erzählung und Prophetie im Auf und Ab des Nordreiches

In Kapitel 4 waren wir Spuren vergangener Großreiche in der Hebräischen Bibel nachgegangen. Kapitel 5 thematisiert nun den Nachhall heftiger Angriffe eines Großreiches auf Israel zwischen 900 und 700 v. Chr.: des mesopotamischen Reiches der Assyrer, das sein Zentrum im heutigen Nordirak hatte. Zu jener Zeit existierte das „Königreich von Juda und Israel" mit der Hauptstadt Jerusalem schon nicht mehr. Stattdessen gab es zwei Königreiche: Im Norden war das neue Königreich Israel entstanden, während das Königreich Juda weiterhin von Nachkommen Davids in Jerusalem regiert wurde. Anfangs wurde das Nordreich mächtiger als das Südreich und entwickelte ein eigenes Korpus von Texten, die sich stark von den im Süden benutzten unterschieden. Aber schließlich wurde Israel von Assyrien zerstört, Juda überlebte die Jahrzehnte unter assyrischer Vorherrschaft nur knapp.

Die Hebräische Bibel spiegelt diesen ersten Zusammenstoß mit einem Großreich in doppelter Hinsicht wider. Erstens: Die Hebräische Bibel ist eine Sammlung von judäischen Texten, aber sie bewahrt einige Überreste von Texten aus dem zerstörten Nordreich Israel, die judäische Schreiber sich zu eigen machten und ihrer eigenen Situation anpassten. Zweitens: Die ersten Prophetenbücher der Bibel stammen aus dieser Zeit des Zusammenstoßes mit Assyrien. Die Bücher Amos, Hosea, Micha und Jesaja enthalten alte Prophetien, die die Krise dokumentieren, die Juda und Israel vor und während der assyrischen Invasionen durchlebten. Ob es nun Texte aus dem Nordreich sind, die in andere Schriften der Hebräischen Bibel einflossen (z. B. die frühe Jakobsgeschichte), oder Prophetentexte, die im Zusammenhang mit der imperialen Krise entstanden – mehr über ihre Herkunft zu wissen hilft uns, sie besser zu verstehen.

Vorbereitung der Kulisse: Die Entstehung des Nordreiches Israel und seiner Texte

L 1 Kön 12; 2 Kön 14,23–29; 14,17–31; 17,1–6 (von Jerobeam, König von Israel, bis zum Untergang des Nordreiches).
Verschaffen Sie sich auch einen Überblick über Genesis 25–35 und Exodus 2–14.

Vergleichen Sie 1 Kön 11,28.40 und 1 Kön 12 mit Exodus 2 und 4–5. Welche Parallelen entdecken Sie darin, wie 1 Kön 11–12 die Geschichte Jerobeams und wie Exodus 2 und 4–5 die Geschichte Moses beschreibt?

Unsere Suche nach einem besseren Verständnis dieser Texte beginnt mit der Erzählung über die Entstehung des Königtums im Nordreich Israel, Resultat eines langen Prozesses von Stammesrevolten. Revolutionäre Gruppen hatten in Israel mehrmals versucht, ihre Freiheit von der davidischen Monarchie zurückzugewinnen, aber dies gelang ihnen erst nach dem Tod Salomos um 927 v. Chr.

Nach der Erzählung in 1 Könige 12 (// 2 Chronik 10) begab sich Salomos Sohn Rehabeam zum alten Stammeszentrum Sichem, um sich dort von den Ältesten der Nordstämme Israels zum König salben zu lassen. Stattdessen kam es aber zu einer Konfrontation, weil die Ältesten fragten, ob das „Joch" Rehabeams, also seine Herrschaft über sie, genauso schwer sein würde wie das seines Vaters. Es heißt, Rehabeam habe gegen den Rat seiner älteren Ratgeber geantwortet: „Ich werde es noch schwerer machen. Mein Vater hat euch mit Peitschen gezüchtigt, aber ich werde euch mit Skorpionen züchtigen" (1 Kön 12,11 // 2 Chr 10,14). Man kann sich vorstellen, dass die Reaktion auf diese Drohung alles andere als freundlich war. Die Ältesten riefen ihre Stämme auf, der Davidsmonarchie in Jerusalem ihre Unterstützung zu entziehen: „In deine Zelte, Israel! Kümmer dich um dein eigenes Haus, David!" (1 Kön 12,16; vgl. 2 Sam 20,1). Als Rehabeam dann seinen Fronaufseher Adoniram sandte, um die Nordstaatler zur Räson zu bringen, steinigten diese ihn zu Tode (1 Kön 12,18).

Danach haben die Ältesten Israels allerdings selbst eine Monarchie gegründet, statt zu jenem Leben im Stammesverband zurückzukehren, das sie vor dem Königtum führten. Anstelle von Rehabeam salbten sie einen Landsmann, Jerobeam vom Stamm Efraim, zum König, der früher einmal als Fronaufseher für Salomo gearbeitet hatte. Jerobeam hatte sich jedoch gegen ihn erhoben und war nach Ägypten geflohen, als Salomo versuchte, ihn zu töten (1 Kön 11,26–27). Als neuer König Israels machte Jerobeam zunächst Sichem zu seiner Hauptstadt, verlegte sie dann nach Penuel und ließ königliche Heiligtümer in den Städten Bet-El (nahe der Südgrenze Israels) und Dan (im Norden, s. Karte 5.1) errichten. In beiden Tempeln ließ er die Statue eines Kalbes aufstellen und verkündete: „Hier sind deine Götter, Israel, die dich aus Ägypten herausgeführt haben" (1 Kön 12,28).

Diese Geschichte in 1 Kön 12 erzählt aus der Perspektive späterer Schreiber des Südreiches, wie entsetzlich es war, dass Israel im Norden sich von Juda trennte. Jedoch bewahrt selbst diese Israel ablehnend gegenüberstehende Erzählung die Erinnerung an gewisse Unterschiede zwischen der israelitischen Monarchie des Nordreiches und der Daviddynastie des Südreiches. Nachdem sein Land die Freiheit erlangt hatte, appellierte Jerobeam an Exodustraditionen, indem er in Bet-El und Dan königliche Heiligtümer errichten ließ („Hier sind deine Götter, [...] die dich aus Ägypten herausgeführt haben"). Er wählte alte Städte des Nordens wie Sichem und dann Penuel als Hauptstädte für sein neues Königreich. Obwohl die „Kälber" Jerobeams in diesen Kapiteln der Bibel negativ gesehen werden, zeigen archäologische Funde von Stierstatuen in israelitischen Ausgrabungsstätten, dass sie zu den ältesten im Alten Israel verbreiteten Gottessymbolen gehören.

Jerobeam und die Israeliten gingen bei der Gründung ihrer neuen Monarchie noch in anderer Hinsicht ihren eigenen Weg: *sie scheinen ein eigenes schriftliches Textkorpus entwickelt zu haben*. Dieses Korpus könnte ein „Kontercurriculum" gewesen sein, das

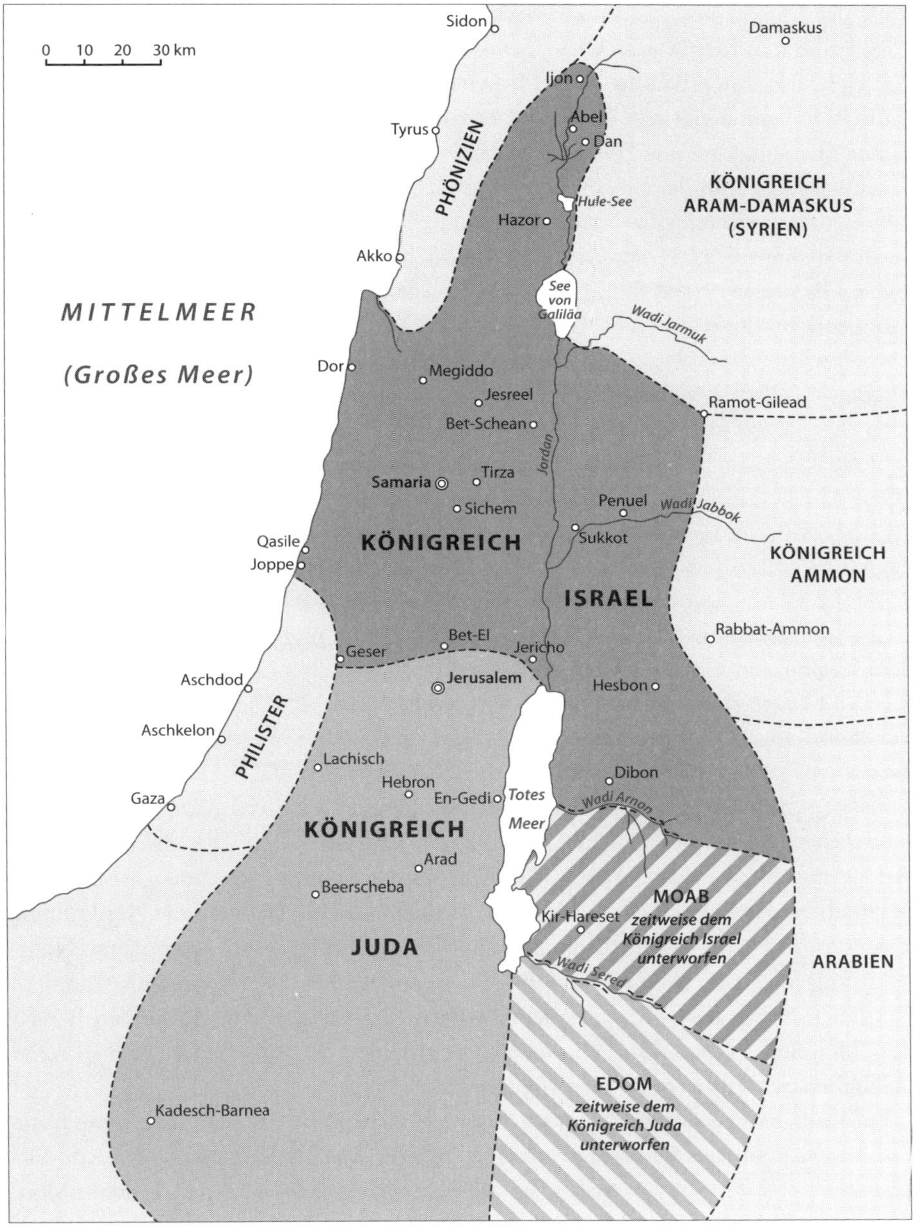

Karte 5.1 Die getrennten Königreiche Israel und Juda. Nachzeichnung nach: GOTTWALD, Norman. *The Hebrew Bible: A Socio-Literary Introduction*. Minneapolis: Fortress, 1985, S. 291.

viele der Davids- und Zionstexte ersetzte, die unter David und Salomo im Lehrbetrieb benutzt worden waren. Diese Texte behielten ihre Bedeutung in Juda; die Bibel hat viele von ihnen bewahrt. Aber Israel als Königreich, das sich von Juda getrennt hatte, schuf seine eigenen Texte, die es von Juda abgrenzten, und in deren Mittelpunkt Themen, Orte und Helden aus dem Nordreich standen.

Einige Kapitel in der Bibel scheinen tatsächlich als Teil eines solchen abgrenzenden Kontercurriculums im Nordreich geschrieben worden zu sein. Ein gutes Beispiel ist die Jakobsgeschichte, die wir heute im Buch Genesis finden (Gen 25–35). In ihr spielen Bet-El, die Stadt des königlichen Heiligtums von Jerobeam, und alte israelitische Hauptstädte wie Penuel (wo Jakob mit Gott ringt, Gen 32,22–32) eine Rolle. Die Geschichte Jakobs in der Genesis widerspricht dadurch den Ansprüchen der älteren Monarchie in Jerusalem. Während die Zionstraditionen Jerusalems behaupten, dass Jahwe auf dem Berg Zion wohne (Ps 9,12; 135,21), lässt die Jakobsgeschichte Gott durch den Mund Jakobs sagen: „Ich bin der Gott, der in Bet-El wohnt" (Gen 31,13). Dies deutet darauf hin, dass der größte Teil der Jakobserzählung, die sich heute in der Genesis findet, im Nordreich geschrieben wurde, als Kontrapunkt zu den Schriften der davidischen Monarchie im Südreich. Wie wir schon oben in Kapitel 2 sahen, baut die Jakobsgeschichte in Genesis auf älteren Trickstergeschichten und anderen mündlichen Traditionen über Jakob und seine Familie auf. Trotzdem stammt der größte Teil der *schriftlichen* Erzählung über Jakob wohl aus der Frühzeit des Nordreiches und ist Teil des von Jerobeam entworfenen Kontercurriculums. Es scheint sogar, dass der große Prophet des Nordreiches, Hosea, diese Geschichte kannte und sich ganz konkret auf sie beziehen konnte (Hos 12,3–4.12).

Es ist schwierig, genau zu sagen, welche sonstigen biblischen Texte im Norden geschrieben wurden, es gibt aber zahlreiche Texte im Alten Testament, die enge Bezüge zum Nordreich aufweisen. Oben in Kapitel 2 haben wir einen dieser Texte besprochen, das Deboralied in Richter 5, das sich ausschließlich auf die Nordstämme konzentriert. Dieses alte Lied wurde vermutlich im von Jerobeam gegründeten Nordreich aufgezeichnet. Auch eine frühe Form des Buches Deuteronomium kann im Nordreich entstanden sein, vor allem die Szene des Bundesschlusses auf den Bergen des Nordreiches (Dtn 27,1–13), die mit fast absoluter Sicherheit nicht von späteren judäischen Schreibern entworfen worden wäre.

Im Buch Exodus lassen sich möglicherweise sogar Hinweise auf eine eigene frühe Exodusgeschichte aus dem Nordreich Israel finden. Wie der Vergleich von 1 Kön 11–12 mit Ex 2; 4–5 wohl gezeigt hat, ist die Befreiung Israels aus Ägypten durch Mose in den Exoduskapiteln stark der Sage von der Befreiung Israels von Rehabeam durch Jerobeam angeglichen. Beide wachsen in privilegierten Haushalten auf, identifizieren sich mit ihrem geknechteten Volk, fliehen vor dem unterdrückerischen Herrscher, kehren zurück, als dieser stirbt, appellieren an den neuen Herrscher, die Unterdrückung zu mäßigen, und als der neue Herrscher sich weigert, führen sie schließlich ihr Volk aus der Knechtschaft heraus. Es wäre zwar möglich, dass die Befreiung des Nordens durch Jerobeam zufällig genauso ablief wie die Befreiung Israels durch Mose. Aber es ist viel wahrscheinlicher, dass diese Parallelgeschichten entstanden, weil Schreiber, die im frühen Nordreich für Jerobeam arbeiteten, die alten Exodustradi-

M Die Josefsgeschichte und literarische Interpretationen

Die Josefsgeschichte als ein möglicher früher Text aus dem Nordreich

Die Josefsgeschichte (Genesis 37–50, abzüglich vermutlich späterer Hinzufügungen wie Kapitel 38; 46; 48–49) hat ebenfalls gute Chancen, ein früher Text aus dem Nordreich Israel zu sein. Die Erzählungen beginnen mit zwei Träumen Josefs. Im ersten verbeugen sich die Getreidegarben seiner Brüder vor Josefs Garben, um ihnen Gehorsam zu erweisen. Im anderen fallen elf Sterne, Sonne und Mond vor Josef nieder. Seine (elf) Brüder interpretieren diese Träume als Josefs Anspruch, über sie zu herrschen; ihre mörderischen Ressentiments gegenüber solchem Ansinnen führen dazu, dass Josef als Sklave nach Ägypten entführt wird (Gen 37). Dort wird er berühmt und mächtig, kann seiner Familie den nötigen Unterhalt verschaffen, als diese während einer Hungersnot aus Israel flieht, und versöhnt sich mit seinen Brüdern (Genesis 45 und 50).

Josef war ein Vorfahre Jerobeams, und das könnte besonders dazu beigetragen haben, dass Stammesgruppen aus dem Norden diese Erzählung als Allegorie über aktuelle Machtverhältnisse verstanden. Sie mag geholfen haben, die endgültige Bestimmung Jerobeams zum Herrscher und Versorger über sie anzuerkennen, so wie Josef dazu bestimmt gewesen war, über seine Brüder zu herrschen und für sie zu sorgen. So kann eine frühe Form der jetzt in der Genesis enthaltenen Josefsgeschichte Teil eines alten Literaturkorpus aus dem Nordreich gewesen sein.

Literarische Interpretationsansätze und Josef

Die Josefsgeschichte steht schon seit längerem im Zentrum literaturwissenschaftlicher Auslegungen. Unabhängig von ihrer Datierung (die umstritten ist) bleibt viel Raum für die Analyse ihrer Charakterisierung von Josef und seinen Brüdern, des Kontrastes zwischen dem, was nach dem Erzähler in verschiedenen Situationen geschah, und dem, was sich laut Aussage des einen oder anderen Bruders ereignete, und schließlich der Art und Weise, wie die Handlung vom Bruderhass in Versöhnung übergeht. Literaturwissenschaftliche Auslegungen biblischer Erzählungen benutzen das Instrumentarium der modernen Literaturwissenschaft, um Einsichten in Texte wie die Josefsgeschichte zu gewinnen, die nicht notwendigerweise von bestimmten Datierungstheorien oder sozialen Kontexten abhängen.

In dem Maße, wie sich das Literaturstudium innerhalb der Humanwissenschaften entwickelt hat, haben sich auch die Ansätze der literarischen Interpretation biblischer Erzählungen vervielfältigt. Vgl. für weiterführende Literatur über literarische Interpretationsansätze:

FLUDERNIK, Monika. *Erzähltheorie: eine Einführung*. Darmstadt: Wissenschaftliche Buchgesellschaft, 2010

MARTINEZ, Matias; SCHEFFEL, Michael. *Einführung in die Erzähltheorie*. München: Beck, [8]2009 (C.H. Beck studium)

tionen aus dem Norden im Lichte des kürzlich vollzogenen eigenen „Exodus" gestalteten, den sie unter Jerobeam als Auszug aus der Unterdrückung durch Salomo und seinen Sohnes Rehabeam erlebt hatten.

Bedeutet dies, dass die alten Schreiber aus dem Nordreich die Erzählungen über Jakob oder den Exodus bei der Schaffung ihres Kontercurriculums einfach „erfunden" haben? Sicher nicht. Es gibt auch in modernen Zeiten Analogien zu diesem Prozess, alte Geschichten im Lichte jüngster Erfahrungen zu gestalten. Als in den 50er und 60er Jahren des 20. Jahrhunderts Menschen für Zivilrechte kämpften, zitierten viele von ihnen den Exodus als eine Ermächtigung für ihre Freiheitsbestrebungen. Dabei benutzten sie selektiv diejenigen Teile der Geschichte, die am besten zu ihren gegenwärtigen Erfahrungen passten. Ein Beispiel ist die berühmte letzte Rede Martin Luther Kings Jr. in Memphis, kurz bevor er ermordet wurde. In dieser Rede sagt er, dass er wie Mose auf dem Berg steht und in das verheißene Land hinüberschaut, das er selbst nicht mehr erleben werde. Die Parallelen zwischen den biblischen Geschichten über Mose und Jerobeam entstanden vermutlich in einem ähnlichen Prozess, der die Vergangenheit mit der Gegenwart verwob. Schreiber aus dem Nordreich, die die alten mündlichen Traditionen über den Exodus aufzeichneten, erzählten diese Geschichten nach, indem sie einen „Mose" verherrlichten, der jetzt Jerobeam, ihrem neuen König, ähnelte. Die Ergebnisse ihrer Arbeit, eine alte „Exodusgeschichte" aus dem Nordreich, sind – allerdings sehr fragmentarisch – heute in Exodus 2; 4–5 enthalten.

Es überrascht nicht, dass die Bibel in Genesis und Exodus und vielen anderen Büchern zahlreiche Spuren von Texten aus dem Nordreich enthält. Umfangreiches archäologisches Material zeigt, dass das Nordreich Israel in den zwei Jahrhunderten seines Bestehens viel mächtiger und bedeutender war als das Südreich Juda. Einen besonderen Höhepunkt seiner Macht erreichte das Königtum Israel in der Regierungszeit von König Omri und seinem Sohn Ahab (s. Abb. 5.1). Omri errichtete eine prachtvolle neue Hauptstadt in Samaria, ging ein wichtiges Heiratsbündnis mit Phönizien ein (die Königin Isebel stammte aus Sidon) und kontrollierte das kleine Südreich Juda, das noch von Nachfahren Davids regiert wurde. Obwohl die Omridendynastie durch einen von General Jehu geführten Staatsstreich zu Fall gebracht wurde (841 v. Chr.), sprachen mesopotamische Könige immer noch vom ganzen Gebiet als dem „Haus Omris". Das Nordreich Israel konnte damals zu solcher Bedeutung gelangen, weil es über mehr Land und Bevölkerung verfügte als das Königreich Juda und die wichtigeren Handelsstraßen kontrollierte. Deshalb sind viele Forscher der Meinung, dass das Nordreich Israel zu jener Zeit eine weitaus aktivere Literaturtradition hatte als Juda. Das Reich Israel wurde federführend: Dort entwickelte und verschriftete man die dem Norden und Süden gemeinsamen Traditionen, während Juda bis zum späten 8. Jahrhundert eher von nebensächlicher Bedeutung war.

Am Horizont der Geschichte zogen jedoch imperiale Gewitterwolken auf. In der zweiten Hälfte des 8. Jahrhunderts dehnte das assyrische Großreich unter König

Abb. 5.1 Elfenbeinschnitzerei aus Samaria, wo Ahab seinen berühmten „Elfenbeinpalast“ bauen ließ (1 Kön 22,39). Die Schnitzereien waren ursprünglich mit Gold überzogen und zeigen den Reichtum und die Macht des Nordreiches, besonders unter Omri und Ahab.

Tiglat-Pileser III. seine Eroberungen nach Westen aus, um sich den Zugriff auf Ressourcen und Handelsstraßen im Gebiet Israels zu sichern. Die Assyrer waren schon lange eine der wichtigsten Handelsmächte des Alten Orients, hatten aber zu jener Zeit auch eine sehr schlagkräftige Armee aufgebaut, die der Schrecken der Nachbarvölker war. Abbildung 5.2 zeigt die assyrische Darstellung eines Angriffs auf eine judäische Stadt im Jahr 701. Andere Teile desselben Reliefs zeigen, wie judäische Verteidiger aufgespießt und Einwohner der Stadt in Ketten deportiert werden. Durch solche Angriffe und Berichte darüber wie auch bildliche Darstellungen terrorisierten die Assyrer die umliegenden Gebiete und zwangen ihnen ihre Oberherrschaft auf. Ein assyrischer König prahlt: „Viele der Gefangenen [...] habe ich lebend ergriffen; einigen habe ich die Hände abgeschnitten, anderen die Nase, Ohren, Finger; ich habe vielen Soldaten die Augen ausgestochen.“ Ein anderer lässt berichten: „Ich häufte einen Berg Leichen vor dem Tor auf. Ich zog den Adligen die Haut ab, allen, die rebelliert hatten, und spannte ihre Häute über den Leichenberg.“ Bedeutende Teile der biblischen Traditionen sind angesichts solcher Bedrohungen entstanden.

W Wichtige Daten (v. Chr.): Das Nordreich („Israel“)

Jerobeam, Gründer des Königtums	930–910
Omridendynastie (Omri, Ahab, Ahasja, Joram)	880–841
Staatsstreich Jehus (Jehu zahlt Assyrien Tribut, um 841–814)	841
Jerobeam II. (gewisser Wohlstand)	782–753
Assyrische Unterwerfung und Zerstörung Israels (Menahem, Pekachja, Pekach, Hoschea)	745–722

Abb. 5.2 Ausschnitt aus dem großen Wandrelief aus dem Palast des assyrischen Königs Sanherib in Ninive, das die Eroberung der judäischen Stadt Lachisch zeigt. Die Assyrer schieben auf einer Rampe eine große Belagerungsmaschine nach oben, um eine Bresche in die Stadtmauer zu schlagen. Die judäischen Verteidiger auf der Mauer versuchen, die Maschine in Brand zu setzen, indem sie Fackeln auf sie hinabschleudern.

Um eine assyrische Invasion zu vermeiden, unterwarfen sich viele Länder freiwillig den Assyrern und gelobten, dem assyrischen König regelmäßig Tribute zu senden. Dies geschah auch im Nordreich, vielleicht schon im 9. Jahrhundert unter Jehu (s. Abb. 5.3), und auf jeden Fall dann regelmäßig, als König Menahem von Israel um 738 v. Chr. begann, Assyrien hohe Tribute zu zahlen. Aber Menahem starb, und

Abb. 5.3 Eine der Bildleisten auf dem Schwarzen Obelisken Salmanassars III.: Der israelitische König Jehu huldigt dem assyrischen Großkönig. Sie belegt die kurze Unterwerfung Israels unter Assyrien – etwa hundert Jahre, bevor Assyrien es eroberte und schließlich gegen Ende des 8. Jh.s mitsamt seinem Königtum zerstörte.

etwa im Jahr 735 wurde Pekachja König, der sich Syrien und anderen Nationen im Aufstand gegen Assyrien anschloss und die Zahlung der schweren Tribute einstellte. Während des folgenden sogenannten **Syrisch-Efraimitischen Krieges** belagerte diese antiassyrische Koalition sogar Jerusalem im Südreich und versuchte, dem damaligen judäischen König Ahas die antiassyrische Politik aufzuzwingen. Ahas entkam den israelitischen und syrischen Militärkräften, indem er assyrische Unterstützung anforderte. Dadurch wurden zwar seine Belagerer besiegt, er selbst aber kam unter assyrische Oberherrschaft (s. auch unten S. 146 u. 153). So begann eine Entwicklung, in der das Nordreich Israel allmählich in seinem Umfang reduziert und schließlich im Jahr 722 völlig zerstört wurde, während Juda die Phase der assyrischen Herrschaft nur knapp überlebte.

Der gesamte Geschichtsprozess hatte einen entscheidenden Einfluss auf die Entstehung der Hebräischen Bibel. Alle Texte aus dem Nordreich, die heute noch existieren, wurden vermutlich im späteren Südreich aufbewahrt. Außerdem ist dieses Drama von assyrischen Invasionen, antiassyrischen Koalitionen und ständigem Wechsel von proassyrischen und antiassyrischen Königen die Kulisse für einen Großteil von Israels ältester Schriftprophetie. Ohne eine gewisse Kenntnis von den politischen Wirren, die ihre Länder durchlebten, sind Propheten wie Hosea fast nicht zu verstehen. Sogar die schroffen Weissagungen, die Amos verkündete, noch bevor es zu den schlimmsten Zusammenstößen zwischen Israel und Assyrien kam, sind von großer Bedeutung für das Verständnis der Katastrophe, die diesem Königreich schließlich ein Ende machte.

Insgesamt können wir sagen, dass große Teile der Hebräischen Bibel im Schatten der assyrischen Herrschaft über Israel und Juda entstanden sind. Die reiche Literatur des Nordreiches als solche wurde zerstört. Sie überlebte nur in Fragmenten, die sich verstreut in der späteren Bibel Judas finden. Auch war die assyrische Krise der Ausgangspunkt für die Entwicklung der Schriftprophetie im Alten Israel und Juda. Propheten wie Hosea und Amos, Micha und Jesaja mögen in ihrer eigenen Zeit nicht viel Gehör gefunden haben. Aber die ihnen zugeschriebenen Schriften wurden äußerst wichtig für spätere Judäer-Generationen, die noch mehrere Katastrophen wie die assyrischen Massaker des 8. Jahrhunderts durchlebten. Wenden wir uns jetzt dem Phänomen der Schriftprophetie zu.

Prophetie im Alten Orient

Die Prophetie war im Alten Orient ein weit verbreitetes Phänomen. Ägypten, Phönizien, Syrien und die Königreiche Mesopotamiens – sie alle kannten Menschen, die sowohl beruflich als auch nichtberuflich Orakel der Gottheiten verkündeten. Dieses Prophetentum war Teil eines umfangreicheren Systems, durch das Könige und auch andere Menschen versuchten, die Zukunft zu erkennen. So, wie manche Menschen Schriftrollen lesen lernten, waren die Wahrsager darauf aus, die in der Welt verborgenen Hinweise auf göttliche Vorhaben zu enträtseln. Solche „Hinweise" konnten in Träumen, verschiedensten Vorzeichen und in den Innereien von eigens für die Zukunftsschau geopferten Tieren sowie anderen Phänomenen enthalten sein. Das Leben war unvorhersagbar, und die Menschen des Alten Orients nutzten alle ihnen zur Verfügung stehenden Mittel, um besser zu verstehen, was die Gottheiten taten und was sie wollten. Mündliche Weissagungen durch ein menschliches Medium waren eine sehr weit verbreitete Art, solche Informationen zu erhalten.

Die meisten Weissagungen wurden mündlich verkündet, manchmal wurden sie aber auch aufgezeichnet. Die Archive der syrischen Stadt Mari, die im 2. Jahrtausend zu großer Bedeutung gelangte, enthalten Hunderte von dort verkündeten Prophetien, die für den Fall festgehalten wurden, dass sie später noch einmal gebraucht würden. Auch spätere mesopotamische Archive enthalten sorgfältige Aufzeichnungen und sogar einige kleine Sammlungen solcher prophetischen Orakel. Eine der interessantesten Schriftprophetien mag jedoch die Mauerinschrift aus dem frühen 8. Jh. sein (also wenige Jahrzehnte vor den ersten biblischen Propheten), die im Israel benachbarten Transjordanien gefunden wurde, in einer Stadt am Schnittpunkt großer Verkehrswege, die heute Deir Alla heißt. Ein Teil dieser Inschrift lautet:

> Inschrift Bileams, des Sohnes Beors, des Mannes, der ein Seher der Götter war. Siehe, die Götter kamen des Nachts zu ihm, gemäß dem Spruch Els. Und sie sprachen zu Bileam, dem Sohn Beors: Ein jeder […] Da stand Bileam am Morgen auf […]. Er weinte bitterlich, und sein Volk kam zu ihm und sprach: Warum weinst du? Und er sprach zu ihnen: Nehmt Platz! Ich werde euch verkünden, was Schagar […] Und kommt, seht das Werk der Götter […] Die Götter versammelten sich, die Schaddaigötter traten zur Versammlung zusammen und sagten zu Schagar […]
> (Inschrift von Deir Alla, nach der Übersetzung von Martin Rösel, in: Wie einer vom Propheten zum Verführer wurde. Tradition und Rezeption der Bileamgestalt. In: *Biblica* 80. Rom: Päpstl. Bibelinstitut, 1999, S. 506–524, hier: 506)

Dieser Text ist in verschiedenster Hinsicht interessant. Der hier erwähnte „Bileam, Sohn Beors" kommt auch in einem Bibeltext vor, Numeri 22–24. In Numeri wird Bileam dafür bezahlt, Israel zu verfluchen, aber stattdessen prophezeit er seine Herrlichkeit. In der Inschrift aus Deir Alla klingt die Weissagung Bileams jedoch eher wie die Gerichtsprophetien von Amos und anderen biblischen Propheten. Sie beschreibt eine Vision Bileams, in der die Gottheiten eine verheerende Dürre ankündigen. Wenige Jahrzehnte später empfingen auch Amos, Jesaja und andere Menschen göttliche Visionen und sonstige Botschaften über verheerende Gerichtsbeschlüsse, die Unheil über ihre Völker bringen würden.

Noch viel interessanter ist vielleicht die Tatsache, dass der Text aus Deir Alla Hinweise darauf enthalten kann, wie solche Schriftprophetien benutzt wurden. Zunächst deutet einiges in der Wandinschrift darauf hin, dass sie ursprünglich auf eine Rolle geschrieben worden war, genau wie die Bücher der biblischen Propheten des 8. Jahrhunderts. Sodann gab es in Deir Alla wahrscheinlich eine Schule, denn es wurde auch eine Alphabetsübung gefunden, und der Raum, in dem sich die Inschrift befindet, hatte Bänke. Auf ihnen saßen vielleicht Schüler, die Texte lernten wie die Bileamsprophetie, die dort an der Wand aufgezeichnet war. Es ist möglich, dass auch die schriftlichen Prophetien des Amos und anderer Propheten des 8. Jahrhunderts an Schüler weitergegeben wurden, zuerst an die eigenen Kinder des Propheten und an einige andere, später an einen größeren Kreis. Betrachten wir nun diese ihre „Lehren" etwas genauer.

Amos, ein Prophet der Gerechtigkeit

L Amos 1–2 und 7–9

Soweit der Prophet Amos heute überhaupt im Gespräch ist, kennt man ihn wahrscheinlich am ehesten als einen Propheten der sozialen Gerechtigkeit. Kein anderer Prophet packt so viel Sozialkritik in einen so engen Raum. Das Buch beginnt und endet mit einander ähnlichen, von Gott kommenden Vorwürfen gegen die Eliten des Nordreiches Israel, die ihre Macht dazu nutzen, die Armen auszubeuten:

> Wegen der drei Verbrechen, die Israel beging, /
> wegen der vier nehme ich es nicht zurück:
> Weil sie den Unschuldigen für Geld verkaufen /
> und den Armen für ein Paar Sandalen,
> weil sie die Kleinen in den Staub treten /
> und das Recht der Schwachen beugen. (2,6–7; s. auch 8,4–6)

Später verkündet Amos Unheil über die Frauen der Hauptstadt, die „die Schwachen unterdrücken und die Armen zermalmen“ (4,1). Er prophezeit Unheil für alle, die „das Recht in bitteren Wermut verwandeln und die soziale Solidarität zu Boden schlagen“ (5,7). In einem Text, auf den später Martin Luther King und andere zurückgreifen, wünscht er, dass das „Recht ströme wie Wasser, die Gerechtigkeit wie ein nie versiegender Bach“ (5,24).

Es scheint, dass diese Weissagungen des Amos in seiner eigenen Zeit nicht sehr positiv aufgenommen wurden. Zunächst einmal war er ein Fremder im Nordreich Israel: die Bibel sagt, dass er aus Juda kam und Hirte in der Nähe der kleinen Stadt Tekoa war (Am 1,1; 7,14). Außerdem waren die meisten seiner Sprüche gegen das Nordreich kompromisslos hart und untergruben die alten Traditionen, die seinen Hörern lieb und teuer waren. Die Israeliten mögen gedacht haben, dass ihnen nichts geschehen könnte, weil der Gott des Exodus auf ihrer Seite stand, aber Amos lässt durchblicken, dass ihr Exodus nichts Besonderes war:

> Seid ihr für mich denn mehr als die Kuschiter, ihr Israeliten? – /
> Spruch des Herrn.
> Wohl habe ich Israel aus Ägypten heraufgeführt; /
> aber ebenso die Philister aus Kaftor /
> und die Aramäer aus Kir. (9,7)

Die Israeliten mögen gedacht haben, dass ihre göttliche Erwählung sie schützen würde („Erwählungstheologie“), aber das Buch Amos lässt Gott eine interessante andere Wendung einer solchen Nordreich-Theologie der Erwählung verkünden:

> Nur euch habe ich erwählt /
> aus allen Stämmen der Erde;
> darum ziehe ich euch zur Rechenschaft /
> für alle eure Vergehen. (3,2)

Eine spätere Erzählung über Amos in Am 7,10–17 gibt uns eine gute Vorstellung von einer der Antworten auf seine Botschaft. Sie beginnt mit dem Bericht, wie Amos zum königlichen Heiligtum in Bet-El ging und ankündigte, dass der damalige König Israels, Jerobeam II., durch das Schwert sterben werde, während sein Volk ins Exil deportiert werde. Der Hohepriester von Bet-El, Amazja, sandte dem König einen Bericht darüber und sagte dann zu Amos:

> Geh, Seher, flüchte ins Land Juda!
> Iss dort dein Brot, und tritt dort als Prophet auf!
> In Bet-El darfst du nicht mehr als Prophet reden;
> denn hier ist ein Heiligtum des Königs und ein Reichstempel. (7,12–13)

In dieser Geschichte antwortet Amos, dass er kein Berufsprophet ist (oder war), der einfach woanders sein Glück versuchen könnte. Stattdessen hatte ihn Gott von seiner bäuerlichen Arbeit in Tekoa weggerufen, damit er zum „Volk Gottes, Israel" als Prophet rede (7,14–15). Aber nun, da Amazja ihm befiehlt, nicht mehr in Israel aufzutreten, fügt Amos seinen vorherigen Prophetien hinzu, dass die Frau des Priesters in der Stadt als Prostituierte leben wird, dass seine Söhne in der Schlacht fallen werden und dass er, ein Priester, „in einem unreinen Land" sterben wird (7,17).

Diese und viele andere Weissagungen enthalten keinen Hinweis darauf, dass Amos versucht hätte, das Verhalten seiner israelitischen Hörer zu ändern. Es gibt zwar in Amos 5 einige wenige Aufrufe an die Menschen, ihr Leben zu ändern (5,4.6.14), und am Ende des Buches sind einige Hoffnungsverheißungen für Juda angefügt (9,8b.11–15). Aber diese Fragmente sind kaum ein Gegengewicht zum generellen Tenor des Buches, das Untergang verkündet. Es beginnt mit einer Gruppe

B Das Buch Amos

Überblick: Gericht eines judäischen Propheten über Israel

I	Sprüche gegen die Völker: der Rahmen für die Verurteilung Israels	1,1–2,16
II	Beschreibung des Gerichts: Rücknahme der Erwählung Israels	2,17–9,8a
III	Letzte Bewertung: Zukunft für „Israel" in einem regenerierten davidischen Königreich	9,8b–15

Adaptierung der Amosprophetien für das Südreich

Die meisten auf Amos spezialisierten Forscher sind sich einig, dass das Buch Amos zahlreiche Zusätze enthält, die seine an das Nordreich gerichteten Weissagungen so umarbeiteten, dass sie auch dem Südreich etwas zu sagen hatten. Zum Beispiel unterscheidet sich der Gerichtsspruch gegen Juda in 2,4–5 von den anderen Prophetensprüchen in 1,3–16 und ist vermutlich ein Zusatz, der Juda unter die Nationen einreihen sollte, denen Amos Gericht verkündet hatte. Auch die anschließende Verheißung, dass die „Hütte Davids" wiederauferbaut werde (9,11–15; ebenfalls durch 8b eingeleitet), ist vermutlich als Trostwort für Juda (und für „Israel" im weiteren Sinne) hinzugefügt worden. Es kontrastiert die Gerichtsworte, die das restliche Buch für das Nordreich Israel bestimmen.

Weitere Informationen: Lobpreis im Buch Amos

Die Mitte des Buches wird durch drei einander ähnliche Lobsprüche auf Jahwe betont: 4,13; 5,8–9 und 9,5–6. Lesen Sie diese Lobsprüche und suchen Sie die Ähnlichkeiten. Diese späten Einfügungen in das Buch Amos fordern die Leser dazu heraus, den schrecklichen Gott zu loben, der solch ein Gericht über Israel bringt, und stellen das Gericht in den Kontext der Schöpfungstat Gottes.

von Prophetenworten, in denen Gott verkündet, dass er „wegen drei und wegen vier Verbrechen" seine Bestrafung nicht zurücknehmen wird (1–2). Und es endet mit einer Serie von vier Visionen: in den ersten beiden kann Amos die göttliche Strafe abwenden, indem er für Israel bittet (7,1–6), aber in der dritten und vierten Vision wird klar, dass Gott die Bestrafung nicht zurücknehmen wird (7,7–9; 8,1–8). Stattdessen hat Gott ein „gerechtes Senkblei" in der Hand, mit dem er sein Volk Israel geprüft hat (7,7–9), und es wird von einem schrecklichen Erdbeben heimgesucht werden (8,8; vgl. 2,13).

Wir wissen, dass Israel tatsächlich um die Zeit des Amos von einem Erdbeben heimgesucht wurde, und diese Erfüllung seiner Weissagung wurde niemals vergessen (Am 1,1). Aber seine Prophetien stellten sich auch in einem weiteren Sinne als richtig heraus. Wie Amos vorausgesagt hatte (2,13–16; 3,11–15; 6,1–7), wurde das Nordreich völlig zerstört, allerdings nicht in der Weise, wie er angenommen hatte. Amos trat als Prophet auf, bevor die assyrische Oberherrschaft begann, er erwähnt sie allerdings nicht. Aber im Jahr 722 sind die Assyrer einmarschiert, haben Israels Heiligtümer und Paläste zerstört und die überlebenden Mitglieder der Führungsschicht ins Exil geschleppt.

Zu jener Zeit war Amos schon nach Juda zurückgekehrt. Seine Schriftprophetie war eine Art prophetische „Lehre", die Juda reinterpretieren konnte – jetzt in Bezug zur drohenden (und später eintretenden) assyrischen Dominanz. Ähnlich wie in manchen Sprichwörtern folgen die Amossprüche dem Format „drei und vier" (Spr 30,15–31; vgl. Am 1–2; 7,1–9; 8,1–8), bieten rhetorische Fragen (3,4–6) und Rätsel (3,12; 6,12). Aber die Schriftprophetie des Amos lässt Gott sprechen, nicht einen Weisen wie Salomo. Im Brennpunkt der Lehre stehen politische und gesellschaftliche Handlungen und deren nationale Konsequenzen, und nicht der „Tun-Ergehen-Zusammenhang", der sich bei den Sprichwörtern in kleinerem Maßstab an einen individuellen Schüler wendet (zum „Tun-Ergehen-Zusammenhang" s. Kapitel 4). Im Endeffekt hatte diese schriftliche Form der Weissagungen des Amos eine dauerhaftere Wirkung als jegliches mündliche Wort, das er verkündet hatte. Obwohl ihm der Hohepriester des Nordreiches, Amazja, befahl, er solle sich nach Hause scheren, werden die Worte des Amos noch 27 Jahrhunderte nach ihrer Niederschrift gelesen.

Hosea, der Prophet des Nordreiches, ruft Israel auf, „Jahwe allein" zu verehren

L Hosea 1–2 und 11–12

Das Buch Hosea richtete sich etwa zur selben Zeit ebenfalls an das Nordreich Israel, es ist aber völlig verschieden vom Buch Amos. Wo Amos das Gericht über die Ungerechtigkeit Israels hervorhebt, fordert Hosea von seinem Volk, dass es Veränderungen einleitet, „soziale Solidarität sät“ (10,12) und „das Recht bewahrt“ (12,7). Wo Amos unvermeidliches Verderben verkündete, sagt Hosea eine Wiederherstellung nach der Strafe Gottes voraus. Und während Amos den tiefen Glauben seiner Hörer an ihre Auserwählung auf den Kopf stellte und kritisierte (die alte „Erwählungstheologie“), fand Hosea neue Weisen, diese Auserwählung zu beschreiben, Weisen, die Gottes Liebe zu Israel betonten sowie Gottes Wunsch, dass Israel ihm seine Hingabe zeigen möge. Die größten Fehler Israels waren für Hosea fehlende Hingabe an den Gott Jahwe und stattdessen Liebe zu falschen Gottheiten.

Dies wird auf atemberaubende Weise am Anfang des Buches veranschaulicht, wo Hosea das Bild von Gottes gebrochener Ehe mit Israel zeichnet. Das Buch beginnt mit dem recht erstaunlichen und persönlichen Akt einer prophetischen Zeichenhandlung – einem symbolischen Akt, der, wie wir noch sehen werden, beunruhigende Untertöne hat. Gott befiehlt Hosea, eine Frau zu heiraten, deren Sexualverhalten sehr „freizügig“ ist. Mit ihr soll er Kinder zeugen und ihnen hebräische Satznamen geben, die darstellen, was Gott mit Israel vorhat, zum Beispiel „Kein Erbarmen“ und „Nicht-mein-Volk“ (Hos 1,2–9). Nach einer kurzen Einfügung eines jüngeren Textes, der die Gerichtsprophetie zurücknimmt (1,10–2,1), folgt eine der beeindruckendsten Passagen des ganzen Buches: die leidvolle Rede Gottes an „Frau“ Israel wegen ihrer spirituellen Untreue (2,2–15). In dieser Rede ist der Ehemann Gott, und nicht Hosea, und seine Ehefrau ist das Volk Israel. Zu Beginn richtet sich Gott an die Kinder der „Israel“ und teilt ihnen mit, dass er ihrer Mutter die Scheidung erklärt hat:

> Verklagt eure Mutter, verklagt sie! /
> Denn sie ist nicht meine Frau /
> und ich bin nicht ihr Mann. (Hos 2,4)

Aber in Hos 2 ist Gott noch nicht fertig mit dieser Beziehung, wie es zuerst scheinen mag. Die Gottesrede geht sofort über in eine Bitte an die Kinder, ihre „Mutter“ (ihr Volk) dazu zu bringen, ihr ehebrecherisches Verhalten zu ändern, damit sie nicht das Opfer jener öffentlichen Entblößungen und Erniedrigungen werde, die des Ehebruchs verdächtigte Frauen von Seiten ihrer Männer zu erdulden hatten:

> (Sagt ihr,) sie soll von ihrem Dirnenleben ablassen /
> und ihren Ehebruch von ihren Brüsten entfernen.
> Sonst ziehe ich sie nackt aus /
> und stelle sie öffentlich hin wie am Tag ihrer Geburt;
> mache sie entblößt wie die Wüste, /
> lasse sie austrocknen wie verdorrtes Land /
> und lasse sie verdursten. (Hos 2,4b–5)

Dieses Israel, diese Ehefrau Gottes, ist von Dürre und Hungersnot bedroht (Bild des „Entblößens“), weil sie „anderen Liebhabern“ nachgelaufen ist auf der Suche nach

Liebesgaben. Aber in der durch Hosea vermittelten Rede besteht Jahwe darauf, dass sie sich getäuscht hat über die Gottheiten, die für sie sorgten. In Wahrheit war es Jahwe, ihr Ehemann, der ihr alles gegeben hat, was ein Mann seiner Frau gibt: Nahrung, Kleidung und Öl (2,7b.10).

Die Liste der Gaben deutet an, dass Jahwe sich betrogen sieht durch Israels Verehrung anderer Gottheiten, wie zum Beispiel des Baal (2,15). Das Problem ist (nach Hosea), dass Israel Getreide und sonstige Güter bei diesen anderen Gottheiten suchte und nicht bei Jahwe allein. Die Verehrung mehrerer Gottheiten war jedoch in antiken Kulturen völlig normal. Es gibt viele Beweise dafür, dass die Menschen seit den ersten Anfängen Israels (s. oben Kapitel 2) bis zur Zeit Hoseas neben Jahwe auch andere Gottheiten verehrt hatten (s. Abb. 5.4). Hosea verkündet jedoch seinen Zeitgenossen, dass Jahwe sich durch eine solche Verehrung genauso beleidigt fühlt, wie ein Ehemann es durch den Ehebruch seiner Frau wäre. Wie ein guter Ehemann hat er seine Frau mit den besten Dingen versorgt, und sie hat seine Männlichkeit untergraben, indem sie ihre Liebe anderen geschenkt hat, die sie nach ihrer Meinung besser versorgen konnten.

Als Antwort darauf sagt Jahwe, dass er Israel den Weg zu ihren Liebhabern versperren wird, damit sie – wie die Frau im Hohelied – ihre Liebhaber „suchen“ und nicht „finden“ wird (2,8–9). Der Rest der Rede führt zum größten Teil aus, wie Jahwe

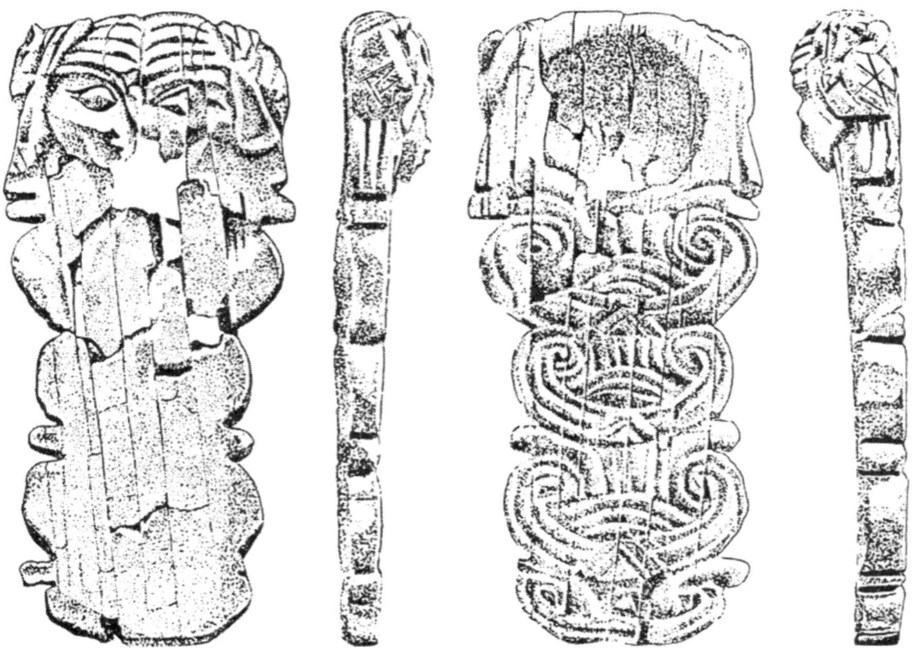

Abb. 5.4 Ein in Hazor gefundener Elfenbeinlöffel, der auf der einen Seite eine weibliche Figur darstellt und auf der anderen einen Lebensbaum. Er zeigt, dass die Verehrung einer Göttin in Form der Baumsymbolik fortbestanden hat.

das Land Israels wegen seiner Untreue verwüsten wird. Trotzdem schließt sie nicht mit Gericht, sondern mit Hoffnung – in diesem Fall mit dem Plan Jahwes, Israel zu verführen und die alten Zeiten zurückzubringen, in denen Israel in der Wüste lebte und in ihn verliebt war:

> Darum will ich selbst sie verführen. /
> Ich will sie in die Wüste hinausführen /
> und sie umwerben.
> Dann gebe ich ihr dort ihre Weinberge wieder, /
> und das Achor-Tal mache ich für sie zum Tor der Hoffnung.
> Sie wird mir dort antworten wie in den Tagen ihrer Jugend, /
> wie damals, als sie aus Ägypten heraufzog. (2,16–17)

So dient Hoseas Bild der Ehe von Jahwe und Israel dazu, nicht nur den Schmerz Jahwes über das zu schildern, was Hosea als Israels Verrat bezeichnet, nicht einfach nur seine Absicht, die Konsequenzen zu ziehen, sondern zeigt auch die treue Liebe Jahwes. Diese Liebe bedeutete, dass Jahwe es nicht über sich brachte, sich endgültig von Israel zu trennen, und dass er plant, es in eine neue Beziehung mit sich zurückzuführen. Über all das hinaus unterstreicht das Buch diesen Aspekt noch mehr, indem Hosea selbst eine weitere prophetische Zeichenhandlung beschreibt. Als Symbol der Absicht Gottes, Israel wieder anzunehmen, trotz allem, was „sie“ getan hat, beauftragt Gott Hosea, eine Frau zu mieten, die für ihre Freizügigkeit bekannt ist, und ihr dann zu befehlen, für lange Zeit keine anderen Liebhaber anzunehmen – und nicht einmal Verkehr mit Hosea zu haben (3,1–5).

Wegen der Erzählungen von solchen prophetischen Zeichenhandlungen (Hos 1 und 3) haben viele Leser Hoseas Botschaft psychologisiert und angenommen, dass seine kühnen neuen Visionen von Gott durch Probleme in seinem Privatleben provoziert wurden, vielleicht durch eine Tendenz, sich immer mit der falschen Sorte von Frauen einzulassen. In anderen Kapiteln des Buches gibt es jedoch Hinweise auf einen wichtigeren Hintergrund: die Machtpolitik, die der assyrische Imperialismus Israel gegenüber anwandte, geht bis in die Zeit des Königs Jehu zurück. In Hos 5,8–6,6 lesen wir Hoseas Kritik: Es mangelt Israel und Juda an beständiger „Liebe“ zu Jahwe (6,4). Hosea sieht einen Beweis für diese fehlende Liebe darin, dass Israel (hier: „Efraim“) darauf aus war, sich „Unrat“ zuzuwenden (5,11), und sogar nach Assyrien schickte, um sich zu retten (5,13). In 7,3–7 verurteilt Hosea den ständigen Wechsel der Könige, der großteils eine Reaktion auf die assyrische Bedrohung war, als „Ehebruch“ (7,4). In 8,7–10 vergleicht Hosea die Tributzahlungen mit dem absurden Fall, dass eine Prostituierte ihre Liebhaber bezahlt („Efraim macht Liebesgeschenke“), und 9,1–6 verbindet schließlich Bilder von bäuerlichem Wohlstand und internationaler Politik. Der Prophet ruft Menschen beim Erntefest dazu auf, nicht zu jubeln, weil sie wie eine käufliche (?) Frau sind, die ihren Lohn für sexuelle Dienste auf Dreschtennen und in Weinkeltern liebt (9,1–2), und weil sie bald ins Exil nach Assyrien und Ägypten weggeführt werden (9,3–6). In solchen Texten kritisiert Hosea die verschiedenen Arten, auf die Israel (und Juda) durch Manipulation oder

B Das Buch Hosea

Überblick: Prophetien von Gericht und Hoffnung

I	Einführung in Gericht und Hoffnung durch Bilder aus dem Familienleben	1–3
II	Weitere Prophetien von Gericht und Hoffnung in anderen Bildern	4–14

Adaptierung Hoseas für das Südreich

Es ist möglich, dass Hosea selbst im Süden über Juda gesprochen hat (ein Beispiel ist 5,8–15). Aber es gibt Anzeichen dafür, dass spätere Verfasser aus Juda die Worte Hoseas so überarbeitet haben, dass sie Juda in Hoseas Gericht einschlossen (Beispiele: 5,5; 6,4.11). Wieder andere Zusätze erinnern an abschließende Bemerkungen, die in Amos hinzugefügt wurden (Amos 9,11–15). So wie diese sehen sie eine zukünftige Hoffnung für das zerstörte „Israel", als Teil eines Israel in weiterem Sinne, dessen Zentrum Juda und die Davidsmonarchie sind (1,11; 3,5; 11,12).

Hoseas Prophetie für spätere Zeiten

Die Anpassung des Buches Hosea war nur ein erster Schritt, durch den die Bilder des Buches zu neuen Gemeinschaften sprechen konnten, an die Hosea selbst sich nicht gewendet hatte. Was immer der persönliche oder kultische Hintergrund der Ehe Hoseas und anderer Bilder gewesen sein mag, als Symbole gewannen sie ein Eigenleben. In der gegenwärtigen Form des Buches ist die Ehemetapher in 1–3 eine allgemeine Einführung in die Weissagungen Hoseas und tritt dann in den Hintergrund. Später lässt Hosea Jahwe sagen, dass er „durch die Hand der Propheten Analogien sandte" (12,11; in verschiedenen Bibelausgaben vermutlich eine Fehlübersetzung). Diese Analogien in Hosea – Ehe, Elternschaft, Bund – sind über Jahrhunderte hinweg von späteren Lesern immer wieder neuen Situationen angepasst worden.

Zahlungen versucht hat, einen Ausweg aus der Unterdrückung durch Assyrien zu finden. Hosea zufolge hätte es auf Jahwe vertrauen und sich ihm unterwerfen sollen, statt solche Formen der Machtpolitik anzuwenden.

Das Buch Hosea enthält auch vielfältige Kritik an Israels Kultpraktiken, besonders in den häufigen Erwähnungen von „Baal". Schon lange vor der Zeit Hoseas hatte das Volk Israel verschiedene Gottheiten neben Jahwe verehrt, und diese Verehrung bestand offenbar weiterhin. Tatsächlich sieht sich die Forschung bislang außerstande, irgendeine frühe Periode zu rekonstruieren, in der die Stämme Israels nicht andere Gottheiten verehrt hätten. Ausgrabungsstätten aus der Stammeszeit und den nachfolgenden Perioden haben unzählige weibliche Statuetten ans Licht gebracht, die von vielen als Figürchen von Göttinnen interpretiert werden. Die alten Israeliten trugen Namen, die mit den Namen verschiedener Gottheiten gebildet waren, einschließlich „Baal“ und „El“. Eine Reihe von alten Inschriften etwa aus der Zeit Hoseas bezeugen Segensformeln durch „Jahwe und seine Aschera“ (s. Abb. 5.5). Man diskutiert zwar in Fachkreisen darüber, wie diese Segensformeln zu verstehen sind, doch nehmen viele Experten an, dass Jahwe nach der Vorstellung der Israeliten Aschera, die frühere Gemahlin Els, als seine eigene Frau übernommen hat. Hosea sah sich also einer viel bunteren religiösen Gesellschaft gegenüber, als wir sie für das frühe Israel voraussetzen (s. Abb. 5.6). Das Neue bei Hosea war, dass er behauptete, diese religiöse Diversität, dieses Fehlen einer reinen Verehrung von „Jahwe allein“, sei einer der Gründe für Israels mangelndes Wohlergehen.

Nach dem Verständnis der meisten heutigen Bibelausleger glaubte Hosea, die religiöse Vielfalt seiner Zeit sei ein Abfall von der früheren reinen Jahweverehrung, die Israel in seiner Wüstenzeit praktiziert hätte. Die Hörer Hoseas jedoch sahen wohl in seinem Aufruf zu einer reinen „Jahwe-allein-Verehrung“ etwas *Neues*.

Im Allgemeinen scheint die Hauptanklage Hoseas zu sein, dass sein Volk eine massive Untreue zeigt – sowohl in der internationalen Politik als auch bei religiösen Praktiken. Diese Untreue ist für ihn wie die Untreue einer Ehefrau gegenüber ihrem Ehemann. Die Reaktion Jahwes ist eine Mischung von Emotionen, die typisch ist für einen betrogenen Ehemann: Leid und eifersüchtige Wut über die Untreue seiner Frau, verbunden mit dem Wunsch, sie zurückzubekommen. Auf diese Weise legt Hosea seinen von Assyrien unterdrückten Zeitgenossen nahe, dass Jahwe Israel nicht

Abb. 5.5 Zeichnungen und Inschriften aus Kuntilet Adjrud, einer von Israel benutzten Raststation im Negeb (8. Jh. v. Chr.). Die Deutung der Zeichnungen ist umstritten, aber von dem Leierspieler rechts in der Mitte geht eine Inschrift nach links oben, die von vielen Forschern als „Jahwe und seine Aschera“ gelesen wird.

Abb. 5.6 Säulenfigürchen, typisch für archäologische Funde des 8. Jh.s v. Chr. Viele Forscher sehen in ihnen einen Ausdruck der Göttinnenverehrung, die in der Zeit von Amos und Hosea üblich war.

vernachlässigt oder verlassen hat, sondern dass Israel „angefangen" hat, indem es Jahwe verließ.

Über die Jahrhunderte hinweg haben Leser sehr unterschiedlich auf das von Hosea entworfene Bild von Gott und Israel reagiert. Für viele ist das Buch ein machtvolles Bild für Gottes Sehnsucht nach treuer Liebe und für seine Bereitschaft, alles zu tun, um sein Volk zu sich zurückzuholen. Andere jedoch sind betroffen von den klaren Parallelen zwischen dem Verhalten Gottes in den Hoseaprophetien und dem Teufelskreis der ehelichen Gewalt: der Zorn eines Mannes auf seine Frau und/oder eifersüchtige Anschuldigungen von Ehebruch, körperliche Misshandlungen und/oder sexuelle Demütigungen der Frau und das Verlangen, sie zurückzubekommen. Hosea gebraucht dieses Bild metaphorisch, in der Meinung, dass Israel tatsächlich spirituell unzuverlässig und Gott völlig im Recht war, als „er" „sie" bestrafte, bevor „er" „sie" zurückholte. Heute lehnen viele Menschen dieses Gottesbild von Jahwe als einem Ehemann ab, der seiner menschlichen sündigen Frau die Kleider herunterreißt und sie schlägt (bevor er sie zurückholt). Außerdem können solche Metaphern zur Rechtfertigung ehelicher Gewalt missbraucht werden, wie es tatsächlich häufig der Fall ist. Viele Ehemänner und religiöse Führer haben die Bilder des Hoseabuches als biblische Verbriefung des Rechtes von Ehemännern angesehen, ihre Frauen zu schlagen oder sexuell zu demütigen, wenn sie sie des Ehebruchs oder anderer Missetaten verdächtigen. Schließlich hat auch der Gebrauch einer promiskuitiven Frau als ein

Bild für Sünde seine Folgen gehabt. Obwohl Hosea männliche Führungspersonen genauso oder noch heftiger als weibliche getadelt hat, hat seine spezielle Assoziation von weiblicher Sexualität mit Sünde bei verschiedenen späteren Propheten, im Neuen Testament und in späteren Traditionen Widerhall gefunden. Angesichts dieser Probleme sind solche Bilder bei Hosea und bei späteren Propheten für manche Menschen zu bitter, als dass sie Metaphern für einen liebenden Gott sein könnten.

Es gibt jedoch noch andere Bilder bei Hosea, die eine alternative Vorstellung von Gottes Schmerz und leidenschaftlicher Suche nach Versöhnung vermitteln können. Nehmen wir zum Beispiel Hos 11, wo Gott nun Israels Vater ist, der unter dem Ungehorsam seines Sohnes leidet, für den er so zärtlich gesorgt hat. Wie schon zuvor bei Hosea, redet Gott Israel hier als „Efraim“ an, nach dem wichtigsten Stammesgebiet, das übrig geblieben war, nachdem Assyrien die weiter entfernt liegenden Teile des Staates Israel abgetrennt hatte:

> Als Israel jung war, gewann ich ihn lieb, /
> ich rief meinen Sohn aus Ägypten.
> Je mehr ich sie rief, /
> desto mehr liefen sie vor mir weg.
> Sie opferten den Baalen /
> und brachten den Götterbildern Rauchopfer dar.
> Ich war es, der Efraim gehen lehrte, /
> ich nahm ihn auf meine Arme.
> Sie aber haben nicht erkannt, /
> dass ich sie heilen wollte.
> Mit menschlichen Fesseln zog ich sie an mich,
> mit den Ketten der Liebe.
> Ich war da für sie wie die (Eltern), /
> die den Säugling an ihre Wangen heben. /
> Ich neigte mich ihm zu und gab ihm zu essen. (11,1–4)

Die erste Antwort Jahwes auf die Untreue seines Sohnes, für den er so zärtlich gesorgt hat, ist die Drohung mit Exil und Zerstörung. Erneut vernehmen wir ferne Nachklänge von Israels Verwicklungen in die internationale Politik:

> Doch er muss wieder zurück nach Ägypten, /
> Assur wird sein König sein; /
> denn sie haben sich geweigert umzukehren.
> Das Schwert wird in seinen Städten wüten; /
> es wird seinen Schwätzern den Garaus machen /
> und sie wegen ihrer Pläne vernichten. (11,5–6)

Aber anders als bei Amos ist dies für Hosea nicht das letzte Wort. Wie Eltern, die niemals in der Lage wären, ihr Kind aufzugeben, klagt Gott:

Wie könnte ich dich preisgeben, Efraim, /
wie dich aufgeben, Israel? [...]
Mein Herz wendet sich gegen mich, /
mein Mitleid lodert auf.
Ich will meinen glühenden Zorn nicht vollstrecken /
und Efraim nicht noch einmal vernichten.
Denn ich bin Gott, und nicht ein Mann, /
der Heilige in deiner Mitte. /
Darum komme ich nicht in der Hitze des Zorns. (11,8–9)

Hier nutzt Hosea die Kraft einer Metapher, die auf der elterlichen Beziehung fußt, aber er unterscheidet dieses Bild von Gott ganz klar von dem eines menschlichen „Mannes". Gott ist hier tief verwundet und verstimmt wegen der Untreue seines Volkes, aber dennoch kann er es nicht über sich bringen, das Kind zu vernichten, das er einst in Ägypten in den Armen hielt und das er lehrte, durch die Wüste zu ziehen.

W Hosea und das „Zwölfprophetenbuch"

Das Zwölfprophetenbuch

Hosea ist das erste im **Buch der Zwölf Propheten**, einer Sammlung von zwölf kleineren Prophetenbüchern, das in Bibelausgaben gewöhnlich nach Ezechiel oder nach (Ezechiel und) Daniel folgt. Diese Bücher werden den sogenannten **„Kleinen Propheten"** zugeschrieben, Hosea bis Maleachi. „Klein" bedeutet hier nicht, dass sie für unbedeutend gehalten würden, sondern dass die ihnen zugeschriebenen Bücher relativ kurz sind. Jedes dieser kurzen Bücher hat seinen eigenen Charakter, aber sie enthalten alle Hinweise darauf, dass spätere Schreiber sie einer Redaktion unterworfen haben, die sie zu einem größeren Gesamtwerk machte.

Hosea 14,9 und prophetische Lehre

Ein mögliches Zeichen der Redaktion ist der letzte Vers in Hosea, 14,9. Er betont, dass ein „weiser" Mensch die Worte Hoseas verstehen wird, und er preist die Wege Jahwes als „gerade". Eine solche Erwähnung von „Weisen" ist sonst typisch für Schriften wie das Buch der Sprichwörter. So kennzeichnet dieser Vers das Buch Hosea als eine Form von prophetischer „Lehre", ähnlich den Lehren Salomos in den Sprichwörtern und in Kohelet.

Da Hosea der erste der zwölf kleinen Propheten ist, hat die Rahmung seines Buches als „Lehre" auch Folgen für das Verständnis der elf folgenden Bücher. Wegen des Hosea-Schlusses in 14,9 können auch sie als prophetische Lehren gelten, die von „weisen" Menschen verstanden werden sollen.

Selbst wenn ein Vater fähig wäre, seinen Sohn zu töten – Gott ist hier kein „Mann" (11,9). Hosea glaubt, dass es möglich ist, sich eine Vorstellung von Gottes unendlichem Erbarmen zu machen, aber immer nur bruchstückhaft, wenn man das machtvolle Erbarmen betrachtet, das Eltern für ihr Kind empfinden.

Bei Hosea findet sich noch ein anderes wichtiges Bild, wiederum eines, das eng verbunden ist mit der Machtpolitik, in die Israel verwickelt war: **Bund**. Obwohl dieses Wort oft etwas unspezifisch dazu benutzt wird, irgendeine Beziehung gegenseitiger Verpflichtungen zu beschreiben, hatte „Bund" (hebräisch *berit*) in Hoseas Welt ganz bestimmte Konnotationen. Ein Bund war ein Vertrag zwischen zwei politischen Größen, der durch Eide und Flüche besiegelt wurde. Wenn zwei Parteien einen Bund miteinander schlossen, pflegten sie sich selbst Flüche aufzuerlegen für den Fall, dass sie den Pakt brächen. Im Hebräischen ist der Ausdruck für „einen Bund schließen" sogar „einen Bund schneiden" (hebräisch: *karat*). Dies kann von dem Brauch kommen, dass die beiden Bundesparteien ein Tier zerschnitten und zwischen den blutigen Teilen umhergingen und verkündeten: „Dies und noch Schlimmeres soll mir geschehen, wenn ich die Worte dieses Bundes breche". Die Assyrer legten den unterworfenen Völkern solche Bundesschlüsse in der Form von **Vasallenverträgen** (eine Art internationaler Abkommen) auf und zwangen die unterworfenen Völker (ihre Vasallen), Zerstörungsflüche zu formulieren für den Fall, dass sie die Bestimmungen dieses Bundes nicht einhielten. Hosea scheint in 12,2 an diese Vasallenverträge zu denken, wenn er Israel anklagt, mit Assyrien einen „Bund" geschlossen und Öl nach Ägypten gesandt zu haben (vermutlich, um einen weiteren Vasallenvertrag zu besiegeln). Aber in 6,7 und 8,1 erwähnt Hosea noch eine andere Art von „Bund", diesmal ein Abkommen mit Jahwe, das Israel gebrochen hat. Dies sind die ältesten datierbaren Erwähnungen eines „Bundes" zwischen Jahwe und dem Volk. Vielleicht hat Hosea diese Idee eines Abkommens, das Gott mit Israel geschlossen hat, als Reaktion auf das entwickelt, was er als falsche Bundesschlüsse mit Supermächten wie Assyrien und Ägypten betrachtete. Falls das stimmt, dann ist diese theologische Anpassung der Bundes- oder Vertragsidee bei Hosea ein wichtiges frühes Beispiel für das Phänomen der Hybridität, das wir in Kapitel 7 näher besprechen werden: ein unterdrücktes Volk übernimmt eine kulturelle Eigenart seiner Unterdrücker (hier den Vasallenvertrag) und gestaltet sie derart um, dass sie zu einem Ausdruck seines Widerstandes wird (Vasallenvertrag mit Jahwe).

Schlussbetrachtung

Die Auseinandersetzung mit Hosea ist besonders wichtig, weil seine Prophetie großen Einfluss auf spätere biblische Schriften hatte. Wir werden sehen, dass Elemente seines Bildes der Ehe Gott/Mensch bei verschiedenen anderen Propheten vorkommen. Wichtig ist ebenfalls das von ihm entwickelte Bild des Bundes, den Gott mit Israel geschlossen hat, besonders weil Juda und Israel jahrzehntelang unter der Unterdrückung durch brutale Vasallenverträge mit Assyrien und dann Babylonien gelitten haben. Hoseas Aufruf zur Verehrung von Jahwe allein wurde für spätere Israeliten grundlegend. Die Bibel in ihrer Endform enthält viel jüngere Erzählungen, die diesen Aufruf zur Alleinverehrung in frühere Zeiten der Geschichte Israels zurückprojizieren (z. B. Ex 20,1–3). Aber das Buch Hosea ist unser ältestes datierbares Zeugnis für diese Vorstellung, die anfangs vermutlich nicht besonders wohlwollend aufgenommen wurde. Auf jeden Fall gewann der Glaube an das ausschließliche Anrecht Gottes auf das Volk Gottes zunehmend an Bedeutung, insbesondere in Zeiten, in denen Israel und Juda mit der assyrischen und babylonischen Unterdrückung, Zerstörungen und Deportationen zu kämpfen hatten. Die Menschen, die solche Erfahrungen durchlitten, fragten sich, was sie aus ihnen lernen konnten. Sie schauten zurück auf Traditionen wie die Hoseas, die aus den Wirrnissen der imperialen Unterdrückung entstanden waren, und schlossen daraus, dass sie eine größere Treue zu Jahwe, und Jahwe allein, erlernen müssten. Sie glaubten, dass sie jegliche andere (menschliche oder göttliche) Herrschaft über sich ablehnen und stattdessen die grenzenlose Liebe Jahwes wählen müssten.

Es hatte sich später herausgestellt, dass die Weissagungen des Amos über den Norden zutreffender waren als die des Hosea, zumindest was das Nordreich als Königtum betraf. Oft finden Leser die Untergangsstimmung in den Prophetien des Amos schwer verständlich und fragen: „Was bringt es denn, einem Volk den unvermeidlichen Untergang anzukündigen, wenn es doch nichts dagegen tun kann?“ In dieser Hinsicht sind die Hoffnungsbilder Hoseas jenseits des Gerichts sehr attraktiv, aber letztendlich gab es für das Königreich Israel, an das Hosea sich wandte, keine Hoffnung nach dem Gericht. Stattdessen stellten sich die Worte des Amos als „prophetisch“ heraus – im vorhersagenden Sinne dieses Wortes. Obwohl Amos in seiner Zeit abgelehnt wurde und sich durchaus als Versager gefühlt haben mag, wurden seine prophetischen Schriften übernommen und den Entwicklungen angepasst, so dass selbst Leser unserer Zeit, 27 Jahrhunderte später, noch versuchen, die Lektion zu lernen, die er lehren musste.

Rückblick auf Kapitel 5

1. Überprüfen Sie Ihr Wissen zu folgenden in diesem Kapitel behandelten Fachbegriffen:
   - Assyrien
   - Kleiner Prophet
   - Syrisch-Efraimitischer Krieg
   - Zwölfprophetenbuch

2. Welche Hinweise auf eine Entstehung im Nordreich gibt es für die Jakobsgeschichte im Buch Genesis einerseits und für die Mosegeschichte andererseits?

3. Was ist ein „Bund“ in biblischen Zeiten, und was bedeutet es, dass er „geschnitten“ wurde?

4. Was sind die Merkmale eines „Vasallenvertrages", und in welcher Beziehung steht er zu einem „Bund"?

5. Wie sprachen Amos und Hosea auf ihre je eigene Weise von der altisraelitischen Vorstellung der Erwählung?

6. Wenn Amos und Hosea sich heute an ein und dieselbe moderne Gemeinschaft wenden würden, wie könnte das aussehen? Würden sie unterschiedliche Akzente setzen? Hätte diese Gemeinschaft so etwas wie eine Erwählungstheologie? Wie würden sich die unterschiedlichen Vorstellungen von Amos und Hosea zur Erwählungstheologie in ihren modernen Prophetien ausdrücken?

7. Schreiben Sie zu einer der drei folgenden Weissagungen eine moderne Version, die sich an eine heutige Gemeinschaft richtet, die Sie kennen und die Ihnen wichtig ist: Am 2,6–16 oder Am 8,1–8 oder Hos 11,1–12. Versuchen Sie, eine strukturelle Entsprechung zu finden – Satz für Satz, Bild für Bild, Metapher für Metapher.

Weiterführende Literatur

Überlieferungen des Nordreiches

EBACH, Jürgen. *Josef und Josef: Literarische und hermeneutische Reflexionen zu Verbindungen zwischen Genesis 37–50 und Matthäus 1–2*. Stuttgart: Kohlhammer, 2009 (BWANT 187)

KLEIN, Renate Andrea. *Leseprozess als Bedeutungswandel: eine rezeptionsästhetisch orientierte Erzähltextanalyse der Jakobserzählungen im Buch Genesis*. Leipzig: Evangelische Verlagsanstalt, 2002 (Arbeiten zur Bibel und ihrer Geschichte 11)

PIXLEY, George V. *On Exodus. A Liberation Perspective*. Maryknoll: Orbis, 1987

WEIMAR, Peter. *Studien zur Josefsgeschichte*. Stuttgart: Katholisches Bibelwerk, 2008 (SBA 44)

Allgemeine Literatur zu Prophetie und allen biblischen Propheten

BLENKINSOPP, Joseph. *Geschichte der Prophetie in Israel. Von den Anfängen bis zum hellenistischen Zeitalter*. Stuttgart: Kohlhammer, 1998

KOCH, Klaus. *Die Profeten. Band 1: Assyrische Zeit*. Stuttgart u.a.: Kohlhammer, ^{3}1995, 288 S. (Kohlhammer. Urban-Taschenbücher 280)

KOCH, Klaus. *Die Profeten. Band 2: Babylonisch-persische Zeit*. Stuttgart u.a.: Kohlhammer, ^{2}1988, 216 S. (Kohlhammer. Urban-Taschenbücher 281)

WILSON, Robert R. *Prophecy and Society*. Philadelphia: Fortress, 1980

Kommentare zu allen zwölf Kleinen Propheten

ELLIGER, Karl. *Das Buch der zwölf kleinen Propheten Bd. 2*. Göttingen: Vandenhoeck & Ruprecht, ^{8}1982 (ATD 25)

WEISER, Artur. *Das Buch der zwölf kleinen Propheten Bd. 1*. Göttingen: Vandenhoeck & Ruprecht, ^{8}1985 (ATD 24: Hosea, Joel, Amos, Obadja, Jona, Micha)

Hosea

BONS, Eberhard. *Das Buch Hosea.* Stuttgart: Katholisches Bibelwerk, 1996 (Neuer Stuttgarter Kommentar 23/1)

JEREMIAS, Jörg. *Der Prophet Hosea.* Göttingen: Vandenhoeck & Ruprecht, 1983 (ATD 24/1)

OEMING, Manfred. *Erkennen – Lieben – Umkehren. Sieben Texte aus dem Buch Hosea.* Neukirchen-Vluyn: Aussaat Verlag, 2003 (Texte zur Bibel 19)

Amos

JEREMIAS, Jörg. *Der Prophet Amos.* Göttingen: Vandenhoeck & Ruprecht, 1995 (ATD 24/2)

REIMER, Haroldo. *Richtet auf das Recht. Studien zur Botschaft des Propheten Amos.* Stuttgart: Katholisches Bibelwerk, 1992 (SBS 149)

WOLFF, Hans-Walter. *Joel und Amos.* Neukirchen-Vluyn: Neukirchener Verlag, [3]1985 (BKAT 14/2)

Bibliographie der englischen Originalausgabe (Chapter 5)

General works on prophecy and all of the prophets

Heschel, Abraham. *The Prophets.* 2 volumes. New York: Harper & Row, 1962.

Koch, Klaus. *The Prophets.* 2 volumes. Philadelphia: Fortress, 1983.

Lindblum, J. *Prophecy in Ancient Israel.* Philadelphia: Muhlenberg, 1962.

Commentaries on multiple prophetic books

Limburg, James. *Hosea – Micah.* Interpretation. Atlanta: John Knox Press, 1988.

Sweeney, Marvin. *The Twelve Prophets,* vols. 1 and 2. Berit Olam. Collegeville, MN: Liturgical, 2000–1.

Hosea

Mays, James Luther. *Hosea.* Old Testament Library. Philadelphia: Westminster Press, 1969.

Amos

Mays, James Luther. *Amos.* Old Testament Library. Philadelphia: Westminster Press, 1969.

Kapitel 6
Micha, Jesaja und die Begegnung der Prophetie des Südreiches mit Assyrien

In diesem Kapitel kehren wir aus dem Nordreich Israel zurück ins Südreich Juda, aber das Thema der imperialistischen Angriffe bleibt dasselbe. Das Volk Juda begegnete dem Ansturm der Assyrer im Glauben an die Uneinnehmbarkeit Jerusalems, der auf der alten Zionstheologie basierte und bald durch die Erfahrung des assyrischen Rückzuges von einer Belagerung Jerusalems bestärkt wurde. In dieser Lage kritisiert Micha den Glauben seiner Hörer an die Unbesiegbarkeit von Zion und prophezeit den Untergang, während Jesaja eine Vision der göttlichen Säuberung Zions verkündete, die Gericht mit Hoffnung verband. Zu ihrer eigenen Zeit waren beide Botschaften unpopulär, aber später wurden sie wichtig. So sind die heutigen Bücher, die Micha und Jesaja zugeschrieben werden, eine Mischung von alten Weissagungen, die tatsächlich von Micha und Jesaja stammen, und Prophetien, die Jahrhunderte später geschrieben wurden. Kapitel 6 konzentriert sich hauptsächlich auf Weissagungen, die als Worte der Propheten des 8. Jahrhunderts gelten, während andere Kapitel spätere Teile des Jesajabuches diskutieren werden. Hier genügt es, eine Vorstellung vom Kontext der nun zu besprechenden geschichtlichen Situation zu gewinnen und sich dann auf die betreffenden Micha- und Jesajatexte zu konzentrieren. Dadurch werden wir sehen, wie die frühen Prophetien dieser Bücher Kontrastvisionen zu Jahwes Plänen mit Zion anbieten.

Der historische Kontext von Micha und Jesaja

L 2 Kön 15,37–16,20; 18,1–20,21 (Ahas und Hiskija)

Micha und Jesaja wirkten in einer Welt, deren Glaubensvorstellungen völlig anders waren als die, denen wir bei Hosea begegnet sind. Sie ähnelten denen, die wir bei den Königs- und Zionspsalmen oben in Kapitel 3 kennengelernt haben. Das dürfte keine Überraschung sein, denn beide traten als Propheten in Jerusalem und Juda auf, der Heimat der Königs- und Zionstheologie. Ihre Hörerschaft war mehr mit der Vorstellung vertraut, dass Zion etwas Besonderes und unverwundbar sei, als mit den israelitischen Überlieferungen von Exodus und Wüstenwanderung. Auch die Tradition des davidischen Königtums war hier tief verwurzelt, zusammen mit den Hoffnungen der Königstheologie, dass der davidische König seinem Volk Gerechtigkeit und Segen bringen werde.

Die Judäer stützten sich auf diese Vorstellungen der Königs- und Zionstheologie, als sie selbst mit den Schrecken des Assyreransturms konfrontiert wurden. Die Bedrohungen waren zunächst indirekt. Im Syrisch-Efraimitischen Krieg (735–734) hatten Israel und Syrien Jerusalem belagert in der Hoffnung, König Ahas (735–715) dadurch zum Beitritt zu ihrer antiassyrischen Allianz zu zwingen. Ahas hatte daraufhin Assyrien um Hilfe angerufen, und schließlich kam das assyrische Heer, besiegte Israel und seine Verbündeten und legte Juda Tribut auf. Von diesem Augenblick an stand Juda, genau wie Israel, unter assyrischer Oberherrschaft. Wenige Jahrzehnte später regierte ein anderer König, Hiskija (715–686), der das in Assyrien herrschende Chaos (s. u. und S. 163) als eine günstige Gelegenheit betrachtete, der assyrischen Unterwerfung zu entkommen. Er verstärkte die Befestigungen Jerusalems und andere wichtige Vorposten in Juda und ließ sogar einen Tunnel bauen, um die Wasserversorgung innerhalb der Stadtmauern Jerusalems zu sichern. Außerdem scheint er versucht zu haben, das Volk um Jahwe herum zu sammeln und sich der Unterstützung Jahwes zu versichern, indem er eine Religionsreform einleitete, zu der die Reinigung des Jerusalemer Tempels (Zerstörung der dort verehrten Bronzeschlange) und die Eliminierung von konkurrierenden Heiligtümern außerhalb von Jerusalem gehörten (2 Kön 18,4; vgl. 2 Chr 29,3–19).

Doch schließlich kam das assyrische Heer zurück, belagerte Jerusalem und drohte, das Königreich Juda ebenso auszulöschen, wie es einige Jahrzehnte zuvor das Nordreich zerstört hatte. Aber hier nimmt die Geschichte eine andere Wendung. Das assyrische Heer zog ab, anscheinend wegen massiver militärischer Bedrohungen im eigenen Kernland. Die assyrischen und die biblischen Quellen kommentieren später diesen Rückzug sehr unterschiedlich (zur assyrischen Sicht vgl. die Box auf S. 147), aber zumindest zwei Aspekte sind klar: Zunächst entwickelten die Menschen im Königreich Juda nach dieser scheinbar wundersamen Rettung Jerusalems einen noch tieferen und unerschütterlicheren Glauben an die Zionstheologie, insbesondere an die Vorstellung, dass Zion uneinnehmbar sei. Aber trotz dieser Errettung blieben Hiskija und seine Nachfolger, Manasse (686–642) und Amon (642–640), assyrische Vasallen und litten noch mehrere Jahrzehnte unter der Dominanz der Assyrer, bis deren Macht zu schwinden begann.

Beide Propheten, die im vorliegenden Kapitel diskutiert werden, haben in diese Situation hinein gesprochen. Obwohl sie aus unterschiedlichen Gegenden Judas stammten, scheinen sie sich beide an die Einwohner Jerusalems gewandt zu haben, das zu jener Zeit eine ummauerte Stadt von der Größe einiger heutiger Häuserblocks war. Beide traten in den letzten Jahrzehnten des 8. Jahrhunderts auf und thematisierten ähnliche Probleme. Diese Nähe zwischen Micha und Jesaja, sowohl geographisch als auch zeitlich, macht die Kontraste zwischen ihnen umso bemerkenswerter.

W Aus der Sicht des assyrischen Hofes: Die Annalen Sanheribs

Der folgende Text stammt vom Sanherib-Prisma (Abb. 6.1), auf dem dieser assyrische König seine Invasion Palästinas und die Belagerung Jerusalems zur Zeit von Hiskija, dem König von Juda, beschreibt.

Weil Hiskia von Juda sich meinem Joch nicht gebeugt hatte, belagerte ich 46 seiner befestigten Städte und ummauerten Festungen sowie die zahllosen kleinen Städte in ihrer Umgebung. Ich eroberte sie mit Hilfe von Erdrampen und Rammböcken. Diese Belagerungsmaschinen wurden ergänzt durch die Fußtruppen, die die Mauern untergruben. Ich nahm in diesen Orten 200.150 Kriegsgefangene, junge und alte, Männer und Frauen. Außerdem nahm ich als Beute mehr Pferde, Maultiere, Esel, Kamele, Großvieh und Kleinvieh, als wir zählen konnten. Ich schloss Hiskija in Jerusalem ein wie einen Vogel in einem Käfig. Ich errichtete Belagerungswälle, damit niemand durch die Stadttore entkommen konnte.

Die Städte Judas, die ich erobert hatte, gab ich Mitinti, dem König von Aschdod, Padi, dem König von Ekron, und Sillibel, dem König von Gaza. So reduzierte ich das Land Hiskijas bei diesem Feldzug und erhöhte auch Hiskijas jährliche Tributzahlungen.

Hiskia, der von meinem Furcht einflößenden Glanz überwältigt war, wurde von seinen Elitetruppen verlassen, die er nach Jerusalem gerufen hatte. Er musste mir 420 Pfund (30 akkadische Talente) Gold [...], allerlei wertvolle Schätze, seine Töchter, Frauen, Sänger und Sängerinnen schicken. Er sandte seinen persönlichen Botschafter, um diesen Tribut abzuliefern und sich vor mir zu verbeugen. (Übersetzung nach *OT Parallels*, S. 191–192)

Abb. 6.1 Das Sanherib-Prisma

Vergleichen Sie diese Inschrift mit Jes 36–37 (Parallelen: 2 Kön 18,13.17–19,37). Wie passt dazu 2 Kön 18,14–16, ein in Jesaja nicht enthaltenes Material?

W Wichtige Daten (v. Chr.):
Juda unter assyrischer Kontrolle

Ahas		735–715
	Syrisch-Efraimitischer Krieg	735–734
Hiskija		715–686
	Beginn der Revolte Hiskijas	705
	Angriff Sanheribs	701
Manasse		686–642
Amon		642–640

Micha, ein Prophet des Südreiches, verkündet das Gericht über Juda und Jerusalem

L Micha 1–3 und 5–6

Der erste hier zu besprechende Prophet ist Micha, wie Amos ein Prophet aus dem Südreich. So wie Amos sich als Außenstehender an Israel wandte, so wandte sich Micha an Jerusalem als ein judäischer Flüchtling aus einem Gebiet, das von Assyrien dezimiert worden war (aus der Stadt Moreschet). Außerdem verkündeten beide Propheten ihren Hörern Gerichtsworte und versuchten, deren falsches Sicherheitsgefühl zu erschüttern. Dennoch sind die Unterschiede zwischen diesen beiden Propheten bemerkenswert; sie verweisen uns erneut auf die unterschiedlichen Überlieferungen, an die sich ihre jeweiligen Hörerschaften hielten. Während Amos die (nord)israelitischen Vorstellungen der Erwählung unterminierte, griff Micha das Vertrauen an, das das Südreich in die Zionstheologie setzte, besonders die Vorstellung, dass Zion/Jerusalem allen Angriffen gegenüber unverwundbar sei. Dieser Glaube zeigt sich in Texten wie Psalm 46: „Gott ist in ihrer Mitte, sie wird nicht wanken" (46,5).

Das Buch Micha beginnt mit einem Gericht, denn der Prophet verkündet dem Volk Juda, dass es nicht immun sei gegen die assyrische Katastrophe, die schon das Nordreich heimgesucht hatte. Sein erstes Orakel beschreibt eine Ehrfurcht gebietende **Theophanie** (Gotteserscheinung) Jahwes, der aus dem Tempel kommt, und es wird sehr schnell klar, dass es sich nicht um einen „kuscheligen" Gott handelt:

> Seht, der Herr verlässt seinen erhabenen Ort [...]
> Die Berge zerschmelzen unter ihm /

wie Wachs in der Hitze des Feuers;
die Talgründe werden aufgerissen, /
wie wenn Wasser den Abhang herabstürzt. (1,3–4)

„Das alles", sagt Micha, „geschieht wegen Jakobs Vergehen / und wegen der Sünden des Hauses Israel" (1,5). Man könnte fragen: „Was ist denn dieses Vergehen?", und der Text antwortet sofort, dass es die Hauptstädte Samaria und Jerusalem sind. In einem Abschnitt, der Hosea ähnelt, verkündet Micha, dass Gott in Kürze Samaria, die Hauptstadt des Nordreiches, zerstören wird, wegen ihrer „Götzen", die er als „Dirnenlohn" betrachtet (1,6–7). Aber da seine Landsleute denken, sie seien immun gegen diese Katastrophe, verkündet Micha abschließend, dass Juda von derselben zerstörerischen Macht getroffen und dass die „Wunde" sogar die Stadttore Jerusalems erreichen wird (1,8–9). Der nächste Prophetenspruch (1,10–12) argumentiert ähnlich: er verfolgt den Weg der assyrischen Invasion, deren Heer Stadt für Stadt von Gat bis zu den Toren Jerusalems vordringt.

Es ist offensichtlich, dass Micha im Kontext der assyrischen Invasion auftritt, aber er lässt keinen Zweifel daran, dass die drohende Zerstörung durch die Assyrer in Wirklichkeit von Gottes Gericht über die internen Übel des Volkes Juda verursacht wird. In einer Sozialkritik, die an Amos erinnert, singt er ein Klagelied über diejenigen,

die auf ihrem Lager Unheil planen /
und Böses ersinnen.
Wenn es Tag wird, führen sie es aus; /
denn sie haben die Macht dazu.
Sie wollen Felder haben /
und reißen sie an sich, /
sie wollen Häuser haben /
und bringen sie in ihren Besitz.
Sie wenden Gewalt an gegen den Mann und sein Haus /
gegen den Besitzer und sein Eigentum. (2,1–2)

Diese Kritik setzt sich fort in Michas drastischen Ankündigungen von Gottes Gericht über die Männer der Führungsschicht, die Frauen und Kinder heimatlos machen (2,9) und die „mein Volk auffressen, / den Leuten die Haut abziehen / und ihnen die Knochen zerbrechen, sie zerlegen wie Fleisch für den Kochtopf, / wie Braten für die Pfanne" (3,2–3).

Die Mächtigen in Michas Zeit scheinen diese Botschaft nicht gern gehört zu haben. Er berichtet, dass man ihm befohlen habe: „Prophezeit nicht! [...] Man soll nicht prophezeien: diese Schmach wird nicht enden. Ist etwa das Haus Jakob verflucht? Hat der Herr seine Geduld verloren?" (2,6–7). Anscheinend gab es andere, die hoffnungsvollere Botschaften verkündeten, während Micha das Gericht Jahwes ansagte über diejenigen, die „Friede! rufen", wenn sie „etwas zu beißen haben", aber demjenigen „Krieg ansagen", der „ihnen nichts in den Mund steckt" (3,5). In einer

Botschaft, die der Höhepunkt dieser Sprüche ist, sagt Micha das Ende an für all jene Führer, die „Zion mit Blut erbauen und Jerusalem mit Unrecht" (3,10):

> Die Häupter dieser Stadt sprechen Recht /
> und nehmen dafür Geschenke an, /
> ihre Priester lehren gegen Bezahlung.
> Ihre Propheten wahrsagen für Geld, /
> und doch berufen sie sich auf Jahwe und sagen:
> Ist nicht Jahwe in unserer Mitte? /
> Kein Unheil kann über uns kommen. (3,11)

Für Micha sind es diese Führer mit ihrem Vertrauen auf die alte Zionstheologie, die genau jenes Unheil heraufbeschwören, das sie für undenkbar halten:

> Darum wird Zion euretwegen /
> zum Acker, den man umpflügt,
> Jerusalem wird zu einem Trümmerhaufen, /
> der Tempelberg zu einer überwucherten Höhe. (3,12)

Bis hierhin klingt Micha sehr wie Amos. Für ihn ist die Verderbtheit Jerusalems so tief, dass Jahwe den Assyrern erlauben wird, es zu zerstören. Bis hierhin erklärt das Buch also die Unterdrückung Judas durch Assyrien als das Ergebnis einer tiefsitzenden Schuld.

Zahlreiche Stellen in den restlichen Kapiteln, einschließlich einiger der bekanntesten Micha-Texte, zeigen jedoch eine viel hoffnungsvollere Note. Micha 4 beginnt mit einer berühmten Weissagung (4,1–3), die sich auch in Jes 2,2–4 findet und verheißt, dass Gott Zion/Jerusalem zum Zentrum der Gerechtigkeit für die ganz Welt machen wird. In Umkehrung der üblichen Umwandlung von Bauern in Soldaten (s. Joel 3,10) werden die Nationen „aus ihren Schwertern Pflugscharen und aus ihren Lanzen Winzermesser schmieden" (4,3). Der Rest von Micha 4–5 enthält Weissagungen darüber, wie Jahwe die „Tochter Zion" erlösen wird: Sie hat Schmerzen gelitten wie eine Frau in den Wehen, aber Jahwe wird die Exilierten zu ihr zurückbringen (4,6–10). Das Buch Micha sagt weiterhin: wenn „die Gebärende" (Zion) „einen Sohn geboren hat" (5,2), wird sich im winzigen Betlehem-Efrata ein mächtiger Herrscher erheben, der von Jerusalem aus in Herrlichkeit regieren wird (5,1–3). Diese Weissagung, die von Christen oft als Prophetie über die Geburt des Jesus von Nazaret in Betlehem verstanden wird, gehört zu einer Reihe von Verheißungen, dass Zion über Assyrien und andere Feinde triumphieren wird, die sie unterdrückt haben (4,11–5,14).

Solche Worte der Hoffnung für Exilierte und der Verheißung des Sieges in Micha 4–5 stehen in scharfem Kontrast zum totalen Untergang Zions in Micha 1–3. Micha 4 und 5 klingen nicht nach einem Propheten, der ankündigt, dass „Zion zum Acker wird, den man umpflügt, und Jerusalem zu einem Trümmerhaufen" (vgl. 3,12). Deswegen gehen viele Forscher davon aus, dass große Teile von Micha 4–5 und möglicherweise auch 6–7 Zusätze sind, die spätere anonyme Propheten in das Buch Micha eingefügt haben. Wie wir oben in Kapitel 4 sahen (bei der Besprechung der Quellen in Gen 1–11), war es eine gut etablierte Technik, ältere Werke zu kopieren und zu erweitern, um ihre bleibende Bedeutung anzuerkennen und ihre Botschaft auf spätere Zeiten anzuwenden. Im vorliegenden Fall haben spätere Propheten gesehen, wie sich Michas alte Weissagungen über die Zerstörung erfüllten, und haben sie dadurch schätzen gelernt. Aber sie haben sich dennoch mit neuen Trostworten an ihre Hörerschaft im Babylonischen Exil gewandt, um die Gerichtsworte Michas auszugleichen. Diese späteren Propheten haben ihren exilischen (oder nachexilischen) Hörern erklärt, dass Jahwe eine große Zukunft für Zion/Jerusalem und für sie selbst plane. Visionäre Hoffnungsworte – über einen glorreichen Herrscher (5,1–3) und über eine Welt, in der man nicht mehr „für den Krieg übt" (4,1–3) – sind für spätere Gemeinschaften genauso wichtig oder noch wichtiger gewesen als ältere Worte des Gerichtes, auf denen sie aufbauen.

Die restlichen Teile des Buches Micha bieten jedoch nicht nur Trostworte. Mi 6,9–16 klagt Jerusalem an, den gleichen Übeln erlegen zu sein wie sein nördlicher Nachbar: „Du hast dich nach Omris Gesetzen gerichtet / und nach all den bösen Taten des Hauses Ahab" (6,16). Das kann ein weiterer Spruch des Propheten Micha aus dem 8. Jh. sein, der verkündete, dass die Wunde Israels bis an die Tore Jerusalems vorgedrungen war (1,9.12).

B Das Buch Micha

Überblick: Zyklen von Gericht und Heil – Juda

I Zerstörung bis zu den Toren Jerusalems (1,1–2,11) und Verheißung, die Exilierten wieder zu sammeln (2,12–13)

II Zerstörung von Zion (3,1–12) und seine Wiederherstellung zusammen mit der des Königtums und des Volkes Juda (4,1–5,15)

III Gericht über Israel (6,1–7,7) und prophetisches Gebet um seine Wiederherstellung (7,8–20)

Thema

Während der ursprüngliche Prophet, Micha, Gottes bevorstehendes Gericht über Zion betonte, hebt das jetzige Buch die Rettung und das Heil jenseits dieses Gerichtes hervor. Es wendet sich an Judäer wesentlich späterer Zeit, die manches Unheil erlebt hatten, das Micha beschrieb. Das Buch ermutigt sie und spätere Gemeinden, die Hoffnung auf die Zukunft nicht aufzugeben. Obwohl Gott vielleicht alles zerstören wird, was ihnen lieb ist, kann er sie auch wiederherstellen.

Weitere Informationen

Die Gerichtsworte Michas wurden nicht vergessen. Eine Erzählung im Buch Jeremia (Kap. 26) beschreibt, wie später im 7. Jh. der Prophet Jeremia fast umgebracht wurde, weil er die Zerstörung des Tempels weissagte. In dieser Situation erinnerten die Ältesten das Volk daran, dass auch Micha die Zerstörung Zions verkündet hatte, erinnerten also an eine Weissagung, die ein Jahrhundert vor Jeremia ergangen war (Mi 3,12). Außerdem erzählten sie eine Geschichte über König Hiskija, die sich sonst nirgends in der Bibel findet: dieser König hat auf Michas Prophetie gehört und ist umgekehrt (Jer 26,19). So wurde Jeremia gerettet.

Die berühmtesten Worte des Buches Micha finden sich in Mi 6,1–8. Auf die Klage des Volkes, dass Gott ihnen „zur Last gefallen ist", antworten sie, dass die Erwartungen Gottes sehr einfach sind: „Recht tun, / Güte und Treue lieben, / in Ehrfurcht den Weg gehen mit deinem Gott" (6,8). Direkt im Anschluss daran besteht das Buch darauf, dass es die wahre Weisheit ist, Gottes „Namen zu fürchten" (6,9). Das Buch Micha ist also, genau wie Amos und Hosea, als prophetische *Lehre* oder *Weisheit* verstanden worden. Ob der Abschnitt 6,2–8 von demselben Propheten des 8. Jh.s stammt, der den größten Teil von Micha 1–3 verkündet hat, ist nicht klar. Aber es ist sehr wohl klar, dass dieses Wort für viele Menschen eine machtvolle Zusammenfassung der die Zeiten überdauernden Botschaft der Propheten gewesen ist. So ist das Prophetenwort von 6,2–8 ein gutes Beispiel dafür, wie das Buch Micha über die Zeiten hinweg durch viele verschiedene Stimmen angereichert worden ist, die als „inspiriert" gelten dürfen. Das Ergebnis ist eine kraftvolle Mischung aus Michas Gerichtsworten des 8. Jh.s und prophetischen Lehren aus weit späterer Zeit über die Hoffnung und Gottes wahren Willen für sein Volk.

Jesajas Vision von Hoffnung für Jerusalem/Zion innerhalb des Jesajabuches

L Jesaja 1–11 und 28–32

Benutzen Sie den Anhang dieses Kapitels, um den Psalm 46 (ein Zionspsalm) mit den beiden Weissagungen über Jerusalem/Zion zu vergleichen, die sich in Jes 1,21–26 und Mi 3,9–12 finden. Welche steht Psalm 46 näher?

Das Buch Jesaja ist eine der ersten Schriften, in denen Forscher diese Mischung von alter Prophetie und späterer Erweiterung erkannt haben. Jesaja beginnt mit einer Überschrift, die das Folgende identifiziert als „Vision des Jesaja, des Sohnes des Amoz, über Juda und Jerusalem, die er zu der Zeit hatte, als Usija, Jotam, Ahas und Hiskija Könige von Juda waren" (1,1; s. auch 2,1). Dies bedeutet, dass es sich um Offenbarungen über das Südreich handelt, die Jesaja in den letzten Jahrzehnten des

8. Jh.s empfangen hat. Wissenschaftler haben indessen viele Anzeichen dafür entdeckt, dass das Buch über Jahrhunderte hinweg weitergeschrieben wurde. Schon vor 900 Jahren vermerkte der jüdische Gelehrte Abraham Ibn Ezra, dass die Erwähnung des persischen Königs Kyros in Jes 41,25 beweise, dass sein Verfasser von dem persischen Großkönig wusste, der zweihundert Jahre nach der Zeit Jesajas regierte. Mehr noch, er habe ihn der Hörerschaft seiner Zeit auch beschreiben können als jemanden, der „im voraus kundgetan“ worden war. Während der letzten zweihundert Jahre haben Forscher diese und andere Entdeckungen genutzt, um im Buch Jesaja zwischen den Worten des Jesaja aus dem 8. Jh. und den sukzessiven Schichten von Weissagungen späterer Autoren zu unterscheiden und so die Komplexität und die Großartigkeit des Buches Jesaja zu entdecken.

Dadurch wissen wir heute, dass die meisten Worte, die tatsächlich von „Jesaja, Sohn des Amoz“ stammen, in *Teilen* von Jesaja 1–11 und 28–32 zu finden sind, während *der größte Teil* des restlichen Buches und die gesamten Kapitel 36–66 von späteren Verfassern stammen. Zudem ist auch unser Verständnis für die Einsichten und die Kunstfertigkeit des gesamten Buches mit seinen 66 Kapiteln gewachsen, einschließlich seiner späteren Zusätze. Und mit Sicherheit haben spätere Glaubensgemeinschaften ihre Inspiration in der Endform des Jesajabuches gefunden. Fast der ganze Text von Jesaja 40–66 erscheint im Lesezyklus der jüdischen Synagogen; dieselben Visionen von Trost und Wiederherstellung waren seit seiner Entstehung zentral für das Christentum. In den Kapiteln 9 und 12 werden wir noch einmal auf den Aufbau und die Interpretation dieser Teile des Buches Jesaja zurückkommen.

Hier ist es nun wichtig zu verstehen, dass dies erneut ein Fall ist, in dem moderne Annahmen über Verfasserschaft und „Inspiration“ unsere Bibelauslegung irreführen können. Nicht wenige Interpreten unserer Zeit sind der Auffassung, dass die *wahre* Inspiration nur bei einem ursprünglichen Verfasser liegen könne, in diesem Falle bei einem Propheten, während alles spätere Material eine Verfälschung der ursprünglichen reinen Botschaft sei. Bei einem Blick auf das Buch Jesaja und seine Auslegungsgeschichte wird jedoch klar, dass Jesaja – ein Prophet des 8. Jh.s – eine dynamische und komplexe Vision geboten hatte, die lediglich der Beginn eines viel umfassenderen Prozesses war. Im Grunde genommen hat die Kraft seiner Vision *zugenommen*, als spätere Verfasser, die ganz andere Situationen ansprachen, die Texte erweiterten und überarbeiteten, so dass sie auch ihren eigenen Zeiten etwas zu sagen hatten. Das Ergebnis ist ein großes Buch mit 66 Kapiteln, das erste der drei Bücher der **„Großen Propheten“** (Jesaja, Jeremia, Ezechiel).

Betrachten wir jetzt die ursprüngliche Vision des Jesaja ben Amoz aus dem 8. Jh. näher. Vieles in dieser Vision konzentriert sich auf die Botschaft Jahwes inmitten der Bedrohungen durch den Assyreransturm. Die erste große Bedrohung war im Jahr 735 der Versuch Israels und Syriens, Ahas von Juda zum Beitritt zur antiassyrischen Koalition zu zwingen, indem sie Jerusalem belagerten (Syrisch-Efraimitischer Krieg). Das Buch der Könige erzählt, dass Ahas auf diese Belagerung reagiert hat, indem er Assyrien um Hilfe ersuchte (2 Kön 16,5–9). Wie wir in Jesaja 7–8 sehen, betrachtete Jesaja das Hilfegesuch des Königs Ahas als ein fatales Versagen des Vertrauens auf den Schutz Jahwes für Zion. In 7,1–9 versichert er Ahas, dass die Koalition gegen

Juda keinen Bestand haben werde und dass Ahas „sich nicht fürchten" müsse. In 7,10–17 weist Ahas Jesajas Angebot eines göttlichen Zeichens zurück, und der Prophet verkündet, dass das Ergebnis dieser Ablehnung ein sofortiger Angriff des assyrischen Königs sein werde. Schließlich führt 8,1–8 diese Themen weiter aus und prophezeit Unheil für die Angreifer aus Israel und Syrien (8,1–4), aber auch für das Volk Juda, weil es sich weigert, auf Gottes Schutz für Zion zu vertrauen (8,6: „die ruhig dahinfließenden Wasser von Schiloach" – der Quelle Jerusalems). In jeder dieser Erzählungen kommt ein Kind vor, dessen hebräischer Name den Kern der Botschaft Jesajas illustriert: „Ein-Rest-wird-umkehren" (7,3), „Gott-mit-uns" (7,4) und „Schnelle-Beute-Rascher-Raub" (8,1). Angesichts der Ablehnung seiner Botschaft verkündet Jesaja in 8,10–18 Jahwes Gebot, seine prophetischen „Lehren" in seinen „Schülern" zu „versiegeln" (8,16), so dass diese Schüler kommenden Generationen ein Zeichen Jahwes sein können, „der auf dem Zion wohnt" (8,18). Einige dieser Schüler mögen Jesajas eigene Kinder mit ihren eigenartigen Namen gewesen sein, denn Eltern, die lesen und schreiben konnten, lehrten oft ihre eigenen Kinder. Hier gibt Jesaja an seine Kinder eine „Lehre" und ein „Zeugnis" weiter, wovon seine eigene Generation nichts hören wollte. Vermutlich verdanken wir diesem Verfahren die anfängliche Bewahrung der Worte Jesajas und die Anfänge seines Buches.

Die Erzählung über die Berufung Jesajas im Kap. 6 spiegelt seine Erfahrung der Ablehnung in der Zeit des Königs Ahas wider. Viele Leser sind wohlvertraut mit dem Anfang dieses Textes, in dem Jesaja Jahwes furchtgebietende Anwesenheit im Jerusalemer Tempel schaut, umgeben von „Serafim", einem ägyptischen Motiv (s. dazu Abb. 6.2). Tief verstört von diesem Schauspiel, formuliert er eine Wehklage: „Weh mir, ich bin verloren! Denn ich bin ein Mann mit unreinen Lippen und lebe mitten in einem Volk mit unreinen Lippen, und meine Augen haben den König, den Herrn der Heere, gesehen!" (6,5). Eine der geflügelten Schlangen berührt dann seine Lippen mit einer glühenden Kohle und sagt, dies habe die Sünde und die Blutschuld des Propheten gesühnt (6,6–7). Der Rest des Abschnitts beschreibt, wie Jesajas Volk einem ähnlichen Prozess von reinigendem Feuer unterworfen wird, der mit der Berufung des Propheten beginnt, eine Botschaft zu verkünden, die niemand hören will:

Abb. 6.2 Siegel aus Juda zur Zeit Jesajas und Michas, mit stark ägyptischem Einfluss. Beachten Sie besonders die geflügelten Schlangen, wahrscheinlich das Vorbild für die in Jesaja 6 erwähnten „Serafim".

W Jesaja 6 und die „Berufungserzählung“

Viele Exegeten bezeichnen Jesaja 6 als eine „prophetische Berufungserzählung“. Solche Erzählungen sind Geschichten, die ein Prophet in der Ich-Form erzählt und in denen er darlegt, wie Gott ihn beauftragt hat, sein Prophet zu sein und seine Botschaft zu verkünden. Andere biblische Beispiele sind Jer 1,4–10 und Ez 1–3.

Typische Elemente einer prophetischen Berufungserzählung mit den Entsprechungen in Jes 6:

1.	Gotteserscheinung	1–4
2.	Einführendes Gotteswort	5–7
3.	Berufung des Propheten (oder Anführers)	8–10
4.	Einwand des Propheten	11a
5.	Göttliche Vergewisserung/Antwort	11b–13
6.	Zeichen zur Bestätigung der Antwort	(hier nicht vorhanden)

Solche Berufungserzählungen stehen am Anfang eines Prophetenbuches (Jeremia und Ezechiel) oder einer Sammlung von prophetischen Büchern (die „Jesaja-Memoiren“ in Jes 6–8) und heben die göttliche Beglaubigung der Botschaft der Buchsammlung hervor. Sie sind so unterschiedlich wie die Schriften, die sie autorisieren. Einige Wissenschaftler streiten darüber, ob der Ausdruck „Berufungserzählung“ auf den einen oder anderen dieser Texte angewendet werden kann (besonders, da das Wort „Berufung“ aus der späteren christlichen Theologie stammt). Manchmal fehlt in den entsprechenden Texten das eine oder andere Element des obigen Schemas, dennoch sind sie sich in der Vorstellung einig, dass die Idee der prophetischen Botschaft nicht vom Propheten selbst stammt, sondern von Gott. Der Prophet ist lediglich der Bote.
Jesaja 6 wurde vermutlich als Einleitung zu seinen „Erinnerungen“ geschrieben. Die Berufungserzählung sollte Jesajas Sprüche aus der Zeit des Syrisch-Efraimitischen Krieges als von Gott her autorisiert darstellen, obwohl sie damals abgelehnt worden waren. Als dieser Text Teil eines größeren Buches Jesaja wurde, wurde aus ihm die Beglaubigung des gesamten Buches.

Andere Berufungserzählungen
Ri 6,11–24 und Ex 3,1–4,7 sind Berufungserzählungen von anderen biblischen Gestalten, nämlich von Gideon und Mose. Vergleichen Sie diese Texte mit Jes 6,1–13. Welche Ähnlichkeiten und welche Unterschiede finden Sie in der Form dieser Texte? Was ist ähnlich und was ist verschieden an der Rolle, die sie in ihren jeweiligen biblischen Büchern spielen?

Geh und sag diesem Volk: /
Hören sollt ihr, hören, aber nicht verstehen. /
Sehen sollt ihr, sehen, aber nicht erkennen.
Verhärte das Herz dieses Volkes, /
verstopf ihm die Ohren, /
verkleb ihm die Augen,
damit es mit seinen Augen nicht sieht /
und mit seinen Ohren nicht hört,
damit sein Herz nicht zur Einsicht kommt, /
und sich nicht bekehrt und nicht geheilt wird. (6,9–10)

Jesaja ist verständlicherweise aufgebracht, als er diesen Auftrag empfängt, und fragt: „Wie lange?" Die Antwort besagt, dass Juda kurz davor steht, verwüstet zu werden – wieder ein offensichtlicher Bezug zu den assyrischen Angriffen. Erst nach mehreren Invasionen wird es ein kleines Hoffnungszeichen geben, einen „Stumpf", der Jes 6,13 als „heiliger Same" bezeichnet wird.

Das Bild des „Stumpfes" findet sich auch in anderen Jesajatexten. Sie gebrauchen es, um anzusagen, dass es jenseits der scheinbar völligen Zerstörung Hoffnung gibt: Aus einem scheinbar toten Stumpf kann ein Spross hervorgehen (s. Hi 14,8–9). Am Ende von Jes 10 beschreibt der Prophet, wie Jahwe die gesamte Region durchforstet, die höchsten Bäume fällt und ihre Äste abschlägt (10,33–34). Da Bäume ein Symbol für königliche Dynastien waren, verstehen viele dies als eine Vorhersage Jesajas, dass Jahwe das assyrische Heer durch die Region schicken werde, um alle königlichen Dynastien zu „fällen", und so den Monarchien Israels, Judas und seiner Nachbarn ein Ende zu machen. Dennoch sieht Jesaja eine Zukunft jenseits dieser schrecklichen Ereignisse. Obwohl die Daviddynastie in Jerusalem ein völlig toter Stumpf zu sein scheint, verkündet Jesaja, dass aus dem Baumstumpf Isais (Davids Vater) „ein Reis hervorwächst" (11,1). Dieses „Reis" wird ein idealer König sein:

In sozialer Solidarität richtet er den Hilflosen /
und entscheidet für die Armen des Landes, wie es recht ist.
Er schlägt die Erde /
mit dem Stock seines Wortes
und tötet den Schuldigen /
mit dem Hauch seines Mundes. (11,4)

Obwohl viele Ausleger, vor allem christliche, diesen Text heute auf Jesus von Nazaret beziehen, war er ursprünglich eine alte Weissagung: Ein neuer König werde sich über Juda erheben und alle Verheißungen der Königstheologie erfüllen, ein König, der gerecht richtet und sein Volk erfolgreich verteidigt. Danach wendet sich der Abschnitt einer großen Friedensvision zu, die ihr Zentrum in Zion hat:

Dann wohnt der Wolf beim Lamm, /
der Panther liegt beim Böcklein. […]

> Man tut nichts Böses mehr /
> und begeht kein Verbrechen /
> auf meinem ganzen heiligen Berg;
> denn das Land ist erfüllt von der Erkenntnis des Herrn, /
> so wie das Meer mit Wasser gefüllt ist. (6,9a.11)

Dieser ganze Textkomplex (10,33–11,9) ist ein hervorragendes Beispiel dafür, wie Jesaja die für Juda so wichtige Königs- und Zionstheologie bestätigt, auch wenn er die furchtbare Vernichtung seiner damaligen Führungselite verkündet, die wie das Abholzen eines Waldes sein wird. Seine Worte in Kap. 6 und in 10,33–11,9 erklären, warum Juda solches Leid erfahren musste, aber sie bieten auch Bilder der Hoffnung auf Jahwe, der Zion und sein Königtum schließlich wiederherstellen wird.

Die Einzigartigkeit der Botschaft Jesajas wird umso deutlicher, wenn man Jesajas Worte über Zion mit Michas Botschaft vergleicht, dass der Zion „umgepflügt wird wie ein Feld" (Mi 3,9–12; s. im Anhang zu diesem Kapitel den synoptischen Vergleich mit Jes 1,21–26). Während Micha Gott vorstellt als jemand, der Zion (/Jerusalem) völlig ablehnt, weil es „mit Blut" erbaut wurde (Mi 3,10), klingt der Gott Jesajas mehr wie bei Hosea – gepeinigt von der Verderbtheit seiner Stadt (als weiblich vorgestellt) durch ihre gewalttätigen und korrupten Führer:

> Ach, sie ist zur Dirne geworden, die treue Stadt. /
> Einst war dort das Recht in voller Geltung,
> die soziale Solidarität war dort zu Hause, /
> jetzt aber herrschen die Mörder. (1,21)

Sicherlich versteht Jesaja die Übel Jerusalems ganz ähnlich wie Micha. Wie dieser kritisiert er den Verlust von „Gerechtigkeit" (Jes 1,21, vgl. Mi 3,9), verursacht durch die Räubereien der Anführer (Jes 1,23: „Kumpane von Dieben", vgl. Mi 2,2) sowie die Korruption und die Verkehrung der ordnungsgemäßen Rechtsprechung für die Menschen, die sie am meisten nötig hätten (Jes 1,23; vgl. Mi 3,11). Aber Jesaja verkündet Jerusalem wegen dieser Vergehen seiner Führer *nicht* ein definitives Ende. Stattdessen kündigt er in Entsprechung zu seinem eigenen Reinigungsprozess (6,6–7) an, dass Gott Jerusalem reinigen werde, wie legiertes Metall in der Esse gereinigt wird (1,25). Wiederum ist dieses Bild des reinigenden Feuers für Jesaja eine Weise, Zion eine tiefe Hoffnung jenseits des schmerzlichen Gerichtes zu verheißen:

> Ich will dir wieder Richter geben wie am Anfang /
> und Ratsherren wie zu Beginn.
> Dann wird man dich die Burg der sozialen Solidarität nennen, /
> die treue Stadt. (1,26)

Auch hier besteht ein Kontrast zwischen Jesaja und Micha. Wo Jesaja bestätigt, dass Jahwe in Zion wohnt und es schützen und erneuern wird (8,18), greift Micha die Führer direkt an, weil sie sagen „Ist Jahwe nicht in unserer Mitte? Kein Unheil wird über uns kommen!" (Mi 3,11). Es ist sogar möglich, dass Micha an Propheten wie Jesaja dachte, als er die Schuld für die kommende Zerstörung Jerusalems denen zuwies, die auf solche Weise die Zionstheologie zu bestärken pflegten (Mi 3,12).

Es scheint, dass die Botschaft Jesajas einige Jahrzehnte später wieder auflebte, nämlich in der Regierungszeit König Hiskijas, eines Sohnes des Ahas. Es war die Zeit (s. 2 Kön 18–20 // Jes 36–39 und 2 Chr 29–32), in der Hiskija der antiassyrischen Koalition beitrat und Juda nur knapp der Zerstörung entkam, und als das assyrische Heer unter Sanherib Jerusalem belagerte, aber schließlich abziehen musste. Die Erzählungen über diese Ereignisse, die sich in Jesaja und 2 Könige finden, zeigen Hiskija in einem positiven Kontrast zu seinem Vater Ahas und Jesaja mit größerer Sympathie für diesen König. Während Ahas das von Jesaja angebotene Zeichen ablehnte und nicht auf Jahwes Sorge für Zion vertraute (6–8), berät sich Hiskija sogar mit Jesaja, und dank dieser Haltung wird Jerusalem gerettet (2 Kön 18–19 // Jes 36–37; vgl. auch 2 Chr 32). Die Orakel, die sich in Jes 28–31 finden, zeigen jedoch, dass die Lage Jerusalems in jener Zeit kritischer war, als die Erzählungen erkennen lassen. Jesaja verkündet mehrmals Gerichtsworte über Führer wie Hiskija, die nach Ägypten laufen, um eine antiassyrische Allianz zu bilden (30,1–5; s. auch 28,14–22), und die für ihre Rettung auf militärische Stärke vertrauen (30,15). Doch wiederum scheint Jesaja auf Ablehnung gestoßen zu sein, auf Menschen, die ihm sagten, er solle den Mund halten und lieber angenehmere Worte verkünden (30,10–11). Deshalb, sagt er, hat Gott ihm befohlen, diese Prophetien niederzuschreiben und sie in einer Schriftrolle aufzubewahren, als Zeugnis gegen die Menschen der Zeit Hiskijas (30,8).

Schlussbetrachtung

All dies legt nahe, dass die Erfahrung der Ablehnung ein wichtiger Impuls für die *Niederschrift* von Prophetien wie die von Jesaja war. Keiner der in diesem und im vorigen Kapitel besprochenen Propheten scheint in seiner eigenen Zeit größeren Erfolg gehabt zu haben. Deren Worte wurden jedoch von ihren nächsten SchülerInnen oder MitarbeiterInnen für spätere Zeiten aufbewahrt. Hinzu kommt, dass das Ansehen dieser schriftlichen Weissagungen in dem Maße wuchs, in dem sie sich in späteren Zeiten bestätigten. Zum Beispiel ist das, was als Jesajas Gegenweisheit zur falschen Weisheit der Jerusalemer Führer begann (s. Jes 29,14; 31,1–2), von späteren Judäern anerkannt und in den folgenden Jahrhunderten erweitert worden. Und schließlich sind die kleineren Gruppen von Prophetensprüchen, etwa Jes 1–11 oder 28–32, zu dem Buch mit 66 Kapiteln angewachsen, das wir heute kennen.

Hier wird deutlich, wie vielschichtig die Interpretation solcher Bibeltexte ist. Wenn sich die Bedeutung dieser Schriften in der Zeit von Amos und Jesaja erschöpft hätte, würden wir sie heute vermutlich nicht lesen. Wir besitzen derartige Bücher, weil spätere Gemeinschaften ihre Worte als so hilfreich empfanden, dass sie sie kopierten und erweiterten. Außerdem hat sich der Prozess einer kreativen *Relecture* und Neuauslegung in jüdischen und christlichen Gemeinschaften fortgesetzt, auch nachdem die Texte dieser Prophetenbücher festgelegt waren. Zum Beispiel haben spätere Leser die Vorhersage der baldigen Ankunft eines gerechten judäischen Monarchen (z. B. Mi 5,2–4; Jes 11,15) reinterpretiert als Vorhersage eines königlichen Messias, der Rom oder ein anderes repressives Imperium überwinden werde. Diese und andere Weissagungen haben ihre bleibende Bedeutung bewahrt, weil die Probleme der Ungerechtigkeit und der imperialen Unterdrückung nach dem Assyreransturm des 8. Jh.s nicht erledigt waren.

Rückblick auf Kapitel 6

1. Was ist eine Theophanie? Wo findet sich eine in Micha; ist sie positiv?

2. Was ist eine „prophetische Berufungsgeschichte"; was bewirkt sie, und welches sind ihre Strukturelemente? Nennen Sie ein Beispiel.

3. Welche Propheten gehören zu den „Großen Propheten"? In welcher Reihenfolge stehen diese Bücher in der Bibel?

4. In welchen Kapiteln der Bücher Jesaja und Micha findet sich das ältere Material der Propheten des 8. Jahrhunderts? Welche Teile dieser Bücher bestehen vollständig aus Texten, die spätere Verfasser hinzugefügt haben?

5. Welche Unterschiede sehen Sie bei diesen beiden judäischen Propheten des 8. Jahrhunderts hinsichtlich ihrer Kritik an Jerusalem? Was sind die wichtigsten Unterschiede zwischen ihren Zukunftsvisionen für Jerusalem? Stimmt eine dieser Visionen mit der Zionstheologie überein, wie sie Psalm 46 vertritt?

6. Sind Sie der Ansicht, dass der Prophet Jesaja aus dem 8. Jahrhundert einer der von Micha kritisierten „Propheten" sein könnte, die „auf Jahwe vertrauen und sagen: Jahwe ist in unserer Mitte, kein Unheil kann über uns kommen!" (Mi 3,11)? Warum, oder warum nicht?

7. Welche Unterschiede sehen Sie zwischen Micha (so wie in Mi 1–3 erkennbar) und Amos?

8. Welche Unterschiede sehen Sie zwischen der Botschaft des Propheten Jesaja aus dem 8. Jahrhundert (nach den entsprechenden Teilen des Jesajabuches) und Hosea?

Weiterführende Literatur

Micha

JEREMIAS, Jörg. *Die Propheten Joel, Obadja, Jona, Micha.* Göttingen: Vandenhoeck & Ruprecht, 2007 (ATD 24,3)

KESSLER, Rainer. *Micha.* Freiburg: Herder, ²2000 (Herders Theologischer Kommentar zum Alten Testament)

UTZSCHNEIDER, Helmut. *Micha.* Zürich: Theologischer Verlag, 2005 (Zürcher Bibelkommentar 24/1)

Jesaja 1–39

BARTON, John. *Jesaja – Prophet in Jerusalem: eine Einführung zu Themen in Jesaja 1–39* (übersetzt von Christoph Bultmann). Göttingen: Vandenhoeck & Ruprecht, 2006

BEUKEN, Willem A. M. *Jesaja 1–12* (2004); *Jesaja 13–27* (2007); *Jesaja 28–39* (2010). Freiburg: Herder 2004–2010 (Herders Theologischer Kommentar zum Alten Testament)

Auslegungsgeschichte des (gesamten) Buches Jesaja

BERGES, Ulrich. *Jesaja 40–48.* Freiburg: Herder, 2008 (Herders Theologischer Kommentar zum Alten Testament)

CHILDS, Brevard S. *The Struggle to Understand Isaiah as Christian Scripture.* Grand Rapids: Eerdmans, 2004

SAWYER, John. *The Fifth Gospel: Isaiah in the History of Christianity.* Cambridge: University Press, 1996

STERN, Elsie. Beyond Nahamu: Strategies of Consolation in the Jewish Lectionary Cycle for the 9th of Av Season. In: *SBL Seminar Papers 1998.* Atlanta: Scholars Press, 1998, S. 180–204. (Es lohnt sich, diesen Artikel zu lesen; er bietet einen guten Überblick über die jüdische Auslegung des Buches Jesaja, besonders Jes 40–55.)

Bibliographie der englischen Originalausgabe (Chapter 6)

Micah

Mays, James Luther. *Micah.* Old Testament Library. Philadelphia: Westminster Press, 1976.

Isaiah 1–39

Blenkinsopp, Joseph. *Isaiah.* 3 volumes. Anchor Bible. New York: Doubleday, 2000–3.

Childs, Brevard. *The Book of Isaiah.* Old Testament Library. Louisville, KY: Westminster Press, 2001.

Clements, R. E. *Isaiah 1–39.* New Century Bible Commentary. Grand Rapids: Eerdmans, 1980.

The history of interpretation of the (whole) book of Isaiah

Childs, Brevard. *The Struggle to Understand Isaiah as Christian Scripture.* Grand Rapids: Eerdmans, 2004. This forms somewhat of a response to Sawyer (next entry).

Sawyer, John. *The Fifth Gospel: Isaiah in the History of Christianity.* Cambridge: Cambridge University Press, 1996.

Stern, Elsie. “Beyond Nahamu: Strategies of Consolation in the Jewish Lectionary Cycle for the 9th of Av Season.” Pp. 180–204 in *SBL Seminar Papers 1998.* Atlanta: Scholars Press, 1998. If you can find a copy of it, this article provides useful coverage of Jewish interpretation of the book of Isaiah, particularly Isaiah 40–55.

Anhang: Vergleich eines Zionspsalmes (Ps 46) mit Mi 3,9–12 und Jes 1,21–26

Psalm 46,1–7 (ein Zionspsalm)
Gott ist uns Zuflucht und Stärke, ein bewährter Helfer in allen Nöten. Darum fürchten wir uns nicht, wenn die Erde auch wankt, wenn Berge stürzen in die Tiefe des Meeres, wenn seine Wasserwogen tosen und schäumen und vor seinem Ungestüm die Berge erzittern.
Die Wasser eines Stromes erquicken die Gottesstadt, des Höchsten heilige Wohnung. **Gott ist in ihrer Mitte, deshalb wird sie niemals wanken;** Gott hilft ihr, wenn der Morgen anbricht. Völker toben, Reiche wanken, es dröhnt sein Donner, da zerschmilzt die Erde. **Der Herr der Heerscharen ist mit uns,** der Gott Jakobs ist unsere Burg (Refrain, in Vers 11 wiederholt).

Micha 3,9–12	*Jesaja 1,21–26*
9 Hört doch, ihr Häupter des Hauses Jakob / und ihr Richter aus dem Haus Israel! Ihr verabscheut das Recht / und macht alles krumm, was gerade ist. 10 Ihr erbaut Zion mit Blut / und Jerusalem mit lauter Unrecht.	21 Ach, sie ist zur Dirne geworden, die treue Stadt. / Einst war dort das Recht in voller Geltung, die Gerechtigkeit war dort zu Hause, / jetzt aber herrschen die Mörder. 22 Dein Silber wurde zu Schlacke, / dein Wein ist verwässert.
11 Die Häupter dieser Stadt sprechen Recht / und nehmen dafür Geschenke an, / ihre Priester lehren gegen Bezahlung. Ihre Propheten wahrsagen für Geld / und doch berufen sie sich auf den Herrn und sagen: Ist nicht der Herr in unserer Mitte? / Kein Unheil kann über uns kommen.	23 Deine Fürsten sind Aufrührer / und eine Bande von Dieben, alle lassen sich gerne bestechen / und jagen Geschenken nach. Sie verschaffen den Waisen kein Recht, / die Sache der Witwen gelangt nicht vor sie.
	24 Darum – Spruch Gottes, des Herrn der Heere, / des Starken Israels: Weh meinen Gegnern, / ich will Rache nehmen an ihnen, / mich rächen an meinen Feinden.
12 Darum wird Zion euretwegen / zum Acker, den man umpflügt, Jerusalem wird zu einem Trümmerhaufen, / der Tempelberg zur überwucherten Höhe.	25 Ich will meine Hand gegen dich wenden, / deine Schlacken will ich mit Lauge ausschmelzen, / all dein Blei schmelze ich aus. 26 Ich will dir wieder Richter geben wie am Anfang / und Ratsherren wie zu Beginn. Dann wird man dich die Burg der Gerechtigkeit nennen, / die treue Stadt.

Kapitel 7
Tora und Geschichte unter dem Einfluss des Assyrischen Reiches

In den Kapiteln 5 und 6 wurden Prophetien vorgestellt, die auf die assyrischen Angriffe des 8. Jahrhunderts reagierten. Kapitel 7 konzentriert sich auf Bibeltexte, die im 7. Jahrhundert im Gefolge des Zusammenbruchs der assyrischen Oberherrschaft entstanden. Der gewichtigste ist ein Text, der als „Tora des Mose" bekannt ist. Bei dieser ersten „Tora" handelt es sich jedoch nicht um den Block Genesis bis Deuteronomium, sondern um eine frühere Version des Buches Deuteronomium aus dem 7. Jahrhundert. Wir werden jetzt sehen, dass das Fünfte Buch Mose Spuren der assyrischen Unterdrückung auch dann noch aufwies, als die Großmacht schon die Kontrolle über Juda verloren hatte. Das gleiche gilt für die Bücher, die in unserer Bibel auf das Deuteronomium folgen: Josua, Richter, Samuel und Könige. Jedes von ihnen reinterpretiert ältere Traditionen über die Geschichte Israels im Licht der jüngsten Erfahrungen, die Juda mit der assyrischen Unterdrückung gemacht hatte. Die lange Erfahrung von imperialer Herrschaft ist der Hintergrund der feindlichen Haltung gegenüber Ausländern und ausländischen Einflüssen in den Büchern Deuteronomium bis 2 Könige und der Betonung der ausschließlichen Verehrung von Jahwe – von Jahwe allein.

Das 7. Jahrhundert: Ein (begrenzter) Freiraum zwischen den Großreichen

In den letzten Jahrzehnten des 7. Jahrhunderts konnte sich Juda kurzfristig Hoffnungen auf Unabhängigkeit machen. Es war die Zeit, als Juda nach der assyrischen Oberherrschaft unter die Babyloniens kam und schließlich vernichtet wurde. Unter dem assyrischen Großreich hatte das Volk von Juda eine fast 100 Jahre währende Phase der Unterdrückung und Demütigung durchgemacht. In jener Zeit war es von Assyrien-treuen Königen regiert worden, zuerst von Manasse und dann (kurz) von dessen Sohn Amon. Ab Mitte des 7. Jahrhunderts zeigten sich Risse in dem vorher unbesiegbar scheinenden Imperium; verschiedenen Regionen gelang der Abfall von Assyrien. Amon wurde bei einer Palastrevolution ermordet, vielleicht weil Angehörige einer gewissen Oberschicht hofften, von dem entstehenden Machtvakuum profitieren zu können. Die Bibel erzählt, dass die Mörder Amons ihrerseits vom „Volk des Landes" umgebracht wurden, das danach seinen achtjährigen Sohn Joschija zum König machte (2 Kön 21,19–26).

Joschija regierte – anfangs als Kindkönig – mehr als dreißig Jahre (640–609). Besonders in der zweiten Hälfte seiner Regierungszeit veranlasste er einige bemerkenswerte Aktionen. So erzählt das zweite Buch der Könige, dass Joschija im 18. Jahr seiner Herrschaft eine Restaurierung des Jerusalemer Tempels finanzierte. Bald darauf berichteten ihm seine Priester, sie hätten im Tempel das „Buch der Tora" gefunden (2 Kön 22,3–10). Als es ihm vorgelesen wurde, kam Joschija zum Schluss, dass sein Volk unter einem Fluch stand, weil es nicht der Tora gehorchte, und ließ umgehend durch eine Prophetin namens Hulda die Authentizität dieses Buches überprüfen. Hulda weissagte, dass die Worte des gefundenen Buches wahr seien, aber dass König Joschija selbst in Frieden sterben würde (2 Kön 22,14–22). Joschija ließ daraufhin das Buch den Ältesten und dem Rest des Volkes vorlesen und einen „Bund" schließen, allen Worten des soeben entdeckten Buches der Tora zu folgen (2 Kön 23,1–3). Dies war der Beginn eines Prozesses, der auch **„Joschijanische Reform"** genannt wird (623 v. Chr.). Joschija befahl den Priestern, die Statue der Göttin Aschera aus dem Jerusalemer Tempel zu entfernen, zusammen mit allen Objekten, die zur Verehrung des Baal und aller anderen Gottheiten außer Jahwe gehörten (2 Kön 23,4.6–7). Er ließ auch alle Heiligtümer („Höhen") außerhalb Jerusalems zerstören und ihre Priester ermorden oder entfernen (2 Kön 23,5.8–14). Bei dem Versuch, das seinerzeit vereinte Königtum Davids und Salomos wiederherzustellen (s. Karte 7.1), befahl er sogar die Entweihung des alten königlichen Altars in Bet-El und die Zerstörung der Heiligtümer im gesamten Gebiet des alten Nordreiches Israel (2 Kön 23,15–20). Schließlich ließ er landesweit ein Pessachfest feiern, zu dem die Menschen aus dem gesamten Reich, also sowohl aus dem Süden als auch aus dem Norden, zum Tempel in Jerusalem wallfahren mussten (2 Kön 23,21–23). Ein solches Pessach war noch nie gefeiert worden „seit den Tagen der Richter, die Israel bis zu den Tagen der Könige von Israel und Juda gerichtet hatten" (2 Kön 23,22).

Dies alles zeigt, dass viele Elemente der „Joschijanischen Reform" tatsächlich neu waren. Während der Jerusalemer Tempel bisher der legitime Ort der Verehrung verschiedener Gottheiten neben Jahwe gewesen war, machte Joschija ihn jetzt zum Ort der ausschließlichen Jahweverehrung. Hatte das Volk von Israel und von Juda seit den Tagen der Richter seine Gottesdienste in den örtlichen Heiligtümern gefeiert, ließ Joschija nun diese Heiligtümer zerstören und befahl, Jahwe nur in Jerusalem anzubeten. Während Pessach früher ein Fest war, das von den Familienclans aller Dörfer und Städte gefeiert wurde, forderte Joschija jetzt, dass alle zu einem nationalen Wallfahrtsfest in die Hauptstadt Jerusalem kommen sollten. Heutige Wissenschaftler sehen in diesen religiösen Reformmaßnahmen einen starken Zug politischer Zentralisierung und deuten Joschijas Bestrebungen als den Versuch, die Unabhängigkeit von Assyrien zu erlangen und das davidische Großreich wiederherzustellen, das den Süden und den Norden umfasste und sein Zentrum in Jerusalem hatte. Der Bibeltext betont jedoch eine andere Begründung für seine Aktionen: 2 Kön 23,24 versichert, dass alle Taten Joschijas geschahen, um „die Worte des Gesetzes" auszuführen, „die in dem Buch niedergeschrieben waren, das der Priester Hilkija im Haus des Herrn gefunden hatte".

Es gibt in der Tat enge Verbindungen zwischen der Reform Joschijas und dem Buch der „Tora", das in der Hebräischen Bibel enthalten ist. Schon im Jahr 1805 fiel

Karte 7.1 Das Reich Juda nach dem Untergang des Nordreiches. Nachzeichnung nach: GOTTWALD, Norman. *The Hebrew Bible: A Socio-Literary Introduction*. Minneapolis: Fortress, 1985, S. 291.

dem deutschen Alttestamentler Wilhelm De Wette auf, dass die Elemente der Joschijanischen Reform in zentralen Prinzipien des Buches Deuteronomium wurzeln. Die Gesetze im Deuteronomium beginnen mit der Vorschrift, alle nicht-jahwistischen Kultobjekte und alle lokalen Heiligtümer zu zerstören und Jahwe an einem einzigen Ort zu verehren (Dtn 12). Dies klingt wie die Rechtfertigung der von Joschija befohlenen Tempelreinigung und Zerstörung der Heiligtümer. Das Deuteronomium enthält auch ein Gesetz über Feste, nach dem alle Menschen zum Zentralort der Verehrung kommen sollen (Dtn 16). Das erinnert an den religionspolitischen Hintergrund des joschijanischen Pessachfestes. Das Deuteronomium schließt mit Flüchen, die über ein Volk kommen werden, das seine Vorschriften nicht befolgt (Dtn 28,15–68). Das hört sich nach den Flüchen an, von denen Joschija befürchtete, dass sie über sein Volk kommen könnten, weil es nicht die im Tempel gefundene Tora gehalten hatte (2 Kön 22,13). In sämtlichen Kapiteln bezeichnet sich das Deuteronomium als „Tora" oder „Torarolle" usw. (Dtn 1,5; 31,9–12.24–26 usw.). Auf sehr ähnliche Weise spricht 2 Könige von der Schrift, die der Priester Hilkija vorzeigte und die von Joschija als „Rolle der Tora" eingeführt wurde (2 Kön 22,8.10.13.16; 23,2–3 usw.). Insgesamt scheint es also, dass die „Torarolle" im Deuteronomium – mit ihren Anweisungen für die Zentralisierung des Gottesdienstes und des Pessachfestes – genau jene „Tora" ist, von der 2 Kön 22–23 sagt, Joschija habe sie gelesen und dann im Rahmen seiner Reform eingeführt.

Die Schilderung der Herrschaft Joschijas in 1 Kön 22–23 ist nicht einfach eine fiktive Verherrlichung seiner Regierung, sondern spiegelt reale historische Veränderungen gegen Ende der judäischen Königszeit wider. Aus der vorangegangenen Zeit kennen wir Steuerdokumente aus Samaria und andere Texte, die eine große Anzahl von Namen anderer Gottheiten neben Jahwe enthalten. In der darauffolgenden Periode zeigen nahezu alle Namen in Siegeln auf judäischen Briefen die ausschließliche Verehrung von Jahwe. Archäologen haben Heiligtümer außerhalb Jerusalems gefunden, die aus der Zeit vor Joschija stammen. In der Zeit Joschijas und danach sind solche Stätten erheblich seltener – Ende des 7. Jahrhunderts ist ein starker Wandel in der Kunst festzustellen. Sahen wir in den vorangegangenen Kapiteln Beispiele weiblicher Statuetten und Bilder, Tierdarstellungen usw., die aus älteren Perioden der Geschichte Judas und Israels stammen, so sehen wir nun bei archäologischen Funden – s. Abb. 7.1 – viel Text (Inschriften) und kaum Bilder. Die wenigen Bilder zeigen nur vereinzelt menschliche Gestalten oder Pflanzen. So bezeugt nicht nur die Bibel eine Purifizierung und Reform, sondern auch die archäologischen Funde bestätigen, dass die Epoche Joschijas eine Zeit radikaler Umorientierung war. (Eine vergleichbare Revolution in unserer Zeit würde zum Beispiel in den USA bedeuten, alle Religionen bis auf eine einzige auszumerzen und alle Gottesdienststätten außerhalb von Washington DC zu zerstören, so dass alle Menschen zu den wichtigsten religiösen Festen dorthin kommen müssten.)

Was kann die Ursache für eine solche Revolution im religiösen und politischen Leben des Alten Juda gewesen sein? Vor allem müssen wir bedenken, dass die Reform ältere Wurzeln nutzte. Zum Beispiel ist die Forderung, Jahwe allein zu verehren und die Baalsverehrung auszumerzen, ein Schwerpunkt in Hoseas Prophetie im Nordreich

Abb. 7.1 Siegel und andere Bilder vom Ende des 7. Jh.s v. Chr. Sie zeigen deutlich den Rückgang von Bildern und die wachsende Bedeutung von Inschriften.

des 8. Jahrhunderts (s. Kapitel 5). Dort sahen wir auch Anzeichen dafür, dass das Deuteronomium selbst – wie Hosea – vermutlich zunächst ein Text des Nordreiches war. Weil auch in den Erzählungen über die Propheten Elija und Elischa (beide aus dem Norden; 1 Kön 17 – 2 Kön 10) die kultische Korrektheit betont wird, kann man vermuten, dass schon einige Gruppen des israelitischen Kernlandes im Norden die ausschließliche Verehrung Jahwes heftig propagiert hatten.

722/721 war das Nordreich untergegangen und in das assyrische Großreich eingegliedert worden, Juda wurde zum alleinigen Ort für die Bewahrung der Werte und Texte derjenigen, die eine ausschließliche Verehrung Jahwes forderten. Wie wir sahen, war damals Hiskija König des Südreichs, und auch er befahl eine weitreichende Zentralisierung und Reinigung des Kultes, wieder verbunden mit dem Versuch, die Unabhängigkeit von Assyrien zu erlangen (s. 2 Kön 18,4 und die späteren Beschreibungen in 2 Chr 29–31). Die religiöse Erneuerung Hiskijas wird in den biblischen Erzählungen nicht motiviert, aber sie mag durch seinen Wunsch bedingt gewesen sein, die Fehler des Nordreiches zu vermeiden, wie sie von Hosea und anderen Überlieferungen aus dem Norden dargestellt wurden. Einige Jahrzehnte später machte sein Nachfolger, Manasse, die religiösen Veränderungen wieder rückgängig (2 Kön 21,3–7 // 2 Chr 33,3–7), aber sie wurden nicht vergessen. Tatsächlich können wir die Reform Joschijas als eine Wiedereinführung der vom Nordreich angestrebten kultischen Zentralisation und Reinheit betrachten, die in Juda vorübergehend von Hiskija, Joschijas Urgroßvater, verwirklicht worden war.

Obwohl wir also Vorläufer von Joschijas Reform identifizieren können, enthält sie auch wichtige neue Elemente. Zunächst sind die biblischen Berichte im Fall Joschijas klarer als bei Hiskija und zeigen deutlich, dass er seine Reformen so ausdehnte, dass sie die Gebiete des ehemaligen Nordreiches umfassten (vgl. 2 Kön 23,15–20 // 2 Chr 34,6–7 mit Hiskijatexten: 2 Kön 18,4 // 2 Chr 31,1). Zur Zeit der Joschijanischen Reform – das assyrische Großreich war schon zusammengebrochen – bestand ein Machtvakuum im Gebiet des Nordreiches, das zuvor assyrische Provinz gewesen war. Joschijas Reaktion war der Versuch, die vereinigte Monarchie Davids und Salomos wiederherzustellen und den Norden erneut zum Teil eines Königreiches mit Zentrum im Süden zu machen. Das war der Sinn der Kultzentralisierung in Jerusalem, denn jetzt mussten alle, sowohl aus dem Süden als auch aus dem Norden, zur Feier von Festen wie Pessach nach Jerusalem wallfahren.

Die joschijanische Reform unterscheidet sich auch in anderer Hinsicht von der hiskijanischen: Sie erscheint im Zusammenhang mit einem Text, der dem Deuteronomium zu ähneln scheint. Es gibt durchaus Anzeichen dafür, dass schon so etwas wie eine Reform eingeleitet war, bevor die „Rolle der Tora Jahwes" ans Licht kam. Das Zweite Buch Chronik berichtet, dass die Kultsäuberung und Zentralisierung der Entdeckung der Rolle vorausgingen (2 Chr 34), und selbst das Zweite Buch Könige räumt ein, dass die Tempelrenovierung schon begonnen hatte, als Joschija über das Buch informiert wurde (2 Kön 22,3–10). Dennoch lässt die biblische Überlieferung keinen Zweifel daran, dass es in der Regierung Joschijas eine wichtige Rolle spielte. Das heißt nicht unbedingt, dass alle Menschen sofort von der Echtheit des Buches überzeugt waren, das Joschija ins Zentrum seiner Reform gestellt hatte. Er scheint die Notwendigkeit gespürt zu haben, die Echtheit bestätigen zu lassen (2 Kön 22,14–20 // 2 Chr 34,22–28), und das deutet auf Zweifel an seinem Ursprung hin, die sich möglicherweise auch in der Kritik an dieser „Tora" in Jer 8,8–9 ausdrücken, einem Text wohl aus dem 7. Jh., der unten in Kapitel 8 besprochen werden wird. Die Zweifel an der Echtheit des Buches werden heute von nicht wenigen Wissenschaftlern geteilt. Aber wie dem auch sei und woher auch immer das vom Priester Hilkija vorgelegte Buch gewesen sein mag – bei der joschijanischen Einleitung einer neuen Ära der judäischen Monarchie scheint es eine wesentliche Rolle gespielt zu haben. Wenden wir uns jetzt dem Deuteronomium zu, das vermutlich ein revidierter Text dieses Buches ist.

Die deuteronomische Tora des Mose und das Phänomen der Hybridität

L Deuteronomium 1–3; 6–7; 12; 17

Das Buch Deuteronomium ist eine bemerkenswerte Mischung aus alter israelitischer Gesetzgebung und radikaler Adaptation des assyrischen Vasallenvertrag-Formulars. Es scheint alte Wurzeln zu haben, denn es zeigt nicht nur Anzeichen einer Herkunft aus dem Norden (die wir schon besprochen haben), sondern viele der enthaltenen Gesetze sind auch revidierte Formen älterer Gesetze, die sich im „Bundesbuch“ Ex 20,22–23,33 finden. Zum Beispiel betont das Altargesetz in Dtn 12 die Wichtigkeit eines einzigen Altars, während seine Parallele in Ex 20,24–25 Vorschriften für den Bau von Altären im ganzen Land enthält. Ähnlich zeigt das Gesetz zu Festen in Dtn 16 Parallelen zu den Vorschriften in Ex 23,14–17 (s. untenstehende Box) und befiehlt, dass die Feste an einem einzigen Ort gefeiert werden sollen. Auf diese Weise stützt sich das Buch Deuteronomium auf ältere Gesetzeslehren Israels, die es überarbeitet hat; auch die deuteronomische „Tora“-Lehre basiert auf alten Traditionen. Zum Beispiel baut das Gesetz über das Versetzen von Grenzsteinen in Dtn 19,14 auf einer wörtlich gleichen Lehre in Spr 22,28 auf (s. die Box „Sprichwörter und Deuteronomium“ auf S. 170), die ihrerseits einer Bestimmung in der ägyptischen Lehre des Amenemope stark ähnelt. Aber zugleich fügt das Deuteronomium eine theologische Begründung an, die sich in der Sprichwortunterweisung nicht findet.

W Überblick: Die drei Wallfahrtsfeste (Bundesbuch und Deuteronomium)

Beachten Sie besonders den wichtigen Zusatz in Dtn 16,16 über die Wallfahrt zu einem einzigen Ort. Abgesehen davon sind die Einleitung zu den Wallfahrtsfesten in Ex 23,15 und der abschließende Überblick in Dtn 16,16 einander recht ähnlich:

Ex 23,14–15	Dtn 16,16
Dreimal im Jahr sollst du mir ein Fest feiern.	Dreimal im Jahr sollen alle deine Männer hingehen, um das Angesicht des Herrn, deines Gottes, zu schauen, **an der Stätte, die er auswählt**:
Du sollst das Fest der ungesäuerten Brote halten. […] Man soll nicht mit leeren Händen vor mir erscheinen.	am Fest der ungesäuerten Brote, am Wochenfest und am Laubhüttenfest. Man soll nicht mit leeren Händen hingehen, um das Angesicht des Herrn zu schauen […].

Vergleichen Sie andere Verse von Ex 23,14–17 und Dtn 16,1–17.

Darüber hinaus ist das Deuteronomium ein Beispiel für eine weitere sehr beachtenswerte Form von Überarbeitung: Es ist eine theologische Aneignung des assyrischen Vasallenvertrages, in der dieses Formular nun die Herrschaft Gottes – und nicht des assyrischen Königs – über Israel ausdrückt. Mit Hilfe dieses Vasallenvertrags unterwarf Assyrien während seiner hundertjährigen Vorherrschaft auch viele andere Nationen. Unterworfene Könige und ihre Untertanen mussten das Formular kopieren und rezitieren und eine ganze Reihe von Flüchen über sich heraufbeschwören für den Fall, dass sie dem assyrischen König nicht exklusive Treue – im Formular „Liebe" genannt – bewiesen. Die Verträge folgten einem Standardformat, in dem der Vasallenherr, also der assyrische König, seinen Vasallenkönig und dessen Volk an ihre Verpflichtungen ihm gegenüber erinnerte. Ein typischer Vertrag begann mit einer Präambel und einem geschichtlichen Prolog, in dem der assyrische König sich vorstellte und das Vasallenvolk an das Gute erinnerte, das er ihm getan hatte. Dann folgte das Herzstück des Vertrages, nämlich die Forderung des assyrischen Großkönigs an den Vasallen, ihm ausschließliche Treue und Gefolgschaft („Liebe") zu erweisen, und danach ein Block mit Vorschriften über die konkrete Art, wie der Vasallenkönig diese ausschließliche Treue/Liebe zu zeigen hatte. Der Vertrag endete mit einem Text, der diesen Forderungen Nachdruck verlieh: Zeugen für die Vereinbarung, Flüche für den Fall des Ungehorsams, Vorschriften für das Kopieren des Vertrages und für seine Verlesung vor dem Volk usw.

W Sprichwörter und Deuteronomium

Vergleichen Sie:

Spr 22,28	*Dtn 19,14*
	An deinem Erbbesitz, der dir in dem Land zugeteilt werden soll, das der Herr, dein Gott, dir gibt, damit du es in Besitz nimmst,
Verschiebe nicht die alte Grenze [= Grenzmarkierung], die deine Väter gesetzt haben.	sollst du die Grenzmarkierung zu deinem Nachbarn hin, die die Vorfahren errichtet haben, nicht verrücken.

Wir kennen verschiedene Bibeltexte, die dem Formular des Vasallenvertrages teilweise folgen, das Deuteronomium übernimmt es aber fast vollständig. Wie die anderen Verträge, so beginnt auch das Deuteronomium mit einer Präambel und einem historischen Prolog, aber jetzt ist Jahwe der uneingeschränkte Herr Israels, der ihm sein Land gegeben hat. Das Deuteronomium entspricht den assyrischen Verträgen ebenfalls in seiner Forderung der Gefolgschaft – „Liebe" –, die Israel zu leisten hat, aber hier soll Israel Jahwe seine Gefolgschaft beweisen „mit (deinem/eurem) ganzen Herzen, Lebenskraft und Macht" (Dtn 6,4–6). Die Gesetze des Deuteronomiums

B Das Deuteronomium (und die Zehn Gebote)

Überblick: Rückblick auf den Vasallenvertrag mit Jahwe

I	Bericht über Jahwes Taten, Zehn Gebote, Ermahnungen	1,1–11,32
II	Zentrale Bestimmungen des Vertrages mit Jahwe (Anordnung nach den Zehn Geboten)	12,1–26,19
III	Wege zur Erinnerung und Durchsetzung des Vertrages mit Jahwe	27,1–31,29
IV	Moses Abschied	31,30–34,12

Datierung(en)

Spätvorexilisch und exilisch: Das Deuteronomium ist die Kombination eines älteren, vorexilischen deuteronomischen Gesetzbuches mit späteren, exilischen Zusätzen. Das deuteronomische Gesetzbuch enthält wahrscheinlich noch älteres Material aus dem Nordreich, seine genaue Identifizierung ist aber nicht möglich.

Die Zehn Gebote und das Deuteronomium

Die Zehn Gebote in Dtn 5,6–21 sind klassisches Lehrmaterial, das kurz ist und mit Hilfe der zehn Finger leicht erinnert werden kann. Ihre Form ähnelt der von „Instruktionen" in Sprichwörtern und anderen Lehrsätzen. Wie diese Instruktionen sind auch die Zehn Gebote schwer datierbar. Mit ziemlicher Sicherheit stammen sie nicht von Mose, viele von ihnen zählen aber zu den erhabensten gemeinsamen Werten Israels.

Die Bedeutung dieser Gebote im Buch Deuteronomium zeigt sich darin, dass die Themen in seinem Kern (Dtn 12–26) ungefähr derselben Anordnung folgen wie die der Zehn Gebote in Dtn 5. In diesem Sinne sind sie das Zentrum der mosaischen „Lehre", die das Deuteronomium überliefert.

enthalten auch das Verbot, Jahwe zu verraten (Dtn 13), das den assyrischen Verboten ähnelt, Verrat am assyrischen König zu üben. Schließlich endet das Deuteronomium, genau wie die assyrischen Verträge, mit einem Aufruf an Zeugen (hier: „Himmel und Erde", 30,19; 31,28), Segen für Gehorsam und Fluch für Ungehorsam (28; 29,9–28) und Vorschriften für die Aufbewahrung, Abschrift und regelmäßige Verlesung des Vertrages (Dtn 31,9–13.24–26; auch 17,18–19). Zudem sind einige Flüche in Dtn 28 ziemlich genaue Nachbildungen von Flüchen in Verträgen, die der Großkönig Sanherib im späten 8. Jh. benutzte, um die Loyalität seiner Vasallen gegenüber seinem Nachfolger sicherzustellen.

W Überblick: Das Bundesbuch und das Deuteronomium

Die unten aufgeführten Gesetze regeln gleichartige Themen, liest man sie aber, bemerkt man erhebliche Unterschiede, wie sie diese Themen behandeln. Das Deuteronomium schließt Themen ein, die sich im Bundesbuch (Ex 20,22–23,33) nicht finden, aber die meisten Themen des Bundesbuches werden vom Deuteronomium abgedeckt. Das Deuteronomium wird als das jüngere der beiden Gesetze angesehen.

Themen	**Exodus**	**Deuteronomium**
Gesetze über Altäre	20,22–26	12,13–28
Gesetze zur Freilassung von Sklaven	21,1–11	15,12–18
Asylstädte	21,12–14	19,1–13
Entführung	21,16	24,7
Konsequenzen nach sexuellem Verkehr mit einer Jungfrau	22,16–17	22,28–29
Strafe für ungesetzliche religiöse Praktiken	22,18	18,9–14
Strafe für anderen Gottheiten dargebrachte Opfer	22,20	17,2–7
Verbot der Zinsnahme	22,25	23,19–20
Gebot der Rückgabe eines gepfändeten Mantels	22,26–27	24,10–13
Gebot betreffend erstgeborene Söhne und Tiere	22,29–30	15,19–23
Justizregeln	23,2–8	16,18–20
Rückgabe von Vieh	23,4–5	22,1–4
Verbot der Unterdrückung ausländischer Arbeiter	23,9	24,17–18
Regeln zum Sabbatjahr	23,10–11	15,1–11
Sabbatgebot	23,12	5,12–15
Wallfahrtsfeste	23,14–17	16,1–17
Gebot der Darbringung der ersten Früchte	23,19a	26,1–10
Das Kalb nicht in der Milch seiner Mutter kochen	23,19b	14,21b

Die assyrische Zwangsherrschaft brachte also die Verfasser des Buches Deuteronomium dazu, sich für Israel ein Vasallenverhältnis zu Jahwe, seinem Gott, zu ersehnen. Darum betonten sie die Bedeutung des „Bundes" (hebräisch: *berit*) mit Jahwe. In ihrer Vorstellung war das eine Rechtsbeziehung, die mit Segen und Fluch besiegelt wurde; im Mittelpunkt stand die Forderung nach ausschließlicher Gefolgschaftstreue gegenüber einem Oberherrn. Aber die Verfasser des Deuteronomiums vollzogen eine revolutionäre Wende im Vergleich zu den Vasallenverträgen, die sie kannten: Wo Juda zuvor Gehorsam allein dem assyrischen König geschuldet hatte, musste es jetzt in ausschließlicher Treue zu Jahwe leben. Wo zuvor der assyrische Großkönig eifersüchtig alle Rivalen ferngehalten hatte, wird jetzt Jahwe als eifersüchtig und intolerant gegenüber jedweder rivalisierenden Gottheit dargestellt. Vorher hatten unterworfene Völker bei jedem Aufbegehren den Einmarsch des gewaltigen assyrischen Heeres zu fürchten. Jetzt drohten Israel als direkte göttliche Strafe die „Flüche des Bundes" (Dtn 29,20), wenn es den Worten des Deuteronomiums nicht gehorchte. Dies bedeutet: Als Joschija eine Ausgabe des Deuteronomiums verlas und so das Volk zu einem Bundesschluss führte (2 Kön 23,1–3 // 2 Chr 34,29–31), brachte er es von einem Vasallenverhältnis in ein anderes. Vorher hatte es die Unterwerfung unter Assyrien durch schriftliche Vasallenverträge erfahren. Jetzt unterwarf Joschija es – mittels einer frühen schriftlichen Fassung des Deuteronomiums – einem Vasallenverhältnis mit Jahwe.

M Postkoloniale Kritik

Der Fachbegriff „postkoloniale Kritik bzw. Exegese" umfasst ein weites Spektrum von Ansätzen, die darauf achten, in welcher Beziehung Auslegungen zu Strukturen kolonialer Dominanz stehen. In der Bibelwissenschaft hat die postkoloniale Kritik zwei Hauptformen herausgebildet:

Einmal arbeiten viele Bibelexegeten mit Kategorien, die in postkolonialen Analysen zeitgenössischer Literatur entwickelt wurden. Sie wollen damit die Entstehung biblischer Literatur im Kontext der Machtausübung eines Großreiches verstehen. Das eben besprochene Deuteronomium in seiner theologischen „Hybridität" ist ein Beispiel für diesen Ansatz.
Sodann gibt es Forscher, die sich mit der Frage befassen, wie die Bibel selbst als Instrument der Kolonialherrschaft benutzt worden ist. Für weitere Informationen zu diesem Ansatz s. SUGIRTHARAJAH, Rasiah S. *Postcolonial Criticism and Biblical Interpretation*. Oxford u. a.: Oxford University Press, 2002. SPIVAK, Gayatri Chakravorty, Can the Subaltern Speak? Postkolonialität und subalterne Artikulation, Wien: Turia + Kant 2008

Wir werden niemals genau wissen, auf welche Weise eine noch ältere Form des Deuteronomiums als Vasallenvertrag nach assyrischem Muster überhaupt entworfen wurde, aber Forscher kennen Analogien zu diesem Vorgang. Besonders Theoretiker der postkolonialen Kritik haben viele Beispiele entdeckt, wie Schriftsteller, Künstler und andere sich die Kulturformen ihrer ehemaligen Unterdrücker zu eigen machten in dem Bemühen, ihre autonome *post*koloniale Ausdrucksform zu finden. So haben etwa indische Schriftsteller nach der Unabhängigkeit Indiens von Großbritannien im Jahr 1947 eine reiche, englischsprachige (!) Tradition einer ausgeprägt indischen Romanliteratur entwickelt. Dabei haben sie die Sprache ihrer Kolonialherren übernommen wie auch eine ursprünglich nichtindische Kulturform, den Roman. Aber sie haben diese Instrumente benutzt, um eine typisch indische Literatur zu schaffen. Dies ist nur eines von vielen Beispielen dafür, dass es Völkern, die sich nach ihrer Unterdrückung neu definieren müssen, oft hilfreich sein kann, Kulturformen ihrer ehemaligen Herren umzuarbeiten und sogar ins Gegenteil zu verkehren. Postkoloniale Denker nennen diesen Prozess des Adaptierens und Umkehrens von Kulturformen der Unterdrücker **„Hybridität“**. Wir werden auf diesen Ansatz zurückkommen, denn er hilft uns verstehen, dass viele Bibeltexte in Analogie zu nichtbiblischen Textformen gestaltet wurden.

Hier gilt es lediglich festzuhalten, dass sich das Deuteronomium, dieser hybride Vasallenvertrag mit Gott, als die wichtigste „Unterweisung“ darbietet, die Israel je zuteilwerden konnte. Es trägt das „Etikett“ einer „Tora“, was im Hebräischen „Lehre“ bedeutet, und nennt zahlreiche Weisen, wie das Volk Israel sicherstellen soll, diese Tora/Lehre ständig in Herz und Sinn zu bewahren. Man soll die Worte der Tora auswendig lernen (Dtn 6,6; 11,18), sie ständig den Kindern vortragen (Dtn 6,7; 11,19), Abschriften von Einzelgeboten an den Türpfosten der Häuser und am eigenen Körper befestigen (Dtn 6,8–9; 11,20). Dem König legt man auf, diese Tora/Lehre ständig zu lesen und danach zu handeln (Dtn 17,18–20). Und die Tora soll stets sorgfältig abgeschrieben und der ganzen Gemeinde vorgelesen werden (Dtn 31,11–13). So wie der assyrische Vasallenvertrag einige dieser Maßnahmen vorsah, um den Untertanen die absolute Treue zum assyrischen König einzuflößen, so benutzt das Deuteronomium eine wesentlich reichere Palette von Strategien, die das Auswendiglernen der Tora/Lehre und die Treue zu Jahwe allein gewährleisten sollen.

B Das Buch Josua

Überblick: Die Eroberung und Besiedlung des verheißenen Landes

I	Exodusgemäße Eroberung durch heiligen Krieg	1–12
II	Verteilung des Landes	13–22
III	Abschied Josuas mit Bundesschluss	23–24

Datierung

Spätvorexilisch (besonders Jos 1–12) und exilisch/nachexilisch (13–24)

Thema

Obwohl das Buch Josua – auf Anordnung Jahwes (Dtn 7) – mit einer scheinbar vollständigen Eroberung des Landes beginnt (Jos 11,23), lassen die Kapitel 13–22 erkennen, wie *unvollständig* diese Eroberung war (Jos 13,1–7; 15,63; 16,10; 17,12–13). Sie zeigen ferner die spannungsvolle Vielfalt des Volkes, die es gegen Ende des Buches zu spalten droht (Jos 22). Das ist der Kontext für Josuas Ermahnungen in den Kapiteln 23 und 24: Er beschwört Israel, die Kultpraktiken der anderen Völker zu unterlassen (23,5–13; 24,14–15). Stattdessen soll es, wie Josua selbst, Jahwe und dem Buch der Tora treu ergeben sein (23,6; 24,26; vgl. 1,7–8).

Weitere Informationen: Josua und Mose
Im Deuteronomium ist Josua der von Mose selbst berufene Nachfolger (Dtn 31), und das Buch Josua stellt ihn als einen zweiten Mose dar. Wie dieser führt er das Volk bei der Durchquerung eines Flusses „trockenen Fußes" an (Jos 3–4, vgl. Ex 14), und er feiert ein Passafest mit vorhergehender Beschneidung der neuen, in der Wüste geborenen Männergeneration (Jos 5, vgl. Ex 12). Auf diese und andere Weise wird Josua als der letzte fast-mosaische Führer vorgestellt, bevor mit der Richterzeit die Dekadenz beginnt.

Das Deuteronomistische Geschichtswerk (Dtn – 2 Kön)

L Josua 1–2; 11; 23–24; Richter 1–2; 1 Samuel 12; 1 Könige 8; 2 Könige 17; 22–23.

Werfen Sie noch einmal einen Blick auf Texte aus Richter bis 2 Könige, die Sie in den vorangegangenen Kapiteln gelesen haben.
(Das Deuteronomium, ebenfalls Teil des Deuteronomistischen Geschichtswerks, wurde bereits bei der Lektüreempfehlung des vorigen Abschnitts genannt.)

Wählen Sie einige der obigen Texte aus und erstellen Sie eine Liste mit den Kapiteln und Versen, in denen sich folgende Themen (aus dem Deuteronomium) finden:
1. die Bedeutung der Treue allein zum Herrn (Jahwe);
2. der Glaube, dass Jahwe Untreue bestrafen wird;
3. die Bedeutung des reinen Kultes und Opfers an einem einzigen Ort; und/oder
4. die feindselige Haltung gegen Ausländer und/oder ausländische Einflüsse.

Die meisten Wissenschaftler sind sich darin einig, dass das Deuteronomium ursprünglich am Beginn einer umfassenderen Darstellung gestanden hat, die **„Deuteronomistisches Geschichtswerk" (DtrG)** bezeichnet wird und die Bücher Deuteronomium, Josua, Richter, 1 und 2 Samuel sowie 1 und 2 Könige umfasste. Es enthält die mosaischen Revisionen von Erzählungen, die wir heute in Exodus und Numeri vorfinden. Dort befinden sich diese Bücher vermutlich deshalb, weil sie zunächst noch nicht als Teil eines umfassenderen Pentateuchs vor dem Deuteronomium standen. Das Deuteronomium war der Ausgangspunkt für eine größere Einheit, deren Rest in den **Büchern der Vorderen Propheten** enthalten ist: Josua, Richter, Samuel und Könige. Hier finden sich oft Rückbezüge auf die Tora im Deuteronomium (Beispiele sind Jos 1,7–8 und 2 Kön 23,24–25). Wie die zu Beginn dieses Abschnitts zu erstellende Liste zeigen soll, bewahren diese Bücher viele Werte, die zentrale Anliegen des

Deuteronomiums ausmachen: die Bedeutung der Treue allein zu Jahwe; der Glaube, dass Jahwe Untreue bestrafen wird; die Bedeutung von reinem Kult und Opfer an einem einzigen Ort, die feindselige Haltung gegen Ausländer und/oder ausländische Einflüsse – alles Forderungen des deuteronomischen Vasallenvertrages mit Jahwe. Die Bücher der Vorderen Propheten erzählen, inwieweit die Könige und das Volk Israel diesen Forderungen gegenüber treu oder untreu waren.

B Das Buch der Richter

Überblick: Niedergang von Ordnung/Gehorsam in der Richterzeit

I	Prolog: Unvollständige Eroberung und das Ausmaß des Ungehorsams nach Josua	1,1–3,6
II	Spezifika der Chaosspirale:	3,7–21,25
	A Richter: von Otniel bis Simson	3,7–16,31
	B Auf sich selbst gestelltes Volk ohne König	17,1–21,25

Datierung

Vorexilisch und exilisch/nachexilisch.

Thema

Das Buch der Richter enthält zwar ältere Überlieferungen, diese wurden aber einem theologischen Schema radikal angepasst, das von den Werten des Deuteronomiums bestimmt ist. Dieses Schema wird hinsichtlich seines Ablaufs in einem erzählerischen Überblick vorgestellt (Ri 2,11–22), der dem Tod Josuas folgt (Ri 2,6–10) und den immer neuen Zyklus von Strafe und Errettung beschreibt. Er wiederholt sich in vielen der sich anschließenden Kapitel:

1. Ungehorsam Israels gegen Jahwe und seine Gebote.
2. Jahwe lässt Israel durch fremde Völker erobern.
3. Schrei Israels zu Jahwe, der einen „Richter“ zur Errettung sendet.
4. Tod des „Richters“ und neuer Ungehorsam Israels.

Die Erzählungen in Ri 3,7–16,31, die mehr oder weniger diesem Schema folgen, in Details aber auch von ihm abweichen, zeigen insgesamt eine Spirale des Niedergangs von Ordnung und Gehorsam in Israel. Außerdem gibt es bei den Richtern untadelige Gestalten wie Otniel und Debora, aber auch weniger beeindruckende Führer wie Jiftach und Simson. Die Schlusskapitel Ri 17–21 zeigen, wie schlimm die Situation werden kann, wenn ein Volk keinen König hat und macht, „was in seinen eigenen Augen Recht ist“ (Ri 17,6; 21,25).

Es ist wichtig zu bedenken, dass die Verfasser dieser Geschichtsbücher bei ihrer geschichtlichen Darstellung von Israels Treue und Untreue ältere Überlieferungen benutzt haben. Das Buch Josua bettet alte Geschichten über lokale militärische Siege in ein neues Schema von Beschreibungen der totalen Zerstörung und Ausrottung aller Kanaanäer im Land ein (Jos 11–12). Das soll beweisen, dass Israel das Land genau so eingenommen hat, wie Jahwe es im Deuteronomium befohlen hatte (Dtn 7). Das Buch der Richter adaptiert durchaus ältere Texte über die Stämme Israels – wie zum Beispiel das Deboralied –, so dass sie nun in ein Kreislaufschema passen, in dem das Volk die Treue zu Jahwe vergisst, Jahwe es der Unterdrückung preisgibt, das Volk zu ihm schreit und Jahwe es rettet. Die beiden Samuelbücher enthalten größere Blöcke von vermutlich älteren Kompositionen, wie die „Ladeerzählung" (1 Sam 4,1–7,1; 2 Sam 6) und die **„Thronfolgeerzählung"** (2 Sam 9–20 und 1 Kön 1–2), die in der Zeit Davids und Salomos geschrieben worden sein dürften. Diesen und anderen alten Traditionen fügten die Verfasser der Samuelbücher ihre eigene Perspektive hinzu: in 1 Sam 12 über die Monarchie, in 2 Sam 7,1–16 über einige Verheißungen an David. Schließlich finden wir eine ähnliche Verquickung von Alt und Neu auch in den Königsbüchern. Hier zitieren oder erwähnen die Verfasser ältere Bücher wie die „Chronik Salomos" (1 Kön 11,41), die „Chronik der Könige von Israel" (1 Kön 14,19; 15,31 usw.) und die „Chronik der Könige von Juda" (1 Kön 14,29; 15,7.23 usw.). Sie drücken der Gesamtdarstellung jedoch wieder ihren eigenen Stempel auf, vor allem durch die Einfügung von größeren theologischen Reden an wichtigen Stellen. Sie behandeln Themen wie die Tempelweihe (1 Kön 8), die theologische Rechtfertigung für den Untergang des Nordreiches (2 Kön 17) und Joschijas Reform und zielen darauf ab, den Norden und Süden in einem einzigen Königtum mit Zentrum in Jerusalem zu vereinen (2 Kön 22–23). Wie die zu Beginn dieses Abschnitts erstellte Liste zeigt, propagieren derartige Reden die zentralen Werte des Buches Deuteronomium. Solche engen Verbindungen zum und die Abhängigkeit vom Deuteronomium sind der Grund, weshalb Wissenschaftler dieses Material **„deuteronomistisch"** nennen.

B Die Bücher Samuel

Überblick: Der Beginn des davidischen Königtums (1 und 2 Samuel)

I	Übergänge zum Königtum	1 Sam 1–31
	A Samuel: ein Richter, der Könige salbte	1 Sam 1–8
	B Von Samuel zu Saul: ein gescheiterter König	1 Sam 9–15
	C Von Saul zu David: der Gründer der Dynastie	1 Sam 16–31
II	David: erster König Israels; Davids Regierung	2 Sam 1–24

Datierung

Spätvorexilisch und exilisch, mit einigen frühen vorexilischen Quellen.

Thema

Dieses auf zwei Rollen aufgeteilte Buch (1 und 2 Samuel) bietet ein zweideutiges Bild der Entstehung der Monarchie. Die Herrschaft Davids wird als Verbesserung gegenüber der Regierung Sauls dargestellt; jedoch zeigen Episoden wie die Affäre mit Batseba und die Ermordung ihres Ehemannes (2 Sam 11–12), dass David seine eigenen Fehler hatte. Deuteronomistische Reden wie die in 1 Sam 12 und 2 Sam 7 stellen den Übergang zur Daviddynastie als eine negative Entwicklung dar, die aber von Jahwe akzeptiert wurde. Diese Reden spiegeln auf jeden Fall die wesentlich niedrigeren Erwartungen an das Königtum bei Schreibern, die auf dreihundert Jahre Davididenherrschaft zurückschauen.

Das vorliegende Kapitel stellt diese Geschichtsbücher in den Mittelpunkt, weil es Indizien dafür gibt, dass sie ursprünglich mit der Reform Joschijas abschlossen. Falls das stimmt, dann begann das Deuteronomistische Geschichtswerk ursprünglich mit der Deuteronomischen Tora und endete mit Joschijas Einführung des Deuteronomiums während seiner Reform, genauer gesagt mit Huldas Weissagung, dass er in Frieden sterben werde, und mit dem Lob auf ihn, was ein Reflex auf Dtn 6,4–5 ist (2 Kön 23,25). Das Problem entstand jedoch dadurch, dass Joschija ganz und gar nicht in Frieden verstarb, wie die spätere Erweiterung dieser Geschichte ab 2 Kön 23,29 zeigt.

B Die Bücher der Könige

Überblick: Gehorsam und Sünde in der Geschichte der Monarchien

I	Die Regierung Salomos: Frömmigkeit und Sünde	1 Kön 1–11
II	Das getrennte Königtum: Sünde im Nordreich, Gehorsam und Sünde im Südreich	1 Kön 12 – 2 Kön 17
III	Niedergang Judas: von Hiskija bis zum Exil	2 Kön 18–25

Datierung

Vorexilische Fassung und exilisch/nachexilische Redaktion.

Thema

Die Bücher der Könige wurden aus Platzgründen auf zwei Rollen verteilt, 1 und 2 Könige, aber sie erzählen eine einzige Geschichte vom Aufstieg und Niedergang der Monarchie in Israel, von Salomo bis zum Exil. Die Geschichte beginnt damit, dass Salomo in Jerusalem einen Tempel baut (1 Kön 6–8), der später zum einzigen Ort wird, an dem Israel nach dem Gesetz des Deuteronomiums (Dtn 12,13–28) Opfer darbringen darf. Der weitere Verlauf der Erzählung beschreibt jedoch den immer größeren Ungehorsam Salomos (1 Kön 11), dem bald die Revolte der Nordstämme und der Bau eines eigenen Altars außerhalb von Jerusalem folgen (1 Kön 12).

Von da an wird jeder König in Israel und Juda nach seinem Gehorsam gegenüber den Geboten des Deuteronomiums beurteilt, nämlich Jahwe allein zu verehren und nur an einem einzigen Ort zu opfern. Der Untergang der Monarchie Israels wird durch das Versagen des Volkes und der Könige bei der Befolgung dieser Vorschriften erklärt (2 Kön 17). Trotz einiger idealer Führer wie Hiskija und Joschija versagen aber auch die meisten Könige Judas. Aus der Perspektive der Königsbücher ist das Endergebnis dieses Ungehorsams gegenüber den deuteronomischen Gesetzen die Zerstörung Jerusalems und das Exil (2 Kön 24).

Weitere Informationen:
Die vorexilische und die exilische Fassung der Königsbücher
Die Königsbücher, wie wir sie heute kennen, sind späte Schriften, die den Untergang des Nordreiches und das Exil des Südreiches als Folge des Ungehorsams gegenüber dem Gesetz des Deuteronomiums erklären. Es gibt jedoch viele Indizien dafür, dass diese Bücher nur das Endstadium eines langen Wachstums- und Revisionsprozesses sind. Im Alten Orient wurden Erzählungen über den König normalerweise am Königshof verfasst; sie sollten für den König werben. Eine ältere, vorexilische Komposition mag mit Joschija geendet haben oder sogar mit Hiskija, und anstatt das Unheil zu erklären, werden solche früheren Versionen die Politik dieser Könige unterstützt haben. Erst später wurden die Hiskija- und/oder Joschijafassungen geändert, um den Untergang des Königtums insgesamt zu erklären.

Dennoch spannt sich der wichtigste Erzählbogen des Deuteronomistischen Geschichtswerkes vom Deuteronomium am Anfang bis zu seiner Einführung durch Joschija am Schluss. So weit der Umfang der vorexilischen Gestalt des DtrG. Erst später, lange nach der Zeit Joschijas, erweiterten Redaktoren die Geschichte von Joschijas (gewaltsamem) Tod bis zur Eroberung Jerusalems und der Deportation seiner Bewohner. Die fortgeschriebene exilische Fassung des DtrG werden wir unten in Kapitel 9 besprechen.

Aus heutiger Sicht sollten wir einen großen Teil des DtrG (Deuteronomium bis 2 Könige) als eine vorexilische Geschichte Judas und Israels ansehen, verfasst unter dem Eindruck der jahrzehntelangen assyrischen Unterdrückung. Wie das Deuteronomium selbst ist auch diese Geschichtsschreibung ein Beispiel für Hybridität. Sie scheint einen nationalistischen Anspruch von Joschijas Schreibern zu vertreten, wie man ihn im Assyrischen Großreich praktizierte, um den nahen und fernen Führungseliten pro-königliche Sympathien einzuflößen. Seit dem 10. Jahrhundert hatten die Bildungszentren Babyloniens und Assyriens begonnen, im Unterricht mehr und mehr Epen und Erzählungen zu verwenden, die frühere Großkönige, zum Beispiel Sargon von Akkad, zu idealen Vorbildern hochstilisierten, während sie andere abwerteten. Weiter kommen immer mehr ausführlichere, die jeweils größten Erfolge kommentierende Königsgeschichten auf. In der Zeit Hiskijas und Manasses mussten judäische Beamte wahrscheinlich derartige majestätische Memoiren auswendig lernen. Es gibt jedoch entscheidende Unterschiede zwischen den mesopotamischen Erzählungen und dem Deuteronomistischen Geschichtswerk. Statt die Treue zu einem ausländischen Monarchen absichern zu wollen, hatte das DtrG den Zweck, die Bindung an Jahwe allein zu etablieren. Teil seines Programms war der joschijanische Übergang vom multi-religiösen, auf viele Orte verteilten Kult zur reinen Jahweverehrung allein in Jerusalem.

Die damalige Neugestaltung der Geschichte Judas hat ihre Parallele in individuellen Erzählungen, welche viele Menschen sich nach überstandenen Krisen zurechtlegen. Jemand kann seine Lebensgeschichte für lange Zeit auf eine bestimmte Weise darstellen. Dann passiert etwas – Scheidung, Erfahrung von Todesgefahr, Kampf gegen eine Sucht oder eine andere Krise –, das ihn oder sie spüren lässt: Einiges, was man für wichtig gehalten hatte, war unwesentlich, anderes, das einem nicht einmal bewusst sein musste, erwies sich in Wirklichkeit als außerordentlich bedeutsam. Im Licht solcher Erfahrungen wird ein Mensch seine Biographie anders aufbauen. Zum Beispiel kann jemand, der eine krankhafte Abhängigkeit überwinden will, Heilung finden, indem er oder sie in einer Selbsthilfegruppe vom Kampf gegen die Sucht erzählt und anderen Menschen mitteilt, was ihn oder sie dazu gebracht hat, Hilfe zu suchen, und wie das Leben jetzt aussieht. In der Tat haben viele Menschen, die von Alkohol oder anderen Drogen abhängig waren, die Kraft zur Selbstbefreiung gefunden, indem sie ihre Geschichten von Abhängigkeit und Genesung immer wieder neu mitgeteilt haben.

Die geschilderten Situationen können uns dazu anregen, das DtrG als die alte judäische Entsprechung zur Neufassung eines individuellen Lebenslaufes zu verstehen. Juda hatte die Krise der assyrischen Unterdrückung überstanden, nun hatte die Neuerfassung seiner Geschichte das Ziel, Freiheit vom eigenen Ungehorsam gegen die Tora und vom Joch fremder Mächte zu gewinnen und zu bewahren. Wie beim Neuerzählen eines persönlichen Lebenslaufes beinhaltet diese *Relecture* der Geschichte Israels auch ältere Elemente, zum Beispiel die Thronfolgeerzählung oder alte Listen von Königen und ihren Regierungsjahren. Aber die Neuerzählung als Ganzes ist jetzt im Licht der erfahrenen Befreiung von der assyrischen Unterdrückung neu formuliert und neu strukturiert. Sie orientiert sich völlig an den neuen Chancen des Volkes, durch Tora-Gehorsam eine beständige Freiheit zu finden.

Jedes Buch des DtrG bringt nun zentrale Themen der Tora zum Klingen, von der scharfen Abwehr ausländischer Einflüsse bis zur Propagierung der reinen und zentralisierten Verehrung Jahwes allein. Ähnlich wie die Memorierung der Tora im Deuteronomium war die Neuerzählung der Volksgeschichte dazu bestimmt, das Gemeinschaftsbewusstsein Israels wiederherzustellen. Zuvor hatten alphabetisierte Israeliten andere historische Überlieferungen auswendig gelernt (z. B. die Thronfolgeerzählung). Möglicherweise haben hohe judäische Beamte in der Zeit Hiskijas und Manasses sogar pro-königliche mesopotamische Geschichten gebüffelt. Aber das DtrG war eine neue Form von kulturellem Gedächtnis, die ihre Vorläufer ersetzen sollte. Es verlieh der Joschijanischen Reform eine Basis, indem es einen Überblick über das Leben im Land bot, der sich von der Deuteronomischen Tora auf der einen bis zur Reform Joschijas auf der anderen Seite erstreckte.

W Die Landnahme und der Heilige Krieg in der Antike

Die Bücher Deuteronomium und Josua stellen Israel dar, als ob es das ganze Land Kanaan erobert und *alle* seine Bewohner getötet hätte (Dtn 7; Jos 1–11). Das ist die Beschreibung eines antiken „Heiligen Krieges" (hebräisch: *herem*), also eines Krieges, der nicht wegen der Beute oder zwecks Frauenraub geführt wurde, sondern aufgrund eines göttlichen Befehls. Die biblischen Anordnungen für das Führen solcher Heiliger Kriege finden sich hauptsächlich in Dtn 20. Ein grausames Kennzeichen des „nicht gewinnorientierten" Charakters eines solchen Krieges war die Vernichtung aller Lebewesen des eroberten Volkes, sowohl der Menschen als auch der Tiere.

Wir finden diese Vorstellung auch außerhalb Israels. Ein Beispiel ist die Inschrift des Königs Mescha von Moab aus dem 9. Jh. v. Chr., die einen Heiligen vom Gott Kemosch angeordneten Krieg gegen die israelitische Stadt Nebo beschreibt:

> Kamosch sprach zu mir: Geh, nimm Nebo von den Israeliten ein. Da ging ich (also) in der Nacht und bekämpfte es vom Anbruch der Morgenröte bis zum Mittag. Ich nahm es ein und tötete sie alle, 7000 Mann, Beisassen, Frauen, Beisassinnen und Sklavinnen; denn an Aschtar-Kamosch hatte ich sie geweiht. Und ich nahm von dort d[ie Ge-]räte Jahwes und schleppte sie hin vor Kamosch. (Mescha-Stele, Zeile 14–17; *TUAT I/6*, S. 646–650, hier: S. 648f., übersetzt von Hans-Peter Müller.)

Einer der wichtigsten Unterschiede zwischen dieser Inschrift und dem biblischen Buch Josua ist, dass der Mescha-Text von einem Massaker spricht, das kurz zuvor wirklich geschehen war. Im Gegensatz dazu benutzt das Buch Josua (und auch das Deuteronomium) das Konzept vom „Heiligen Krieg", um auf anschauliche Weise eine Eroberung zu beschreiben, die man vor vielen Jahrhunderten sich hat abspielen lassen und die vermutlich in dieser Art nie stattgefunden hat.

Das alles kann uns helfen, eine neue Einstellung zu einigen der schwierigsten Teile des Deuteronomistischen Geschichtswerkes zu gewinnen, wie zum Beispiel zu dem göttlichen Befehl, alle Einwohner des Landes zu vernichten (Dtn 7), und der Beschreibung der Erfüllung dieses Befehls durch die Israeliten, die alle Kanaanäer töteten (Jos 10,40–42; 11,16–23). Für viele Menschen sind das die skandalösesten Texte der Bibel. Sie sind auf verhängnisvolle Weise dazu benutzt worden, die Ermordung oder Deportation von Ureinwohnern zu rechtfertigen, zum Beispiel auf dem amerikanischen Kontinent.

Aber wenn wir diese Texte im Josuabuch lesen, dann sollte uns bewusst sein, dass sie keine historischen Tatsachenberichte über die totale israelitische Eroberung des Landes sind. (Sogar die Bibel enthält gegensätzliche Überlieferungen, zum Beispiel die Liste von Nichtisraeliten in Richter 1, die immer noch im Lande lebten.) Stattdessen entwarf man solche Erzählungen, um Menschen zur Zeit Joschijas im Glauben an einen Gott zu stützen, der ihnen in der Schlacht gegen alle Widrigkeiten helfen konnte. Genau wie der Rest des DtrG wurden auch diese Eroberungsgeschichten mit der festen Überzeugung verfasst, die von Juda erlebte Unterdrückung sei seinem mangelnden Gehorsam zur Tora Jahwes und der versäumten Eliminierung ausländischer Einflüsse zuzuschreiben. Aus dieser theologischen Perspektive entwarfen die Verfasser des Buches Josua also eine Erzählung, welche Juda zu Joschijas Zeit darin bestärken sollte, alle Spuren ausländischer Einflüsse auszumerzen, die zu einem Rückfall in die Unterdrückung führen konnten. Genau wie viele andere entmachteten Völker wollten auch diese Verfasser einen Gott, der kämpfen konnte, und zwar erfolgreich und in ihrem Interesse. Wahrscheinlich hat Joschija sogar an die Hilfe eines solchen Kriegsgottes geglaubt, als er sich auf die für ihn tödliche Konfrontation mit dem ägyptischen Pharao einließ (2 Kön 23,29–30 // 2 Chr 35,20–26). Wie dem auch sei – heutige Leser, die solche Texte aus einer privilegierten Situation heraus interpretieren, sollten sich ihrer Grausamkeiten bewusst sein. Aber sie sollten auch bedenken, wie anders solche kriegerischen Ergüsse aus der Sicht von Völkern wahrgenommen werden können, die gegen mächtigere Gegner um ihre Befreiung kämpfen.

FOKUS-TEXT Deuteronomium 6,4–9

Nach diesem Überblick wenden wir uns jetzt einem Text zu, der viel von der inneren Dynamik der biblischen Literatur des 7. Jh.s zeigt: Dtn 6,4–9. Viele Wissenschaftler haben in ihm den möglichen Anfang einer frühen Form des Deuteronomiums gesehen, bevor spätere Verfasser den Geschichtsrückblick in Dtn 1–3, die Lehren in Dtn 4 und die Zehn Gebote in Dtn 5 voranstellten. Ob Dtn 6,4–9 nun der Beginn einer frühen Form des Buches ist oder nicht, es fasst auf jeden Fall viele seiner zentralen Anliegen zusammen und enthält auch Themen, die im restlichen DtrG eine zentrale Rolle spielen.

Im Hebräischen der masoretischen Texttradition ist der erste Satz durch besonders große Endbuchstaben seines ersten und letzten Wortes hervorgehoben. Diese Buchstaben werden an anderen Stellen der Bibel oft dazu benutzt, um den Beginn eines biblischen Buches anzuzeigen (Beispiele: Genesis, Sprichwörter, Chronik) oder einfach eine wichtige Stelle innerhalb eines Buches. Hier kennzeichnen sie das, was im Judentum das „Sch^{e}ma" genannt wird, nach dem ersten hebräischen Wort des Verses: *sch^{e}ma*, „Höre!". Der restliche Vers kann auf zwei Arten übersetzt werden. Eine Übersetzung wäre: „Höre, Israel, Jahwe ist unser Gott, Jahwe allein". Diese Übersetzung besagt, dass Israel nur einen einzigen Gott haben soll. Die andere Übersetzung, die im Hebräischen genauso richtig ist, wäre: „Höre, Israel, dass Jahwe, unser Gott, ein einziger Jahwe ist". Aus alten Inschriften wissen wir, dass die frühen Judäer und Israeliten verschiedene Erscheinungsformen von Jahwe verehrten, zum Beispiel „Jahwe von Teman" oder „Jahwe von Samaria". Nach dieser Übersetzung von Dtn 6,4 wären solche Lokalmanifestationen von Jahwe falsch. Der Jahwe, der zu Israel gehört, ist eine einzige und nur eine Gottheit. Das würde Joschijas Kampagne zur Zentralisierung und Standardisierung der Jahweverehrung unterstützen. Beide Übersetzungen haben Bezüge zu anderen Traditionen im Deuteronomium und im DtrG; ein Teil der großen Kraft dieses Verses mag daher kommen, dass er beide Bedeutungen umfasst.

Der nächste Vers bringt ein zentrales Gebot des Deuteronomiums und anderer Überlieferungen zum Ausdruck. Die Menschen sollen Gott „lieben" mit allem, was sie sind und haben. Die Aufzählung wird oft übersetzt als „mit ganzem Herzen, mit ganzer Seele und mit aller Kraft" oder ähnlich, aber diese Wiedergabe ist nur ein blasser Abglanz des Hebräischen. Das erste Wort der Reihe, *lebab*, bedeutet nicht einfach nur „Herz", sondern auch „Verstand". Für das Alte Israel und andere Völker des Alten Orients waren „Herz" und „Vernunft" miteinander verbunden, nicht getrennt, wie so oft in den heutigen westlichen Kulturen. Das zweite Wort, das gewöhnlich mit „Seele" übersetzt wird, *nephesch*, bezieht sich in Wahrheit auf die vitale Lebenskraft, die den ganzen Menschen durchströmt. Es ist die Lebenskraft, die einen lebenden Menschen von einer Leiche unterscheidet, und die das Verlangen, das Denken und die Bewegung antreibt. Dtn 6,4 ruft alle Israeliten dazu auf, diese ganze Lebenskraft einzusetzen, um Jahwe zu lieben. Das Wort schließlich, das oft als „Kraft" übersetzt wird, *meod*, bezieht sich auf Macht oder Stärke. Sein häufigster Gebrauch in der Bibel ist adverbial mit der Bedeutung „sehr". In der Aufzählung von Dtn 6,5 mag es eine ähnliche Funktion haben: es soll zeigen, wie sehr Israel „Jahwe, seinen Gott, lieben" soll – mit seinem ganzen Herzen/Verstand und seiner ganzen Lebenskraft.

Der Aufruf zur Liebe verbindet diesen Text mit anderen innerhalb und außerhalb der Bibel. Einer der Bibeltexte außerhalb des DtrG, der eine ähnliche Beschreibung von Menschen bietet, die ein Gegenüber mit all ihrer „Lebenskraft" (*nephesch*) „lieben", ist das Hohelied. Mehrmals beschreibt die Frau im Hohelied ihren Geliebten als jemand, den ihre ganze „Lebenskraft liebt" (Hld 1,7; 3,1–4). Ob das Hohelied nun älter ist als das Deuteronomium oder nicht, auf jeden Fall ist es wahrscheinlich, dass der Verfasser des Deuteronomium-Textes einen allgemeinen Ausdruck der antiken Liebeslyrik für Liebende erweitert hat. Wo diese von der „Liebe" (dem geliebten Du) einer Person sprach als von jemandem, den ihre oder die seine „Lebenskraft" liebte, spricht der Verfasser des Schᵉma von der Liebe mit „ganzem Herzen/Sinn, ganzer Lebenskraft und aller Macht". Ähnlich wie bei Hosea (der auch mögliche Bezüge zu antiker Liebeslyrik zeigt) konzentriert sich die erweiterte Beschreibung auf die Liebe des Volkes zu Jahwe und nicht auf die zwischen menschlichen Liebenden.

Wir finden das erweiterte Verständnis der Beschreibung von Liebe auch noch an einer anderen strategischen Stelle des Deuteronomistischen Geschichtswerkes, nämlich bei der Beschreibung Joschijas in jenem Text, der der Abschluss der joschijanischen Ausgabe des DtrG gewesen sein mag:

> Es gab vor ihm keinen König, der so mit ganzem Herzen, mit ganzer Seele und mit all seinen Kräften zum Herrn umkehrte und so getreu die Tora des Mose befolgte, und auch nach ihm war keiner wie er. (2 Kön 23,25)

Dies ist das höchste Lob, welches einem König im gesamten DtrG zuteil wird. Es zeichnet Joschija als unerreichtes Vorbild eines Königs aus, der das Königsgesetz in

Dtn 17,14–20 genauestens befolgte: als einen König, der die „Tora“ studiert und ihr gehorcht, um sein Volk in Treue zu leiten. Spätere Verfasser haben diesem Text eine Bemerkung hinzugefügt, um zu erklären, warum das Exil trotz aller Tugenden Joschijas dann doch hereinbrach (2 Kön 23,26–27); aber das scheint ursprünglich noch nicht im Blick gewesen zu sein. Auch der befremdliche und scheinbar sinnlose Tod Joschijas durch die Ägypter passt nicht zu dem vorhergehenden Bericht über ihn (2 Kön 23,29–30). Stattdessen schließt das Fazit der Regierung Joschijas in 2 Kön 23,25 den Erzählbogen, der mit dem Aufruf zur „Liebe“ in Dtn 6,4–5 begonnen hat.

Der Aufruf zur „Liebe“ in Dtn 6,4–9 hat noch einen Bezug zu einem anderen Diskurs, und zwar der assyrischen Forderung, dass die Vasallenkönige und ihre Völker den assyrischen König „lieben“ sollen. In diesem Fall ist die geforderte „Liebe“ weit entfernt von der leidenschaftlichen Zuneigung, die eine Liebeslyrik wie das Hohelied beschwört. Stattdessen war die „Liebe“ (akadisch *ramu*), die die assyrischen Verträge forderten, der treue Gehorsam zum assyrischen Großkönig: Tribute zahlen, mit anderen Nationen keine Bündnisse gegen Assyrien eingehen, Verräter anzeigen und nach Assyrien ausliefern usw. Als eine hybride Antwort auf die Erfahrung der assyrischen Unterdrückung zeigen Dtn 6,5 und der Rest des DtrG auch diese Dimension von „Liebe“. Aber hier soll Israel treuen Gehorsam Jahwe gegenüber leisten, und zwar Jahwe allein. Die Menschen sollen nicht anderen Gottheiten folgen (// Bünde), und sie müssen Propheten, die Untreue gegen Jahwe predigen, anzeigen und vor Gericht stellen (// Verräter). So ist die Liebe, die das Deuteronomium sich vorstellt, keine leidenschaftliche oder romantische Aufwallung, die jemand das eine Mal empfinden kann und ein andermal nicht. Sie ist eine grundsätzliche Haltung von Treue und Ergebenheit gegenüber einem anderen, der weitaus mächtiger ist als man selbst, im vorliegenden Fall Jahwe, der Gott Israels. Dtn 6,5 zeigt eine prinzipielle Umorientierung, die im Gefolge des Zusammenbruchs des assyrischen Imperiums eine solche Treue und Ergebenheit vom assyrischen Großkönig auf Jahwe überträgt.

Die restlichen Verse dieser Bibelstelle, Dtn 6,6–9, suchen diese Umorientierung zu bestärken, indem sie sicherstellen, dass sich die Menschen die in der Tora ausgedrückten Befehle Jahwes fest zu eigen machen. Weisheitstexte wie die umformulierte Lehre des Amenemope in Spr 22,17–18 (auch Spr 3,3 und 7,3) hielten die Schüler dazu an, die Sprüche der Lehrer zu memorieren und aufzusagen – „Habt sie fest auf euren Lippen!“. Die Mose-Tora im Deuteronomium stellt eine neue Form von „Weisheit“ dar, die ebenfalls auswendig gelernt – „Tu sie in dein Herz/Verstand“ (Dtn 6,6) – und ständig aufgesagt werden soll: Vor den Kindern, wenn man zu Hause sitzt; wenn man unterwegs ist, wenn man sich niederlegt und wenn man aufsteht (Dtn 6,7). Diese ständige Wiederholung der Toraworte sollte nicht nur die Treue erwachsener Israeliten stärken, sondern auch bewirken, dass Kinder die Tora lernten, fast so, wie sie eine Sprache lernen, die sie ihre Eltern sprechen hören. Ja, mehr noch: Die Worte der Gebote Jahwes sollten auch auf den Körpern der Israeliten getragen und auf ihre Türpfosten und Torwege geschrieben werden. Jeder Aspekt ihres Lebens sollte Jahwes Gebote zu erkennen geben, besonders den Aufruf, nur einen einzigen Gott zu ehren, Jahwe, und Jahwe zu lieben mit ganzem Herzen/Verstand, ganzer Lebenskraft und aller Macht (Dtn 6,4–5).

Auf lange Sicht scheinen diese Anordnungen wirkungsvoll gewesen zu sein, denn der Text wurde zu einem der wichtigsten im Judentum und Christentum. Eine Form des Gebotes „Du sollst den Herrn, deinen Gott, lieben, mit deinem ganzen Herzen, mit deiner ganzen Seele und mit all deinem Sinn / all deiner Energie“ wird nach dem christlichen Evangelium des Markus und den späteren Parallelen in Matthäus und Lukas (Mk 12,28–29 // Mt 22,34–37; Lk 10,25–27) von Jesus das größte aller Gebote genannt. Das entspricht der Hochachtung, welche die Gottesliebe im Judentum erfährt; sie ist das heiligste Gebot von allen. Von Juden wird erwartet, dass sie es mit anderen Geboten aus Dtn 11,13–21 (weitere Aspekte von Lieben und Memorieren) und aus Num 15,37–41 (Tragen von Schaufäden) zweimal täglich aufsagen, beim Aufstehen und beim Zubettgehen. Vom großen jüdischen Rabbi Akiba wird berichtet, dass er unter den Händen der Römer starb mit den Worten des *Sh^{e}ma* auf den Lippen. Jüdische Märtyrer späterer Jahrhunderte sind diesem Beispiel gefolgt, indem sie Dtn 6,4 und die folgenden Verse angesichts des Todes rezitierten, so bei mittelalterlichen Ausschreitungen während der Kreuzzüge, in der spanischen Inquisition und vor nationalsozialistischen Gaskammern. Ironischer- und tragischerweise sind viele jüdische Märtyrer durch Christen gestorben, während sie das rezitierten, was auch die Christen als das „größte Gebot“ bekennen. Dtn 6,4–5 ist in beiden Traditionen immer wichtig gewesen, aber es hat nicht Jahrhunderte schändlicher christlicher Judenverfolgung verhindert.

Rückblick auf Kapitel 7

1. Überprüfen Sie Ihr Wissen zu folgenden Fachbegriffen, die in diesem Kapitel behandelt wurden:
   - Bücher der Vorderen Propheten
   - Deuteronomistisch
   - Deuteronomistisches Geschichtswerk (DtrG)
   - Hybridität
   - Joschijanische Reform
   - Thronfolgeerzählung

2. Was ist ein Vasallenvertrag, was sind seine wichtigsten Teile? In welcher Hinsicht ist das Buch Deuteronomium einem Vasallenvertrag ähnlich und doch verschieden?

3. Was ist postkoloniale Kritik und was sind die beiden hauptsächlichen Formen, mit denen Bibelwissenschaftler sich auf sie beziehen oder sie anwenden? Was ist ein Beispiel für die Anwendung der postkolonialen Kritik zur Analyse des Deuteronomiums und des Deuteromonistischen Geschichtswerkes?

4. Vergleichen Sie eines der folgenden Gesetzesthemen, die sowohl im Deuteronomium als auch im Bundesbuch enthalten sind: Altar, Richter, Sklaverei, Wall-

fahrtsfeste. Was sagen uns die neuen Elemente der Gesetze im Deuteronomium über die speziellen Werte, die dieses Buch vertritt?

5. Worin unterscheidet sich die vorexilische Fassung des DtrG von seiner exilischen Ausgabe?

6. Wie lautete die Hypothese von De Wette zum Gesetzbuch Joschijas? Wann und warum hat er sie formuliert?

7. Was ist das Konzept des „Heiligen Krieges" im Altertum? Welche Funktion hat es im DtrG?

Weiterführende Literatur

Diskussion des Deuteronomistischen Geschichtswerkes als Ganzes

NOTH, Martin. *Überlieferungsgeschichtliche Studien. Die sammelnden und bearbeitenden Geschichtswerke im Alten Testament* (1943). Darmstadt: Wissenschaftliche Buchgesellschaft, ^{3}1957

RÖMER, Thomas. *The So-Called Deuteronomistic History: A Sociological, Historical, and Literary Introduction*. London: T&T Clark, 2005

RÖSEL, Hartmut N. *Von Josua bis Jojachin. Untersuchungen zu den deuteronomistischen Geschichtsbüchern des Alten Testaments*. Leiden: Brill, 1999 (VTSup 75)

VEIJOLA, Timo. Moses Erben. *Studien zum Dekalog, zum Deuteronomismus und zum Schriftgelehrtentum*. Stuttgart: Kohlhammer, 2000 (BWANT 149)

Deuteronomium

PERLITT, Lothar. *Deuteronomium*. Neukirchen-Vluyn: Neukirchener Verlag, 1990–2008 (BKAT 5; Lieferungen 1–5)

RÜTERSWÖRDEN, Udo. *Das Buch Deuteronomium*. Stuttgart: Katholisches Bibelwerk, 2006 (Neuer Stuttgarter Kommentar 4)

Josua und Richter

Vgl. die Literaturvorschläge in Kapitel 2.

1 und 2 Samuel

SCHROER, Silvia. *Die Samuelbücher*. Stuttgart: Katholisches Bibelwerk, 1992 (Neuer Stuttgarter Kommentar 7)

1 und 2 Könige

FRITZ, Volkmar. *Das erste Buch der Könige; Das zweite Buch der Könige*. Zürich: Theologischer Verlag, 1996; 1998 (Zürcher Bibelkommentare 10,1; 10,2)

WERLITZ, Jürgen. *Die Bücher der Könige*. Stuttgart: Katholisches Bibelwerk, 2002 (Neuer Stuttgarter Kommentar 8)

WÜRTHWEIN, Ernst. *Die Bücher der Könige, 2 Bände*. Göttingen: Vandenhoeck & Ruprecht ^{2}1985; ^{1}1984 (ATD 11,1; 11,2)

Bibliographie der englischen Originalausgabe (Chapter 7)

Discussion of the Deuteronomistic history as a whole

Nelson, Richard D. *The Historical Books*. Interpreting Biblical Texts. Nashville: Abingdon, 1998.

Weinfeld, Moshe. *Deuteronomy and the Deuteronomic History*. Oxford: Clarendon Press, 1972.

Deuteronomy

Mayes, A. D. H. *Deuteronomy*. New Century Bible. Greenwood, SC: Attic Press, 1979.

Miller, Patrick. *Deuteronomy*. Interpretation. Louisville, KY: John Knox Press, 1990.

Tigay, Jeffrey. *Deuteronomy*. JPS Torah Commentary. Philadelphia: Jewish Publication Society, 1996.

Joshua and Judges

See "Resources for Further Study" in Chapter 2.

1 and 2 Samuel

McCarter, P. Kyle. *I Samuel*; *II Samuel*. Anchor Bible. Garden City: Doubleday, 1980 and 1984.

1 and 2 Kings

DeVries, Simon. *1 Kings*. Word Biblical Commentary, no. 12. Waco, TX: Word Books, 1985.

Gray, John. *I & II Kings* (2nd revised edition). Old Testament Library. Philadelphia: Westminster Press, 1970.

Nelson, Richard. *First and Second Kings*. Interpretation. Atlanta: John Knox Press, 1987.

Kapitel 8
Die Prophetie im Übergang von der assyrischen zur babylonischen Herrschaft

Wir widmen uns weiterhin dem 7. Jahrhundert und behandeln drei weitere Propheten dieser Zeit. Obwohl zwei von ihnen, Nahum und Zefanja, oft von den Leserinnen und Lesern der Hebräischen Bibel übersehen werden, bieten sie nützliche Einsichten in die Situation Judas unmittelbar vor und während der Joschijanischen Reform. Der dritte hier zu besprechende Prophet ist Jeremia, einer der „großen Propheten", dem eines der umfangreichsten Bücher der Hebräischen Bibel gewidmet ist. Wie wir sehen werden, liegt das nur zum Teil an Jeremias langer Laufbahn, die von der Reform Joschijas bis zum Beginn des judäischen Exils in Babylonien reicht. Der andere Grund für den beträchtlichen Umfang seines Buches sind die Erweiterungen, die im Laufe der Zeit von denselben Schreibern hinzugefügt wurden, die auch das Deuteronomistische Geschichtswerk überlieferten und ausbauten. Es scheint, dass Jeremias unnachgiebige Botschaft vom Untergang, in seiner eigenen Zeit äußerst unpopulär, für nachfolgende Generationen besonders eindrucksvoll war und ihnen half, ihre eigenen Erfahrungen von Unterdrückung und Exil zu verstehen. Dagegen erfuhren die vergleichsweise tröstlicheren Botschaften von Nahum und Zefanja nicht diese Beachtung und Erweiterung.

Nahum

> **L** Nahum 3

Der erste hier zu besprechende Prophet, Nahum, lässt uns ahnen, wie stark das feindselige Gefühl war, das die Judäer um die Zeit Joschijas gegen die Assyrer hegten. Während andere Prophetenbücher teilweise aus Orakeln gegen verschiedene Völker bestehen (Beispiele: Jesaja 12–23; Jeremia 46–51; Ezechiel 25–32), ist das *gesamte* Buch Nahum den Prophetenworten gegen *eine einzige* Nation gewidmet: Assyrien. Das Buch scheint während der Regierungszeit Joschijas geschrieben worden zu sein. Assyrien war im Niedergang begriffen, und die Babylonier und Meder standen kurz davor, die assyrische Hauptstadt Ninive zu zerstören (612 v. Chr.). Nah 3 ist ein kraftvoller Ausdruck der Wut gegen das brutale assyrische Imperium nach Jahrzehnten der Unterdrückung Judas. Nahum greift auf älteren prophetischen Gebrauch der Metapher der ehebrecherischen Frau zurück (z. B. Hosea) und beschreibt Ninive als eine liederliche Frau, deren Sünden bald mit Entblößung, Isolation und Zerstörung bestraft werden sollen (3,5–7). Woher die brutale Symbolik kommt, wird am Ende des Gedichtes klar:

> Keine Linderung gibt es für deinen Zusammenbruch, /
> unheilbar ist deine Wunde.
> Jeder, der hört, was man von dir erzählt, /
> klatscht über dich in die Hände.
> Denn wen traf nicht /
> deine Grausamkeit zu deiner Zeit? (Nah 3,19)

Das assyrische Großreich hatte seinen Ruf extremer Grausamkeit kultiviert, um dadurch seine Vasallen zu terrorisieren und zur Unterwerfung zu zwingen. Hier sehen wir die Kehrseite. Nach langen Jahren des Leidens unter Grausamkeit und Terror hatte sich in unterworfenen Völkern wie Juda ein tiefer Hass auf Assyrien angestaut, der sich bei Nahum im Jubel über seine Zerstörung Luft verschaffte. Menschen, die noch nie eine lang andauernde Unterdrückung durch ein Imperium erlebt haben, sind oft entsetzt über eine solche Wut, wie wir sie auch heute noch beispielsweise in antiamerikanischen Ressentiments in der arabischen und sonst auf der Welt erleben. Und doch kann diese Wut die tiefen und andauernden Emotionen gegen ausländische Elemente erklären, welche das DtrG so stark prägen.

B Das Buch Nahum

Überblick: Verkündigung des Untergangs von Ninive, der Hauptstadt Assyriens

I	Hymne: Jahwe, der Zerstörer der Unterdrücker	1
II	Spottlied: Die Zerstörung Ninives	2–3

Themen

Obwohl das Gedicht in Nah 2–3 den Untergang einer konkreten Stadt eines Imperiums (Ninive) bejubelt, macht das vorausgehende Gedicht von Nah 1 das Buch Nahum zu einer uneingeschränkten Verherrlichung von Jahwes Macht, die imperialistische Unterdrücker vernichten und die Unterdrückten wiederaufrichten kann. Für die späteren Redaktoren des Buches war die Zerstörung Ninives nur eine von vielen Demonstrationen von Jahwes Macht, repressive Großreiche auszulöschen.

Zefanja

L Zefanja 1

Unser zweiter Prophet des 7. Jahrhunderts, Zefanja, wird in die Regierungszeit Joschijas datiert und gibt uns Einblick in die Zeit vor dessen Reform. Zefanja verkündet Jahwes unwiderrufliches Gericht, einen „Tag Jahwes" („Tag des Herrn"), über Juda und Jerusalem wegen seiner verderbten Kultpraktiken: Anbetung Baals und von Himmelsobjekten, Schwören beim Gott von Ammon (Melkom) und das Versäumnis, Jahwe zu suchen (Zef 1,4–6). Diesen Praktiken, die bis dahin weit verbreitet waren, wollte Joschija mit seiner Reform ein Ende machen. (Manasse, Joschijas Großvater, hatte viele dieser Praktiken nach der vorhergehenden Reform Hiskijas wieder erlaubt; vermutlich waren sie noch gang und gäbe, als der Knabe Joschija schon offiziell König war – er wurde im Alter von acht Jahren gesalbt.) Aber Zefanja verkündet, dass Jahwe dabei ist, die Beamten und die Mitglieder der königlichen Familie zu vernichten, die den falschen Gottesdienst erlauben und praktizieren. Quasi in Reaktion auf die ausländerfeindlichen Gefühle, die wir schon bei Nahum festgestellt haben, sagt Zefanja, dass über die „Beamten und die Söhne des Königs, die ausländische Kleidung tragen", die Wucht des Gerichtes Jahwes kommen wird. Während andere sich den **„Tag des Herrn"** als ein Ereignis vorstellen, in dem Jahwe kommt, um sein Volk zu retten, verkündet Zefanja (Zef 1,7–2,2) in Wiederaufnahme von Amos (Am 5,18–20), dass dieser „Tag Jahwes" voll schrecklicher Strafen und Klagen sein wird.

B Das Buch Zefanja

Überblick: Gericht und Ermahnung für Jerusalem

I	Ankündigung: Der „Tag Jahwes" gegen Juda	1,1–18
II	Ermahnung zur Reue	2,1–3,20
	A Aufruf zur Reue inmitten des Gerichtes über die Völker	2,1–3,8
	B Grund der Reue: Baldige Wiederherstellung	3,9–20

Themen

Das Buch ist ein weiteres Beispiel dafür, wie Gerichtsworte älterer Propheten (z. B. Zef 1,2–18) jetzt Hoffnungsworte für spätere Judäer einleiten. Es ist schwer zu sagen, welche Worte dieses Buches ursprünglich an die Menschen zur Zeit Joschijas gerichtet waren und wie sie aufgenommen wurden. Klar ist jedoch, dass die älteren

Worte Zefanjas heute Teil eines Buches sind, das sich an Judäer späterer Zeiten richtete. Es lehrte die Menschen in Gottes heiliger Stadt Jerusalem die Notwendigkeit der Reue angesichts des Gerichtes Jahwes über fremde Imperien.

Mit Sicherheit enthält das Buch Zefanja, so wie auch das Buch Jesaja, jetzt Trostworte, die ihm wohl während des Exils und in noch späterer Zeit hinzugefügt wurden. Das zweite Kapitel ist ein Aufruf zur Reue (2,1–3) im Licht der göttlichen Strafe für andere Völker (2,4–15). Das dritte Kapitel bietet eine Reihe von Heilsverheißungen, die späteren Prophetenworten ähneln (3,9–20). Dieses wohl jüngere Material zeigt, wie spätere Leser Zefanjas seine Worte in ein größeres Bild der Hoffnung für die Exilierten und spätere Rückwanderer aus dem Exil eingefügt haben, während die älteren Sprüche in Zef 1 uns Einblick geben in die Situation am Vorabend der Joschijanischen Reform.

Jeremia

L Jer 1,1–3,5; 7,1–15 (vgl. Kap. 26); 20,7–18; 28; 36

Arbeiten Sie Jeremias Weissagung in 7,1–15 so um, dass sie sich an eine Ihnen wichtige Gemeinde und deren unanfechtbaren Glauben richtet. Schreiben Sie einen Text, der so weit wie möglich Satz für Satz, Bild für Bild, Metapher für Metapher dem biblischen Text entspricht. Wie würde sich jemand dieser heutigen Gemeinde fühlen, wenn er oder sie diese Botschaft hörte?

Die Wirkungszeit Jeremias überschneidet sich wahrscheinlich mit der von Nahum und Zefanja, sie erstreckte sich aber bis in die Zeit während und nach Joschijas Regierung. Wie das Buch Zefanja, so enthält auch das Buch Jeremia Kritik an der Verehrung der von Joschija dann beseitigten Gottheiten. Doch unterscheiden sich die frühen Weissagungen Jeremias in vielerlei Hinsicht von denen Zefanjas.

Zunächst richten sich die Weissagungen Jeremias an die Menschen sowohl im Norden (Israel) als auch im Süden (Juda). Darin kommen wahrscheinlich die Bemühungen zur Vereinigung der beiden Landesteile zum Ausdruck, die wir in Joschijas Reform beobachtet haben. Zum Beispiel empfängt Jeremia in 3,12–14.19–23 den Ruf, „dem Norden“ zu predigen, und ruft Menschen aus dem früheren Königreich Israel auf, zu bereuen und nach Jerusalem zu kommen. Diese Hinwendung zum Norden findet sich in vielen Teilen des Buches Jeremia.

Sodann sind die Reden in 2,2–3,11, die der Prophetie in 3,12–23 vorausgehen, ein Nachhall und eine Intensivierung der Ehemetaphorik, die wir bei dem Nordreich-Propheten Hosea sahen. Wie bei Hosea erinnert sich Jahwe auch bei Jeremia liebevoll an die Anfangszeiten, in denen Israel in der Wüste seine Braut war (Jer 2,2; s. Hos 2,14–15). Wie Hosea sieht Jeremia die Suche des Volkes nach ausländischen Bündnissen (2,18) und anderen Gottheiten (2,10–11) analog zur sexuellen Untreue einer Frau (2,20–25.33). Aber in seiner Darstellung der Untaten seines Volkes und der Reaktion Jahwes geht Jeremia noch weiter als Hosea. Für ihn hat sich das Volk Gottes benommen wie eine Frau, die es überall mit allen treibt, „auf jedem grünen Hügel und unter jedem grünen Baum“ (2,20, s. auch 3,2), wie ein Wildesel in der Brunst, dessen Lust nicht zu bändigen ist (2,24), wie eine Frau, die ihre sexuellen Rendezvous so geschickt plant, dass auch die verdorbenste aller Frauen von ihr noch neue Tricks lernen kann (2,33). Deshalb droht Jahwe, sich endgültig von ihr scheiden zu lassen (Jer 3,1–5; vgl. dagegen Hos 2,14–15). „Israel“ hat ihre Schuld nicht zugegeben (3,13), und sie wird keine eigenständige Zukunft haben. Stattdessen drängt Jeremia ihre „Kinder“ (wörtlich: „Söhne“), die Wege ihrer Mutter abzulehnen und in den Süden zu kommen, zum Zion (3,14).

Im größeren Zusammenhang hat Jeremia für den Süden (Juda) genauso harsche Worte wie für den Norden (Israel); diese Worte richten sich gegen Fremdkulte, sinnlose politische Bündnisse, Ungerechtigkeit und falsche Hoffnungsprophetien. Diese Themen kehren im gesamten Buch wieder. Die Kritik an der Ungerechtigkeit beginnt in 2,34, wo Jeremia in einer bedenklichen Ausweitung der weiblichen Metapher Israel vorwirft, dass sie „Blut“ an „ihren Röcken“ hat, aber nicht Menstruationsblut, sondern das „Blut von unschuldigen Armen“. Schließlich greift eine Reihe von Weissagungen in 23,9–22 andere Propheten an, die Übeltäter bestärken (23,14), Hoffnung und Sicherheit verkünden, wo keinerlei Grundlage dafür da ist (23,16–17), und die die entscheidende Chance verpassen, die Menschen zur Reue über ihre Übeltaten anzuleiten und so den Untergang zu verhindern (23,21–22). Biografische Erzählungen über Jeremia wie Kap. 28 führen das Thema des Konflikts mit anderen Propheten weiter aus.

Jeremia scheint bezüglich der Aussichten seines Volkes immer pessimistischer geworden zu sein. Hier müssen wir bedenken, dass seine Wirkungszeit sich von einer Phase größter Hoffnungen auf die Reform Joschijas bis zur totalen Zerstörung Jerusalems etwa 35 Jahre später erstreckt. Zu Beginn seines Auftretens hatte Jeremia die Auffassung Joschijas geteilt, dass der reinen Jahweverehrung höchste Priorität zukomme. Manche Exegeten verstehen Texte wie 3,12–14.19–23 (s. o.) und 30,18–21 als eine Unterstützung des joschijanischen Wiedervereinigungsprogrammes von Norden und Süden. Eine seiner Gerichtsreden (8,4–13) enthält jedoch einen beunruhigenden Hinweis darauf, dass Jeremia die Authentizität der Deuteronomischen Tora ablehnte, die im Zentrum der Joschijanischen Reform stand:

> Wie könnt ihr sagen: Weise sind wir, /
> und wir haben die Tora Jahwes?
> Wenn in Wahrheit der Lügengriffel der Schreiber /
> sie zu einer Lüge gemacht hat? (8,8)

Für Jeremia ist die Mose-Tora – wahrscheinlich eine Form des Deuteronomiums – das Produkt von zeitgenössischen Verfassern, von „Schreibern". Sie ist kein echtes altes Wort. Obwohl Jeremia später Joschija im Vergleich mit seinem Sohn Jojakim als gerechten König betrachtet (22,15–16), scheint er in diesem zentralen Aspekt – der Anerkennung der Autorität einer Version des Deuteronomiums – nicht von der joschijanischen Reform überzeugt gewesen zu sein.

Während Jeremia einen Teil des Programms Joschijas unterstützt haben mag, waren seine Beziehungen zu dessen Nachfolgern sehr schlecht. Ein besonders umfangreicher Teil seiner Prophetien stammt aus der Zeit Jojakims, den die Ägypter auf dem Rückweg von ihrem Babylonienfeldzug als König eingesetzt hatten (2 Kön 23,34–35). Zu Beginn der Regierungszeit Jojakims hatte Jeremia eine Predigt gegen den Jerusalemer Tempel gehalten, die im Buch Jeremia zweimal vorkommt, einmal in 7,1–15 und dann im Kapitel 26. Beide Versionen dieser „Tempelrede" sind ein Frontalangriff gegen die Zionstheologie, besonders gegen die Vorstellung, dass Jerusalem und sein Tempel unangreifbar seien. Denen, die ständig schreien: „Das ist der Tempel Jahwes, das ist der Tempel Jahwes, das ist der Tempel Jahwes!", verkündet Jeremia, dass Jahwe aus ihm einen Ruinenhaufen machen wird, so wie es dem alten Stammesheiligtum in Silo ergangen war, wo sich einst die Bundeslade befunden hatte (7,14 // 26,6). Eine derartige Weissagung war eine echte Blasphemie für die Menschen seiner Zeit, denn der Glaube an die Uneinnehmbarkeit des Zion war noch mehr bestärkt worden, als das assyrische Heer Sanheribs in der Zeit Hiskijas die Belagerung Jerusalems abbrach. Nach Kap. 26 standen gewisse Leute kurz davor, Jeremia wegen solcher Worte umzubringen. Aber einige erinnerten sich an Micha, der auch schon prophezeit hatte, dass „Zion umgepflügt werden wird wie ein Acker" (Jer 26,18; vgl. Mi 3,12); Jeremia fand schließlich Schutz bei Ahikam, dem Sohn Schafans, des früheren Schreibers in Joschijas Diensten (26,4).

Eine andere biographische Erzählung, Jer 36, bewahrt ein faszinierendes Bild von der Verkündigung und Niederschrift der Weissagungen Jeremias. Sie berichtet, wie Jeremia im vierten Regierungsjahr Jojakims von Gott aufgefordert wurde, all seine bisherigen Prophetenworte auf eine Papyrusrolle zu schreiben, in der Hoffnung, dass Juda sie hören und sich bekehren möge (36,1–3). Als diese Rolle jedoch Jojakim vorgelesen wurde, war er alles andere als erfreut. Sobald eine ihrer Spalten verlesen war, schnitt er sie ab und warf sie ins Feuer. Danach erhielt Jeremia den göttlichen Auftrag, eine „andere Rolle" zu schreiben. Sein Sekretär Baruch fertigte eine neue Rolle mit allen Sprüchen der ersten und fügte noch „viele andere Worte wie diese" hinzu (Jer 36,27–32). Viele Forscher nehmen an, dass ein Großteil dessen, was heute in den Kapiteln 1–25 des Buches Jeremia enthalten ist, aus dieser neuen Rolle stammt (s. 25,13). Genau wie ein Jahrhundert zuvor die Erinnerungen Jesajas an seine abgelehnten Prophetien (Jes 6,1–8,16) und wie andere Weissagungen mehr ist Jeremias Schriftrolle ein Beispiel für das Entstehen der Schriftprophetie auf Grund der Tatsache, dass solche Gottessprüche in der Zeit der Propheten selbst abgelehnt wurden.

Es scheint allerdings, dass Jeremia, zum Teil wegen seiner ungewöhnlich langen Wirkungszeit, ein besonders hohes Maß an Ablehnung erfahren hat. Die Kapitel

26–45 enthalten biographische Erzählungen über seine leidvollen Erfahrungen und Erlebnisse: seine Beinahhinrichtung nach der Tempelrede (26; vgl. 7,1–15); sein Wortgefecht mit Hananja über falsche Heilsweissagungen (28); die Verbrennung seiner Schriftrolle (36); seine Gefängniszeit während der babylonischen Belagerung Jerusalems, weil er als möglicher Verräter angesehen wurde (37); die Episode, in der Feinde ihn in eine Zisterne werfen, damit er darin umkäme (38); schließlich die Erfahrung, gegen seinen Willen von Gegnern der babylonischen Herrschaft mit nach Ägypten verschleppt worden zu sein (43). Obwohl diese Erzählungen aus der Zeit nach seinem Tod stammen, spiegeln sie glaubhaft seine wachsende Isolierung wider, als er während des anhaltenden Niedergangs Judas – von dessen Machtträumen unter Joschija bis hin zur völligen Vernichtung durch die Babylonier – das Gericht verkündete.

Die Schwierigkeiten seines prophetischen Wirkens dokumentiert auch eine Reihe von Klageliedern, in denen Jeremia gegen Gott protestiert, dass er ihm einen so unfairen Auftrag gegeben hat. Zum Beispiel beschreibt er in der diese Schwierigkeiten betreffenden Klage (20,7–18), dass Gott ihn „ausnutzt“: Er lasse ihn eine harte Botschaft verkünden, die erbitterte Ablehnung hervorrufe:

> Du hast mich verführt, o Herr, /
> und ich ließ mich verführen;
> du hast mich gepackt und überwältigt.
> Zum Gespött bin ich geworden den ganzen Tag, /
> ein jeder verhöhnt mich.
> Ja, sooft ich rede, muss ich schreien,
> „Gewalt und Unterdrückung!“ muss ich rufen.
> Denn das Wort des Herrn bringt mir /
> den ganzen Tag nur Spott und Hohn. (20,7–8)

Jeremia fügt hinzu, dass er keine andere Wahl hat, denn jedes Mal, wenn er versucht, mit der Verkündigung der Worte Gottes aufzuhören, ist ihm, „als brenne in meinem Herzen ein Feuer, eingeschlossen in meinem Innern. Ich quäle mich, es auszuhalten, und kann nicht“ (20,9). Die Klage geht weiter und erreicht sogar einen recht hoffnungsvollen Punkt, an dem Jeremia seine zukünftige Rehabilitation schaut und Jahwe deswegen preist (20,11–13). Aber dann hören wir eine weitere Klage, die vielleicht ursprünglich ein selbstständiger Text war, und in der er den Tag verflucht, an dem er geboren wurde, und den Mann, der seine Geburt verkündete (20,14–18). Diese und andere Klagen dokumentieren, wie schwierig Jeremias Engagement war, und dass es kein glückliches Ende fand (s. auch 11,18–20; 12,1–6; 15,10–21; 17,14–18; 18,18–23).

Das Weiterwachsen des Buches Jeremia

Obwohl die Weissagungen Jeremias in seiner eigenen Zeit Ablehnung erfuhren, gewann sein geschriebenes Wort für Judäer späterer Generationen große Bedeutung. Die Zerstörung Jerusalems, das Ende der Monarchie und das Exil tausender Judäer in Babylonien ließen seine Unheilsprophetien in einem anderen Licht erscheinen. Baruch oder ein anderer Verfasser schrieb später biographische Berichte über Jeremia, weitere Autoren reicherten die Erzählungen über Jeremia mit Prosaversionen seiner Worte an.

B Das Buch Jeremia

Überblick (über die masoretische Fassung des Buches)

I	Erste Buchrolle: Sprüche gegen Juda (und Israel)	1–25
II	Biographie: Jeremias Aufruf zu Unterwerfung und Hoffnung	26–45
III	Sprüche gegen die Völker	46–51
IV	Historischer Anhang (Adaptation von 2 Könige)	52

Themen

Das Buch Jeremia versucht in der Zerstörung Jerusalems (Beschreibung im geschichtlichen Anhang Kap. 52) einen Sinn zu finden, indem es auf die einst unpopulären Gerichtsweissagungen und Aufrufe zur Unterwerfung unter das Babylonische Imperium zurückblickt. Zusätzlich enthält es Gerichtsworte über andere Völker und – hauptsächlich im „Trostbuch" der Kap. 31–32 – Hoffnungsworte für Juda.

Bei Jeremia haben wir das außergewöhnliche Glück, alte Handschriften mit einer älteren Fassung des Jeremiabuches zu besitzen, die recht verschieden ist von der, die heute in den meisten Bibelausgaben geboten wird. Diese alten Manuskripte – sowohl hebräische Manuskripte, gefunden in der Nähe des Toten Meeres in Qumran, als auch eine jenen sehr ähnliche alte griechische Übersetzung aus dem Hebräischen, die Septuaginta des Jeremia – bezeugen eine Version, die etwa ein Achtel kürzer war als die hebräische Standardausgabe des Buches Jeremia (der masoretische Text, der unseren Bibelübersetzungen zugrunde liegt). Die meisten Forscher sind sich einig, dass die kürzere Jeremia-Ausgabe eine frühere Version des Buches war, bevor viele ihrer Worte, Sätze und auch längere Passagen von späteren Schreibern eingefügt wurden (z. B. 33,14–26; 39,4–13 usw.). Darüber hinaus ist die alte Ausgabe etwas anders aufgebaut als die Standardausgabe des masoretischen Textes. Bei ihr folgen auf die Schriftrolle Kap. 1–25 direkt die Weissagungen gegen die Völker (46–51 in unseren Bibeln), und erst dann die biographischen Erzählungen unserer Kapitel 26–45 und der geschichtliche Anhang Kap. 52. Die hebräische Version des Jeremiabuches, die zum Text der Jüdischen (Masoretischen) Bibel wurde, ist wohl dadurch entstanden, dass die Drohreden über die Völker von ihrem ursprünglichen Ort ans Ende des Buches versetzt wurden (46–51). Dadurch kamen die biographischen Erzählungen über Jeremia (26–45) unmittelbar nach den Worten zu stehen, die ihm zugeschrieben werden (1–25). Diese Reorganisation des Buches Jeremia und die Einfügung von einem Achtel des heutigen Materials geschah Jahrhunderte nach der Zeit Jeremias, vermutlich im dritten oder zweiten Jahrhundert vor unserer Zeitrechnung.

Leider besitzen wir keine Handschriften, mit deren Hilfe wir die ältere Geschichte der Buchwerdung verfolgen könnten. Manche Forscher nehmen an, dass viele dieser Texte nicht von Jeremia geschaffen wurden, sondern von Verfassern während des Exils, die von der Sprache und den Vorstellungen des Deuteronomiums stark beeinflusst waren. Das ist der Grund, warum viele Passagen in Jeremia, zum Beispiel die Tempelrede im Kapitel 7, sehr nach Deuteronomischer Tora klingen. Ironischerweise hat der historische Jeremia wohl diese Tora als verfälscht abgelehnt (8,8–9). Die nachexilischen Texte hingegen legen ihm Worte in den Mund, die das Gericht über Menschen ankündigen, die Gottes „Tora" ablehnen (z. B. 26,4). Wegen solcher Beziehungen zum Deuteronomium sprechen Forscher von einer „Deuteronomistischen Redaktion" des gesamten Buches. Diese exilische Redaktion beginnt mit dem Bericht von Jeremias Berufung in 1,4–10 (vgl. Jes 6 und Ez 1–3) und schließt viele andere Texte des gesamten Buches ein. Wir sehen sogar im Buch Jeremia Texte eingearbeitet, die sich auch im Deuteronomistischen Geschichtswerk finden (vgl. Jer 39,1–10; 40,7–41,18; 52,1–34 mit 2 Kön 24,18–25,30). Insgesamt ist also festzuhalten: Vieles im Buch Jeremia gibt eher die Meinung Baruchs und der deuteronomistischen Verfasser der Exilszeit wieder als die Worte Jeremias selbst.

FOKUS-TEXT Jeremia 31,31–34

Ähnlich wie bei Jesaja sollten wir nicht meinen, dass solche späteren Teile des Buches Jeremia weniger wichtig seien. Im Gegenteil: Texte, die Forscher als Werk späterer „deuteronomistischer" Redaktoren identifiziert haben, sind einige der wichtigsten Texte für jüdische und christliche Gemeinden geworden.

Ein Beispiel ist Jer 31,31–34, ein Prosatext, der in vielerlei Hinsicht auf jeremianischen Weissagungen aufbaut, um damit späteren Gemeinden Hoffnung zu geben. Wie die frühen Prophetenworte Jeremias wendet sich dieser Abschnitt sowohl an Israel als auch an Juda. Er beginnt mit Jahwes Verheißung, mit dem „Haus Israel" und dem „Haus Juda" einen „neuen Bund" zu schließen (31,31). Sodann stellt er den neuen Bund dem älteren gegenüber, den Jahwe mit der Exodus-Generation geschlossen hatte, ein Bund, der – so die Aussage – gebrochen worden ist. Jahwe wird hier wegen des Bundesbruches als besonders schmerzerfüllt gezeichnet, weil er Israel „geheiratet" hatte – eine subtile Anspielung auf ältere Bilder der Ehe zwischen Gott und Mensch in Sprüchen Jeremias (31,32). Aber das Prophetenwort zielt auf Hoffnung, nicht auf Gericht. Der nächste Abschnitt, 31,33–34, bietet die von Jahwe gefundene

Lösung. Anstatt darauf zu warten, dass die Menschen seine Lehren auswendig lernen, wie es die älteren Weisheitstexte (Spr 3,3; 7,3) und die Deuteronomische Tora (Dtn 6,4–7; 11,18–19) empfehlen, wird Jahwe seine Worte den Menschen ins Herz schreiben, damit sie einander nicht länger zum Gehorsam auffordern müssen. Der Gehorsam wird von selbst kommen.

Alle diese Fragen bleiben historisch in der Schwebe. Aber die Inhalte und die Prosaform des Texts lassen die meisten Forscher zum Schluss kommen, dass der Text nicht von Jeremia stammt, sondern von einem späteren anonymen Propheten, der sich an Judäer der Exilszeit wandte. Wie wir in Kapitel 9 sehen werden, waren die exilierten Judäer wegen des Untergangs ihrer Nation verzweifelt und fragten sich, welche Zukunft Jahwe wohl für sie bereithalte. Der Zusatz zum Buch Jeremia in 31,31–34 gibt eine Antwort. Hier wird versichert, dass Jahwe einen neuen Bund mit Israel schließt, bei dessen Beachtung er ihm helfen wird. Im Unterschied zum alten Bund wird er nicht vom schwachen Willen des sehr menschlichen Volkes Jahwes abhängen. Stattdessen wird Jahwe den Bund in das Herz seines geliebten Volkes einschreiben, mit dem er sich vermählt hat, so dass es ihn ganz selbstverständlich erkennen und ihm folgen wird.

Spätere Gemeinden waren zutiefst beeindruckt von dieser Vision in Jer 31,31–34. Sie zeigte ihnen, dass Jahwe bereit war, alles zu tun, um einen Bund zu schließen, der für sein geliebtes Volk wirklich funktionieren würde. Zum Beispiel verstand sich die jüdische Gemeinschaft von Qumran, welche die Schriftrollen vom Toten Meer [„Qumranrollen“] sammelte, als eine Gemeinschaft des „neuen Bundes“, wie Jeremia ihn beschreibt. Nur ein- bis zweihundert Jahre später begann der Begriff des „neuen Bundes“ auch eine wichtige Rolle in der christlichen Bewegung zu spielen. Paulus und Lukas lassen Jesus seinen JüngerInnen sagen, dass der Wein der christlichen Eucharistie „der neue Bund in meinem Blut“ ist (1 Kor 11,25; Lk 22,20). In 2 Kor 3 geht Paulus noch weiter und benutzt Jer 31,31–34, um zu versichern, dass der „Geist des lebendigen Gottes“ einen „neuen Bund“ in die Herzen der Mitglieder seiner Gemeinde in Korinth geschrieben habe (s. besonders 2 Kor 3,6). So wie Jer 31,31–34 den alten Bund dem neuen gegenüberstellt, so stellt Paulus diese Schrift des Geistes auf den „Tafeln der menschlichen Herzen“ der Schrift auf den „Steintafeln“ des Mose gegenüber. Mit dieser Redefigur kann Paulus Gottes Rolle bei der Rechtfertigung der Korinther betonen. Ihre Gerechtigkeit ist also nichts, dessen sie sich selbst rühmen könnten (2 Kor 3,2–6). Zur Zeit des Paulus wurde der „neue Bund“ von Jer 31,31–34 in der christlichen Bewegung schon als ein Bund ausgelegt, durch den sowohl Juden als auch Heiden in einer Beziehung zu Gott stehen, deren Mittelpunkt der Glaube an Christus ist.

Schließlich übertrugen Christen später eine Ableitung aus der Bezeichnung „Neuer Bund“ – nämlich „Neues Testament“ – auf die verschiedenen Schriften ihrer Bewegung, zum Beispiel die Evangelien von Matthäus, Markus und Johannes, das Doppelwerk des Lukas (Evangelium und Apostelgeschichte) usw. Die älteren jüdischen Schriften belegten sie dann mit dem entsprechenden Ausdruck „Altes Testament“. Wenn wir dies alles im Lichte von Jer 31,31–34 betrachten, würde das bedeuten, dass das „alte Testament“ durch das neue ersetzt wurde. Der Jeremiatext beschreibt doch, wie Jahwe einen älteren, gebrochenen Bund durch einen neuen ersetzt. Aber als die beiden Bezeichnungen – „Altes“ und „Neues Testament“ – aufkamen, waren beide Schriftensammlungen für das Christentum wichtig. Kirchenführer lehnten den Versuch z. B. Marcions (2. Jh.) ab, in der Kirche nur die Bücher des Neuen Testamentes anzuerkennen, vielmehr wurde von den Theologen in vielerlei Hinsicht betont, wie die Schriften des Alten Testaments auf Werte und Überzeugungen hinweisen, die für das Christentum zentral sind.

Die Worte über den „neuen Bund“ in Jer 31,31–34 stellten also die grundlegenden Begriffe für die spätere Unterscheidung der Schriften in „Altes Testament“ und „Neues Testament“ bereit und benennen damit gleichzeitig eine der größten Herausforderungen für das Christentum. Sollten hebräische Schriften wie Jer 31,31–34 jetzt auch selbst als Teil eines überholten „Bundes“ verstanden werden? Oder könnten diese Schriften dazu dienen, mehr über das Wesen des Evangeliums zu lernen, das jetzt in die Herzen der christlichen Gläubigen geschrieben ist?

Abschließende Bemerkungen zur vorexilischen Zeit

In vorangegangenen Kapiteln unserer Einführung wurde ein Überblick über Textarten (und verschiedene Überlieferungen) geboten, die zu bestimmten Zeiten im Alten Israel und in Juda in Gebrauch waren. Dieses Kapitel schließt mit der Beschreibung zweier Textgruppen, die vermutlich in verschiedenen Kreisen Judas gegen Ende des 7. Jahrhunderts wichtig waren. Einerseits befassten sich viele Menschen in Juda weiterhin mit alten Textgattungen: Sprichwörtern und Weisheitslehren, Königs- und sonstigen Psalmen, Liebeslyrik, Mythen über Schöpfung und Flut, auch Traditionen mit starker Verbindung zum Norden, wie etwa der Jakobs- und Josefsgeschichte, die heute in Gen 25–50 steht. Andererseits hatte das Buch Deuteronomium den Anspruch erhoben, eine neue Art von „Weisheit“ zu bieten. Einige, wie zum Beispiel Jeremia, scheinen auf diesen Anspruch des Deuteronomiums, wahre Toraweisheit zu sein, skeptisch reagiert zu haben (Jer 8,8–9). Auch die Geschichtszeugnisse, die wir kennen, legen nahe, dass die Könige nach Joschija die Deuteronomische Tora nicht sehr ernst genommen haben. Wie dem auch sei, das Buch Deuteronomium beansprucht, ein möglicher Ersatz für ältere Formen der Belehrung zu sein; das Deuteronomistische Geschichtswerk erzählt die ganze Geschichte des Volkes aus dieser Perspektive neu. Obwohl im Deuteronomium alte Weisheitstexte nachklingen, ruft es das Volk auf, all seine Zeit einzusetzen, um die Lehren der Mose-Tora zu memorieren (Dtn 6,6–9). Im Deuteronomium und im Geschichtswerk, das ihm folgt, bleibt wenig Raum für Konkurrenzansprüche oder -texte.

Mit dem Tod Joschijas haben wohl viele die Ansprüche des Deuteronomiums und des Deuteronomistischen Geschichtswerkes abgetan, aber zumindest eine Familie scheint diese Schriften weiterhin geschätzt und erweitert zu haben: die Familie Schafans. Schafan war der Schreiber Joschijas und wird als einer der Hauptakteure der Entwicklung beschrieben, die zur Präsentation der Deuteronomischen Tora vor König und Volk (2 Kön 22,3–10) und zu ihrer Überprüfung durch die Prophetin

Hulda führte (2 Kön 22,14–20). Er war möglicherweise in der Zeit Joschijas an der Überarbeitung der Deuteronomischen Tora und an der deuteronomistischen Umarbeitung anderer Geschichtsüberlieferungen beteiligt, die Joschijas Reform unterstützen sollten. Außerdem spielte seine Familie in der weiteren judäischen Geschichte eine wichtige Rolle. Sein Sohn Ahikam gewährte Jeremia Schutz, als man ihn nach seiner Tempelrede umbringen wollte (Jer 26,24). Sein Enkel [Micha] hatte als einer der Ersten von Jeremias Schriftrolle gehört und dafür gesorgt, dass sie an Palastbeamte weitergeleitet wurde (Jer 36,10–13). Zu jener Zeit scheint die Familie Schafans schon nicht mehr zum judäischen Insiderkreis gehört zu haben. Dennoch wurde eines ihrer Mitglieder, Schafans Enkel Gedalja, von den Babyloniern als Statthalter eingesetzt, nachdem der letzte König entfernt worden war (2 Kön 25,22). Er propagierte eine Botschaft der Zusammenarbeit mit Babylonien, die ähnlich klingt wie die Prophetie Jeremias (2 Kön 25,23–24 // Jer 40,7–12). Gedalja wurde umgehend ermordet (2 Kön 25,25 // Jer 41,1–3), aber es ist sehr wahrscheinlich, dass seine Familie zu jener Gruppe gehörte, die die in diesem und im vorigen Kapitel vorgestellten Schriften schätzte und bewahrte. Im Dämmerlicht der judäischen Monarchie, als viele Menschen Bücher wie das Deuteronomium oder Jeremia abgetan haben mögen, erweiterte diese Gruppe das Deuteronomistische Geschichtswerk und überarbeitete/erweiterte die Weissagungen Jeremias, so dass seine Schriftrolle besser mit den Werten des DtrG harmonierte.

So ist das Ende des 7. Jahrhunderts eine Zeit, in der wichtige biblische Überlieferungen entstanden. Aber alle diese Schriften hatten noch einen langen Weg vor sich, bis aus ihnen die Bibeltexte wurden, die wir heute kennen. Es scheint, dass sie in weiten Kreisen für unwichtig gehalten wurden, bis Jerusalem vom totalen Desaster heimgesucht wurde, das seinem Tempel und seinem Königtum ein Ende machte. Außerdem wurden Jeremia und das DtrG unter dem Eindruck dieser Katastrophe überarbeitet, so dass sich zum Beispiel das DtrG jetzt bis zu den ersten Anfängen der Exilszeit erstreckt. In Kapitel 9 werden wir die Auswirkungen der Katastrophe auf weitere biblische Überlieferungen untersuchen.

Rückblick auf Kapitel 8

1. Wie versteht Zefanja den „Tag Jahwes" im Unterschied zum üblichen Verständnis? Welcher andere Prophet hatte dieselbe Sicht?

2. Wie dürfte sich die Bedeutung der biographischen Erzählungen (jetzt Jer 26–45) verändert haben, als sie vom Ende des Buches an ihren heutigen Platz zwischen den Worten Jeremias (1–25) und den Weissagungen über die Völker (jetzt 46–51) versetzt wurden?

3. Wie war die Reaktion auf die Prophetie Jeremias, wie auf Weissagungen von Propheten des 8. Jahrhunderts? Wo sind Ähnlichkeiten, wo Unterschiede festzustellen?

4. Wenn Sie Jeremia mit älteren Propheten wie Hosea oder Jesaja vergleichen – wer hat der heutigen Gemeinde, der Sie verbunden sind, mehr zu sagen? Warum? Was würden sie heute sagen?

Weiterführende Literatur

BAUMANN, Gerlinde. *Gottes Gewalt im Wandel. Traditionsgeschichtliche und intertextuelle Studien zu Nahum 1,2–8*. Neukirchen-Vluyn: Neukirchener Verlag, 2005 (WMANT 108)

DIETRICH, Walter; SCHWANTES, Milton (Hrsg.). *Der Tag wird kommen. Ein interkontextuelles Gespräch über das Buch des Propheten Zefanja*. Stuttgart: Katholisches Bibelwerk, 1996 (SBS 170)

FABRY, Heinz-Josef. *Nahum*. Freiburg: Herder, 2006 (Herders Theologischer Kommentar zum Alten Testament)

FISCHER, Georg. *Jeremia: Der Stand der theologischen Diskussion*. Darmstadt: Wissenschaftliche Buchgesellschaft, 2007

FISCHER, Georg. *Jeremia 1–25; Jeremia 26–52* (2 Bde.). Freiburg: Herder, 2005 (Herders Theologischer Kommentar zum Alten Testament)

IRSIGLER, Hubert. *Zefanja*. Freiburg: Herder, 2002 (Herders Theologischer Kommentar zum Alten Testament)

MAIER, Christl. *Jeremia als Lehrer der Tora. Soziale Gebote des Deuteronomiums in Fortschreibungen des Jeremiabuches*. Göttingen: Vandenhoeck & Ruprecht, 2002 (FRLANT 196)

PERLITT, Lothar. *Die Propheten Nahum, Habakuk, Zephanja*. Göttingen: Vandenhoeck & Ruprecht, 2004 (ATD 25,1)

SCHMIDT, Werner H. *Das Buch Jeremia Kapitel 1–20*. Göttingen: Vandenhoeck & Ruprecht, 2008 (ATD 20)

THIEL, Winfried. *Die deuteronomistische Redaktion von Jeremia 1–25; Die deuteronomistische Redaktion von Jeremia 26–45* (2 Bde.). Neukirchen-Vluyn: Neukirchener Verlag, 1973; 1981 (WMANT 41; 52)

Bibliographie der englischen Originalausgabe (Chapter 8)

Carroll, Robert. *Jeremiah*. Old Testament Library. London: SCM, 1986.

Clements, R. E. *Jeremiah*. Interpretation. Atlanta: John Knox Press, 1988.

Thompson, John. *The Book of Jeremiah*. New International Commentary on the Old Testament. Grand Rapids: Eerdmans, 1979.

Kapitel 9
Klagen, Geschichte und Prophetien nach der Zerstörung Jerusalems

Das Exil ist das Zentrum der Geschichte des Alten Israel; an diesem Zeitabschnitt orientieren sich alle anderen Epochen. In der vorexilischen Zeit ist die Reform Joschijas ein entscheidender Wendepunkt, aber schon der Ausdruck „vorexilisch" zeigt, dass das Exil selbst noch wichtiger ist. In den meisten Diskussionen zur Geschichte der Hebräischen Bibel geht es um drei große Epochen: vorexilisch, exilisch, nachexilisch. Wie wir noch in Kapitel 11 sehen werden, wurde die nachexilische Zeit besonders von denjenigen geprägt, die aus dem Exil nach Juda zurückgekehrt waren. Aber für die meisten, deren Familien Juda verlassen hatten, gab es keine Rückkehr aus dem „Exil" ins Heimatland, viele „Juden" lebten seit dem Exil außerhalb Judas. So stellen die Deportationswellen von Judäern, zuerst 597 und dann 586 (und nochmals 582), eine neue Ära in der Geschichte des Volkes Israel und der Entstehung der Bibel dar. Von da an hatte „Israel" keinen Nationalstaat mehr. Im Gefolge des Exils und der Zerstörung Jerusalems waren ihre Schriften nun Texte für Exilierte und Rückkehrer; beide wohnten in einem Land, das von anderen beherrscht wurde. Die Verbindung von Text und stadtstaatlichem Königtum war zerbrochen, und die Bibel würde nie wieder das sein, was sie einmal war.

Dieses Kapitel ist das erste von zweien, die Bibeltexte in den Blick nehmen, die mit dem Babylonischen Exil in Verbindung gebracht werden können. Hier betrachten wir die Klagelieder in ihrer Reaktion auf die Zerstörung Jerusalems, an Exilierte gerichtete Prophetien im Buch Ezechiel und in den Kapiteln 40–55 des Buches Jesaja, schließlich die Überarbeitung von Teilen des Deuteronomistischen Geschichtswerkes im Lichte der Zerstörung Jerusalems. Deutlich wird: Im Exil treten zunehmend Traditionen über die Ursprünge Israels vor der Landnahme in den Vordergrund. Ferner betonen viele Exilsüberlieferungen die Verheißung Jahwes, zu seinem Volk trotz seiner Sünden weiterhin zu stehen. Diesen Elementen werden wir auch im folgenden Kapitel begegnen, das Pentateuch-Überlieferungen behandelt.

Das 6. Jahrhundert: Die Zerstörung Jerusalems und das Babylonische Exil

L 2 Kön 23,29–25,30.
Klagen aus der Exilszeit: Ps 137; Klgl 1; Jes 63,7–64,12

Bevor Sie das Kapitel durcharbeiten, lesen Sie die „Klagen aus der Exilszeit" und schreiben Sie mit einigen wenigen Worten auf, was die Texte in Ihnen auslösen.

Trotz hochgespannter Hoffnungen in der Zeit Joschijas hatte das Königreich Juda nie eine längere Zeit der Unabhängigkeit erreicht, noch seine Kontrolle über den Norden festigen können. Stattdessen fiel Joschija 609 bei einem militärischen Zusammenstoß mit dem ägyptischen Pharao Necho, der Israel auf dem Weg nach Mesopotamien durchquerte. Dort wollte Necho Assyrien gegen eine neu aufstrebende Militärmacht unterstützen: gegen das emporkommende „Neubabylonische" Reich (im Unterschied zum „Altbabylonischen" Reich zu Beginn des zweiten Jahrtausends), in dem eine Gruppe aramäischer Völker, „Chaldäer" genannt, das Sagen hatte. So begann eine Zeit, in der Juda und seine Könige sich unter der neubabylonischen Oberherrschaft zu behaupten versuchten. Obwohl Pharao Necho einen der Söhne Joschijas, Jojakim, zu dessen Nachfolger eingesetzt hatte, wurde Jojakim bald ein Vasall Babyloniens. Wenige Jahre später versuchte er, sich mit ägyptischer Hilfe von der babylonischen Oberherrschaft zu befreien, aber das babylonische Heer marschierte in Juda ein und belagerte Jerusalem. Um den Zorn der Babylonier abzuwenden, ermordeten die Jerusalemer allem Anschein nach Jojakim und ersetzten ihn durch seinen Sohn Jojachin. Trotzdem nahmen die Babylonier den jungen König gefangen und führten ihn und einige tausend Judäer der Elite im Jahr 597 ins Exil. Das war die erste Welle von Zwangsumsiedlungen von Judäern während der Babylonischen Herrschaft. Die Babylonier bestimmten als neuen König Zidkija, einen Sohn Joschijas und Onkel Jojachins. Von den Babyloniern eingesetzt, war Zidkija ein schwacher Herrscher, der von vielen seiner Landsleute nicht anerkannt wurde. Nach etwa zehn Jahren versuchte er, wie schon zuvor sein Bruder Jojakim, sich von Babylonien zu lösen, indem er sich einer antibabylonischen Koalition mehrerer Vasallenstaaten anschloss.

Der Aufstand Zidkijas brachte für die Babylonier das Fass zum Überlaufen. Nebukadnezar marschierte 586 gegen Jerusalem und schlug Breschen in die Stadtmauer (s. auch Abb. 9.1). Er zerstörte den Tempel, den Juda für unverwundbar hielt, führte noch weitere Mitglieder der Oberschicht ins Exil (obwohl weniger als 597) und setzte Gedalja, einen Enkel Schafans, als Statthalter in der wenige Kilometer nordwestlich von Jerusalem gelegenen Stadt Mizpa ein. Die letzten auf uns überkommenen historischen Nachrichten deuten auf einen Zusammenbruch der Herrschaftsstrukturen im Lande hin. Die Situation in Juda wurde immer dramatischer: Gedalja wurde ermordet, die Mörder flohen vor seinen Truppen nach Ammon, die Anhänger Gedaljas

Abb. 9.1 Nach der babylonischen Eroberung Jerusalems hinterlassene Asche und Pfeilspitzen.

aus Furcht vor babylonischen Repressalien nach Ägypten; Jeremia wurde gezwungen, sie zu begleiten (2 Kön 25,25–26 // Jer 41–42). Die letzte Nachricht über die Situation in Juda berichtet von einem neuen Angriff der Babylonier und einer dritten Deportationswelle aus Juda nach Babylonien im Jahre 582 (Jer 52,30; s. Karte 9.1).

Für Tausende von Judäern der Oberschicht ging inzwischen das Exilsleben in Babylonien weiter, wohin sie zwangsweise umgesiedelt worden waren. Die Königsbücher (und das Buch Jeremia) enden mit einer kurzen Bemerkung, dass König Jojachin in seinem 37. Exilsjahr in Babylon aus dem Gefängnis entlassen wurde, einen Platz an der Tafel des babylonischen Königs erhielt und einen bestimmten Unterhalt empfing (2 Kön 25,27–30; angepasst in Jer 52,31–34; vgl. Ez 1,2). Der Bericht stammt von exilierten Verfassern, die das zu Joschijas Zeiten ausgearbeitete Deuteronomistische Geschichtswerk erweiterten, und wird von babylonischen Listen über Zuteilungen an Jojachin bestätigt. Er zeigt den leisen Hoffnungsschimmer, den die Exilierten in der Begnadigung ihres Königs erblickten. Jedoch gibt es keine weiteren Nachrichten über Jojachin. Nie wieder gelangte ein davidischer König an die Macht. Für die Jerusalemer Monarchie und die direkt mit ihr verbundenen Institutionen war die Sonne untergegangen, die Zukunft des Volkes lag nun in einem Leben ohne eigenen Monarchen.

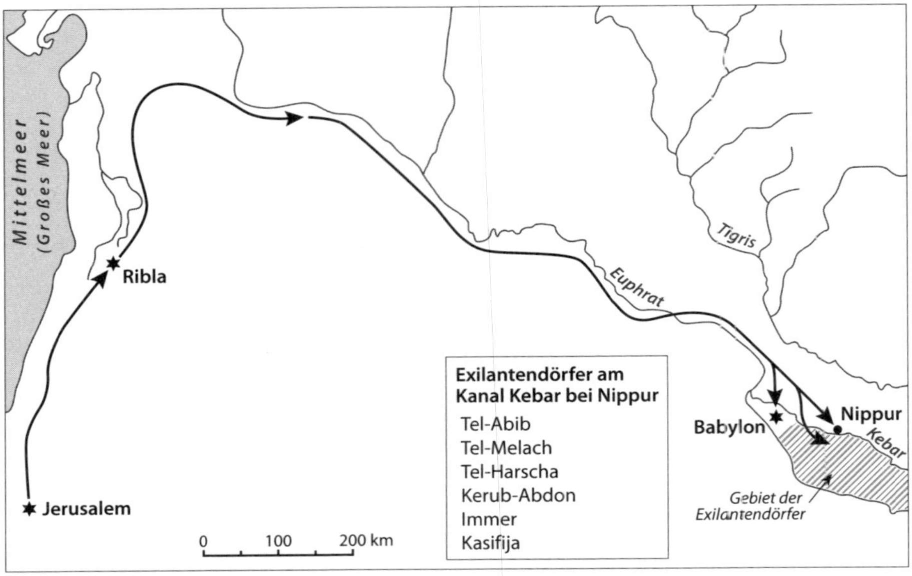

Karte 9.1 Die Deportation nach Babylonien. Nachzeichnung nach: AHARONI, Yohanan; AVI-YONAH, Michael. *The Macmillan Bible Atlas (revised edition)*. New York: Macmillan, 1997, Karte 163.

Ohne das Königtum, das eine Geschichtsschreibung hätte weiter finanzieren können, bleiben besondere Ereignisse während des Babylonischen Exils im Dunkeln. Bibeltexte bieten nur indirekte Informationen über das Exilsleben, aber es war mit Sicherheit sehr beschwerlich. Die Exilierten wurden in abgelegenen Gebieten Zentralbabyloniens zwangsangesiedelt, wo sie arbeiteten und Hunderte von Kilometern von ihrem Heimatland entfernt ein erträgliches Gemeinschaftsleben zu realisieren versuchten. Obwohl die Verbannten nicht versklavt wurden und sich gemeinsam ansiedeln durften, nennen manche Exilstexte die babylonische Oberherrschaft ein „Joch" (Ez 34,27; Jes 47,6; Jer 30,8). Babylonien wurde in den sonstigen biblischen Überlieferungen zum Symbol des Erzfeindes. Verschiedene Traditionen behaupten, dass einige der Exilierten in Ketten gelegt wurden (Jer 40,1; Flavius Josephus, *Jüdische Altertümer* 10,100–103; vgl. auch Nah 3,10); exilische Passagen im Buch Jesaja sprechen von Jerusalems Zeit der „Zwangsarbeit", des „Frondienstes" (Jes 40,2), vom Leben in Kerkern (Jes 42,7; 49,9) und vom „Ausgeraubtsein" (Jes 42,22). Gleichzeitig rühmt eine der Inschriften Nebukadnezars, dass er Menschen aus Juda und anderen Gegenden gezwungen habe, den Tempel in Babylon neu zu erbauen (vgl. die Box auf S. 207). Babylon war ihr neues Ägypten geworden (s. Abb. 9.2).

Klagelieder und Prophetenworte dieser Zeit geben einen Eindruck von den inneren Erfahrungen mit dem Exil. Psalm 137 erinnert an Judäer, die an den Strömen Babylons weinten, während die Zwingherren höhnisch verlangten, sie sollten ihnen „Lieder vom Zion singen". Die Exilierten singen in der Tat davon, wie sie Jerusalem im Gedächtnis bewahren wollen, obwohl sie weit von der Heimat entfernt sind.

Wenn ich dich je vergesse, Jerusalem, /
dann soll mir die rechte Hand verdorren.
Die Zunge soll mir am Gaumen kleben, /
wenn ich an dich nicht mehr denke, /
wenn ich Jerusalem nicht zu meiner höchsten Freude erhebe. (Ps 137,5–6)

W Zwangsarbeit von Exilanten unter Nebukadnezar

Ausschnitt aus einer Bauinschrift Nebukadnezars II., die den Einsatz von Menschen aus seinem gesamten Imperium beim Bau des „Etemenanki“ bezeugt, des großen Marduktempels im Zentrum der Stadt Babylon:

[…] alle Rassen, Völker aus fernen Orten, die Marduk, mein Herr, mir ausgeliefert hat, setzte ich zur Arbeit beim Bau des Etemenanki ein. Ich zwang ihnen den Korb zum Ziegeltragen auf.
(Übersetzung nach SMITH, D. The Politics of Ezra: Sociological Indicators of Postexilic Judaean Society. In: DAVIES, Philip [Hrsg.]. *Second Temple Studies I*. Sheffield: Sheffield Academic Press, 1991, S. 79 [JSOTSup 117])

Abb. 9.2 Rekonstruktion eines Teils des prächtigen Ischtartors im Herzen des Babylonischen Imperiums.

Das erste Kapitel der Klagelieder ist ein Alphabet des Leidens, dessen Verse mit den Buchstaben des hebräischen Alphabets beginnen. Nach einer einleitenden Klage über „Frau" Zion schreit sie selbst ihr Leid hinaus:

> Schwer ist das Joch meiner Sünden, /
> von seiner Hand aufgelegt.
> Sie stiegen mir über den Hals;
> da brach meine Kraft.
> Preisgegeben hat mich der Herr, /
> ich kann mich nicht erheben. (Klgl 1,14)

Gleichsam im Nachhall vorexilischer Propheten wie Hosea und Jeremia spricht die Zionsgestalt: „Ich rief nach meinen Geliebten, doch sie betrogen mich. Meine Priester, meine Ältesten sind in der Stadt verschmachtet" (Klgl 1,19). In einem Klagelied in Jes 63,7–64,12 schreien die alten Judäer zu Gott: „Deine heiligen Städte sind zur Wüste geworden. Zion ist eine Wüste, Jerusalem eine Öde" (64,10). Sie klagen Jahwe, ihrem „Vater" (64,8): „Du hast dein Angesicht vor uns verborgen und hast uns der Gewalt unserer Schuld überlassen" (64,7). Solche Klagelieder gehören zu der alten literarischen Tradition Israels, in aller Rechtschaffenheit zu Gott zu schreien und Gott sogar für die Mängel seines Volkes verantwortlich zu machen. Wir werden die Klagelieder in Kapitel 11 besprechen. Hier ist nur wichtig festzustellen, dass diese Texte, vor allem die Volksklage, die von den Exilierten in Jahrzehnten neubabylonischer Unterdrückung aufgestauten Gefühle von Schuld, Trauer, Angst und Wut zum Ausdruck brachten.

B Die Klagelieder

Überblick: Fünffältiger (= Tora) Schrei nach Wiederherstellung Jerusalems

I	Vier alphabetische Lieder mit Einzelheiten des Leids Jerusalems und seiner Bewohner	1–4
II	Abschließende Volksbitte um Wiederherstellung	5

Thema und Zweck

Auch andere Kulturen des Alten Orients haben Klagelieder über die Zerstörung bedeutender Städte verfasst und in ihre literarischen Traditionen aufgenommen. Die einzelnen Kapitel des Buches der Klagelieder sollten an die Zerstörung Jerusalems im Jahr 586 erinnern, besonders am 9. Ab, dem Gedenktag dieses Ereignisses. Im Laufe der Zeit wurden die Klagegesänge jedoch zu einem Schrei, der die verschiedensten Formen jüdischen Leidens ausdrückt, von der Zerstörung des Zweiten Tempels bis hin zum Völkermord unter Hitler und anderen Leiden der Gegenwart.

Die spezifische Dynamik des Exils kann durch eine sozialgeschichtliche Analyse der Bibel erhellt werden, die heutige soziologische und anthropologische Erkenntnisse nutzt, um ein differenzierteres Bild des Alten Israel zu erhalten. Daniel Smith-Christopher zum Beispiel zieht in seinem Buch *Religion of the Landless* (s. die Weiterführende Literatur zu diesem Kapitel) aktuelle ethnographische Forschungsergebnisse heran. Dabei geht es um zeitgleich existierende Gruppen, die eine Zwangsumsiedlung aus ihrer Heimat durchgemacht haben. Anhand heutiger Erlebnismuster versucht der Autor zu rekonstruieren, was Israels Erfahrungen mit dem Babylonischen Exil gewesen sein mögen. Er kommt zu dem Ergebnis, dass die Trennung von der Heimat unvermeidlich tief greifende Veränderungen für die „umgesiedelte" Gruppe bedeutet. Nicht Kontinuität, sondern Transformation ist die Norm.

Smith-Christopher stellt fest, dass Exilsgemeinschaften sich nach vergleichbaren Mustern verändern: Diasporagemeinden sind vielfältigen vergleichbaren Herausforderungen ausgesetzt. Da sie als Minderheiten in einer fremden Mehrheitskultur leben müssen, werden Familien- und Klantraditionen oft weit wichtiger als zuvor, während andere, ihr vorangegangenes Leben betreffende Traditionen verschwinden oder umgeformt werden. Zum Beispiel können im Exil judäische Traditionen über den Segen des Königs so umgestaltet worden sein, dass sie zum Segen eines alten Vorfahren oder zum Segen Gottes über einen ausländischen Erretter wurden. Anstelle des untergegangenen königlichen Verwaltungsapparates waren die einzigen Organisationsformen der exilierten Judäer ihre Familieneinheiten („Haus des Vaters"), die von einer Gruppe von „Ältesten" regiert wurden. Zusammen mit überlebenden Mitgliedern der Priesterfamilien führten Älteste die judäische Exilsgemeinde an.

Für die Judäer im Babylonischen Exil wurden neue Lebenspraktiken wichtig, vor allem für diejenigen, die ihre Identität in einer feindlichen kulturellen Umgebung bewahrten. So scheinen die Beschneidung (die in Babylonien nicht üblich war) und die Einhaltung des Sabbats an Bedeutung gewonnen zu haben. Ferner standen die judäischen Exilierten vor der Herausforderung, sich nicht der sie umgebenden Kultur, besonders durch Einheirat, zu assimilieren. Wie viele heutige Exilsgemeinschaften suchten sie Mittel und Wege, ihre Kinder von Ehen mit Ausländern abzuhalten. Dies ist ein besonders wichtiger Punkt, dass im Exil lebende Gemeinschaften – damals wie heute – ihr Verhalten ändern, um kulturell überleben und zu einer eigenen Identität kommen zu können.

Die Brutalität der Deportation kann ein weiterer Faktor bei der Transformation der Überlieferungen gewesen sein. Natürlich ist es denkbar, dass exilierte Judäer einige Schriftrollen mit alten Texten nach Babylonien mitnahmen. Sehr wahrscheinlich aber haben die meisten „Weggeführten" nicht viel zusammenpacken können, während Jerusalem brannte und der Tempel – der übliche Aufbewahrungsort alter Schriftrollen – zerstört wurde. Aber die deportierte gebildete Oberschicht hatte, so war sie erzogen worden, die alten Texte auswendig gelernt. Die Deuteronomische Tora, die Sprichwörter, das Hohelied und andere Texte standen auf den „Tafeln ihres Herzens geschrieben" (Spr 3,3; 7,3). In Babylonien konnten diese Menschen auf das Memorierte zurückgreifen und neue Schriften anfertigen – Textwiedergaben, die häufig die neuen Herausforderungen und Hoffnungen des Exilslebens widerspiegelten.

Die Exilsausgabe des Deuteronomistischen Geschichtswerkes (und des Buches Jeremia)

L	Dtn 30,1–10 (vgl. Dtn 30,11–20) 2 Kön 21,2–16; 23,26–28

Ein Beispiel für Bewahrung und Veränderung alter Textüberlieferungen ist die exilische Überarbeitung und Erweiterung des DtrG. Wir sahen in Kapitel 7, dass die vorexilische Fassung dieses Geschichtswerkes wahrscheinlich mit einer abschließenden Evaluation der Regierung Joschijas endete (2 Kön 23,25). In seiner frühen Form war das Werk als eine geschichtlich-theologische Rechtfertigung für Joschijas Versuche gedacht, das nördliche und das südliche Israel unter einem zentralisierten Jahwekult zu vereinigen. Aber Joschija starb, und Jerusalem, der einzig legitime Ort des Opferkultes in seinem Königreich, wurde zerstört. Spätere Verfasser mussten zu erklären versuchen, warum das geschehen konnte. Ihre Deutung findet sich unmittelbar nach den positiven Bemerkungen über Joschijas Rechtschaffenheit. Die exilischen Geschichtsschreibungs-Erweiterer fügen hier an:

> [Trotz der Rechtschaffenheit Joschijas] ließ der Herr von der gewaltigen Glut seines Zornes nicht ab. Sein Zorn war über Juda entbrannt wegen all der Kränkungen, die Manasse [Joschijas Vorgänger] ihm zugefügt hatte. Darum sprach der Herr: Auch Juda will ich von meinem Angesicht entfernen, wie ich Israel entfernt habe. Ich verwerfe diese Stadt Jerusalem, die ich erwählt habe, und das Haus, von dem ich gesagt habe: Hier wird mein Name sein. (2 Kön 23,26–27)

Das ist die Erklärung, die eine der Exilsgruppen (jene, die das DtrG erweiterte) für das schlimmste Trauma des Exils fand: die Zerstörung der angeblich uneinnehmbaren Stadt Jerusalem und ihres Heiligtums. Sie gibt an, die Sünde Manasses sei so groß gewesen, dass die Tugend Joschijas sie nicht hätte aufwiegen können. Wegen der Schuld der vorangegangenen Generation hatte die nächste zu leiden. Ein Spruch, der von Ezechiels Hörern zitiert wird, bringt das sehr lebendig zum Ausdruck: „Die Väter haben saure Trauben gegessen, und den Kindern sind die Zähne stumpf geworden" (Ez 18,2). Wie wir sehen werden, lehnte Ezechiel die Vorstellung strikt ab, dass eine spätere Generation für die Sünden der Eltern zu zahlen hätte. Dennoch ist die Aussage von 2 Kön 23,26–27 eine biblische Bestätigung dieser Auffassung. Sie behauptet ja, dass wegen der Sünden Manasses spätere Generationen die Zerstörung Judas und Jerusalems erleben mussten. Wahrlich saure Trauben!

Das ist nur ein Beispiel für viele Stellen, an denen wohl exilische Verfasser die ihnen zur Verfügung stehende vorexilische Fassung des DtrG bearbeitet oder erweitert haben. Die obige Lektüreempfehlung enthält ein weiteres Beispiel, diesmal vom Anfang des Geschichtswerkes im Buch Deuteronomium. Die Rede in Dtn 30,1–10 wurde für Menschen geschrieben, die „bis ans Ende des Himmels versprengt sind"

(Dtn 30,4). Sie versichert ihnen, dass der Herr sie wiederherstellen und sie in ihr Land zurückbringen wird, wenn sie das Gebot von Dtn 6,5 befolgen, den Herrn „mit ganzem Herzen und ganzer Lebenskraft" zu lieben (Dtn 30,6). Das steht in Spannung zu den Drohungen und Verheißungen von Dtn 30,11–20, einem wahrscheinlich vorexilischen Abschnitt. Die Botschaft von Dtn 30,1–10 legt mehr Gewicht auf die tröstende Verheißung; sie wurde ins Deuteronomium wohl von judäischen Exilanten eingefügt, welche inmitten eines scheinbar totalen Unheils einen Weg in die Zukunft aufzeigen wollten. So gaben die exilischen Deuteronomisten ihrem Volk eine Hoffnung, die auf Rückkehr zum Herrn und zur Tora des Herrn setzte. Solche Überarbeitungen trugen vermutlich entscheidend dazu bei, dass das DtrG und in ihm vor allem das Deuteronomium in der Exils- und Nachexilszeit immer wichtiger wurden.

Das Gleiche gilt für eine ganze Anzahl von deuteronomistischen Zusätzen im Buch Jeremia und in anderen Prophetenbüchern. Kapitel 5 unserer Darstellung enthält einen Abschnitt darüber, wie in die Bücher Micha (vor allem Kap. 4–5) und Jesaja (Kap. 40–55) Hoffnungsworte für Jerusalem/Zion eingefügt wurden, die ganz offensichtlich zur Ermutigung von Exilierten geschrieben wurden. Die Verheißung, die als Zusatz am Ende des Amosbuches steht, Am 9,11–15, ist eine weitere Stelle, wo Exilanten allem Anschein nach den vorangehenden Gerichtsworten einen Trostspruch hinzugefügt haben. Das gesamte Buch Jeremia wurde während des Exils gründlich überarbeitet und erhielt neue Passagen wie etwa die göttliche Verheißung eines neuen Bundes, der in die Herzen geschrieben wird (Jer 31,31–34; vgl. Kapitel 8). Den Gedanken, dass Gott das Herz seines Volkes verwandelt, finden wir dann beim folgenden hier zu behandelnden Propheten – Ezechiel – ganz ähnlich wieder.

Ezechiel

L	Ez 1–3; 8–11; 16; 36–37

Ezechiel ist der einzige Prophet in der Hebräischen Bibel, dessen Weissagungen mit Sicherheit in die Exilszeit datiert werden können. Er war Priester und wurde 597 mit König Jojachin und Tausenden anderen Judäern ins Exil nach Babylonien verschleppt. Dort lebte er in einer jüdischen Siedlung, Tel-Abib, nur wenige Kilometer vom alten sumerischen Bildungszentrum Nippur entfernt. Obwohl in Jerusalem von 597 bis zur Zerstörung 586 Zidkija herrschte, sind alle Prophetien Ezechiels nach den Exilsjahren Jojachins datiert. Ezechiels Tätigkeit begann aller Wahrscheinlichkeit nach sechs Jahre vor der Zerstörung Jerusalems und setzte sich bis vierzehn Jahre danach fort (vgl. Ex 1,2; 40,1). Viele Wissenschaftler teilen das Buch Ezechiel nach den beiden großen Phasen seines prophetischen Wirkens in zwei Teile ein. Ezechiel 1–32 enthält Gerichtsweissagungen aus der Zeit vor der Zerstörung Jerusalems. Diese

Gerichtsworte Ezechiels sind ungefähr zeitgleich mit der letzten Phase der Prophetien Jeremias, wurden aber im Exil an Exilierte verkündet. Dann ändert sich der Ton: Sobald Jerusalem zerstört ist und die Exilierten verzweifelt nach ihrer Zukunft mit Gott fragen, entwickelt Ezechiel lebendige Bilder der Hoffnung, die sich vor allem in den Kapiteln 33–48 seines Buches finden.

Wie andere Bücher bedeutender Propheten enthält auch das Buch Ezechiel an prominenter Stelle eine Berufungserzählung (Ez 1–3), die sich allerdings von anderen Berufungserzählungen darin unterscheidet, dass sie die Einzigartigkeit von Ezechiels Prophetie hervorhebt. Wie bei Jesaja beginnt sie mit einer Vision Gottes und seines Hofstaates (1,4–28), sie ist aber breiter ausgeführt: Es erscheinen vier eigenartige Lebewesen (1,4–14), die zu den Rädern eines Thronwagens gehören (1,15–25), und darüber ein strahlend blauer Thron, auf dem Gott sitzt, „eine Erscheinung des Abbildes der Herrlichkeit des Herrn“ (1,28). Außerdem sieht Ezechiel, im Gegensatz zu Jesaja, Gott außerhalb des Tempels (1,2–28; 3,22–23); die Metaphorik der Räder in seiner Berufungserzählung deutet schon auf seine spätere „Tempelvision“ hin, bei der er Gott den Tempel verlassen und ins Exil gehen sieht (8–11). Die Betonung von Gottes Gegenwart außerhalb des Tempels in Ez 1–3 und 8–11 ist das erste Kennzeichen für den radikal neuen, exilischen Kontext des Prophetie Ezechiels.

Die Botschaft, mit deren Verkündigung Ezechiel beauftragt wird, klingt jedoch so, als solle sie nur die Ankündigungen des Amos, Jesaja und anderer Gerichtspropheten extrem verstärken. Gott beauftragt ihn, zu einem Gottesvolk von „Rebellen“ zu sprechen, mögen sie zuhören oder nicht (2,1–7). Ja, er sagt voraus, dass sie nicht hören, sondern die Botschaft ablehnen werden (3,4–9). Dennoch muss Ezechiel wie ein Wächter auf einem Aussichtsturm, der ein heranrückendes Heer sieht, Alarm schlagen und Gottes herannahendes Gericht verkünden, damit die Menschen sich entscheiden können, ob sie darauf reagieren wollen oder nicht. Tut er das nicht, klebt an seinen Händen das Blut seines Volkes (3,16–21).

Wenn andere Propheten auf Ablehnung ihrer Weissagungen stießen, wurden diese für kommende Generationen aufgeschrieben (z. B. Jes 8,11–18; 30,8–14; Jer 36). In Ezechiels Berufungserzählung ist das Element des Niederschreibens noch wichtiger. Gott zeigt ihm eine Rolle, auf der Worte des Untergangs stehen, und befiehlt ihm, sie zu essen. Ezechiel tut es in einem Akt, der sein gehorsames Memorieren all dessen symbolisiert, was Gott ihm zu verkünden auftrug (2,8–3,3). Dennoch hat die Rolle ihre Bedeutung nicht verloren. Die Erzählung suggeriert, dass die Untergangsworte in jenes Buch eingegangen sind, das wir heute in der Hebräischen Bibel finden. Obwohl Ezechiels eigene Generation nicht auf ihn hörte, hat die Niederschrift seiner Prophetie es ermöglicht, dass sie überdauerte und von späteren Generationen aufgenommen werden konnte.

Ein zentrales Element der Lehren Ezechiels ist seine Verkündigung, dass jede Generation eigenverantwortlich vor Gott steht: Eine ungehorsame Generation wird für ihre Sünden bestraft, aber wenn ihre Kinder aufrichtig sind, werden sie belohnt. Nicht alle stimmten dem zu. Wie wir oben sahen, schreiben exilische Teile des DtrG die Schuld am Leiden der Generation Ezechiels den Sünden einer vorhergehenden Generation zu, vor allem den Übeltaten Manasses (2 Kön 23,26–27). Ezechiel zitiert, wie wir sahen, Menschen seiner Zeit, die sagen: „Die Väter haben saure Trauben gegessen, und den Kindern sind die Zähne stumpf geworden“ (Ez 18,2), aber er lehnt den Spruch entschieden ab. Ganz im Gegenteil besteht er darauf, dass die Väter allein bestraft bzw. für ihre Rechtschaffenheit belohnt werden und ihre Kinder allein aufgrund ihrer Rechtschaffenheit stehen – oder fallen (18,3–24). Viele, die dieses Kapitel im Kontext heutiger Individualismus-Emphase lesen, betrachten es als ein erstes Anzeichen einer individuellen Verantwortung in der Hebräischen Bibel. Das aber ist ein Missverständnis. In jedem Beispiel dieses Kapitels geht es darum, ob spätere Generationen für die Sünden der Vorfahren zu büßen haben oder nicht. Ezechiel will, dass die Exilierten aufhören, Gott als „unfair“ zu betrachten und zu meinen, er hätte sie wegen der Sünden einer früheren Generation bestraft (18,25.29). Stattdessen ruft er sie dazu auf, die Untaten zu bereuen, die sie selbst begangen haben, ein „neues Herz und einen neuen Geist“ anzunehmen, „auf dass ihr lebet“ (Ez 18,31–32).

B Das Buch Ezechiel

Überblick: Gericht und Wiederherstellung Jerusalems

I	Ankündigung des Gerichtes durch einen Wächter	1,1–33,20
II	Wiederherstellung Jerusalems und des Tempels	33,21–48,35

Datierung

Früh- bis spätexilisch.

Themen

Das Thema von Gericht und Wiederherstellung ist schon von anderen Propheten her vertraut. Aber Ezechiel, ein zadokidischer Priester, verleiht seinen Visionen eine zusätzliche darstellerische Ebene (z. B. 1–3 und 37); dazu kommt eine neue Betonung der kultischen Reinheit und eine besondere Konzentration auf den Tempel (9–11) und dessen Wiederherstellung (40–48).

Weitere Informationen

Ezechiel ist auch wegen seiner eigenartigen Zeichenhandlungen bekannt. Zum Beispiel liegt er mehr als ein Jahr auf der linken Seite (4,4–8) oder beklagt den Tod seiner Frau nicht (24,15–27). Verschiedentlich haben Gelehrte diese und andere Aspekte seiner Prophetie als eine Folge mentaler Unausgeglichenheit erklärt. Aber derartige Versuche, den Propheten auf der Basis der ihm zugeschriebenen Literatur psychologisch zu analysieren, sind äußerst riskant. Außerdem berücksichtigen diese Erklärungsversuche nicht, wie zentral für das gesamte Buch die Überzeugung ist, dass Ezechiels Worte und Taten – ob ungewöhnlich oder nicht – eine Botschaft Gottes für die Exilierten und für spätere Generationen waren.

Die von Ezechiel auf das Volk angewandte Metaphorik und Beschreibung seiner „Verbrechen“ klingen ein wenig nach Hosea, aber die Situation hatte sich in den Jahren, die zwischen den beiden Propheten liegen, sehr verändert. Wie Hosea stellt auch Ezechiel Gottes ungehorsames Volk als Frau dar. Wie Hosea benutzt er dieses Bild, um das Versagen des Volkes zu beschreiben, das Jahwe keine exklusive Treue erwiesen hatte: Israel hat weder seinen Gottesdienst rein gehalten (16,15–27) noch politische Machtspiele mit anderen Nationen gescheut (16,28–29). Aber Ezechiels Anwendung weiblicher Metaphorik auf das Volk (die Völker) ist noch entwürdigender und gewalttätiger als diejenige Hoseas. Sie ist durchdrungen von der Sorge um Reinheitsfragen, die für Priester wie ihn typisch waren. Seiner Darstellung nach ist Jerusalem ein weiblicher Nachkomme der kanaanäischen Völker und seit ihrer Geburt gezeichnet von der Verunreinigung durch Blut (16,3–4; 22). Obwohl Gott sie säuberte und gar heiratete, hat sie sich – so wie ihre Schwester Israel – in übelster Weise der Promiskuität hingegeben. Gott gibt sie deshalb jener Entblößung und Auspeitschung preis, die an ehebrecherischen Frauen vollzogen wurde (16,35–42). Noch schlimmer kommt es in einem anderen Kapitel, das diese Symbolik verwendet: Ez 23. Dort wird angekündigt, dass beide Schwestern brutal getötet werden (23,22–49). Der erste Teil des Buches endet mit dem Gebot Gottes an Ezechiel, den Tod seiner eigenen Frau nicht zu beweinen – als Symbol für die Erstarrung, die über das Volk kommen wird, wenn seine geliebte Stadt zerstört wird (24,15–27).

Trotzdem endet das Buch Ezechiel wie auch andere Prophetenbücher mit Hoffnung und nicht mit Gericht. Nach einer Reihe von Drohsprüchen gegen andere Völker (25–32) kehrt das Buch zu den Hauptthemen des ersten Teils zurück (33,1–20) und geht dann über zu Prophetien während (33,21) oder nach (40,1) der Zerstörung des Jerusalemer Tempels. Einige sind Gerichtsworte, zum Beispiel das Orakel gegen Menschen, die nicht verschleppt wurden und Abraham als ihren Stammvater ansahen (33,23–29), oder die Verurteilung der früheren Könige von Juda und Israel („Hirten“) wegen ihrer Selbstsucht und Ungerechtigkeit (34,1–10). Doch diese Gerichtsdrohungen leiten Hoffnungsworte für die Exilierten ein und verheißen, dass Gott ihr Hirte sein wird, der sie aus dem Exil erretten und unter einem neuen davidischen König wieder ansiedeln will (34,11–31). Während Ezechiel im ersten Teil des Buches gegen die Berge des Landes prophezeit (Ez 6), macht er ihnen im zweiten Teil Hoffnung (Ez 36). Hat er zuvor die Herrlichkeit Gottes den Tempel verlassen sehen (11,22–25), sieht er sie jetzt zurückkehren (43,1–6). In einer der machtvollsten Visionen des ganzen Buches sieht er Israel als ein Tal voller „trockener Gebeine“, voller Knochen. Sie symbolisieren die Exilierten, die davon überzeugt sind, völlig am Ende zu sein und keine Hoffnung mehr zu haben (37,11). Gott befiehlt Ezechiel, dieser Ebene voll trockener Gebeine, diesem exilierten Volk zu prophezeien und seine wunderbare Auferstehung erkennen zu lassen (37,12–14).

Die Wiederherstellung, die Ezechiel vorschwebt, hängt nicht davon ab, dass das Volk einen Weg findet, sich selbst zu ändern. Schon seine früheren Weissagungen hatten klargemacht, dass er das Volk dazu für unfähig hielt. So wiederholt Ezechiel in diesem Teil des Buches frühere Verheißungen, dass Gott selbst dem Volk ein neues

Herz und einen neuen Geist geben werde, so dass es Gottes Gesetzen gehorchen kann (36,26–27; 37,14; vgl. 11,14–21). Obwohl die Exilierten in ihrer Verzweiflung glauben mochten, dass Gott nach all dem begangenen Unrecht nie wieder etwas mit ihnen zu tun haben wolle, versichert ihnen Ezechiel, dass Gott all dies tun wird „um seines heiligen Namens willen" (36,22–23.32). Dieser Begriff des „heiligen Namens" bezieht sich auf Gottes guten Ruf. Für Ezechiel war das Ansehen Gottes unter den anderen Völkern geschädigt worden, als diese sahen, dass Gottes auserwähltes Volk aus dem Land fortgeführt wurde (36,20–21). Aber Gott verspricht, seinem Namen dadurch erneut Geltung zu schaffen, dass er die Israeliten zurückbringt und wieder im Land ansiedelt, so dass auch die anderen Völker dies sehen können (36,28–36). So beschreibt Ezechiel eine Restauration, die in keiner Weise von den Tugenden der Exilierten selbst abhängt. Die Verheißung der Wiederherstellung hängt von Gottes Wunsch ab, vor den anderen Völkern gut dazustehen, und nicht von einer plötzlichen Änderung im Verhalten des Volkes.

Deuterojesaja („Zweiter Jesaja")

L Jesaja 40–55

Sehr ähnliche Themen erscheinen bei einem anderen wichtigen mit dem Exil verbundenen Propheten: dem anonymen Propheten, der die Kapitel 40–55 des Buches Jesaja verfasst hat. In Kapitel 6 unserer Darstellung wurde schon erwähnt, dass die Bibelwissenschaft diesen Teil des Jesajabuches als eine Schrift identifiziert hat, die aus einer späteren Epoche der Geschichte Israels stammt, nicht aus der Zeit des geschichtlichen Jesaja. Nun werden wir sehen, wie diese Kapitel wenige Jahrzehnte nach der Zeit Ezechiels über die Ängste und Hoffnungen von Exilierten sprachen. In jener Phase des Exils kann der „Zweite Jesaja" (Deuterojesaja) verkünden, dass der Herr den persischen Großkönig Kyros als seinen Hirten gesalbt hat, also als Gottes „Messias" (Jes 44,28–45,1). Aus anderen historischen Quellen wissen wir, dass Kyros im Jahr 539 v. Chr. das neubabylonische Imperium zu Fall gebracht hat.

W Der Götterrat

Das Volk Israel und die Völker seiner Nachbarländer glaubten, dass ihre jeweiligen Gottheiten einen Hofstaat göttlicher Wesen um sich scharten, einen „Götterrat" (oder „göttlichen Thronrat"). So wie menschliche Könige ihre Ratgeber und

Höflinge hatten, so befragten göttliche Könige die ihren. Spuren dieser Vorstellungen finden sich in der gesamten Hebräischen Bibel: Psalm 89,7 spricht von Jahwes „Rat der Heiligen“. Jesaja 6,8; 40,1 und 40,3 geben Befehle an eine nicht identifizierte Gruppe himmlischer Wesen wieder. In Ijob 1–2 debattiert Gott mit Beratern darüber, ob Ijob uneigennützig ist. Einen schwachen Reflex der Vorstellung vom Thronrat können wir sogar noch in Gen 1,26 sehen, wo Gott beschließt, die Menschheit in „*unserem* Abbild“ zu schaffen und später fürchtet, dass die Menschen werden könnten „wie *wir*“ (Gen 3,22; 11,7).

Der exilische Teil des Jesajabuches beginnt mit einer Berufungsszene im **Götterrat** (Jes 40,1–8). Sie ist ein Nachklang jener Erzählung, in der der Prophet Jesaja des 8. Jahrhunderts seinen Auftrag empfängt (Jes 6,1–13). Der hebräische Originaltext beider Abschnitte (6,1–13 und 40,1–8) zeigt, dass Gott mit anderen göttlichen Wesen spricht, wahrscheinlich Mitgliedern seines göttlichen Thronrates. Zusammen mit ihnen entscheidet er, wer seine Botschaft zu seinem Volk bringen soll (6,8; 40,1–5). In 6,8 fragt Gott eine Gruppe: „Wen soll ich für uns senden?“, und 40,1–2 wird einigen Anwesenden zugerufen, sie sollen gehen und dem Volk Gottes verkünden, dass das Exil, die „Zeit der Zwangsarbeit“, zu Ende sei:

> Tröstet, tröstet mein Volk, /
> spricht euer Gott.
> Redet Jerusalem zu Herzen /
> und verkündet der Stadt,
> dass ihr Frondienst zu Ende geht, /
> dass ihre Blutschuld beglichen ist;
> denn sie hat die volle Strafe erlitten /
> von der Hand des Herrn /
> für all ihre Sünden. (40,1–2)

Jesaja 6, die Berufungsgeschichte des älteren Jesaja (8. Jh.), betont die Konfrontation mit seiner eigenen „Blutschuld“ und mit der des Volkes (6,5). Im Gegensatz dazu legt der spätere Exilstext Nachdruck auf die Vergebung Gottes. Jes 6,3 schildert, wie die „Herrlichkeit“ Jahwes die ganze Erde erfüllt, und 40,3–5 lässt nun die ganze Erde tatsächlich Jahwes „Herrlichkeit“ *sehen*. So wie Ezechiel gesagt hatte, dass Gottes guter Ruf wiederhergestellt werde, wenn die Nationen sähen, wie er sein Volk rettet (Ez 36,28–36), so stellt sich der Zweite Jesaja im Exil vor, wie Gottes Herrlichkeit aller Welt geoffenbart wird, wenn die Exilierten aus Babylonien ausziehen (40,3–5).

B Deuterojesaja („Zweiter Jesaja")

Überblick

I	Aufruf zum zweiten Exodus, diesmal aus Babylonien	40–48
II	Verkündigung von Hoffnung und Rückkehr nach Jerusalem	49–55

Datierung

Spätexilisch.

Themen

Dieser Teil des Buches Jesaja will den Hoffnungslosen Hoffnung geben. Obwohl zunächst vermutlich als eine gesonderte Sammlung von Prophetenworten geschrieben, ist er heute auf interessante Weise mit älteren Teilen des Jesajabuches verbunden (z. B. 40,1–9 // 6). Er enthält auch die berühmten „Gottesknechtslieder" (42,1–4; 49,1–6; 50,4–11; 52,13–53,12), die Gegenstand vieler wissenschaftlicher und religiöser Diskussionen sind.

Der Ankündigung Gottes, er werde Jerusalem befreien, folgen die Berufung des Propheten und seine Verweigerung (40,6), also ein Dialog ähnlich wie in den Berufungsgeschichten Jesajas (Jes 6,5) und Jeremias (Jer 1,6). In diesem Fall gilt die Sorge des Exilspropheten jedoch den verzweifelten Menschen, die „wie Gras" verwelken, wenn der „Atem Jahwes über sie weht" (40,6–7). Er weiß, dass er zu mutlosen Menschen sprechen muss, denen viele falsche Hoffnungen gemacht wurden. Aber eine göttliche Stimme antwortet auf seine Zweifel, gibt ihm zunächst teilweise Recht („Ja, das Gras verdorrt, die Blume verwelkt"), versichert ihm aber dann, dass das „Wort Gottes in Ewigkeit bleibt" (40,8). Auch wenn die Exilierten sich schwach und hoffnungslos fühlen, wird Gottes Wort der Hoffnung und Wiederherstellung bestehen bleiben und sich durchsetzen.

Der Rest von Jesaja 40–55 besteht aus zwei Teilen: 40–48 und 49–55. Der erste Teil, 40–48, ist ein leidenschaftlicher Aufruf an die Exilierten, Gottes Plan zur Herausführung aus Babylonien anzunehmen. Ein zentrales Element ist dabei die Versicherung des Propheten, dass ihr Gott, der bei der Zerstörung Jerusalems scheinbar anderen Gottheiten unterlegen war, mächtig genug ist, sie zu befreien. Deuterojesaja beruft sich hier auf Schöpfungstraditionen, um die Exilierten zu überzeugen, dass der Gott, der die Welt erschaffen hat, sie auch aus Babylonien herausholen kann (40,12–27). Er erinnert sie daran, wie Gott für ihre Vorfahren gesorgt hat, für Abraham, Jakob und die Exodus-Generation (41,8–9; 44,1–2; auch 51,1–2).

Im Kontext der Argumente für die Macht Jahwes erhebt Deuterojesaja einen monotheistischen Anspruch, der in Israels Religion neu ist: Er sagt, dass es keinen anderen Gott gibt als Jahwe. Alle anderen Gottheiten sind falsche Götzen(bilder), wertlose Stücke Holz oder Metall (40,18–20; 41,7; 44,9–20). So versichert Deuterojesaja den Exilierten, dass die Gottheiten anderer Völker absolut keine Konkurrenz für den Schöpfer- und Befreiergott Israels darstellen. In keiner älteren israelitischen Überlieferung finden sich vergleichbare Argumente für die Nichtexistenz anderer Gottheiten. Aus Hosea und dem Deuteronomium kennen wir Aufrufe, andere Gottheiten nicht zu verehren, aber sie gingen nicht davon aus, dass es solche Gottheiten gar nicht gäbe. Das genau ist der entscheidende Punkt, auf den Deuterojesaja mit seinen aufmunternden Worten an die Exilierten verweist. Spätere Überlieferungen werden den **Monotheismus** als selbstverständlich betrachten.

Jesaja 40–48, die erste Hälfte des Deuterojesaja, schließt mit einem prophetischen Argument, das nur Sinn macht, wenn es direkt an die Exilierten gerichtet ist und nicht an frühere Hörer. Gott erinnert die Verschleppten an ältere, schon erfüllte Weissagungen, an die „früheren Dinge“, die er durch die Propheten kundgetan hat. Jetzt, nachdem das „halsstarrige“ Volk Gottes gesehen hat, wie sich die Prophetien erfüllt haben, sollte es in der Lage sein, Gottes Ankündigung der „neuen Dinge“ zu vertrauen (48,4–6). Dazu gehört auch Jahwes Plan, das Neubabylonische Imperium (6. Jh.) zu zerstören (48,14). Man mag es theoretisch für möglich halten, dass ein Prophet des 8. Jh.s, Jesaja, den Untergang des Babylonischen Reiches genau hätte vorhersagen können. Aber er hätte doch nicht zu seinen Zeitgenossen so gesprochen, wie wenn seine Weissagungen über Juda schon in der Vergangenheit lägen. Und der Jesaja des 8. Jh.s hätte seine Hörer, die noch in Juda lebten, auch nicht aufgefordert: „Heraus aus Babel, flieht aus Chaldäa, verkündet es jauchzend [...]: Der Herr hat seinen Knecht Jakob losgekauft“ (48,20). Das sind in der Tat Worte eines unbekannten Exilspropheten, und sie wenden sich an Hörer im Exil, die sich danach sehnen, in die Heimat zurückzukehren.

Der zweite große Abschnitt Deuterojesajas, 49–55, thematisiert die Aufgaben der Rücksiedlung und der Wiederherstellung Jerusalems. Diese Kapitel beginnen wie die Kapitel 40–48 mit einer Berufung (49,1–6; vgl. 40,1–8). Diesmal beauftragt Gott einen **„Knecht“**, der die verbannten Israeliten wieder um Gott sammeln und den „Enden der Erde“ Gottes Herrlichkeit enthüllen soll (49,5–6). Wer dieser „Knecht“ hier und in anderen Texten des Zweiten Jesaja ist, hat Bibelleser seit jeher beschäftigt (s. die anderen **„Gottesknechtslieder“** in Jes 42,1–8; 50,4–9; 52,13–53,12, die ebenfalls einen bestimmten Knecht thematisieren). In den meisten Textpassagen von Jes 40–48 behandelt Gott das gesamt Volk Israel/Jakob als seinen Knecht (41,8–9; 43,10; 44,1; 48,20). An anderen Stellen scheint der „(leidende) Knecht“ aber vom Volk unterschieden zu sein und ihm zu dienen (z. B. 49,5–6). Die frühen Christen waren davon überzeugt, dass der Knecht überall in Deuterojesaja Jesus Christus sei. Es ist jedoch äußerst unwahrscheinlich, dass ein judäischer Exilsprophet wirklich auf den Gedanken gekommen wäre, Jesus Christus vorherzusagen. Vielmehr wird von den meisten Bibelwissenschaftlern die Auffassung vertreten, dass der „Knecht“ Deuterojesajas entweder eine anonyme Person aus der Exilsgemeinde war oder aber die Gemeinde Israels also solche symbolisiert. Jesaja 40–55 lässt beide Interpretationen zu.

Auf das Gottesknechtslied von 49,1–6 folgt eine Gottesrede an die Stadt Jerusalem, die wieder als Frau personifiziert wird. Die Klagelieder klingen nach, wenn sie ausruft: „Der Herr hat mich verlassen, mein Herr hat mich vergessen" (49,14; vgl. Klgl 5,20). Gott antwortet auf diese Klage mit einer bemerkenswerten Muttersymbolik:

> Kann denn eine Frau ihr Kindlein vergessen, /
> eine Mutter ihren leiblichen Sohn?
> Und selbst wenn sie ihn vergessen würde: /
> ich vergesse dich nicht. (49,15)

Der Exilsprophet stellt Mütter als unüberbietbares Beispiel von Erbarmen dar und sagt, dass Gott für die Exilierten solches Erbarmen und noch viel mehr verkörpert.

M Intertextualität

Die Literaturkritik der letzten Jahrzehnte hat Bibelwissenschaftler gelehrt, immer mehr auf die **Intertextualität von** biblischen Schriften zu achten. Der Terminus „Intertextualität" bezieht sich auf die zahlreichen Weisen, in denen unterschiedliche Texte miteinander in Beziehung stehen können. Die literaturkritische Analyse biblischer Intertextualität beschäftigt sich insbesondere mit der Art und Weise, wie Bibelworte auf ältere Texte anspielen oder auf ihnen aufbauen. Ein Beispiel dafür ist der Nachhall von Klgl 5,20 in der Zionsklage von Jes 49,14. In anderen Fällen zeigt eine solche Analyse jedoch, dass jede Interpretation eines biblischen Textes diesen heute als Teil einer größeren Textur betrachten muss, mit deren größtem Teil er zunächst nichts zu tun hatte. So untersuchen wir zum Beispiel im nächsten Abschnitt dieses Kapitels spätere jüdische und christliche Auslegungen des vierten Gottesknechtsliedes (Jes 52,13–53,12), die von früheren Interpretationen des Liedes in beiden Glaubenstraditionen beeinflusst wurden. Wie Peter Miscall in Anlehnung an John Donne es ausgedrückt hat: „Kein Text ist eine Insel", weder in seiner ursprünglichen Fassung noch in seinen späteren Interpretationen.

Weiterführende Literatur:

ALKIER, Stefan; HAYS, Richard B. *Kanon und Intertextualität*. Frankfurt: Lembeck, 2010

TULL, Patricia K. Rhetorical Criticism and Intertextuality. In: MCKENZIE, S.; HAYNES, S. *To Each Its Own Meaning: An Introduction to Biblical Criticisms and Their Applications*. Louisville: Westminster, 1999

Damit beginnt eine Reihe von Reden in Jesaja 49–55, in denen Trostworte für Frau Zion (50,1–3; 51,1–52,12; 54,1–17) mit Worten des „Gottesknechtes" oder über ihn (50,4–11; 52,13–53,12) abwechseln. Der Höhepunkt der Gottesknechtslieder ist 52,13–53,12, ein Lied über die Erniedrigung und Erhöhung eines „Knechtes", der die Leiden anderer Menschen getragen hat. Den Höhepunkt der Lieder über Frau Zion stellt Kapitel 54 dar, ein Gleichnis von Gottes immerwährender Wiederverheiratung mit Zion, nachdem er sie für „einen kurzen Augenblick" verlassen hatte (54,7). Das Gedicht steht in scharfem Kontrast zur Ehesymbolik, die Ezechiel zu Beginn des Exils benutzt hatte, um die Untaten des Volkes und seine Bestrafung hervorzuheben (Ez 16 und 23). Der Autor von Jes 54 spielt alle vergangenen Probleme herunter und benutzt die Ehemetapher, um Gottes unvergängliche Liebe zu seiner geliebten Stadt zu betonen.

Das Schlusskapitel von Jes 40–55 enthält mehrere wichtige Verheißungen an die Exilierten in Babylonien. Während einst der Daviddynastie ein ewiger Bund verheißen worden war (2 Sam 7,12–16; 23,5; Ps 89,3–4.20–21), verheißt Gott nun – nach dem Untergang des Königtums – einen ewigen Davidsbund mit dem Volk selbst (55,3). Im Nachklang zur anfänglichen Verheißung, dass „das Wort unseres Gottes auf ewig bestehen bleibt" (40,8), versichert das Schlusskapitel, dass Gottes Wort „nicht leer zu ihm zurückkehren wird" (55,11). Deshalb sollen die Exilierten „voll Freude fortziehen und wohlbehalten zurückkehren" und sehen, wie Berge und Hügel in Gesang ausbrechen, um sie auf ihrem Heimweg zu grüßen (52,12–13). Diese überquellenden Verheißungen genau am Vorabend der Zerstörung des Babylonischen Imperiums waren in den Herzen vieler Verbannter lebendig, als sie mit hochgespannten Hoffnungen den Weg in die Heimat antraten.

FOKUS-TEXT Jesaja 52,13–53,12

Der Gesang über den **Leidenden Gottesknecht** ist das vierte, längste und meistdiskutierte Gottesknechtslied des Deuterojesaja. Unter allen Texten über den Knecht Gottes scheint er sich am klarsten auf einen einzelnen Menschen zu beziehen. Er beginnt mit der Ankündigung Jahwes, dass viele Völker völlig überrascht sein werden über den Aufstieg und das Aufblühen seines „Knechtes", der einst entsetzlich verunstaltet worden war.

> Seht, mein Knecht hat Erfolg, /
> er wird groß sein und hoch erhaben.
> Viele haben sich über ihn entsetzt, /
> so entstellt sah er aus,
> nicht mehr wie ein Mensch, /
> seine Gestalt war nicht mehr die eines Menschen.
> Jetzt aber setzt er viele Völker in Staunen, /
> Könige müssen vor ihm verstummen. (52,13–15a)

Wenn die aus Juda Deportierten auf den ungeahnten Erfolg des Knechtes schauen, werden sie endlich sehen, „was ihnen noch nie gesagt worden war", und verstehen, „was sie noch nie gehört hatten" (52,15b, vgl. ähnliche Formulierungen in 48,6–8). Der nächste Teil, das Herzstück des Liedes, 53,1–11a, ist ein imaginäres Zitat der Exilsgemeinde, das mit dem Erstaunen über den plötzlichen Aufstieg des entstellten Knechtes beginnt. Sie sagen: „Wer kann glauben, was wir gerade gehört haben? Der Arm des Herrn – wem wurde er offenbar?" (53,1). Danach artikulieren sie ihre Einsicht, dass der Knecht, den sie einst verachtet hatten, in Wirklichkeit wegen ihrer eigenen Sünden gelitten hatte (53,2–9). Sie schließen folgerichtig, dass Jahwe sowohl das Leiden des Knechtes verursacht hat als auch jetzt seine Herrlichkeit hervorbringt (53,10–11a). Am Ende des Liedes spricht noch einmal Jahwe und bestätigt, er werde tatsächlich seinen Knecht verherrlichen, weil dieser bis zum Tod für die Sünden seines Volkes gelitten hat (53,11b–12). Diese zweite Gottesrede ist als Reflex auf die erste in 52,13–15 zu verstehen. Sie umschließt die Rede des Volkes von 53,1–11a in einer Rahmen- oder **Inclusio**-Struktur, also einem literarischen Gerüst, in dem ein Text mit ähnlichen Elementen beginnt und endet (52,13–15 und 53,11b–12: der Rahmen), was einen größeren Mittelteil einschließt (53,1–11a). Die Rahmenstruktur hat hier die Funktion, dem Mittelteil mit den Gedanken der Exilierten göttliche Bestätigung zu verleihen. Ihnen wird klar, dass der entstellte Mensch, den sie für von Jahwe verworfen hielten, schon bald von ihm verherrlicht werden wird, weil er ihretwegen gelitten hat.

Nur für sich genommen scheint das Lied lediglich das Schicksal eines einzelnen Menschen zu interpretieren, der seinen ursprünglichen Hörern bekannt war. Aber es kann auch in einem weiteren literarischen Kontext gelesen werden, als eine Beschreibung des Leidens und der zukünftigen Verherrlichung des leidenden Volkes, das Gottes Knecht ist. Wie schon erwähnt, spricht Jahwe in weiten Teilen von Jesaja 40–48 ganz Israel als seinen Knecht an. Und es scheint, dass das Wort „Israel" an einer bestimmten Stelle ein Zusatz ist, nämlich in 49,3, wo es im Lied 49,1–6 das dichterische Gleichgewicht stört: „Du bist mein Knecht, *Israel*, in dem ich verherrlicht werde." So redet der Text jetzt von der Berufung des Volkes/Knechtes Gottes „Israel". Die Charakterisierung von ganz „Israel" als Gottesknecht in Jesaja 40–48 schafft aber einen neuen Kontext für das Verständnis des Diskurses über den Gottesknecht in 52,13–53,12. Wenn man das Gedicht in diesem Lichte liest, kann man es nun so interpretieren, dass es das Leiden und die künftige Verherrlichung der ganzen Gemeinschaft, eben Gottes kollektiven Knechtes, meint.

Beide Interpretationsebenen des „Knechtes" in Jes 52,13–53,12 – die individuelle und die kollektive – erscheinen auch in den unterschiedlichen jüdischen und christlichen Auslegungen des Liedes. Die meisten christlichen Exegeten vertreten die Meinung, der hier beschriebene Knecht sei ein einzelner Mensch – Jesus Christus. Für sie werden schlicht Kreuzigung und Auferweckung des Jesus von Nazareth vorausgesagt. Zum Beispiel fragt in der Apostelgeschichte ein äthiopischer Hofbeamter, der das Jesajabuch liest, den Jesusjünger Philippus, ob die Beschreibung des leidenden Knechtes in 53,7–8 sich auf Jesaja beziehe oder auf jemand anderen. Philippus nimmt den Abschnitt als Ausgangspunkt, um dem Hofbeamten Jesus zu predigen. Dieser bekehrt sich und wird zu einem der ersten christlichen Missionare (Apg 8,26–40). Das beleuchtet die nicht unerhebliche Tendenz im Neuen Testament, die Erzählung von Kreuzigung und Auferweckung Jesu im Licht von Jes 52,13–53,12 zu lesen. Der Text hat den ersten Christen anscheinend geholfen, den schmachvollen Tod Jesu zu verstehen und mit ihm umzugehen. Während die meisten Zeitgenossen Jesu sein Leben wegen der Kreuzigung wohl als ein Scheitern betrachtet haben, brachte Jes 52,13–53,12 die ersten Christen zur Erkenntnis, dass dieser Eindruck täuschen konnte: Obwohl Jesus geschmäht, erniedrigt und scheinbar von Gott verstoßen worden war, war er in Wahrheit der treue, leidende Knecht Gottes, wie ihn Jes 52,13–53,12 schildert. Mit Hilfe dieses Liedes konnten sie sagen, dass sein Tod nicht das Ende war, sondern der Auftakt zu seiner Verherrlichung durch Gott, denn er hatte wegen der Sünden anderer gelitten.

Diesen hohen Stellenwert hatte Jes 52,13–53,12 freilich für besonders wichtige Themen oder Gestalten im Judentum nicht, und so schenkten spätere jüdische Ausleger diesem Text wesentlich weniger Beachtung. Wenn Juden ihn interpretierten, war für sie ganz Israel Jahwes leidender Knecht. Zum Beispiel erlebte im 12. Jh. der große jüdische Gelehrte Raschi, wie christliche Kreuzfahrer auf ihrem Weg ins Heilige Land Juden ermordeten. Er schloss daraus, dass Jes 52,13–53,12 Israels Leiden wegen der Sünden anderer beschreibt. Ein anderer jüdischer Gelehrter jener Zeit, Ibn Esra, verstand die Rede in 53,1–11a als Text dafür, was die beschämten nichtjüdischen Nationen einst sagen würden, wenn sie auf die von ihnen verschuldeten Leiden Israels zurückblickten.

Tragischerweise wurde das jüdische Leiden im Mittelalter durch die Auslegung genau dieses Jesajatextes in den Kirchen mit verursacht. Denn er war wegen seiner ständigen Verwendung in der christlichen Kreuzestheologie der übliche Lesungstext an jenem Feiertag, der der Kreuzigung gedenkt: Karfreitag. Im Mittelalter hörten Christen im Gottesdienst diesen Text; sie hörten Predigten, die die Juden der Kreuzigung Jesu beschuldigten, und sie terrorisierten daran anschließend nicht selten das Judenviertel ihrer Stadt, wobei sie auch vor der Ermordung jüdischer Männer, Frauen und Kinder nicht zurückschreckten. So waren die Juden der mittelalterlichen Dörfer und Städte dazu verdammt, die antijüdischen Verbrechen von Christen zu erleiden, die diesen Text im Ohr hatten. Es mag sein, dass solche Erfahrungen im Judentum zu negativen Assoziationen mit Jes 52,13–53,12 beigetragen haben, so dass der Text wesentlich weniger Beachtung erfahren hat (und erfährt) als andere Deuterojesaja-Texte. Der jüdische Feiertag des „9. Ab", der der Zerstörung des Ersten und des Zweiten Tempels gedenkt, schließt traditionellerweise Lesungen von Trost- und Hoffnungstexten aus praktisch allen Teilen Deuterojesajas ein, nicht aber 52,13–53,12.

Heute ist es unmöglich, sich dem Lied vom Gottesknecht zu nähern, ohne das Geflecht von Assoziationen zu berücksichtigen, dass seine Auslegungs- und Wirkungsgeschichte im Laufe der Jahrhunderte hervorgebracht hat. Auch wenn Christen die Verbindung des Liedes mit Jesus von Nazareth nicht für ursprünglich halten, möchten viele doch noch in Erfahrung bringen, wer dieser alte „leidende Gottesknecht" in Jesaja war. Wenn man den Text aber genauer betrachtet, sieht man, dass er gar nicht daran interessiert ist, dem Leser die Identifizierung des Knechtes zu erleichtern. Stattdessen geht er davon aus, dass sein Publikum diese Person schon kennt. Er erwartet förmlich, er werde bald erkennen, dass seine Vorurteile über „den Knecht“ falsch waren. Wie wir sahen, haben schon Aussagen innerhalb von Jesaja 40–55 den „Knecht“ im Sinne des Volkes Israel im Exil uminterpretiert. Spätere Gemeinschaften haben weitere Neuauslegungen erarbeitet, sei es in Bezug auf Jesus oder auf das jüdische Volk. Es ist zu spät, den Text so verstehen zu wollen, wie ihn das ursprüngliche Publikum verstanden hat. Stattdessen müssen wir ihn im Lichte seiner oft schmerzlichen Auslegungsgeschichte lesen. Christen können sich dafür entscheiden, die alte christologische Interpretation fortzusetzen. Aber sie sollten heute wissen, dass sie nur eine von vielen Linien kreativer Neuauslegung (*Relecture*) ist. Juden können diesen Text weiterhin verwenden, um die Leiden des jüdischen Volkes zu verstehen und aus ihm Hoffnung für eine zukünftige Wiederherstellung zu schöpfen. Aber der Text lässt sich auch im Blick auf viele andere heutige Situationen reinterpretieren, in denen Menschen oder Gruppen geschmäht und/oder unterdrückt werden, aber dennoch Gottes Knecht sein können, auf dem – zu Unrecht – die Missetaten der anderen lasten.

Rückblick auf Kapitel 9

1. Überprüfen Sie Ihr Wissen zu folgenden Fachbegriffen, die in diesem Kapitel behandelt wurden:
   - Deuterojesaja
   - Götterrat (Göttlicher Thronrat)
   - Gottesknechtslieder
   - *Inclusio*
   - Intertextualität
   - Knecht (in Deuterojesaja)
   - Leidender Gottesknecht
   - Monotheismus
   - Soziologische Analyse
   - Zweiter Jesaja

2. Wodurch unterscheiden sich die Deportationen von 597, 586 und 582, und was bedeuten sie für den Untergang des Königreiches Juda?

3. Wo gibt es Nichtübereinstimmungen bei der Exilsausgabe des Deuteronomistischen Geschichtswerkes und dem Buch Ezechiel? Warum war das seinerzeit wichtig?

4. Welche Einsichten in die Exilserfahrungen der Judäer können wir aus modernen sozialgeschichtlichen Untersuchungen zu Völkern und Gruppen gewinnen, die außerhalb ihrer Heimat leben?

5. Legen Sie eine Liste von Praktiken und Glaubensüberzeugungen an, die im Exil besonders wichtig wurden.

6. Welche Elemente aus älteren Prophetentexten verstärkt Ezechiel? Bei welchem alten Propheten erscheinen diese zum ersten Mal? Wodurch unterscheiden sie sich bei Ezechiel?

7. Wie reagiert Ezechiel 18 auf die speziellen Fragen und Probleme der judäischen Exilierten?

8. Was lernen wir über die individuellen Eigenheiten der Botschaften von Ezechiel und von Deuterojesaja durch die unterschiedlichen Schwerpunkte ihrer Hauptteile, Ez 1–33/34–48 einerseits und Jes 40–48/49–55 andererseits?

9. Warum hätte die „prophetische Argumentation" in Jes 48 keinen Sinn, wenn sie vom Jesaja des 8. Jh.s stammen würde?

10. Lesen Sie Jes 49,1–6 ohne das Wort „Israel" in 49,3. Würde der Text sich ohne „Israel" auf einen individuellen oder auf einen kollektiven Knecht beziehen? Was ändert sich, wenn „Israel" eingefügt wird?

11. Welche beiden Arten von „Intertextualität" untersuchen Bibelwissenschaftler? Nennen Sie zwei Beispiele aus Deuterojesaja. Was wären andere mögliche Beispiele?

12. Was wären heutige Analogien, individuelle oder kollektive, zum „leidenden Gottesknecht" aus Jes 52,13–53,12? Sehen Sie ein Problem darin, das Bild vom „Leiden wegen der Sünden (für die Sünden) anderer" auf diese Menschen oder Gruppen anzuwenden?

Weiterführende Literatur

Zur Soziologie des Exils

ALBERTZ, Rainer. *Die Exilszeit. 6. Jahrhundert v. Chr.* Stuttgart: Kohlhammer, 2001 (BE 7)

GERSTENBERGER, Erhard S. *Theologien im Alten Testament, Kap.* 8. Stuttgart: Kohlhammer, 2001

SMITH-CHRISTOPHER, Daniel. *Religion of the Landless. The Social Context of Babylonian Exile.* Bloomington: Meyer-Stone Books, 1989

Klagelieder

BERGES, Ulrich. *Klagelieder.* Freiburg: Herder, 2002 (Herders Theologischer Kommentar zum Alten Testament)

MÜLLER, Hans-Peter. *Das Hohelied, Klagelieder, das Buch Ester.* Göttingen: Vandenhoeck & Ruprecht, ^{4}1992 (ATD 16,2)

Ezechiel

GRINBERG, Mosheh. *Ezechiel 1–20* (2001) *Ezechiel 21–37* (2005), Freiburg: Herder, 2001 und 2005 (Herders Theologischer Kommentar zum Alten Testament)

LANG, Bernhard. *Kein Aufstand in Jerusalem: Die Politik des Propheten Ezechiel.* Stuttgart: Katholisches Bibelwerk, ²1981 (SBB 7)

POHLMANN, Karl-Friedrich. *Ezechiel. Der Stand der wissenschaftlichen Diskussion.* Darmstadt: Wissenschaftliche Buchgesellschaft, 2008

Deuterojesaja

BALTZER, Klaus. *Deutero-Jesaja.* Gütersloh: Gütersloher Verlagshaus, 1999 (KAT 10,2)

BERGES, Ulrich. *Jesaja 40–48.* Freiburg: Herder, 2008 (Herders Theologischer Kommentar zum Alten Testament)

WESTERMANN, Claus. *Das Buch Jesaja, Kapitel 40–66.* Göttingen: Vandenhoeck & Ruprecht, ⁵1986 (ATD 19)

Bibliographie der englischen Originalausgabe (Chapter 9)

Sociology of exile

Smith-Christopher, Daniel L. *Religion of the Landless: The Social Context of Babylonian Exile.* Bloomington, IN: Meyer-Stone Books, 1989.

Ezekiel

Blenkinsopp, J. *Ezekiel.* Interpretation. Atlanta: John Knox Press, 1990.

Greenberg, M. *Ezekiel 1–20*; *Ezekiel 21–37.* Anchor Bible. New York: Doubleday, 1983, 1997.

Second Isaiah

Blenkinsopp, Joseph. *Isaiah 40–55.* Anchor Bible. New York: Doubleday, 2002.

Muilenburg, James. "Isaiah 40–66: Introduction and Exegesis." Pp. 381–783 in vol. 5 of *The Interpreters Bible.* Nashville: Abingdon, 1956.

Kapitel 10
Der Pentateuch und das Babylonische Exil

In Kapitel 9 sahen wir, wie die Reden Ezechiels und Jesajas den verzweifelten Exilierten Rettung durch Jahwe versprachen. Kapitel 10 verfolgt ähnliche Themen in den Erzählsträngen zweier Quellen, die den gesamten heutigen Pentateuch durchlaufen: der Laienschrift (L), die von Schreibern und Gemeindeleitern geschaffen wurde, und der etwas späteren, von Fachleuten – von Priestern – stammenden Priesterschrift (P). Man versteht beide Quellen am besten als erzählerische Formen von Verheißungen an hoffnungslose Verbannte, deren prophetische Gestalt wir in den späten Weissagungen von Ezechiel und Jesaja vorfanden. Obwohl die Erzählungen von L und P vorgeben, von alten Gestalten wie Abraham und Mose zu handeln, sind sie Geschichten und Gesetze, die Probleme und Sorgen der Umgesiedelten zum Gegenstand haben.

Die Quellen basieren auf älterem Material. Zum Beispiel benutzt die Quelle L – und nimmt sie vollständig auf – die Urgeschichte von J, die Jakobsgeschichte und verschiedene Versionen von Exodus- und Wüstenerzählungen. Aber beide Quellen, sowohl L als auch P, haben die älteren Überlieferungen im Sinne der Exilsinteressen umgearbeitet. Wo zum Beispiel Ezechiel und Deuterojesaja die Verheißungen in Prophetenworten direkt an die Judäer richteten, fügten die Quellen L und P den Geschichten über Israels Erzeltern Anmerkungen mit Verheißungen hinzu. Durch solche Überarbeitung und Kombination älterer Traditionen vom Leben Israels vor der Landnahme ermutigten und beruhigten die Verfasser von L und P die Exilierten, die weit weg von der Heimat lebten. Sie gingen davon aus, dass Jahwe sie genau so erretten würde, wie er es mit ihren Vorfahren getan hatte. Das Kapitel stellt uns deshalb vor eine doppelte Herausforderung: Wir sollen uns ein Bild machen von den beiden Erzählsträngen, die einmal getrennt existierten und heute im Pentateuch verschränkt sind, und eine Vorstellung davon gewinnen, was diese beiden Stränge für die judäischen Exilierten in Babylonien bedeutet haben.

Die Laienschrift des Pentateuchs (L)

L	Gen 12–16; 18–22; Ex 19,2–24,14; 32,1–34,35

Wir beginnen mit einem Material, das wir hier **„Laienschrift“** oder **„L“** nennen. Es erhielt diesen Namen, weil es offensichtlich von nichtpriesterlichen Schreibern verfasst wurde und die „Ältesten“ als die wichtigste Leitungsgruppe der Mosegeneration darstellt. Viele Forscher bezeichnen dieses Material auch mit dem etwas schwerfälligen Namen **„Nichtpriesterschrift“** oder **„Nicht-P“**. Es ist wichtig zu verstehen, dass diese „Laien“führer, obwohl sie wahrscheinlich keine Priester waren, dennoch nicht zu den gewöhnlichen Menschen gehörten. Im Gegenteil, sie waren Mitglieder der königlichen Führungsschicht (im Exil ohne offizielle Macht) und/oder hochrangige nichtpriesterliche Gelehrte, die ihre Kenntnisse älterer Texte benutzten, um eine neue umfassende Geschichte über das Leben ihres Volkes vor der Landnahme zu schreiben.

Die von ihnen geschaffene Laienschrift enthielt die ältere Urgeschichte des Jahwisten (Gen 2,1–4,26; 6,1–4; eine Flutgeschichte, die mit 6,5–8; 7,1–5.10.12 begann und mit 8,20–22; 9,18–27 abschloss), eine Abrahamserzählung (Gen 12–16; 18–22), eine überarbeitete Form von Jakobs- und Josefszyklen aus dem Norden (der größte Teil von Gen 25–50), und eine überarbeitete Form von älteren Erzählungen über Mose, der Israel aus Ägypten heraus in die Wüste geführt hatte. Das vorliegende Kapitel behandelt hauptsächlich die L-Geschichten über Abraham (Gen 12–16; 18–22) sowie die Erzählung über den Bundesschluss in der Wüste (Ex 19–24; 32–34). Die Quelle L enthielt aber auch andere Geschichten über Mose und die Israeliten, wie zum Beispiel die ersten Notizen über die Unterdrückung Israels in Ägypten (Ex 1,8–12.15–22) oder die Geschichte von Moses Kindheit und Jugend und seinem Versuch, Israel zu befreien (Ex 2,1–22; 3,1–5,1). Weiter gibt es einen Erzählstrang von den ägyptischen Plagen und der Errettung am Roten Meer, sowie verschiedene Geschichten über Israel in der Wüste (z. B. Ex 17 und eine Version einer Sinaierzählung in Ex 19–24; 32–34). Will man sich diese Quelle L vorstellen, denkt man am besten an einen Text, der bis Numeri reicht und Darstellungen wie die Vorgeschichte nach J, Gen 12–16; 18–22 usw. enthält, aber keine Erzählungen wie die Schöpfungsgeschichte der Priesterschrift (Gen 1,1–2,3), die Genealogie in Gen 5, den Bund der Beschneidung in Gen 17 usw. Es ist keine Handschrift erhalten, in der die Laienquelle gesondert aufgezeichnet wäre, aber seit mehr als hundert Jahren sind Forscher sich über ihre wichtigsten Charakteristiken einig.

Die Quelle L war aus vielen Elementen zusammengesetzt, eine Kombination von älteren Blöcken und neuem Material, und ist als Ganzes wahrscheinlich erst im Exil geschaffen worden. Sie ähnelt darin gleichsam einem Steinkonglomerat (s. Abb. 10.1), bei dem ältere Steine (die vorexilischen Quellenstücke) durch „Steinmörtel“ miteinander verbunden wurden. Ein vielleicht noch besserer Vergleich bietet sich bis

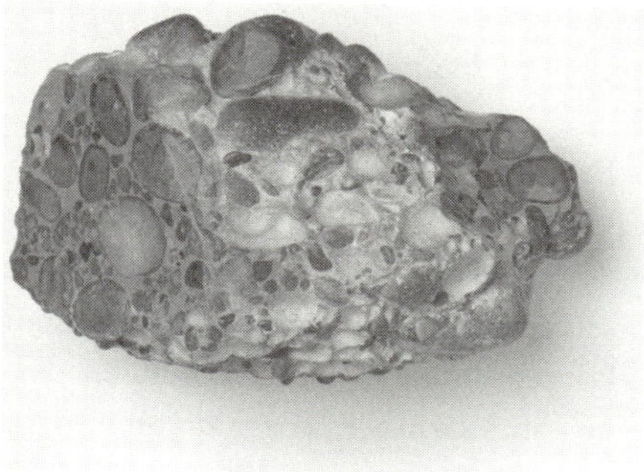

Abb. 10.1 Die exilische „Laienschrift" (L) ähnelt gleichsam dem abgebildeten Steinkonglomerat: größere vorexilische Steine (z. B. die Urgeschichte nach J, die Jakob-Josefs-Erzählung) sind durch „Steinmörtel" (die Verheißungen der Exilszeit) miteinander verbunden.

heute in alten Dörfern im Bergland Israels an, wo viele Gebäude eine Kombination von Alt und Neu sind. Die Mauern dicht am Boden können von einem älteren Gebäude stammen, aber später sind bis übers Dach hinaus neuere Materialien verbaut worden. In der Hofmauer kann eine antike griechische Säule verwendet sein oder ein anderes altes, mit neuem Mörtel eingefügtes Architekturelement. So wurde auch die Laienschrift teilweise um ältere Literaturblöcke herum konstruiert. Zu ihnen gehören zum Beispiel die Urgeschichte nach J (s. Kap. 4), das Bundesbuch (s. Kap. 4), überarbeitete Formen der Jakobs- und der Josefsgeschichte – ursprünglich im Nordreich verfasst (s. Kap. 5) – und eine veränderte Version der Mosegeschichte, die in den Anfangsjahren des Nordreiches entstanden war (s. Kap. 5). Aber solche Bausteine machen noch kein Haus. Die wichtigsten Elemente und Formen von L wurden von späteren Redaktoren beigetragen. Sie verwendeten ältere Literaturblöcke zur Konstruktion einer umfassenderen Geschichte Israels vor der Landnahme, einer Geschichte, die von der Schöpfung bis Mose reichte.

W Die Laienschrift (L): Bezeichnungen und Perspektiven zu ihrer Entstehung

Viele Wissenschaftler gebrauchen für die hier vorgestellte Laienschrift (L) Bezeichnungen, die eine andere Vorstellung von ihrer Entstehung vermitteln als die, die in dieser Einführung in das Alte Testament vertreten wird.

Eine ältere Hypothese: J („Jahwist") und E („Elohist")

Während des 20. Jh.s nahmen die meisten Exegeten an, das hier L genannte Material setze sich aus zwei noch älteren Quellenschriften zusammen: Einem **Jahwisten**, der etwa in die Zeit Salomos gehöre und in Juda entstanden sei, und einem **Elohisten**, der etwa im 8. Jh. im Nordreich Israel entstanden sei. Weil die Pioniere dieser Forschungen Deutsch sprachen, hat sich allgemein das J (für Jahwe; englisch: *Yahweh*) als Abkürzung für den „Jawisten" eingebürgert. Der Elohist („E") wurde so genannt, weil er den Gottesnamen „Elohim" bevorzugte (hebräisch: „Gott"). Zum Beispiel vertraten Alttestamentler früher die Ansicht, dass der Großteil von Gen 12–16 und 18–19 aus J stamme (hier herrscht der Name

„Jahwe“ oder „Herr“ vor), während Parallelerzählungen über Abraham in Gen 20–22 aus E kämen (vorherrschender Gottesname: „Elohim“).

Probleme dieser älteren Hypothese

Viele Forscher halten noch heute die Hypothese von J und E für überzeugend. Aber viele andere Pentateuchspezialisten, wohl die meisten, haben sie aus verschiedenen Gründen aufgegeben. Zunächst enthalten J und E viele Elemente, die konzeptionell zu späteren Phasen der Geschichte Israels gehören. Deshalb ist es unwahrscheinlich, dass sie vorexilische Quellenschriften darstellen. Außerdem ist es, abgesehen von der Abrahamsgeschichte und ein paar wenigen anderen Texten, sehr schwierig, einen Konsens über den Inhalt von J und E zu finden. Schließlich zeigen vermutete J-Texte aus dem Abrahamszyklus Indizien dafür, dass sie in Wechselwirkung mit E-Texten entstanden sind und umgekehrt. Daraus kann man folgern: Erzählteile, die in der Forschung nach J und E sortiert wurden, stammen nicht aus unterschiedlichen schriftlichen Quellen, sondern aus unterschiedlichen, möglicherweise mündlichen, Überlieferungen.

Terminologie

Wissenschaftler, die noch den älteren Ansatz vertreten, nennen die hier besprochenen Texte **„JE“ („Jehovist“)** und halten sie für eine Kombination der hypothetischen Quellenschriften J und E. Diejenigen, die nicht mehr an J und E glauben, sprechen von solchen Konglomeraten im **„Tetrateuch“** (Genesis-Numeri) gern neutraler als **„Nicht-P“**, also Tetrateuchtexte, die nicht der Priesterschrift zugeordnet werden können. In unserer Einführung in das Alte Testament benutzen wir den positiveren Fachausdruck Laienschrift oder L, um die Beziehung zu nichtpriesterlichen Gemeindeleitern anzudeuten, die wohl in der Exilszeit gewirkt haben.

Die umfassendere Bedeutung von L zeigt sich, wenn wir Themen betrachten, die ihre verschiedenen Teile miteinander verbinden, also z. B. die Urgeschichte mit den Erzelterngeschichten und diese mit der Mose- und Exodusgeschichte. Wie schon erwähnt, ist das die verschiedenen Teile der Laienschrift zementierende Hauptmotiv die Verheißung an die Vorfahren. Dieses Thema erscheint erstmals in der Abrahamsgeschichte, als die Erzeltern die Segensverheißung Jahwes empfangen (Gen 12,1–3). Es kontrastiert stark mit dem Fluchmotiv, das in der älteren Urgeschichte von J eine bedeutende Rolle spielt (Gen 3,14.17; 4,11; 5,29; 8,21; 9,25). Auch die restliche Abrahamsgeschichte ist vom Thema der Verheißung geprägt. Die Kap. 12–13 zeigen Abraham und nicht Lot als Verheißungsträger. Kap. 15 stellt heraus, dass Abraham und Sara tatsächlich einen Sohn haben werden, der die Verheißungen von Nachkommen und Land erben kann. In Kap. 16 geht es um den Versuch Abrahams, den Erben durch Hagar, die Sklavin seiner Frau Sara, zu bekommen. Parallele Szenen zum Motiv „Gastfreundschaft“ in Gen 18–19 dokumentieren erneut Jahwes Bevorzugung Abrahams gegenüber Lot; andere Erzählungen des Abrahamszyklus zeigen die Rettung, die Jahwe Angehörigen seines Volkes auf Grund der Verheißung gewährt (Gen

12,10–20; 20; 21). Schließlich bringt Jahwe in einer eigenartigen Geschichte Abrahams Sohn Isaak in Gefahr; diese Geschichte (Gen 22) hat jüdische, christliche und muslimische Ausleger tief bewegt. Gott verlangt von Abraham, er solle den Erben als Brandopfer darbringen (22,1–2). Abraham ist dazu bereit (22,3–11). Da erst hält Jahwe ihn davor zurück, Isaak zu opfern, und erneuert die ihm gegebene Verheißung (22,12–18).

Aus verschiedensten Gründen wird von den Gelehrten die Auffassung vertreten, dass die Geschichten über Abraham während des Babylonischen Exils (oder noch später) verfasst wurden. In der Exilszeit begegnen wir zum ersten Mal Abraham als einer wichtigen Gestalt in datierbaren Prophetenworten – bei Ezechiel (33,24) und Deuterojesaja (Jes 41,8; 51,2). Beide Exilspropheten zeigen, wie die Exulanten aus den Verheißungen Jahwes an Abraham Trost ziehen. Während der Exilszeit wurde Abraham zu einem Symbol der Heilsworte Jahwes an sein Volk, das den Verbannten Hoffnung geben konnte; denn genau wie Abraham waren sie gering an Zahl und machtlos in einem Land, das nicht das ihre war. In einer Zeit, in der exilierte Judäer kein Land hatten und sich verflucht fühlten, begannen sie von Abraham zu sprechen und beriefen sich immer mehr auf die Zusagen, die Gott ihm gegeben hatte. Sie befassten sich weniger mit der Geschichte der Monarchie als mit Erzählungen aus der Zeit vor der Landnahme – über ihre Vorfahren und Mose –, weil sie sehr große Ähnlichkeiten mit ihrer derzeitigen Situation aufwiesen. Wie wir zum Schluss dieses Kapitels sehen werden, nimmt die L-Version der Verheißungen an Abraham in Gen 12,1–3 sogar Versprechungen von Segen und Ruhm auf, die einst dem König von Juda galten, und bezieht sie auf Abraham, den Erzvater ohne Land. Solche Themenübertragungen aus einem vergangenen Regierungskontext (hier: Monarchie) auf einen neuen Nichtregierungskontext (hier: das Leben eines Migranten) sind typisch für Gruppen, die im Ausland leben. Sie gehören zu den vielen Indizien dafür, dass die Erzählungen der Laienschrift über Abraham von Exilierten formuliert und aufgezeichnet wurden. Sie suchten in einem auf Verheißungen konzentrierten Bild ihres Vorfahren Abraham Hoffnung für sich selbst.

Wir haben allerdings auch gesehen, dass die Exulanten sich sehr wohl ihrer Fehler und ihres Versagens bewusst waren. Sie spürten den Zorn Jahwes, und viele fragten sich, ob Jahwe noch zu ihnen stehen konnte, nachdem (ihrer Ansicht nach) ihre Missetaten die Zerstörung des Tempels und die Deportation nach Babylonien verursacht hatten. Darum mussten sowohl Ezechiel als auch Deuterojesaja den Exilierten Vertrauen einflößen, denn diese zweifelten daran, dass Jahwe sie *trotz ihres vergangenen und gegenwärtigen Versagens* erlösen werde. Ähnliche Themen durchziehen die L-Version der Erzelterngeschichten. Genau wie die Verbannten, an die sich Ezechiel und Jesaja wenden, zweifelt die Abrahamsfigur in Genesis – für L das Ahnenmodell eines entwurzelten Menschen – am Schutz Gottes und leugnet, dass Sara seine Frau ist (Gen 12,10–20; 20,1–18). Er hegt auch Zweifel an Gottes Verheißung eines Sohnes, denn er lässt sich auf den Vorschlag ein, mit Hagar einen Sohn zu zeugen (Gen 16). Die spätere Einfügung des Verheißungsthemas in die ältere Jakobsgeschichte (s. die Box auf S. 232) macht nun Jakob in den L-Erzählungen zum Verheißungsträger; er empfängt die Zusage (Gen 28,13–15), obwohl er seinen Bruder betrogen

W Die Erzählung von Jakob in Bet-El mit ihren Verheißungen als Beispiel exilischer Erweiterung einer älteren Erzählung

Heute halten viele Wissenschaftler die Rede Jahwes an Jakob (Gen 28,13–15 = Erneuerung der Abrahamsverheißung) zusammen mit dessen Reaktion (28,16) für einen typischen späteren Zusatz. Die ursprüngliche Jakobserzählung von Bet-El hatte nur die Engel zum Thema, die dort auf einer Leiter auf- und niederstiegen. Im folgenden Zitat ist der vermutliche Einschub in die ältere Geschichte über das „Tor des Himmels" **fett gedruckt**. Lesen Sie die Erzählung ohne diese fett gedruckten Teile. Was ändert sich dadurch?

Da hatte er [Jakob] einen Traum: Er sah eine Treppe, die auf der Erde stand und bis zum Himmel reichte. Auf ihr stiegen Engel Gottes auf und nieder.

Und siehe, der Herr stand oben und sprach: Ich bin der Herr, der Gott deines Vaters Abraham und der Gott Isaaks. Das Land, auf dem du liegst, will ich dir und deinen Nachkommen geben, [...] und durch dich und deine Nachkommen werden alle Geschlechter der Erde Segen erlangen [...]. Jakob erwachte aus seinem Schlaf und sagte: Wirklich, der Herr ist an diesem Ort, und ich wusste es nicht.

Furcht überkam ihn, und er sagte: Wie Ehrfurcht gebietend ist doch dieser Ort! Hier ist nichts anderes als das Haus Gottes und das Tor des Himmels [...]. Er gab dem Ort den Namen Bet-El [Gotteshaus].

(Gen 28,12–13.14b.16–17.19a)

Vor dem exilischen Zusatz des Verheißungsthemas durch L wandte sich die ältere Geschichte von Jakob in Bet-El an die Israeliten des Nordens. Sie verband das königliche Heiligtum des Nordreiches in Bet-El, „das Haus Gottes und das Tor des Himmels", mit Jakob, dem Helden der (Nord)Israeliten. Jetzt aber, mit den L-Zusätzen der Land- und Volkszusage und der Antwort Jakobs (**fett gedruckt**), verknüpft die neue Geschichte diesen Jakob mit der Abrahamsverheißung von Land und Segen (Gen 12,2–3) und versichert verbannten Judäern, dass die Verheißung Gottes letztendlich ihnen gilt.

und seinen Vater ausgetrickst hat (Gen 25; 27). Anscheinend ist das Wohlwollen Jahwes nicht ausschließlich von der absoluten Tugendhaftigkeit seiner Nutznießer abhängig.

Die L-Erzählung vom Bund, den Jahwe am Sinai mit Israel geschlossen hat (Ex 19–24; 32–34), ist die beste Illustration seiner treuen Liebe. Sie betont seine Vergebungsbereitschaft, die auch dann noch galt, als Israel ein goldenes Kalb angefertigt hatte – aber sie ist keine billige Gnade. Die Laienschrift stellt die Anbetung des goldenen Kalbes als eine entsetzliche Untat dar, die Schritt für Schritt den Bund rückgängig macht, den Jahwe gerade mit Israel geschlossen hat. Obwohl er das Volk eben erst aus Ägypten herausgeführt hat (19,4), denkt es jetzt, dass Mose dies getan habe

(32,1). Obwohl Jahwe ausdrücklich verboten hat, „Götter aus Gold und Silber" zu machen (20,22–23), hält Israel es nun für nötig, ein goldenes Kalb zu gießen, das es aus der Wüste herausführen soll (32,1). Und während der Bund mit Jahwe durch ein Fest mit „Brandopfern" und „Heilsopfern" besiegelt worden war (24,5), beglaubigen die gleichen Riten jetzt einen neuen Bund, den die Israeliten einschließlich Aaron mit dem goldenen Kalb schließen (32,5–6). Angesichts des Gegenbundes mit dem goldenen Stier ist Jahwe in dieser L-Erzählung bereit, das gesamte Volk Israel zu vernichten und nur mit Mose neu anzufangen (32,7–10). Erst als Mose Jahwe an die Erzeltern-Verheißungen erinnert und ihn anfleht, daran zu denken, was die Ägypter von dieser Vernichtung denken würden (32,11–13), ändert Gott seine Haltung (32,14). Aber es folgt dennoch eine Strafe. Mose sammelt die Leviten um sich, die bisher nur ein gewöhnlicher Stamm unter den anderen waren. Ihre erste Aufgabe ist es, jeden Israeliten zu töten, den ihr Schwert erreichen kann (32,26–29), und zusätzlich lässt Jahwe eine Plage über das Volk kommen (32,35). Trotzdem kehrt Jahwe mit Hilfe des „Offenbarungszeltes" wieder zu Israel zurück (33,7–17) und schließt mit seinem Volk einen neuen Bund. Er enthält alles in allem die wesentlichen Elemente des vorher erlassenen Gesetzes (Ex 34).

So wie die hoffnungsvolleren Weissagungen in Ezechiel und Deuterojesaja betont auch die Laienschrift auf ihre Weise die Fähigkeit Jahwes, seinem Volk beizustehen, *was immer es anrichtet*. Sicherlich zeigen die Erzählungen von L und die Exilsprophetien, dass Gott dem Ungehorsam zürnt und das Volk die Konsequenzen spüren lässt. Aber seine letztgültige Verheißung an das Volk hängt nicht von dessen Tugendhaftigkeit ab. Jahwe rettet Israel um seines eigenen guten Rufes (seines „Namens") und/oder der Verheißungen an seine Vorfahren willen. Deshalb können die Exilierten darauf vertrauen, dass Jahwe sie aus der Babylonischen Gefangenschaft heraus und zurück in ihre Heimat führen wird, obwohl sie in der Vergangenheit nicht immer seinen Erwartungen entsprochen haben und ihnen auch in der Gegenwart und in der Zukunft nicht entsprechen werden.

Die Zusagen der Bundestreue Gottes an Israel in der Laienschrift des Buches Exodus stehen am Beginn einer Bibel, die Juden und Christen gemeinsam ist. Tragischerweise beachten viele Christen aber nur das Gericht, das in solchen Erzählungen über Israel kommt. Jahrhundertelang haben Christen die Geschichten von den Fehlern Israels als Mittel benutzt darzulegen, warum Gott das jüdische Volk verstoßen und mit der Kirche neu angefangen habe. Diesem Ansatz zufolge nehmen die im AT beschriebenen Unzulänglichkeiten Israels die spätere Ablehnung Jesu als Messias durch das Judentum vorweg, die angeblich dazu geführt habe, dass Gott seinen Bund mit den Juden beendete. Die L-Erzählung über den Sinaibund will jedoch sagen: Gott hat einen unverbrüchlichen Bund mit Israel geschlossen, der absolut allem standhalten wird, was Israel je tun könnte, um ihn zu brechen. Die Geschichten im Herzen des heutigen Pentateuchs widerlegen zweifellos alle Behauptungen, der Bund Gottes mit Israel könne aus irgendeinem Grund je beendet werden. Das schließt die Weigerung Israels ein, Jesus als Messias anzuerkennen.

Die L-Kompositionen unterwerfen Israel sicherlich einem hohen Maß von Urteil und Verurteilung. Es gibt in der Weltgeschichte kaum eine andere Literatur, die so

B Die Laienschrift

Überblick: Jahwes Bund, der auf Verheißungen gründet und nicht gebrochen werden kann

I	Gabe des Verheißungsbundes an die Vorfahren als Folge wiederholter Probleme während der Urgeschichte	Genesis*
	A Probleme mit Schöpfung und Sintflut	1–11*
	B Gabe der Verheißung an Abraham und seine Erben	12–50*
II	Schöpfung und Bewahrung des von Mose geleiteten Bundesvolkes	Ex*; Num*

Datierung

Exil (unter Verwendung älterer, vorexilischer Texte).

Themen

In dem Material, das zur späteren Laienschrift und nicht zu ihren vermutlich vorexilischen Quellen gehört, liegt der Akzent wohl auf der Gabe des Jahwebundes trotz aller Unzulänglichkeiten seiner Empfänger. Das zeigt sich schon bei Jahwes fortwirkender Übermittlung des Bundes an Abraham, Isaak und Jakob trotz ihrer Missetaten und ihres gelegentlich fehlenden Vertrauens. Weiter: In der Mosegeschichte beharrt Jahwe darauf, Israel seinen Bund zu geben, vor allem aus Treue zu den früheren Verheißungen an die Erzeltern und trotz der Anfertigung des goldenen Kalbes (Ex 32) und des fehlenden Vertrauens auf die Landverheißungen (Num 14,11–25).

Weitere Informationen: die Lücke zwischen den Ahnen und Mose

Wissenschaftlern ist aufgefallen, dass die L-Texte des Pentateuchs, abgesehen von wenigen Ausnahmen wie Gen 15 oder Ex 32, die Zeit der Ahnen nicht ausdrücklich mit der des Mose verbinden. Viele halten das für ein Indiz, dass die Erzelternerzählungen erst sehr spät mit den Moseerzählungen verknüpft worden sind. Lange Zeit existierte die Jakob-Josefs-Geschichte und wohl auch die Geschichte Abrahams und Isaaks unabhängig von der Mosegeschichte. Sie waren alternative Erzählungen darüber, wie Israel Jahwe kennenlernte und ins Land kam.

So kommt der exilischen Verknüpfung der Überlieferungen über Urgeschichte, Erzeltern und Mose große Bedeutung zu. Die vorher nebeneinander existierenden und miteinander konkurrierenden Traditionen wurden in eine Abfolge gebracht. Die Überlieferungen über die Ahnen kamen dabei vor denen des Mose zu stehen. Man kann sich vorstellen, wie tiefgreifend diese Kombination den Sinn eines jeden Traditionsblockes verändert hat.

brutal selbstkritisch mit ihrem eigenen Volk umgeht wie die Israels. Das mag daran liegen, dass große Teile seiner Schriften – sowohl Pentateucherzählungen als auch Prophetentexte – von Vertriebenen verfasst wurden, die glaubten, ihr Exil sei von ihrem eigenen Ungehorsam und dem ihrer Vorfahren verursacht worden. Aber die hier zur Debatte stehenden Texte bekennen mit der gleichen Überzeugung Jahwes beharrliche Sorge um sein Volk. In diesen Geschichten weiß Jahwe ganz gewiss, dass Israel ein „widerspenstiges" und „halsstarriges" Volk ist (Ex 32,9; 33,5), und dennoch verkündet er nach der Anfertigung des goldenen Kalbes (in einem Text, der oft in der jüdischen Liturgie gelesen wird):

> Jahwe, Jahwe, ein barmherziger und gnädiger Gott,
> langsam zum Zorn, reich an beharrlicher Liebe und Treue,
> der seine beharrliche Liebe bis in die tausendste Generation bewahrt,
> der Blutschuld und Übertretung und Sünde vergibt,
> aber den Schuldigen nicht ungestraft lässt,
> sondern die Blutschuld der Eltern an den Kindern und Enkeln heimsucht,
> bis in die dritte und vierte Generation. (Ex 34,6–7)

Die Zusage der Gnade Gottes in der Laienschrift stellt einen Kompromiss dar zwischen den exilischen Ergänzungen zum Deuteronomistischen Geschichtswerk und den Weissagungen Ezechiels. Im Sinne exilischer Schichten der Königsbücher (z. B. 2 Kön 23,26–27) hält sie daran fest, dass Kinder und sogar noch Enkel und Urenkel für die Sünden ihrer Eltern zu zahlen haben. Aber im Sinne Ezechiels (Ez 18) gibt die L-Schrift verzweifelten Exilierten und späteren Generationen Hoffnung, indem sie betont: Eine solche Generationen überdauernde Schuld hat ihre Grenzen! Die ultimative Liebe Jahwes zu seinem Volk ist viel beständiger und dominanter als sein Zorn. Der oben zitierte Hymnus, zusammen mit der Abrahamsgeschichte der Laienschrift und anderen Pentateuchtexten, die von Verheißung sprechen, hat wirklich verzweifelten Judäern im Babylonischen Exil Hoffnung gespendet.

Die Priesterschrift (P)

L	Gen 1,1–2,3; 17 Ex 25–31; 35–40 (kursorische Lektüre genügt)

Nicht alle Menschen im Exil waren jedoch mit der Darstellung der Frühgeschichte Israels in der Laienschrift einverstanden. Neben den Ältesten gab es noch eine andere wichtige Gruppe von Exilsführern – die Priester. Sie kommen in der L-Darstellung nicht besonders gut weg, vor allem nicht in deren Darstellung des Sinaibundes. Viele Priester der unteren Klassen führten ihren Stammbaum auf Jakobs Sohn Levi zurück, und die leitenden Priester verbanden ihre Abstammung mit einem ganz bestimmten Leviten, nämlich Aaron. Die Laienschrift stellt weder Aaron selbst noch die Leviten als Gruppe sehr positiv dar. Aaron hilft dem Volk beim Anfertigen des goldenen Kalbes (Ex 32,1–6) und stellt später Moses Autorität in Frage (Num 12). L charakterisiert auch die Gründung des levitischen Priestertums als einen traurigen Kompromiss. Die ursprüngliche Absicht Jahwes war, *ganz* Israel zu einem „priesterlichen Volk" zu machen (Ex 19,6). Das zeigt sich darin, dass junge Männer (und nicht speziell Männer aus Priesterfamilien) Mose bei den Opfern helfen, mit denen der erste Bund besiegelt wird (Ex 24,5). Erst nachdem Aaron geholfen hatte, das goldene Kalb anzufertigen, sondert Mose die Leviten als spezielle Gruppe ab, und ihre erste Tat ist die Ermordung aller Israeliten, derer sie habhaft werden können (Ex 32,25–29). Die Laienschrift zeigt also das Priestertum, vor allem das aaronitische, als eine Einrichtung, die auf Götzendienst und Blutvergießen im eigenen Volk gegründet ist – wohl kaum eine Bild, das Priester von sich selbst zeichnen würden.

Diese und andere Probleme brachten wohl die aaronitischen Priester im Exil dazu, ihre eigene Erzählung über die Geschichte Israels vor der Landnahme zu schaffen. So wollten sie die L-Version der Ereignisse durch eine andere ersetzen, die den Priestern und ihren Interessen besser gesonnen war. Im heutigen Pentateuch sind **Priesterschrift (P)** und Laienschrift eng miteinander verwoben, aber vermutlich war P bei seiner Entstehung im Exil zunächst eine gesonderte Schriftrolle. Es gibt so viele parallele Erzählungen von Ereignissen in L und P, dass die Annahme, eine dieser Schriften sei nur als Ergänzung der anderen verfasst worden, hinfällig wird. In verschiedenen Abschnitten kann darüber hinaus der eigentliche Sinn des P-Textes nur klar werden, wenn wir ihn getrennt von seinem Pendant in L lesen. Nehmen wir zum Beispiel die unterschiedlichen Erzählungen von L und P über den Grund von Jakobs Fortgang aus Kanaan. Die L-Version dieser Geschichte benutzt ein altes Trickster-Motiv: Jakob stiehlt den Segen seines Vaters und flieht vor Esaus mörderischem Hass (Gen 27,1–45). Die spätere P-Version bemüht sich, einen anderen Anlass zu bieten: Esau hatte fremde [einheimische!] Frauen geheiratet (26,34–35), und diese hatten Rebekka das Leben schwer gemacht (27,46). Deshalb segnet Isaak Jakob (mit Absicht!) und sendet ihn in die alte Heimat, wo er sich eine passendere Frau holen soll (28,1–6). Obwohl sie heute durch die ältere Trickster-Erzählung (27,1–45) voneinander getrennt sind, passen die P-Texte, welche die Erklärung liefern, gut zusammen (26,34–35; 27,46–28,6). Sie haben ursprünglich wohl unabhängig von der Trickster-Geschichte in Gen 27,1–45 existiert; P schuf sie, um jene zu ersetzen.

W Welche Texte gehörten ursprünglich zur Priesterschrift (P)?

Es gibt kein separates Manuskript der hypothetischen Priesterschrift, aber es gibt schon lange einen Forschungskonsens über die Teile des Pentateuchs, die wohl zu ihr gehört haben. Im Folgenden sind einige davon aufgelistet; es ist eine gute Übung, sie einmal in dieser Abfolge zu lesen.

P in der Urgeschichte (Genesis)
Gen 1,1–2,3; 5,1–28; 30–32; große Teile der Fluterzählung (z. B. 6,9–22; 7,13–16a; 8,14–19; 9,1–17); die Genealogie nach der Flut in 11,10–26 (und vielleicht Teile von Gen 10).

P in der Ahnengeschichte (Genesis)
Geburt und Wanderung Abrahams (11,27.31–32; 12,4b–5; 13,6); Geburt Ismaels (16,3.15–16); Beschneidungsbund (17); Geburt Isaaks (21,3–5); Abrahams Tod und der Übergang zu Isaak und seinen Söhnen (25,7–21); Heirat Esaus und Reise Jakobs (auf Isaaks Geheiß nach Paddan-Aram, wo er sich eine passendere Frau holen soll (26,34–35; 27,46–28,9); Jakobs Begegnung mit Gott in Bet-El (35,9–15); Isaaks Tod und Übergang von der Familie Isaaks zur Familie Jakobs (35,22b–37,1); Fragmente in der Josefsgeschichte (möglicherweise 37,2; 46,5–7; 50,12–13).

P in der Mosegeschichte (Exodus bis Numeri)
Unterdrückung in Ägypten (Ex 1,1–5.7.13–14.23–25); Berufung Moses und Aarons (6,2–7,7; auch 7,8–13); einige Plagen: Blut, Frösche, Stechmücken, Geschwüre (7,19–22; 8,1–3.12–15; 9,8–12; 11,9–10); Pessach und Durchzug durch das Rote Meer (12,1–20.28.40–51; 14,1–4.8–10.15–18.21–23.26.28–29); Aufbruch zum Sinai und Manna (15,22.27; 16,1–3.6–27); Ankunft am Sinai und Bau des Heiligtums (19,1–2a; 24,15–31,18; 35,1–39,43; 40,1–38); das ganze Buch Levitikus und Numeri 1,1–10,28; die Auskundschaftung des Landes (Num 13,1–17a.21.25–26.32–33; 14,1–3*.5–10.26–38); Teile der Erzählung über den Aufruhr Korachs (Num 16,1–11*.16–24.27a.35–50; 17,1–18,32); Streit am Felsen (20,1–13); Aarons Tod (20,22b–29).

Wir können also die Ansichten der exilischen Priesterschrift besser verstehen lernen, wenn wir sie getrennt von der Laienquelle betrachten, mit der sie jetzt verflochten ist. Als P noch unabhängig von L bestand, gliederte sie die Beziehungen Gottes zur Welt in drei große Geschichtsperioden, etwa unter den Oberbegriffen von: 1. Schöpfung; 2. Flut und Noachbund; 3. Vertrag mit Abraham und eventuell die Erschaffung Israels am Sinai aus den Erbschaften der abrahamitischen Verheißung. Die erste Phase (Gen 1,1–2,3 und der größte Teil von Gen 5) erzählt Gottes Schöpfung eines wohlgeordneten und friedlichen Universums, eines Kosmos, der durch die gottähnlichen, als Gottes Abbild geschaffenen Menschen gekrönt wird (Gen 1,26–31). Die zweite Phase findet sich in priesterschriftlichen Texten, die über Gen 6–9 verstreut sind (z. B. 6,9–22 und 9,1–17), und beschreibt das Eingreifen Gottes, nachdem die gute Schöpfung durch die Gewalt entweiht wurde. Gott vernichtet fast das gesamte Leben durch eine Sintflut. Er rettet jedoch die Familie Noachs und andere Lebewesen, und verspricht in seinem Bund mit Noach und allem sonstigen Leben, nie wieder eine solche Flut über die Erde zu bringen. Die dritte und wichtigste Phase für P ist die Erschaffung der heiligen Gemeinde Israel. Sie beginnt mit dem gesonderten Beschneidungsbund, den Gott mit Abraham schließt (Gen 17). Abraham und seine Erben erhalten durch ihn ihre eigene, besondere Variante des Schöpfungssegens aus Gen 1 (vgl. 17,6–8 mit 1,27–28). Andere P-Texte in Genesis zeigen, wie dieser Segen auf Jakob übergeht (und nicht Esau; 26,34–35; 27,46–28,5; 33,9–15), und listen die Stammbäume der Nachkommen Abrahams auf (25,7–18; 35,22–26; 36,1–43). Als nächstes zieht Jakob in den P-Texten nach Ägypten, seine Nachkommen vermehren sich zum Volk Israel (Ex 1,1–7) und werden vom Pharao unterdrückt (Ex 1,13–14; 2,23–25). Dann beruft Gott Mose und Aaron (immer nach P), um Israel mit Hilfe von Plagen und der Spaltung des Roten Meeres aus Ägypten herauszuführen (Ex 6,2–7,13 usw.). Das bereitet die P-Erzählung über die Ereignisse am Sinai und die dort gegebene Weisung vor (der größte Teil von Ex 25 bis Numeri 10). Am Sinai lässt Gott unter Mose ein Wüstenheiligtum bauen, das „Stifts- oder Begegnungszelt", in dem er wohnen will (Ex 24,15–31,17; 35,1–40,33), und lehrt Israel (durch Mose), wie es ein heiliges Volk werden kann, dessen Mitte dieses Heiligtum ist (Levitikus und Num 1,1–10,10). Die restlichen wichtigen Erzählungen aus der P-Quelle betonen, dass Gott Mose und Aaron immer wieder als Anführer der neuen heiligen Gemeinde bestätigt hat.

Das umfangreiche P-Material enthält einige der ältesten Texte des Pentateuchs. Einer von ihnen, der Priestersegen aus Num 6,24–26, ist auf einem alten vorexilischen Silberamulett gefunden worden (s. Abb. 10.2, S. 240). Das ist derzeit die älteste Kopie eines biblischen Textes überhaupt. Auch haben Wissenschaftler Anzeichen dafür gefunden, dass einige von P überlieferten Gesetze und sogar Erzählungen aus der Zeit vor dem Exil stammen können. Der allergrößte Teil der priesterlichen Geschichten verrät aber durch verschiedene Indizien seine Entstehungszeit in der exilischen oder früh-nachexilischen Periode:

- Während das Deuteronomium und das sonstige Deuteronomistische Geschichtswerk noch *zu überzeugen versuchen*, dass Jahweopfer nur an einem einzigen Ort dargebracht werden dürfen, scheint die Priesterschrift dies schon vorauszusetzen. P erwähnt kein einziges Opfer Noachs oder der Erzeltern; Opfer gibt es bei ihr erst ab dem Bau des Heiligtums am Sinai.
- Vor dem Sinaiaufenthalt beschreibt P Riten und Praktiken, die auch im Exil vollzogen werden konnten und in dieser Zeit besonders wichtig waren, wie Beschneidung (Gen 17), eine alte häusliche Form des Pessachfeier (Ex 21,1–20) und Sabbat (Ex 16).
- In Übereinstimmung mit der Tendenz von Exilsgemeinschaften, besonders auf die Abgrenzung ihrer Gruppe zu achten, betont die Priesterschrift die große Bedeutung der ethnischen Reinheit und der Probleme von Mischehen. Das wird besonders deutlich in jener Erzählung, in der Isaak seinen Sohn Esau wegen dessen ausländischer [einheimischer!] Frauen ablehnt und Jakob nach Haran schickt, wo er sich eine passendere Frau holen soll (Gen 26,34–35; 27,46–28,9).
- Die Priesterschrift als Ganzes läuft auf den von Gott angeordneten Bau des Wüstenheiligtums (des Begegnungszeltes) zu, das Aaron und seinen Söhnen untersteht. Das deutet auf die Exilszeit, in der das Königtum schon keine lebendige Institution mehr ist und seine Insignien von den Priestern übernommen werden (z. B. eine Krone, Ex 28,36–38).

B Die (hypothetische) Quelle P (Priesterschrift)

Überblick

I	Erweiterte Genealogie: Schöpfung und Verheißung	
	A Elohim: Schöpfung – Neuschöpfung	Gen 1,1–2,3; 5,1–9,28*; 11,10–26
	B El-Schaddai: Abrahamsbund	Gen 11,27–50,26*
II	Jahwe: Wallfahrt unter Leitung von Mose und Aaron	
	A Wallfahrt zum Sinai	Ex 1–19*
	B Einwohnung am Sinai und Weisung	Ex 20 – Num 10*
	C Wallfahrt vom Sinai zum Land	Num 11–36*

Datierung
Exil bis in die nachexilische Zeit (mit kleinen vorexilischen Quellenstücken).

Themen: Wechsel der Gottesnamen
Wie oben zu sehen ist, entsprechen einige der Themenwechsel in der Priesterschrift dem Wechsel der verwendeten Gottesnamen. Die Urgeschichte kennt Gott als *Elohim* (hebräisch für „Gott“): er schließt mit Noach und mit allen Lebewesen einen Bund, dessen Zeichen der Regenbogen ist. Zur Zeit der Erzeltern erscheint Gott Abraham als *El-Schaddai* (hebräisch für „Allmächtiger Gott“) und schließt mit ihm einen Bund, dessen Zeichen die Beschneidung ist und der durch seine Erben Isaak und Jakob weitergegeben wird. In der letzten Geschichtsphase erscheint Gott Mose und ganz Israel als Jahwe (s. die P-Version der Berufung des Mose in Ex 6,2–8). Das Zentrum dieser Periode ist Israels Aufenthalt am Sinai. Dort wird das Heiligtum gebaut und das Priestertum Aarons und seiner Söhne begründet; dort kommt die Herrlichkeit Jahwes herab, um in Israels Mitte zu wohnen.

Weitere Informationen: P als „Redaktion“ oder eigene „Quelle“?
Die meisten Exegeten glaubten bzw. glauben, dass eine kürzere Form der Priesterschrift einmal als eigene Quelle existiert hat, unabhängig von den L-Texten, mit denen sie heute vermischt ist. Andere meinen jedoch, dass die P-Texte des Pentateuchs von Anfang an als Erweiterung von L-Überlieferungen geschrieben wurden und nie gesondert existiert haben. Diese Alternative – P als „Redaktion“ – kann Unterschiede im Verständnis der Struktur und der Themen des ersten priesterschriftlichen Pentateuchs bedingen. Versuchen Sie sich vorzustellen, wie man die obige P-Analyse umdisponieren müsste, wenn P nur eine Erweiterung der Laienschrift wäre!

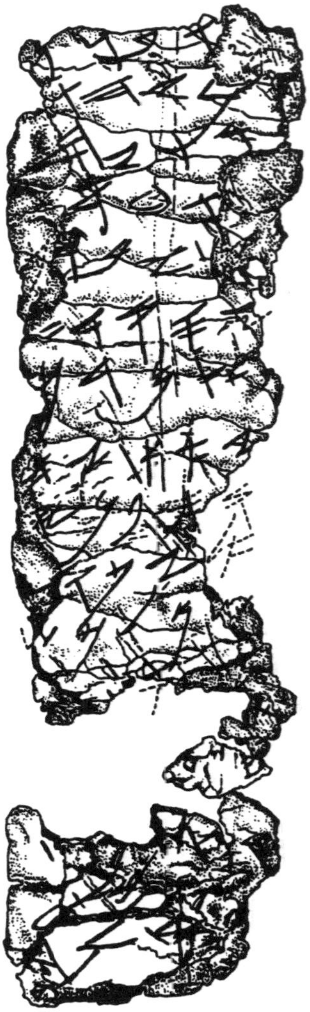

Abb. 10.2 Silberamulett aus der Zeit unmittelbar vor der Zerstörung Jerusalems, mit einer Version des Priestersegens von Num 6,24–26. Diese Inschrift belegt, dass einige Abschnitte der heutigen P-Schicht des Pentateuchs (z. B. Num 6,24–26) aus vorexilischer Zeit stammen. Das bedeutet jedoch nicht, dass die gesamte P-Quelle in diese Zeit datiert werden kann.

Sprache und Interessen der Priesterschrift stehen sowohl Ezechiel als auch Deuterojesaja sehr nahe. Verschiedene Gelehrte haben nachgewiesen, dass der/die P-Verfasser Deuterojesaja zu kennen scheinen und in einer ähnlichen Zeitspanne sprechen. Wie Deuterojesaja ermutigen sie die Exilierten zur Rückwanderung, in ihrem Fall durch die Betonung der Macht Gottes beim Exodus, der Bedeutung des Landes in den Verheißungen (s. Ex 6,2–8) und der göttlichen Strafe für diejenigen, deren Glaube zu schwach ist, als dass sie Gottes Verheißung annehmen und sich auf den Weg machen könnten (Num 13,32; 14,36–37). Auf diese und andere Weise lassen die P-Erzählungen Auswirkungen erkennen, welche das Babylonische Exil und die Hoffnung auf Rückkehr auf ihr Bild von der Frühgeschichte Israels vor der Landnahme hatte. Obwohl die Verfasser der Priesterschrift ausgiebig die verschiedensten Arten vorexilischer Texte benutzt haben, ist ihr Gesamtwerk eine typisch exilische Geschichte, die Exilierten vom alten, noch landlosen Volk Israel erzählt.

B Das Buch Levitikus

Überblick

I	Stiftung des Gottesdienstes im Zeltheiligtum	1–10
	A Anweisungen zum Opferkult	1–7
	B Stiftung des Priestertums und entsprechende Anweisungen	8–10
II	Stiftung des heiligen Volkes	11–26
	A Reinheitsgebote	11–15
	B Heiligkeitsgesetz	16–26

Datierung

Exil bis in die nachexilische Zeit (Grundlage: vorexilische Quellen).

Themen

In der Hebräischen Bibel steht das Buch Levitikus in der Mitte des Pentateuchs, und es ist auch die Mitte der priesterlichen Unterweisungen. Obwohl es mit speziellen Anweisungen für Priester beginnt (1–7), schließt es mit Weisungen zur Schaffung eines heiligen priesterähnlichen Volkes (16–26). Viele Reinheits- und Speisevorschriften, die ursprünglich nur für Priester galten, werden auf das gesamte Volk Israel übertragen. Für Levitikus sind diese kultischen Regeln keine Last oder schwer zu befolgen, sondern eine Bestätigung des außerordentlichen und besonders heiligen Charakters von Jahwes geliebtem Volk.

Weitere Informationen: Das Heiligkeitsgesetz

In der Vergangenheit haben einige Forscher Levitikus 17–26 als **„Heiligkeitsgesetz“ (H)** identifiziert, das ganz bestimmte Gesetze enthält, die der Perspektive Ezechiels nahe stehen. Dieses Gesetz kann älter sein als die Priesterschrift und von einem ihrer Verfasser oder auch erst später in sie eingefügt worden sein. Genau wie das Bundesbuch und das Deuteronomium begann das Heiligkeitsgesetz mit einem Gesetz über den legitimen Ort der Opfer (Lev 17).

Andere Forscher, z. B. Israel Knohl (*The Sanctuary of Silence: The* Priestly *Torah and the Holiness School.* Minneapolis: Fortress, 1995), betrachten den größten Teil von Lev 17–26 als Teil einer umfangreicheren H-Schicht von Texten, die sich im gesamten Pentateuch finden. Nach Knohl und anderen unterscheiden sich diese Texte in Sprache und Inhalt von *älteren* und ursprünglich getrennt existierenden Priestertraditionen, wie z. B. denen in Gen 1,1–2,3 oder Ex 19–25; 35–40.

Die charakteristische Verquickung von älterem und jüngerem Material zeigt sich in der Erzählung über die Erschaffung der Welt in sieben Tagen, mit der die Genesis beginnt: Gen 1,1–2,3. Wissenschaftler haben einerseits erkannt, dass dieser Block auf der Basis von alten Motiven geschaffen wurde. Möglicherweise kannte Jeremia eine ältere Version der Schöpfungsgeschichte, denn er beschreibt die Erde vor Gottes Eingreifen als „ohne Form und leer“ und den Himmel als „lichtlos“ (Jer 4,23, vgl. Gen 1,1–3). Andererseits scheinen in der Geschichte, wie wir sie heute kennen, genau wie in anderen Passagen von P, Fragen und Themen durch, die erst im Exil wichtig wurden. So ist zum Beispiel die gesamte Struktur des Erzählstückes vom Sieben-Tage-Schema geprägt. Sein Höhepunkt liegt in der Sabbatfeier Gottes selbst (Gen 2,1–3)! Eine ähnliche Betonung des Sabbats findet sich bei Ezechiel (Ez 20,12–24; 22,8.26; 23,38).

Außerdem überträgt Gen 1, sehr ähnlich wie Deuterojesaja, Merkmale des Königs auf nichtkönigliche Figuren. Hier benutzt er die alte Vorstellung der ägyptischen und mesopotamischen Königstheologie: Der König als Abbild Gottes – sein Körper trug ein Zeichen, dass er von Gott bestellt war, über andere zu herrschen. Die Beschreibung der Erschaffung der Menschen in Gen 1,26–27 nimmt diese Ideen auf und überträgt sie auf die Menschheit insgesamt, auf Männer und Frauen. Viele Übersetzungen übersehen, dass der hebräische Urtext die Erschaffung der Menschen als Abbild Gottes ausdrücklich mit ihrer Bestimmung verbindet, über die Schöpfung zu herrschen. Dies wird klar in der Rede, die Gott an den Götterrat richtet (Anrede im Plural!):

> Dann sprach Gott: „Lasst uns Menschen machen nach unserem Abbild und nach unserer Gestalt, *damit* sie herrschen über die Fische des Meeres, über die Vögel des Himmels, über das Vieh, über die ganze Erde und über alle Kreaturen, die auf der Erde kriechen.“ (Gen 1,26)

Dieser radikalen Neuanwendung der alten Königstheologie zufolge gibt es einen Grund für die Übereinstimmung zwischen der Gestalt der Menschen und menschlichen Bildern von Gott in Menschengestalt. Gott hatte immer schon „menschliche“ Gestalt und verlieh sie den Menschen als Kennzeichen ihrer Bestimmung, über die Schöpfung zu herrschen. Danach sind wir also gleichsam kleine Götterstatuen, die in der Welt herumlaufen, und alle Tiere der Erde können in unserer göttlichen Körpergestalt das Siegel unserer Berechtigung sehen, über sie zu herrschen.

Spätere Ausleger der P-Schöpfungsgeschichte haben sich oft gescheut, in ihr die Bestätigung einer körperlichen Ähnlichkeit zwischen Gottheit und Menschheit zu sehen. Obwohl sie ausdrücklich mehrere Begriffe für physische Übereinstimmung verwendet, wie „Abbild“ und „Bildnis“, haben diese Ausleger für eine ursprüngliche spirituelle oder intellektuelle Bedeutung des Ausdrucks „Bild Gottes“ plädiert. Für sie bedeutet „zum Abbild Gottes geschaffen“ nichts anderes als „Anteil haben an der Fähigkeit Gottes, Beziehungen einzugehen, rational zu denken oder Ähnliches“. Später haben andere Forscher diese Interpretation unterstützt. Sie waren z. T. der Ansicht, die Priesterschrift habe ein viel zu vergeistigtes Bild von Gott gehabt, als dass sie sich ihn mit einem menschenähnlichen Körper hätte vorstellen können.

M Einsichten aus der Religionsgeschichte

Oft können wir mehr über Bilder, Metaphern und Vorstellungen der Bibel erfahren, indem wir Vorstellungen und Praktiken anderer alter Religionen im Rahmen der sogenannten **„Religionsgeschichte“** betrachten. Ein Beispiel ist die provozierende Vorstellung in Gen 1,26–27, die Menschen seien als „Abbild Gottes“ erschaffen worden.

Der König im Alten Orient: Ein Abbild Gottes

Mesopotamische und ägyptische Texte stellen den König gern als ein Abbild Gottes dar, das genau wie Götterstatuen die jeweilige Gottheit auf Erden repräsentiert. Zum Beispiel sagt ein mesopotamischer Brief an einen König:

„Der Vater des Königs, meines Herrn, war das Abbild des [Gottes] Bel, und der König, mein Herr, ist ebenfalls das Abbild des Bel.“ (Aus: Parpola’s Letters from Assyrian Scholars to the Kings Esarhaddon and Assurbanipal, 99.)

Ähnlich lässt ein ägyptischer Text den Gott Amun über den König verkünden:

„Du bist mein geliebter Sohn, den meine Liebe gezeugt hat, mein Abbild, das ich auf Erden eingesetzt habe. Ich lasse dich das Land in Frieden regieren.“ (In: CLINE, David. The Image of God in Man. Tyndale Bulletin 19 [1968]: 85.)

Was dies für die Auslegung von Gen 1,26–27 bedeuten kann

Diese Vorstellungen über den König werden in Gen 1,26–27 auf alle Menschen übertragen, sowohl die Vorstellung, als Abbild Gottes gemacht zu sein, als auch die Vorstellung, dass dieses Abbild Gottes ein Kennzeichen für die Herrschaft über andere ist.

Aber Ezechiel, der viele Berührungspunkte mit der Priesterschrift aufweist, erzählt in seiner Berufungsgeschichte, er habe den göttlichen Thron gesehen und darauf „eine Gestalt, die wie ein Mensch aussah“ (Ez 1,26). Es scheint, dass exilierte Priester wie Ezechiel sich sehr wohl Gott in einer menschenähnlichen Form vorstellen konnte. Erst spätere Interpreten, einschließlich der historisch-kritischen Schule, hatten Schwierigkeiten mit der Vorstellung, dass Menschen eine Art körperliche Verwandtschaft mit Gott haben könnten.

Mit dieser Interpretation half Gen 1,1–2,3 den Exilierten, ihre Situation neu zu verstehen. Obwohl sie gegenüber ihren babylonischen Oberherren relativ machtlos waren, war ihnen mit dem Rest der Menschheit eine Gottähnlichkeit eigen, die sich in ihren Körpern zeigte – ein Bildnis, das sie zu „Königen“ der Schöpfung machte. Aber im Unterschied zu den anderen Menschen verwirklichten die judäischen Exilierten ihre Gottähnlichkeit noch auf eine besondere Weise: Wie Gott nach der Erschaffung des Universums einen Sabbat gehalten hatte, feierten auch sie jede Woche einen Sabbat. So nahmen die Verbannten mit der Sabbatbeobachtung eine alte

Gewohnheit auf, die im Exil immer mehr an Bedeutung gewann, und machten daraus ein Zeichen ihrer Gottähnlichkeit.

Geschichte und Fiktion

Nun mögen manche LeserInnen fragen: „Aber was ist denn mit Abraham oder am Sinai wirklich geschehen? Heißt das, dass die Exilierten alle diese Geschichten einfach erfunden haben?" Die Antwort darauf ist sowohl „Nein" als auch „Ja". „Nein", weil antike Völker, einschließlich des Alten Israel, fast immer neue Geschichten auf alten aufbauten. Besonders bei Erzählungen über Menschen (statt Gottheiten) begannen die damaligen Verfasser fast immer mit einer mündlichen oder schriftlichen Überlieferung über eine bestimmte Person und arbeiteten sie dann weiter aus. Es wurde also nicht „einfach alles erfunden". Aber in anderer Hinsicht ist die Antwort auch „Ja", denn alte Autoren erfanden wirklich gewisse Dinge. Im Unterschied zu vielen modernen Historikern hatten die antiken die Freiheit, die erhaltenen Überlieferungen auszuschmücken und umzugestalten. Zum Beispiel entdeckten exilische Verfasser auf Grund ihrer Erfahrungen neue Weisen, die Geschichten über Jakob und Mose so zu erzählen, dass in ihrem Mittelpunkt die Verheißungen standen – ein Aspekt, der zuvor nicht diese Bedeutung hatte. Sie betrachteten diese Geschichten durch die Brille der im Exil erkannten Wahrheiten und schufen unter ihrem Eindruck Nacherzählungen, Erweiterungen und Verbindungen all dessen, was nach ihrem Glauben „geschehen sein musste".

Heute können wir die späteren „Wahrheiten", die im Exil oder in anderen Perioden bewusst wurden, nicht mehr von der „historischen Wahrheit" über Israels Frühgeschichte unterscheiden, die wir so gerne erkennen würden. Auf Grund der Kombination von archäologischen Zeugnissen und außerbiblischen Texten können wir aber sagen, dass die Pentateuchtraditionen, sowohl der Laien- als auch der Priesterschrift, sehr wohl einen gewissen historischen Kern enthalten. Spätere Geschichtenerzähler werden Gestalten wie Abraham und Sara nicht einfach erfunden haben. Menschen im Exil haben mit Sicherheit eine Rettergestalt wie Mose, mit ägyptischem Namen und ausländischen Frauen, nicht selbst geschaffen. Es scheint jedoch, dass die Geschichten, wie wir sie heute kennen, einschließlich fast all ihrer Dialoge und anderer Einzelheiten, durch ihre Einbettung in spätere Abschnitte der Geschichte Israels geprägt sind. Deshalb eignen sie sich gut als Quellen für die „Wahrheiten", die Israeliten in den späteren Phasen entdeckten, weniger jedoch als Quellen für die Rekonstruktion von historischen „Wahrheiten" über die Zeiten Abrahams und/oder Moses. Natürlich würden wir gern wissen, was Sara zu Gott oder Mose wirklich zu Pharao gesagt hat. Aber dafür sind die entsprechenden Bibeltexte keine guten Quellen. Sie lassen uns stattdessen wissen, was spätere Israeliten über ihre Identität als Volk Gottes und über die Pläne Gottes mit diesem Volk einander zu sagen hatten.

Nehmen wir dazu ein konkretes Beispiel: die oben besprochene L-Geschichte des Sinaibundes (Ex 19–24; 32–34). Heutige Leser können endlos darüber diskutieren, ob das alles wirklich so geschehen ist oder nicht, aber letztendlich verfehlen ihre

Argumente den tieferen Sinn der Erzählung. Die Geschichte, die wir heute kennen, wendet sich an das Israel der „tausendsten" Generation, lange nach dem Sinai. Dieses Israel fragt sich – wie in den oben vorgestellten Klageliedern –, ob Gott ihm wegen des vergangenen Ungehorsams ewig zürnen wird, oder ob er umschwenken und sein Volk retten will. Die Antwort unserer L-Komposition ist eine klare Bestätigung des Willens Gottes, sein Volk unter allen Umständen zu retten. Dieser Text mit seinem „Ja" zur Barmherzigkeit Gottes ist absolut zentral für den jüdischen Glauben und Gottesdienst. Und Christen können die Versicherung der bedingungslosen Beziehung Gottes zu Israel lesen als einen Vorgriff auf Gottes noch umfassendere bedingungslose Gnade in seiner Beziehung zur ganzen Welt, wie sie sich in Jesus Christus gezeigt hat. Letzten Endes sind solche „Wahrheiten" über Gott im Judentum und Christentum viel wichtiger für die bleibende Bedeutung der Bibel als konkrete historische „Wahrheiten", die durch moderne Forschungsmethoden bestätigt oder entdeckt werden können. Vor allem aber kann man diese wichtigen Botschaften der biblischen Texte übersehen, wenn es in ihrer Auslegung nur darum geht, ob die in ihnen erzählten Ereignisse wirklich geschehen sind oder nicht.

FOKUS-TEXT Genesis 12,1–3

Zum Abschluss des Themenkreises betrachten wir Gottes erste Rede an Abraham in Gen 12,1–3, der hier noch Abram heißt. Der Text zerfällt in zwei Teile: Jahwes Befehl „Zieh weg aus deinem Land, von deiner Verwandtschaft und aus deinem Vaterhaus in das Land, das ich dir zeigen werde" (12,1), und nachfolgende Verheißungen: Jahwe werde Abram zu einem „großen Volk" und seinen „Namen groß" machen, er werde ihn reich segnen (12,2–3). Der Text ist als ein Echo auf ältere Gebete für Könige zu verstehen, wie wir sie z. B. in Ps 72,17 finden: Sie bitten darum, dass der König gesegnet sein möge, sein „Name" (sein Ansehen) für immer bestehen bleibe, und er so glücklich sein möge, dass andere „sich in ihm segnen". Mit anderen Worten, der König möge ein sprichwörtliches Beispiel für Glück sein; andere Menschen sollen sich den gleichen Segen wünschen, den er genießt (zum Beispiel: „Möge Gott mich so glücklich und gesegnet sein lassen wie David, den König Israels"). Auf dem Höhepunkt der Verheißung, in Gen 12,3, wird Abraham versprochen, er werde genau wie jene Könige ein so hervorragendes Beispiel von Segen sein, dass alle „Clans der Erde" auf ihn schauen und sich in ihm segnen werden; sogar Menschen anderer Völker werden also sagen: „Gott segne mich wie Abraham und noch darüber hinaus".

Die Verheißung an Abraham wird auf verschiedene Weise in anderen Genesisgeschichten aufgenommen (22,15–18; 26,2–5; 28,13–15), aber Christen und Juden divergieren in wesentlichen Punkten bei der Auslegung ihres letzten Teils, also beim Segen Abrahams und anderer Völker: „Alle Geschlechter der Erde sollen …". Viele Juden folgen der Interpretation Raschis, einem der größten jüdischen Bibelausleger. Er legte eine Übersetzung zu Grunde, die der obigen stark ähnelt: Alle Clans der Erde werden „sich selbst in" Abraham segnen. Das heißt, sie wünschen für sich selbst einen Segen, wie er ihn erhielt. So verstanden ist der Rest des Pentateuchs ab Gen

12,1–3 eine Geschichte darüber, wie Gott die speziellen Segensverheißungen an Abraham und seine Nachkommen (teilweise) erfüllt, insbesondere seinen Segen und Schutz für sein auserwähltes Volk Israel. Im Gegensatz dazu folgen viele Christen der Auslegung des Paulus. Er verstand Gen 12,3 als eine Verheißung an Abraham im Sinne von „alle Heiden(völker) werden durch dich gesegnet" (Gal 3,8). Paulus glaubte also, der Segen von Abraham werde – durch Jesus Christus – zu den anderen Völkern der Erde strömen. So verstanden hat der Rest des Pentateuchs ab Gen 12,1–3 nicht den Schwerpunkt in Gottes Segen und Schutz für Israel als solchem, sondern in der Art und Weise, wie das Volk Israel als Nachkommen Abrahams zum Vermittler des Segens für die anderen Völker der Erde wurde. So führen die beiden möglichen Übersetzungen der Verheißung in Gen 12,3 zu zwei sehr verschiedenen Interpretationen des gesamten Pentateuchs. Raschis Auslegung konzentriert sich die ganze Hebräische Tora hindurch auf das Volk Israel. Die Auslegung des Paulus – die mit vielen anderen zeitgenössischen Übersetzungen von Gen 12,3 übereinstimmte – reinterpretiert die Abrahamsverheißung im Kontext der umfassenderen christlichen Bibel, die Jesus Christus einschließt.

Wenn wir Gen 12,1–3 in seinem geschichtlichen Kontext betrachten, so ist es ein großer Unterschied, ob dieser Text von Schreibern Salomos oder von exilischen Verfassern stammt. Einige Exegeten betrachten Gen 12,1–3 als Teil einer frühen Weiterführung der Urgeschichte von J, die zur Unterstützung und Rechtfertigung des Königtums Salomos geschrieben wurde. So verstanden ist die göttliche Verheißung von Größe und Segen an Abraham eine Vorschau auf die Zeit, in der Israel unter Salomo „eine große Nation" und Salomo sagenhaft berühmt und mit Segen überschüttet sein wird. Stimmt das, ist Gen 12,1–3 und der Rest der erweiterten jahwistischen Urgeschichte ein Dokument, das dem Miniimperium Salomos göttliche Sanktion verlieh. Deshalb kritisieren einige Gelehrte, zum Beispiel Walter Brueggemann in seinem einflussreichen Buch *The Prophetic Imagination* (Philadelphia: Fortress, 1. Auflage 1978), Texte wie Gen 12,1–3, weil sie nach ihrer Meinung zeigen, dass der Jahwist ein repressives Imperium unterstützt hat.

Die Dinge sehen jedoch ganz anders aus, wenn wir Gen 12,1–3 und andere Verheißungstexte als Worte der Hoffnung für verzweifelte Deportierte nach der Zerstörung Jerusalems und dem Untergang der Monarchie verstehen. In diesem Kontext ist Gen 12,1–3 (genau wie 1,1–2,3) eine Geschichte, in der eine nichtkönigliche Gestalt, Abram, Verheißungen erhält, die ursprünglich nur Königen galten. Bei Deuterojesaja sahen wir ähnliche exilische Königsverheißungen an andere Gestalten – an den persischen Großkönig Kyros in Jes 44,28–45,1 und an das Volk in Jes 55,3. Der Verfasser von Gen 12,1–3 und den damit zusammenhängenden Texten erzählt die Geschichte von Abram/Abraham aber auf eine so besondere Weise, dass Abram fast wie ein Exilierter wirkt, der lange vor dem Babylonischen Exil gelebt hat. Er wird so dargestellt, damit sich die Exilierten mit ihm identifizieren können. Wie sie lebt er in Babylonien, in „Ur in Chaldäa" (Gen 11,28), und wie sie wurde er gerufen, sich aufzumachen und in einem fremden Land zu leben, das er nicht kannte (Gen 21,1). So betrachtet, werden die Verheißungen an Abram Hoffnungsverheißungen für die Exilierten, ähnlich wie die Heilsverheißungen, die wir in den exilischen Teilen von

Jesaja (40–55), Jeremia und Ezechiel gesehen haben. Menschen im Exil, die sich nach der Wiederherstellung ihrer Nation sehnten, hörten in Gen 12,2, dass ihr ebenfalls im Exil lebender Vorfahre Abram die Verheißung empfangen hatte, eine „große Nation zu werden". Menschen im Exil, die sich in diesem Schicksal „verflucht" fühlten, entdeckten hier das Gegenteil: Sie werden so gesegnet sein, dass sie anderen Völkern der Erde zu einem Beispiel für Segen werden (Gen 12,3). Außerdem enthält Gen 12,1–3 noch eine weitere Verheißung, die sich ausdrücklich auf die Verwundbarkeit von exilierten Menschen als Minderheit innerhalb größerer Kulturen bezieht: Gott versichert Abram seines Schutzes. Er wird die segnen, die Abram segnen, und die verfluchen, die ihn „abfällig behandeln" (Gen 12,3). Exilierte werden das als ein Versprechen verstanden haben, dass Gott ihnen, den Kindern Abrahams, während ihres Lebens in Babylonien einen ähnlichen Schutz gewähren wird.

Abschließende Bemerkungen zu Tora (Pentateuch) und Exil

Es ist also ein großer Unterschied, ob man Gen 12,1–3 als Rechtfertigung des Miniimperiums Salomos liest oder als einen Text, der Exilierten Mut machen will, die unter die Räder des Neobabylonischen Imperiums gekommen waren. Unsere Darstellung folgt den Erkenntnissen der jüngsten Forschung, die Gen 12,1–3 und andere Verheißungstexte der Laienschrift in die Exilszeit datiert. Aber selbst wenn die Texte von Laien- und Priesterschrift aus anderen Epochen stammen sollten, könnten wir mit Sicherheit sagen, dass die Erzählungen über Gottes Verheißungen an die Nachkommen Abrahams und die Entstehung des Volkes Israel in der Wüste in den Mittelpunkt der Hebräischen Bibel rückten, als judäische Exilierte in Babylonien dringend Hoffnungsworte brauchten. Während des Exils wurden die Erzählungen über Israels Geschichte vor der Landnahme und Monarchie zur literarischen Grundlage, auf der später alles andere in der Bibel aufbauen würde.

Bis zum Ende des Exils war diese literarische Grundlage, diese „Mose-Tora", jedoch in zwei Teile gespalten: eine Laienschrift und eine von ihr sehr verschiedene Priesterschrift. Jede dieser Quellen stellt andere Gruppen in den Mittelpunkt, und diese Gruppen waren wohl auch für ihre Überlieferung und Erweiterung verantwortlich. Die Hauptpersonen der Laienschrift sind die „Ältesten", eine Gruppe von Laienführern der Exils- und Nachexilszeit. Die Priesterschrift stellt die aaronitischen Priester in den Mittelpunkt, eine Priestergruppe, deren Vorherrschaft sich erst in der späten Exilszeit und während der nachexilischen Zeit aufbaute. Diese Gruppen und ihre Texte blieben während des Exils unabhängig voneinander, denn es gab keine politische Struktur, die sie miteinander in Verbindung hätte bringen können – das Königtum war untergegangen. Günstige Bedingungen für die Vereinigung von Laien- und Priesterschrift entstanden erst, als das Persische Großreich den Wiederaufbau einer Gemeinschaft von Rückwanderern in Jerusalem unterstützte. Dieses wichtige Ereignis ist das Thema des nächsten Kapitels.

Rückblick auf Kapitel 10

1. Überprüfen Sie Ihr Wissen zu folgenden Fachbegriffen, die in diesem Kapitel behandelt wurden:
   - Elohist (E)
   - Heiligkeitsgesetz (H)
   - Jahwist (J)
   - JE (Jehovist)
   - Laienschrift (L)
   - Nichtpriesterschrift (Nicht-P)
   - Priesterschrift (P)
   - Religionsgeschichte
   - Tetrateuch

2. Nennen Sie den wichtigsten Grund, warum Wissenschaftler heute bezweifeln, dass es einmal getrennte und doch parallele Schriften J und E gab und dass sie hinter dem nichtpriesterlichen Material des Pentateuchs stehen (Tipp: der Grund ist *nicht*, dass wir keine Ausgaben dieser Schriften besitzen).

3. Was sind die drei verschiedenen Problemkreise für eine Frühdatierung der nichtpriesterlichen Überlieferungen (L)?

4. Welche Arten von „Geschichtsschreibung" sind für den Pentateuch am wahrscheinlichsten? Warum?

5. Welche beiden Gruppen, die in der Exilszeit wichtig wurden, haben wohl die Überlieferungen von L und von P weitergegeben, bevor sie miteinander kombiniert wurden?

Weiterführende Literatur

Pentateuch insgesamt

CARR, David. *Reading the Fractures of Genesis*. Louisville: Westminster Press, 1996

GERTZ, Jan Christian. Tradition und Redaktion in der Exoduserzählung: Untersuchungen zur Endredaktion des Pentateuch. Göttingen: Vandenhoeck & Ruprecht, 2000 (FRLANT 186)

Genesis

EBACH, Jürgen. *Genesis 37–50*. Freiburg: Herder, 2007 (Herders Theologischer Kommentar zum Alten Testament)

WESTERMANN, Claus. Welt und Mensch im Urgeschehen: Die biblische Urgeschichte Genesis (1. Mose) 1–11. Stuttgart: Deutsche Bibelgesellschaft, 1999

Exodus

DOHMEN, Christoph. *Exodus 19–40*. Freiburg: Herder, 2004 (Herders Theologischer Kommentar zum Alten Testament)

Levitikus

GERSTENBERGER, Erhard S. *Das dritte Buch Mose. Leviticus*. Göttingen: Vandenhoeck & Ruprecht 1993 (ATD 6)

GRÜNWALDT, Klaus. Das Heiligkeitsgesetz Leviticus 17–26: Ursprüngliche Gestalt, Tradition und Theologie. Berlin: de Gruyter, 1999 (BZAW 271)

Numeri

STAUBLI, Thomas. *Die Bücher Levitikus und Numeri*. Stuttgart: Katholisches Bibelwerk, 1996 (Neuer Stuttgarter Kommentar 3)

Bibliographie der englischen Originalausgabe (Chapter 10)

More on the formation of the Pentateuch

Carr, David. *Reading the Fractures of Genesis*. Louisville, KY: Westminster John Knox Press, 1996.

Genesis

Brueggemann, Walter. *Genesis*. Interpretation. Atlanta: John Knox Press, 1982.

Sarna, N. M. *Genesis*. JPS Torah Commentary. Philadelphia: Jewish Publication Society, 1989.

Westermann, Claus. *Genesis: A Practical Commentary*, trans. David Green. Grand Rapids: Eerdmans, 1987.

Exodus

Childs, Brevard. *The Book of Exodus*. Old Testament Library. Philadelphia: Westminster Press, 1974.

Johnstone, William. *Exodus*. Old Testament Guides. Sheffield: Sheffield Academic Press, 1990.

Sarna, Nahum. *Exodus*. JPS Torah Commentary. Philadelphia: Jewish Publication Society, 1991.

Leviticus

Gerstenberger, Erhard S. *Leviticus*. Old Testament Library. Louisville, KY: Westminster John Knox Press, 1996.

Gorman, Frank H. *Divine Presence and Community: A Commentary on the Book of Leviticus*. International Theological Commentary. Grand Rapids: Eerdmans, 1997.

Numbers

Budd, Philip J. *Numbers*. Word Biblical Commentary. Waco, TX: Word, 1984.

Olson, Dennis. *Numbers*. Interpretation. Louisville, KY: Westminster John Knox Press, 1996.

Wenham, Gordon J. *Numbers*. Old Testament Guides. Sheffield: Sheffield Academic Press, 1997.

Kapitel 11
Die Tora, die Psalmen und der Wiederaufbau Judas mit persischer Unterstützung

Das Kapitel zeichnet nach, wie zentrale Teile der Hebräischen Bibel auf sehr subtile Weise die *positiven* Beziehungen zwischen Judäern und dem unter Kyros entstandenen Persischen Großreich widerspiegeln. Die Perser gewährten Juda in den verschiedenen Aufbauphasen seiner Wiederherstellung ihre Unterstützung, indem sie die Rückwanderung vieler Exilierter erlaubten und halfen, in Jerusalem eine Tempelzentrierte Gemeinde von Rückkehrern aufzubauen. Von besonderer Bedeutung ist es, dass die heutige Hebräische Bibel eine Sammlung hebräischer Schriften darstellt, die von ehemaligen Exilierten geschaffen und von der persischen Regierung „gesponsert" wurde. Dies erklärt, warum so viele Bibeltexte die Imperien Assyriens und Babyloniens scharf kritisieren, aber an den wenigen Stellen, wo Persien erwähnt wird, einen generell positiven Ton anschlagen.

Der Höhepunkt dieser Geschichtsperiode war die Erhebung einer Pentateuch-Komposition, einer neuen „Mose-Tora", zur zentralen Autorität für die Rückwanderergemeinde in Jerusalem. Wie wir sehen werden, kann sich die Beziehung zu Persien auf die spannende und kunstvolle Verknüpfung von L und P ausgewirkt haben, die das Kennzeichen des Pentateuchs ist. Mit der Zeit begann dieser vereinigte Pentateuch eine zentrale und einigende Rolle für Judäer überall im Alten Orient zu spielen. Die Tora hatte eine Schlüsselstellung inne. Ein Zeichen dafür ist auch der Aufbau des Psalters, eigentlich eine aus kleineren Sammlungen bestehende Kollektion alter Gebete, die in Gottesdienst und Unterweisung gebraucht wurden. In der Endgestalt wird der Psalter durch einen Tora-Psalm eröffnet und ist in fünf, der Tora-Einteilung entsprechende Abschnitte gegliedert.

Abb. 11.1 Relief aus der persischen Hauptstadt Persepolis. Männer aus den verschiedensten unterworfenen Völkern des Persischen Imperiums, in ihrer landesüblichen Kleidung, bringen dem persischen Großkönig Tribut dar. Das Bild ist ein Beispiel dafür, wie das Persische Großreich sein Image der Förderung von kultureller Diversität in seinem weit ausgedehnten Imperium pflegte.

Geschichte: Der Bau eines Tempels mit persischer Unterstützung und die Entstehung eines Tora-zentrierten Judentums

L

Nehemia-Memoiren (Neh 1,1–7,4; 13,10–14.30b–33)
Esra-Erzählung (Esr 1–10 und Neh 8; vgl. 1 Esra in den Apokryphen)

Vergleichen Sie das persische Kyros-Edikt über seine Segnung durch babylonische Gottheiten (Marduk, Bel, Nabu) mit Esr 1,1–4 (s. u.).

Kyros-Zylinder (Zeile 20–34a, *TUAT I/4*, S. 408–410, hier: 409f., übersetzt von Rykle Borger)	**Esra 1,1–4**
Ich, Kyros, der Herr des Weltreiches, der große König, der mächtige König, der König von Babel, der König von Sumer und Akkad, der König der vier Weltsektoren, Sohn des Kambyses, ... Dessen Regierung Bel und Nebo liebgewannen und dessen Königsherrschaft sie zur Erfreuung ihres Herzens wünschen .... Ich ließ dem ganzen Land Sumer und Akkad keinen Störenfried aufkommen. Die Stadt Babel und alle ihre Kultstätten hütete ich in Wohlergehen. Die Einwohner von Babel ... ließ ich in ihrer Erschöpfung zur Ruhe kommen, ihre Fron ließ ich lösen.	2 So spricht der König Kyros von Persien:
Über meine [guten] Taten freute sich Marduk, der große Herr. Mich, Kyros, den König, der ihn verehrt, und Kambyses, meinen leiblichen Sohn, sowie alle meine Truppen segnete er gnädig. In Wohlergehen [wandeln] wir freudig vor ihm.	„Jahwe (Der Herr), der Gott des Himmels, hat mir
[Auf seinen] erhabenen [Befehl] brachten mir alle Könige, die auf Thronen sitzen, aus allen Weltsektoren, vom Oberen Meer bis zum Unteren Meer, welche [ferne Distrikte] bewohnen, alle Könige von Amurru [Westland], die in	alle Reiche der Erde verliehen.

Zelten wohnen, ihren schweren Tribut, und sie küssten in Babel meine Füße.	
Von Ninive, Assur und Susa, Akkad, Eschnunnak, Zamban, Meturnu und Der bis zum Gebiet von Gutium, die Städte jenseits des Tigris, deren Wohnsitz von alters her verfallen war – die dort wohnenden Götter brachte ich an ihren Ort zurück und ließ sie eine ewige Wohnung beziehen.	Er selbst hat mir aufgetragen, ihm in Jerusalem in Juda ein Haus zu bauen. 3 Jeder unter euch, der zu seinem Volk gehört – sein Gott sei mit ihm – hat jetzt die Erlaubnis, nach Jerusalem in Juda hinaufzuziehen und das Haus des Herrn, des Gottes Israel, aufzubauen;
Alle ihre Leute versammelte ich und brachte sie zurück zu ihren Wohnsitzen.	denn er ist der Gott, der in Jerusalem wohnt.
Und die Götter von Sumer und Akkad, welche Nabonid zum Zorn des Herrn der Götter nach Babel hineingebracht hatte, ließ ich auf Befehl Marduks, des großen Herrn, in Wohlergehen in ihren Heiligtümern einen Wohnsitz der Herzensfreude beziehen.	4 Und jeden, der irgendwo übrig geblieben ist, sollen die Leute des Ortes, in dem er ansässig war, unterstützen mit Silber und Gold, mit beweglicher Habe und Vieh, neben den freiwilligen Gaben für das Haus Gottes in Jerusalem.“

Abb. 11.2 Der Kyros-Zylinder.

Der **Kyros-Zylinder** (Abb. 11.2) lässt eine weitere grundlegende Veränderung in den Großreichen des Alten Orients erkennen. Der persische König Kyros hatte soeben Babylonien kampflos eingenommen, teilweise mit Hilfe von verärgerten lokalen Priestern. Sie widersetzten sich heftigst der Religionspolitik Nabonids, des letzten Königs von Babylonien. Nabonid hatte den Mondgott Sin über die traditionellen babylonischen Gottheiten erhoben und zudem in ganz Babylonien deren Statuen aus ihren Heiligtümern entfernen lassen. Im Kyros-Zylinder benutzt Kyros die akkadische

Sprache und eine akkadische Inschriftengattung, um zu beschreiben, wie die babylonischen Gottheiten ihn als König über Babylonien erwählten und beauftragten, ihre Kultbilder wieder an die angestammten Orte zurückbringen zu lassen. Die Selbstverherrlichung des Kyros war anscheinend zumindest teilweise erfolgreich, denn ein babylonischer Priester schrieb etwa um die gleiche Zeit das „Schmähgedicht des Nabonid". Es klagt die religiösen Freveltaten Nabonids an, preist die Wiederherstellung der Heiligtümer durch Kyros und behauptet abschließend, dass die Bevölkerung Babyloniens jetzt „fröhlichen Herzens" ist und jubelnd „auf Kyros als ihren König schaut".

Kyros erwähnt Juda auf seinem Zylinder nicht direkt, aber wir wissen aus der Bibel, dass auch die exilierten Judäer diesen Machtwechsel begrüßten. Noch bevor Kyros Babylonien eroberte, sah Deuterojesaja ihn am Horizont aufscheinen und verkündete, dass Jahwe Kyros gesalbt hätte, um Völker zu unterwerfen und Jerusalem wieder aufzubauen (Jes 44,28–45,1). Ähnliche Texte am Ende der Chronikbücher (2 Chr 36,22–23) und zu Beginn des Buches Esra (Esr 1,1–4) bieten eine judäische Version der Kyros-Proklamation. Sie versichert, dass Jahwe ihm die Herrschaft über die ganze Erde verliehen und ihn dazu bestimmt hat, Jerusalem wiederaufzubauen. Wir besitzen keine persische Version dieser Verfügung, und so wissen wir nicht, ob die persische Regierung wirklich einen solchen Erlass veröffentlicht hat, oder ob er von judäischen Schreibern in Analogie zu Inschriften wie der des Kyros-Zylinders entworfen worden ist. Auf jeden Fall zeigen die Texte in Deuterojesaja und zu Beginn des Esrabuches eine wichtige Entwicklung unter den Exilierten. Während sie Babylonien hassten, gewährten viele dem Persischen Großreich ihre volle Unterstützung. So bekräftigten sie den Gedanken, der persische König Kyros sei von Gott dazu bestimmt worden, sie zu retten und wiederaufleben zu lassen.

Die Bibeltexte zeigen auch, dass die Perser die judäischen Exilierten umfassend förderten, indem sie ihren Wunsch nach Rückkehr und Wiederaufbau unterstützten. Damit stellten sie auch sicher, dass in Juda und Jerusalem eine pro-persische Führungsschicht an die Macht kam, denn die Region war in den Machtkämpfen mit Griechenland über die Kontrolle des östlichen Mittelmeerraumes von strategischer Bedeutung. Die persische Unterstützung der einheimischen Führungsschicht war nicht etwas völlig Neues, denn auch mesopotamische Großreiche wie Assyrien hatten ähnliche Taktiken angewandt, um sich in strategisch wichtigen Gebieten die Sympathien örtlicher Führungseliten zu sichern. Der Unterschied ist allerdings, dass die Hebräische Bibel durch ehemalige Exilierte gestaltet wurde, die persische Unterstützung genossen, während frühere biblische Verfasser nicht von Großreichsmächten gesponsert worden waren.

Unsere Hauptquelle für die Geschichte Judas in jener Zeit, Esra-Nehemia, scheint ein weiteres Beispiel für die Kombination verschiedener Quellen zu sein, von denen eine sich auf Esra konzentriert und die andere auf Nehemia. Esra-Nehemia behandelt diese Gestalten getrennt, und mehrere alte jüdische Quellen scheinen ihre Geschichten ebenfalls getrennt zu kennen (einschließlich einer alten griechischen Übersetzung der Esraquelle, 1 Esra). Viele Wissenschaftler nehmen daher an, dass hinter dem heutigen Buch Esra-Nehemia zwei Hauptquellen stehen: ein Ich-Bericht Nehemias über seine Rolle beim Wiederaufbau Jerusalems und der Förderung der Leviten (Neh 1,1–7,4, Teile von Neh 13 und wahrscheinlich Neh 12), und ein hauptsächlich in der dritten Person geschriebener Bericht über den Wiederaufbau Jerusalems und über Esras Führungsrolle bei der Verstoßung fremder Frauen und der Übernahme der Tora (Esr 1–10 und Neh 8 // 1 Esr). Erst später, nach mehreren Jahrhunderten, nämlich in hellenistischer Zeit, verwob ein Redaktor diese beiden Quellen miteinander und fügte neues Material hinzu, so dass ein neues Buch entstand, in dem Esra und Nehemia sich überlagerten. Dabei scheint dieser Redaktor aus viel späterer Zeit die Reihenfolge der beiden Gestalten verwechselt zu haben, weil er nicht wusste, dass es zwei persische Großkönige mit dem Namen „Artaxerxes" gab. Nehemia, der im 20. Jahr des *ersten* Artaxerxes (445 v. Chr.) nach Jerusalem kam und dessen Stadtmauer wiederaufbauen ließ, wurde von ihm irrtümlich *nach* Esra angesetzt, obwohl er in Wirklichkeit *vor Esra* wirkte, denn Esra fand die Stadtmauer schon wiedererbaut vor, als er wahrscheinlich im 7. Jahr des *zweiten* Artaxerxes nach Jerusalem kam (397 v. Chr.).

Neben diesen beiden zentralen Erzählungen – den Memoiren Nehemias und der Geschichte vom Tempelwiederaufbau durch Esra – kennen wir auch Sprüche verschiedener zeitgenössischer Propheten, die ebenfalls einen Einblick in die nachexilische Restaurationszeit der Jerusalemer Gemeinde geben. Es sind Haggai, Sacharja (hauptsächlich Sach 1–8) und nachexilische Teile des Buches Jesaja, also des „Tritojesaja" in den Kapiteln Jes 56–66 (s. Kapitel 12 unserer Darstellung). Mit Hilfe dieser Quellen haben Forscher vier Hauptphasen des Wiederaufbaus identifiziert, die alle von einer gewissen persischen Unterstützung abhingen: die Rückwanderung einiger Exulantengruppen nach Juda; der Wiederaufbau des Jerusalemer Tempels unter Serubbabel und Jeschua; die Wiederherstellung der Jerusalemer Stadtmauer unter Nehemia; Esras Erhebung der Mose-Tora zum Zentrum der Jerusalemer Gemeinde, die gerade fremde Frauen und Kinder ausgewiesen hatte. Die folgenden Abschnitte besprechen diese Phasen, bevor sie sich kurz der Situation der Judäer zuwenden, die damals immer noch in Ägypten und Mesopotamien lebten.

Der biblische Bericht über den Kyros-Erlass formuliert die Erlaubnis, „nach Jerusalem in Juda hinaufzuziehen und das Haus des Herrn, des Gottes Israels, aufzubauen" (Esr 1,3). Das leitete die erste mehrerer Rückwanderungswellen von Exilierten von Babylonien nach Jerusalem ein. Die erste Gruppe, wahrscheinlich ein winzig kleiner Teil der Exilierten, wurde kurz nach der Unterwerfung Babyloniens durch Kyros im Jahr 539 von Scheschbazzar geleitet, einem Sohn des exilierten Königs Jojachin. Das Buch Esra sagt, Kyros habe Scheschbazzar sogar von den Babyloniern gestohlene Tempelgeräte mit nach Jerusalem gegeben (Esr 1,7–11), und Scheschbazzar habe die Fundamente des Tempels gelegt (Esr 5,16). Wenige Jahre später, um 520, führte einer der Enkel Jojachins, Serubbabel, eine weitere Gruppe von Exilierten nach Jerusalem. 120 Jahre später scheinen dann noch andere Exilierte unter Esra nach Jerusalem gewandert zu sein (397, s. Esr 7,1–7). Also gingen nur wenige Exulanten nach Jerusalem zurück, und zudem in mehreren Schüben. Viele, wahrscheinlich sogar die meisten, wollten Babylonien nicht verlassen. Einige der Rückwanderer, wie Scheschbazzar und Serubbabel, hatten die babylonische Kultur derart assimiliert, dass sie sogar babylonische Namen trugen. Dokumente aus späterer Zeit einer jüdischen

Familie in Babylonien (im sog. Muraschu-Archiv) bezeugen, dass einige der Exilierten in den folgenden Jahrhunderten dort geblieben sind. Das bedeutet: der Ausdruck **„nachexilische Zeit"** ist nur im Bezug auf das Ende des *Zwangsexils* richtig, da viele Judäer weiterhin außerhalb ihres Heimatlandes lebten.

Neben der Erlaubnis zur Rückwanderung einiger Deportierter nach Juda hatten die Perser auch großen Einfluss auf den **Wiederaufbau des Jerusalemer Tempels**, der von den Babyloniern zerstört worden war. Dieser Wiederaufbau, ein Kernstück des Kyros-Erlasses in Esr 1,1–4, erstreckte sich über mindestens zwei Abschnitte. Zunächst gab, wie oben erwähnt, Kyros Scheschbazzar Tempelgeräte zurück, die dieser in Jerusalem ablieferte und die Fundamente für den **Zweiten Tempel** legen ließ. Das geschah vermutlich kurz nach Kyros' Sieg über Babylonien, etwa im Jahr 538. Die anfänglichen Bauarbeiten gerieten jedoch ins Stocken und wurden erst zwanzig Jahre später, zwischen 520 und 515, zu Ende geführt. Zu diesem Zeitpunkt war Kyros schon gestorben (530); sein Sohn Kambyses hatte acht Jahre lang regiert (530–522), und nach dessen Tod hatte Darius, ein entfernterer Verwandter, die Macht ergriffen. Darius gewann die Unterstützung mehrerer Völker seines Imperiums, indem er die harte Politik des Kambyses änderte und Tempelneubauten und Priesterschaften unterstützte, vor allem in Ägypten (das Kambyses erobert und unterworfen hatte). Der Wiederaufbau des Jerusalemer Tempels zu Beginn seiner Herrschaft war vermutlich Teil dieses größeren Projektes, aber vor seiner Fertigstellung scheint es eine wichtige Veränderung in der judäischen Führung gegeben zu haben. Der Wiederaufbau hatte unter der Leitung des Davididen Serubbabel und des Priesters Jeschua begonnen. Einige Prophetien Haggais (2,20–23) und Sacharjas (der „Spross" in 3,6–10; 4,6–10; 6,9–14) zeigen sogar die Hoffnung gewisser Kreise, Serubbabel würde in Zusammenarbeit mit Jeschua wieder eine Monarchie in Jerusalem errichten. In den Überlieferungen nach der Fertigstellung des Tempels hören wir jedoch nichts mehr von Serubbabel; niemand weiß, warum. Es ist nur klar, dass zu diesem Zeitpunkt das davidische Königtum völlig am Ende war und das Zeitalter des Tempel-zentrierten Judentums begann, die Zeit des Zweiten Tempels (515 v. Chr. bis 70 n. Chr.).

Der nächste größere bekannte Schritt des Wiederaufbaus ist die Reparatur der Stadtmauern Jerusalems unter Nehemia 70 Jahre später, 445 v. Chr. Seinen Memoiren zufolge war Nehemia Mundschenk am Hof von Artaxerxes, vermutlich Artaxerxes I., der von 464 bis 423 regierte. Er las Berichte über den desolaten Zustand Jerusalems und gewann Artaxerxes dafür, ihn nach Jerusalem zu senden, damit er die Stadt wiederaufbauen könne (Neh 1,1–2,8). Dort organisierte er die judäische Gemeinde für den Mauerbau – trotz oppositioneller Nachbargruppen und interner Meinungsverschiedenheiten (Neh 2,17–6,19). Nehemia hatte das Amt eines von Persien eingesetzten „Statthalters" von Juda inne (Neh 5,14–19), eines Laienführers neben der heiligen Führerschaft der Priester. Sein größter Erfolg war die Wiederherstellung Jerusalems als ummauerte Stadt, also als unabhängige politische Größe. Einige Jahre später, vielleicht in einer zweiten Amtszeit, mag Nehemia zusätzliche Maßnahmen angeordnet haben, zum Beispiel die Säuberung des Jerusalemer Tempels von „fremden" Priestern (s. Neh 12–13). Falls das zutrifft, handelte es sich um eine Vorform von größeren Säuberungsaktionen, die später unter Esra durchgeführt wurden.

Unter Esra erreichte diese Säuberung eine neue Stufe und wurde Teil eines erweiterten Programms mit dem Ziel, das Judentum auf die Einhaltung der Mose-Tora auszurichten. Wie Nehemia war Esra ein hoher persischer Beamter, eine Art Staatssekretär am persischen Hof. Nach Esra 7 beauftragte König Artaxerxes ihn, Opfergaben zum Jerusalemer Tempel zu bringen und herauszufinden, inwieweit die Bewohner der Provinz Juda „das Gesetz Gottes und das Gesetz des Königs" befolgten (Esr 7,26). Über die Inhalte dieser beiden Gesetze wird viel debattiert, aber der folgende Bericht über die Verlesung der „Tora des Mose" in Neh 8 macht deutlich, dass unter „Gesetz Gottes" so etwas wie der jetzige Pentateuch zu verstehen sei. Bei den Vorbereitungen zur öffentlichen Verlesung und Einsetzung dieses heiligen Gesetzes stellte Esra jedoch fest, dass frühere judäische Rückwanderer in Jerusalem fremde Frauen geheiratet hatten und so – seiner Ansicht nach – eine Gefahr für das gesamte Restaurationsprojekt des Volkes bedeuteten (Esr 9,1–3). Viele Exilierte sahen genauso wie Esra in der Mischehe mit AusländerInnen den primären Grund dafür, dass Juda überhaupt ins Exil geraten war. Als er auf diese Mischehen unter den Rückwanderern stößt, klagt Esra zu Gott:

> In unserer Knechtschaft hat uns unser Gott nicht verlassen. Er wandte uns die Gunst der Könige von Persien zu. Er ließ uns aufleben, so dass wir das Haus unseres Gottes wiederaufbauen und es aus den Trümmern wiederaufrichten konnten. Er gewährte uns eine Mauer in Juda und Jerusalem.
> Aber jetzt, unser Gott, was sollen wir nach all dem sagen? Wir haben ja deine Gebote verlassen. Du hast durch deine Diener, die Propheten, gesagt: das Land, in das ihr kommt, um es in Besitz zu nehmen, ist ein beflecktes Land [...]. Darum dürft ihr eure Töchter nicht ihren Söhnen als Frauen geben, noch dürft ihr ihre Töchter für eure Söhne nehmen. Ihren Frieden und ihren Wohlstand sollt ihr nicht begehren. Dann werdet ihr stark sein und die Güter des Landes genießen und sie euren Kindern vererben für alle Zeit. (Esr 9,9–12)

Esra sieht den gesamten von Persien finanzierten Prozess des Wiederaufbaus Jerusalems gefährdet durch die Mischehen von Exilierten mit „fremden Frauen", also nichtisraelitischen Frauen und judäischen Frauen, die nicht im Exil gelebt hatten. Er verpflichtet alle Männer dazu, sich von solchen Frauen zu scheiden und sie und ihre Kinder zu verstoßen. Die „Reinigung" Judas ist der Auftakt zum Höhepunkt der Verlesung der „Mose-Tora" vor ganz Juda (Neh 8). Diese Tora scheint dem heutigen Pentateuch sehr zu ähneln und die Verbindung von Priesterschrift und Laienschrift in einem einzigen Text zu sein. Im nächsten Kapitel kommen wir auf das Problem der Mischehen und auf die nachexilische Zeit zurück.

Der Erlass der „Mose-Tora" durch Esra ist ein wichtiger Schritt zur Herausbildung eines Tora-zentrierten Judentums. Nach ihrer Einsetzung stimmen buchstäblich alle Gruppen im Judentum, unabhängig von ihren sonstigen Meinungsverschiedenheiten, in einem überein: in der Bedeutung der Mose-Tora. Das macht die persische Initiative, Esras Mission zu autorisieren, um so interessanter. Wir wissen, dass die Perser in anderen Teilen ihres Imperiums mit den örtlichen Führungseliten zusammenarbeite-

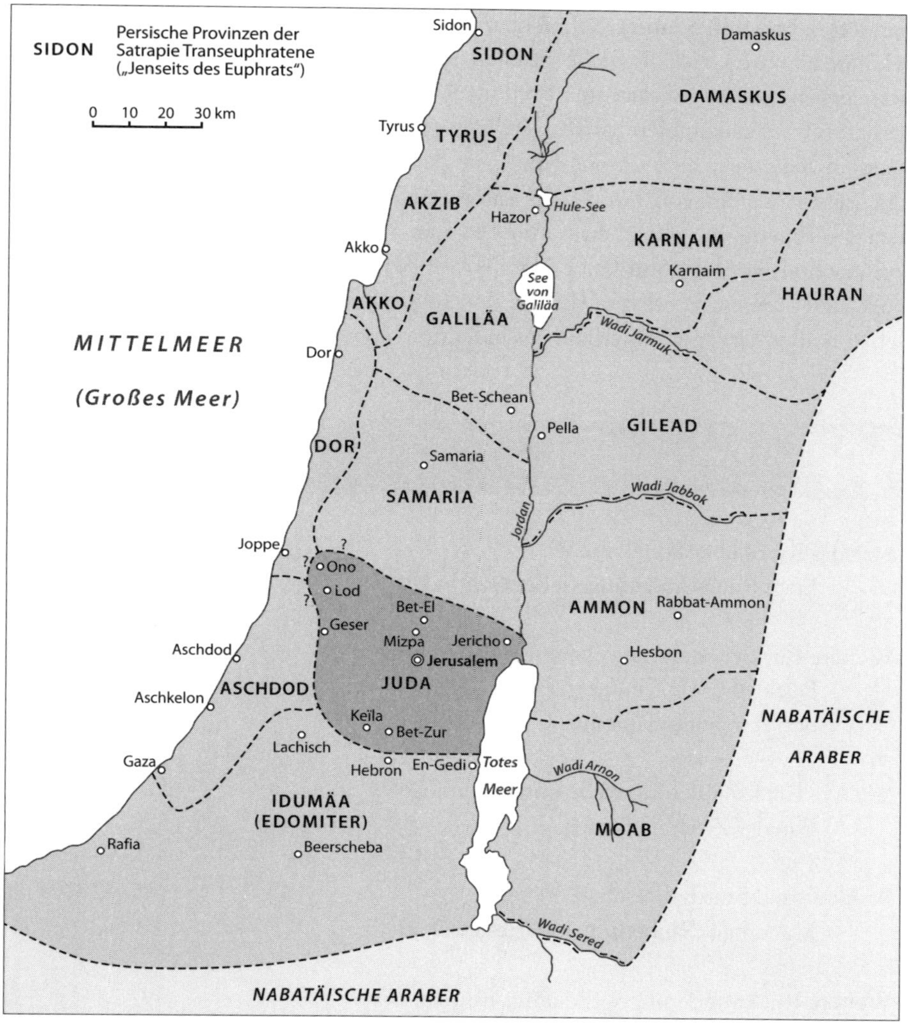

Karte 11.1 Juda als Provinz des Persischen Großreiches.

ten, um einheimische Gesetze als offizielle persische Gesetzgebung zu autorisieren (**Anerkennung durch die persische Regierung**). Persien beauftragte und finanzierte zum Beispiel einen ägyptischen Priester, Udjahorresnet, ägyptische Priestertexte zu sammeln und zu veröffentlichen. Eine in der heutigen Türkei gefundene Inschrift zeigt, dass einheimische Elitegruppen sich dort ebenfalls der persischen Anerkennung ihrer lokalen Opfergesetze versicherten. Es scheint, dass einheimische Eliten die persische Regierung um Unterstützung für ihre Gesetze ersuchen konnten. Für die Perser bedeutete die Gewährung einer solchen Unterstützung eine Stärkung ihrer lokalen Verbündeten, stärkte also die persische Kontrolle über die verschiedenen Teile des Imperiums. Was könnte also Esras Interesse an der persischen Unterstützung gewesen sein? Seine Führungsposition in Jerusalem (etwa ab 397) war vermutlich recht unsicher angesichts der verschiedenen Gruppen von Exilsjudäern, die schon mehr als hundert Jahre früher unter Scheschbazzar (538) oder Serubbabel (520) ins Land gekommen waren. Soziologische Studien zeigen, dass später hinzugekommene Exilierte gegen die fest verschanzten Stellungen von schon im Land befindlichen Gruppen oft schwer zu kämpfen haben. Wie konnte sich Esra durchsetzen? Er war anscheinend in der Lage, eine „Mose-Tora" aus der Verbindung von Priesterschrift und Laienschrift als das von Artaxerxes autorisierte Hebräische Gesetz zu präsentieren, dem die Provinz zu gehorchen hatte. Die Esra-Traditionen stellen ihn mit solchen Vollmachten vor, also mit der Erlaubnis von Seiten der persischen Regierung, dem Volk dieses Gesetz zu bringen (Esr 7). Seit seiner Zeit wurde dieses Gesetz buchstäblich von allen Gruppen innerhalb des Judentums anerkannt.

W Wichtige Daten (v. Chr.):
Der Wiederaufbau Judas mit persischer Unterstützung

Sieg des Kyros über Babylonien	539
Erste Rückwanderungswelle nach Juda	538
Weitere Rückwanderungswelle unter Scheschbazzar	532
Rückgabe von Tempelgeräten, Legen der Tempelfundamente	
Weitere Rückwanderungswelle unter Serubbabel	520
Bau des Zweiten Tempels	520–515
Ankunft und Statthalterschaft Nehemias	445–425
Mauerbau, Säuberung der Priesterschaft	
Weitere Rückwanderungswelle unter Esra	397
Verstoßung fremder Frauen und Kinder	
Einsetzung der Tora (Kombination aus L und P?)	

Die große Bedeutung dieser Veränderungen wird klar, wenn man Jerusalem zur Zeit Esras mit der zeitgleichen Situation in **Elefantine** vergleicht, einer jüdischen Militärkolonie auf einer Nilinsel im Süden Ägyptens. Die Kolonie hatte ihren eigenen Tempel, der älter war als der in Jerusalem wiederauferbaute. Mitglieder der Gemeinde von Elefantine korrespondierten mit Gemeindeleitern in Jerusalem und Samaria über verschiedene gottesdienstliche Fragen, zum Beispiel über die Feier des Pessachfestes und den Neubau ihres [kürzlich zerstörten] Tempels. Aber sie scheinen weder die von Esra verfochtene Mose-Tora gekannt zu haben noch beachteten sie die vom Deuteronomium aufgestellten strengen Regeln gegenüber anderen Religionen. Im Laufe der Jahre starben solche Gemeinden entweder aus oder übernahmen die

Tora-zentrierte Form des Judentums, die in Jerusalem entstanden war. Dokumente wie die Archive von Elefantine geben uns einen kleinen Eindruck von der breiten Vielfalt der jüdischen Religion und des jüdischen Lebens in der Perserzeit, die eine notwendige Ergänzung ist zu den biblischen Berichten von ehemaligen Exilsjudäern in Jerusalem.

Die Entstehung der Tora

L	Gen 1,1–3,24; 26,34–28,7 Ex 19–40

Das größte literarische Ereignis jener Zeit war die Vollendung der Tora und ihre Erhebung zum Zentrum des nachexilischen Judentums. Die Tora entstand sowohl durch Zusammenstellung von alten Texten als auch durch das Verfassen von neuen. Auf der Basis älterer Texte hatten Judäer im Exil schon in der Laienschrift und danach in der Priesterschrift vollständigere Erzählungen über die Geschichte Israels vor der Landnahme geschrieben (einschließlich des Deuteronomiums). Diese umfangreicheren Geschichten waren wohl voneinander unabhängig und wurden von den beiden wichtigsten leitenden Gruppen in und nach dem Exil überliefert: von der Priesterschaft aaronitischer Abstammung (Schwerpunkt von P) und von den Ältesten (Schwerpunkt von L). Zu einem nicht genauer zu bestimmenden Zeitpunkt verknüpfte ein Redaktor die beiden Schriften zu einem Pentateuch, der dem heute existierenden sehr ähnlich war. Dabei mag die oben beschriebene Unterstützung durch die persische Regierung eine gewisse Rolle gespielt haben, denn es hätte Esra nichts genutzt, die persische Genehmigung für *zwei* konkurrierende einheimische Gesetze zu erhalten, L und P. Dennoch wäre es nicht angemessen, die Vereinigung der Überlieferungen als einen ausschließlich politischen Prozess zu betrachten. Was auch immer die Verbindung von L und P ausgelöst haben mag, sie zeigt eine bemerkenswerte theologisch-literarische Genialität.

Ein Beispiel dafür ist die Entscheidung, die Urgeschichten von L und von P so miteinander zu verbinden, dass sowohl die menschlichen Möglichkeiten als auch die menschlichen Grenzen umfassend ausgedrückt werden. Die Genesis beginnt mit der priesterschriftlichen Schöpfungsgeschichte, in der Gott die Schöpfung des Kosmos mit der des Menschen „in unserem Abbild, uns ähnlich" (Gen 1,26–27) krönt, die Menschheit segnet und bestätigt, dass die ganze Schöpfung „sehr gut" ist. Im heutigen Pentateuch erhält diese Position ein Gegengewicht durch die Geschichte vom Garten Eden (Gen 2,4–3,24; ursprünglich ein Teil von J, der in L eingefügt wurde). In ihrer jetzigen Stellung nach der P-Schöpfungsgeschichte (Gen 1,1–2,3) erzählt uns dieser alte Text mehr über den „sechsten Tag", an dem Gott tierisches und

B Das Buch Genesis

Überblick: Die Weitergabe der Abrahamsverheißung an Jakob als Antwort auf die Probleme der Schöpfung

I	Geschichte von Schöpfung und Neuschöpfung der Menschheit	1,1–11,26
II	Jahwes Antwort: Verheißung an die Ahnen	11,27–50,26
	A Abraham (und Lot)	11,27–25,11
	B Nächste Generation: Nicht-Erbe und Erbe	25,12–35,39
	1. Stammbaum Ismaels, des Nicht-Erben	25,12–18
	2. Geschichten über die Familie Isaaks, des Erben	25,19–35,29
	C Nächste Generation: Nicht-Erbe und Erbe	36,1–50,26
	1. Stammbaum Esaus, des Nicht-Erben	36,1–37,1
	2. Geschichten über die Familie Jakobs, des Erben	37,2–50,26

(Obwohl der obige Überblick sich auf die Männer konzentriert, die die Verheißung erben oder nicht erben, spielen Frauen wie Sara und Rebekka eine wichtige Rolle bei der Entscheidung über den Erben der Verheißung.)

Datierung

Nachexilisch (mit vorexilischen Quellen).

Themen

Die Genesis ist die große Synthese von priesterschriftlichen und nichtpriesterschriftlichen (laienschriftlichen) Texten. Ihre Einleitung und Struktur stammen von P, denn sie beginnt mit einer P-Version der Schöpfung in Gen 1,1–2,3; ihr Rest wird durch priesterschriftliche Stammbaumüberschriften in Abschnitte eingeteilt, die ihre Struktur bestimmen (Gen 2,4; 5,1; 6,9; 10,1; 11,10.27; 25,12.19; 36,1; 37,1). Ein Großteil des Inhaltes stammt jedoch von L und beschreibt Jahwes Bemühungen um eine Interaktion mit den fehlbaren Menschen, angefangen mit Adam und Eva (Gen 2,4–3,24) bis zu Josef und seinen Brüdern (37–50). Das Ergebnis dieser Kombination ist ein Buch mit der Darstellung sowohl von Jahwes Macht, Ordnung zu schaffen, als auch seiner Bemühungen, seine Pläne mit der Menschheit im Allgemeinen und der Familie Abrahams im Besonderen zu verwirklichen.

menschliches Leben schuf (Gen 2,4; vgl. 1,24–31). Die Geschichte vom Paradies Eden schließt mit Flüchen (Gen 3,14.17–19) und betont die Probleme, die entstanden, als die Menschen die Frucht der Erkenntnis aßen und „wie Gott" sein wollten (Gen 3,1–19). Im Gegensatz zur Schöpfungsgeschichte in P, in der Gott die Menschen von Anfang an gottgleich schafft, fühlt sich Gott in dieser L-Geschichte davon bedroht, dass Menschen immer gottähnlicher werden könnten und vertreibt sie aus dem Garten, damit sie nicht die göttliche Unsterblichkeit erlangen (Gen 3,23–24). So versucht die L/P-Schöpfungs- und Fluterzählung, einen Ausgleich zu schaffen zwischen der Bestätigung der menschlichen Gottähnlichkeit (Gen 1,26–27; 5,1–3) und der göttlichen Sorge um die Bewahrung der Grenze zwischen Gott und Mensch (Gen 6,1–4; 11,1–9). Auf diese und andere Weise stehen die Perspektiven von P und L in einer kreativen Spannung, die einen stärkeren theologischen Appell besitzt als eine von ihnen für sich allein.

Eine ähnlich großartige Verknüpfung von Quellen finden wir in der Sinaierzählung, wo die vereinigte L/P-Erzählung zeigt, wie Gott die Grenzen zwischen sich und den Menschen überwindet, die er in der Urgeschichte so sorgfältig gehütet hatte. Wie wir in Kapitel 10 sahen, beschreiben die getrennten Quellenschriften von L und P die Ereignisse am Sinai sehr unterschiedlich. Die Laienschrift betont die Vergebung Gottes angesichts der Herstellung des goldenen Kalbes durch die Israeliten. Das war Götzendienst und bedeutete die Zurückweisung des Bundes, den Gott gerade mit ihnen geschlossen hatte, um sie zu einem Reich von Priestern zu machen (Ex 19,1–24,14; 32,1–34,35). Im Zentrum der L-Erzählung stehen die „Ältesten" (19,7; 24,1.9), und Gott setzt ein gesondertes Priestertum, die Leviten, lediglich ein, um die ungehorsamen Israeliten zu strafen (32,26–28). Demgegenüber sagt die Erzählung der Priesterschrift nichts von irgendwelchem Ungehorsam und stellt stattdessen die göttliche Gründung eines Wüstenheiligtums in den Mittelpunkt, das von den aaronitischen Priestern verwaltet wird (Ex 24,15–31,18; 35,1–40,38; Levitikus, Num 1,1–10,10). Der Schwerpunkt von P liegt auf der Schaffung eines heiligen Volkes mit einem Heiligtum und einer ordnungsgemäßen Priesterschaft, die Sühne für die Sünden des Volkes erwirkt.

Bei der Verbindung dieser beiden Erzählungen wurde die priesterliche Bestimmung des Heiligtums als Ort der Sühne für die Sünden ein Teil der Antwort Gottes auf die in L betonte Sünde des Volkes. So finden sich in der heutigen vereinigten L/P-Erzählung im Buch Exodus zwei Szenen, die auf die L-Geschichte des Jahwebundes mit

B Das Buch Exodus

Überblick: Die Wallfahrt Moses und der Israeliten aus Ägypten zum Sinai

I	Aus Ägypten	1,1–15,21
	A Unterdrückung und Flucht des Mose nach Midian	1,1–2,25
	B Zwei Berufungen und zwei Konfrontationen	3,1–15,21

II	Zum Sinai	15,22–40,38
	A Versorgung auf der Wüstenwanderung zum Sinai	15,22–18,27
	B Zwei Bundesschlüsse und zwei Sets von Gesetzestafeln	19,1–40,38

(Nach: SMITH, Mark. *The Pilgrimage Pattern in Exodus*. Sheffield: Sheffield Academic Press, 1997)

Datierung
Nachexilisch (mit vorexilischen Quellen).

Themen
Viele denken beim Buch Exodus nur an seine Anfangsgeschichten über Israels Entkommen aus der ägyptischen Sklaverei. Aber seinen Höhepunkt erreicht das Buch in der Darstellung, wie Israel in den Dienst eines neuen Herrn, Jahwe, tritt als eine um das Wüstenheiligtum versammelte Kultgemeinde (19–40). Dadurch ist der Exodus nicht einfach die Geschichte einer Flucht, sondern die eines Pilgerweges vom leidvollen Dienst unter dem Pharao zum lebensspendenden Dienst unter Jahwe. Die Exoduswanderung Israels vollzieht sich heute im jüdischen liturgischen Jahr, das mit Pessach beginnt (12,2.39–42) und mit der Ankunft am Sinai beim Wochenfest (19,1) und dem Bau des Heiligtums zu Neujahr (40,2.17) endet.

Weitere Informationen: Wessen Exodus?
Jon Levenson hat Christen im Bereich der Befreiungstheologie – etwa Jorge Pixley – kritisiert, die die Position vertreten, dass das Volk Israel nicht die reale historische Gruppe gewesen sei, die beim Exodus Ägypten verließ. Nach Pixley war die geschichtliche Exodusgruppe eine Gruppe verarmter Sklaven, die sich später „Israel" anschlossen. Für Levenson ist dieser Ansatz nur ein weiteres Beispiel der allzu vertrauten christlichen Tendenz, dem jüdischen Volk das Alte Testament abzusprechen. Ihm zufolge propagiert die gegenwärtige kanonische Form des Buches Exodus die Idee, dass Jahwe Israel nicht deshalb gerettet hat, weil es arm, sondern weil es für ihn etwas Besonderes war. Außerdem habe dieser Exodus nicht die Ablehnung der Sklaverei insgesamt bedeutet, sondern der Versklavung Israels unter dem Pharao statt unter Jahwe. Die *biblische* Exoduserzählung ist *Israel*-zentriert und nicht ein generelles Plädoyer für die Befreiung der Armen.
In Reaktion darauf fragen Pixley und andere, ob Christen nur die Endform von biblischen Büchern wie Exodus betrachten dürfen. Sie argumentieren, dass die geschichtliche Rekonstruktion der Schriften nach ihrem eigenen Wert und nicht nach ihren theologischen Implikationen beurteilt werden sollte. Vgl. zu dieser Perspektive: OGDEN BELLIES, Alice; KAMINSKY, Joel (Hrsg.). *Jews, Christians, and the Theology of the Hebrew Scriptures*. Atlanta: Society of Biblical Literature, 2000.

B Das Buch Numeri

(Für Grundlagen zum Buch Levitikus s. die Box auf S. 241)

Überblick

I	Auflösung der Exodusgeneration	1–25
	A Vorbereitung zum Weggang vom Sinai	1,1–10,10
	B Ungehorsam und Tod nach dem Aufenthalt am Sinai	10,11–25,18
II	Anfänge der Eroberungsgeneration	26–36

Datierung
Nachexilisch (mit vorexilischen Quellen).

Themen
Erneut stellt priesterschriftliches Material die Einleitung (1,1–10,10) und die generelle Struktur. Es läuft von der priesterlichen Volkszählung der Exodusgeneration (1–4) hin zu einer anderen Zählung durch die Priester, nämlich der nächsten Generation, nachdem die vorige in der Wüste gestorben ist (26). Dazwischen finden wir Erzählungen von P und L über die Auflehnung gegen die Autorität von Mose und Aaron (11–12; 16–17), die gescheiterte Expedition der Kundschafter, die das Land ausspionieren sollten (13–14), und eine letzte katastrophale Rebellion bei Baal-Pegor (25). Diese Geschichten helfen die Vernichtung der Exodusgeneration zu erklären, bevor deren Kinder ins Land einziehen können. In der nachexilischen Zeit wird diese Form des Buches die Erfahrung der meisten exilierten Familien widergespiegelt haben, denn die meisten Menschen, die deportiert wurden, lebten nicht lange genug, um ihre Kinder zurück ins verheißene Land zu bringen.

Weitere Informationen: Das Buch Numeri in seinem Kontext
Der Schwerpunkt, den Numeri auf den Übergang zwischen den Generationen legt, bildet den Kontext für das folgende Buch, Deuteronomium. Wird es nach Numeri gelesen, ist das Deuteronomium die Erzählung der mosaischen Revision von Geschichte und Gesetz für eine Generation, die diese Ereignisse selbst nicht erlebt hat.

dem Volk Israel folgen (19,1–24,14). Auf dem Berg (P-Material) gibt Gott Mose Anweisungen zum Bau des Heiligtums, durch das die Menschen Sühne für ihre Sünden erlangen können (24,15–31,18). Zur gleichen Zeit fertigt am Fuß des Berges (L-Material) das Volk ein goldenes Kalb an und beweist damit, dass es diese Sühnemittel dringend nötig hat (32,1–6). In der restlichen L/P-Sinaigeschichte wird die P-Erzählung vom Bau des Wüstenheiligtums (35,1–40,38) zum krönenden Höhepunkt der L-Erzählung über Jahwes schrittweise Vergebung und Bereitschaft zu einem neuen

Bund (32,7–34,35). Der ursprüngliche L-Text beschreibt Gottes neuen Bund mit seinem „halsstarrigen" Volk (34,1–28), bevor der P-Text erzählt, wie Mose das Volk anleitet, das Wüstenheiligtum zu bauen, durch das es Sühne für seine Sünden erlangen kann (35,1–40,33). Dieses Ereignis ist einer der Höhepunkte des heutigen Pentateuchs, wie Parallelen zwischen dem Abschluss der priesterschriftlichen Schöpfungserzählung (Gen 1,1–2,3) und dem Abschluss der priesterschriftlichen Heiligtumserzählung (Ex 39,42–40,33) zeigen.

Schöpfung des Kosmos Gen 1,31; 2,1–3	**Bau des Heiligtums Ex 39,32.43; 40,33**
Gott sah alles, was er getan hatte, und siehe, es war sehr gut (1,31a)	Und Mose sah das ganze Werk, und siehe, es war genau so, wie YHWH befohlen hatte (39,43a)
Und die Himmel und die Erde wurden vollendet (2,1)	Und das ganze Werk am Begegnungszelt wurde vollendet (39,32a)
Und Gott vollendete am siebten Tag das Werk Gottes (2,2a)	Und Mose vollendete das Werk (40,33b)
Und Gott segnete den siebten Tag (2,3a)	Und Mose segnete sie (39,43b)

Das sind Parallelen zwischen Teilen der priesterschriftlichen Erzählung, aber die Vollendung des Heiligtums bedeutet in der vereinigten L/P-Erzählung noch viel mehr. Die Geschichte, in der Gott in das Heiligtum herabkommt, folgt auf L-Geschichten in der Genesis darüber, wie Gott die Grenze zu den Menschen absicherte: Er vertrieb die Menschen aus dem Garten (Gen 3,22–24), schränkte nach den Mischehen mit göttlichen Wesen ihre Lebenszeit ein (6,1–4) und beendete ihren Versuch, in Babel einen Turm bis in den Himmel zu bauen (11,1–9). Innerhalb dieser breiteren Thematik ist die P-Erzählung von der Herabkunft der Herrlichkeit Gottes, die in Israel wohnen will, eine Beschreibung der Überschreitung der Grenze zwischen Gott und Menschen, wie sie die Erzählungen der J-Urgeschichte (jetzt in L) darstellten. Sie ist auch der Höhepunkt der alten L-Verheißungen, dass Gott „mit" den Erzeltern und ihren Nachkommen sein werde (Gen 26,3; 28,15; 46,4; Ex 4,12).

Spätere Verfasser und Redaktoren haben noch weitere Änderungen am Pentateuch vorgenommen. Dennoch ist diese Zusammenfügung von L- und P-Erzählungen die wichtigste Phase in der Entstehung des Pentateuchs. Es war ein kühnes Unterfangen, eine Geschichte (L) mit einer anderen zu verbinden (P), die ursprünglich dazu gedacht war, sie zu verdrängen. Der Rückblick auf die L- und P-Geschichten über Jakob, der den Erstgeburtssegen seines Vaters erlangt, zeigt, dass heute Teile des P-Stranges vor und nach (26,34–35 / 27,46–28,7) der Trickster-Geschichte aus L (27,1–45) stehen, die sie eigentlich ersetzen sollten. Dadurch schafft das P-Material einen neuen Kontext für die betrügerischen Aktionen von Rebekka und Jakob. Im kombinierten Text, der sich heute in der Genesis findet, heiratet Esau „fremde" [= einheimische] Frauen (Gen 26,34–35; P). Das liefert eine gewisse Rechtfertigung für Jakobs Diebstahl des väterlichen Segens (Gen 27,1–45; L), und dieser wiederum liefert den Kontext dafür, dass Isaak Jakob erneut segnet und ihn ins Ausland schickt, damit er sich eine ordnungsgemäße Frau holen kann (Gen 28,1–5; P). Auf diese Weise pendelten die nachexilischen Redaktoren, die L und P vereinten, die Perspektiven der beiden Quellenschriften aus, ohne die Kontraste zu verbergen oder einzuebnen. Ihre Redaktionsarbeit ließ genug Spuren zurück, dass heutige Forscher zu einem Konsens über den grundsätzlichen Inhalt von L und P kommen können, obwohl es von ihnen keine getrennten Handschriften mehr gibt.

Der Psalter als Tora-zentrierte Sammlung älterer Psalmen

L Ps 13; 22; 57; 74; 88 (Klagepsalmen);
Ps 8; 29; 33; 104; 117; 145; 150 (Lobpsalmen)
Ps 32; 116; 138 (Danklieder)
Ps 1 (Weisheitspsalm)
Ps 23 (Vertrauenspsalm)
Lesen und vergleichen Sie: Ps 41,14; 72,18–19; 89,53; 106,48; 150

Wie wir schon sahen, haben Israeliten seit dem allerersten Beginn ihrer Geschichte Psalmtexte geschrieben, gelesen und gelernt. In Kapitel 3 haben wir Königs- und Zionspsalmen im Kontext des Königtums Davids und Salomos besprochen. In Jeremias Klage über seinen Prophetenauftrag sahen wir Spuren einer alten Klagetradition, und Kapitel 9 hat Volksklagen wie Ps 137 und die Klagelieder vorgestellt als Einblicke in die Leiden des Exils. Es gibt im Buch der Psalmen (auch **Psalter** genannt) noch viele andere Texte, die wohl aus vorexilischer und exilischer Zeit stammen. Ein Zeichen für das hohe Alter des Buches ist seine Zusammensetzung aus noch älteren Sammlungen, z. B. einer Reihe von Wallfahrtspsalmen (120–134) oder einer „elohistischen" Sammlung in Ps 42–83, die hauptsächlich den Gottesnamen Elohim gebraucht und gelegentlich Duplikate anderer Psalmen enthält (z. B. 53 // 14).

Das Buch der Psalmen als Ganzes ist jedoch viel jünger und zeigt in einigen Besonderheiten seinen Bezug besonders zur nachexilischen Zeit. In erster Linie ist es eine Sammlung, die auf die Tora-Unterweisung ausgerichtet ist. Es beginnt mit einem Psalm, der die Leser auffordert, Tag und Nacht über „Jahwes Tora" zu „meditieren" (Ps 1); das längste Gedicht ist ein Lobpreis auf Gottes Tora mit 176 Versen in alphabetischer Reihenfolge (Ps 119). Das Buch ist durch einander ähnliche Aufrufe zum Lob in fünf Abschnitte unterteilt (Ps 41,14; 72,18–19; 89,53; 106,48; der letzte Psalm, 150, ist ebenfalls ein Lobpreis). Der Schwerpunkt auf dem Lob in diesen Abschnitten erklärt den hebräischen Namen des Buches, *tehillim*: (Buch der) Lobpreisungen. Zugleich spiegelt die fünfteilige Struktur (3–41; 42–72; 73–89; 90–106; 107–150) die Fünfteilung des Pentateuchs (griechisch: „fünf Rollen") wider. Die Hauptaussage des heutigen fünfteiligen Buches der Psalmen ist der Ruhm Gottes, dessen Fundament und Quelle die Meditation und das Studium von Gottes Tora sind.

M Form- und Gattungsgeschichte

Die biblische **Formgeschichte (Formkritik)** untersucht Eigenschaften, Absichten und gesellschaftliche Bezüge von typischen Textkategorien, beschäftigt sich also mit den **Gattungen** biblischer Texte. Bei den Psalmen bedeutet das z. B., dass der unten besprochene **Klagepsalm** zu einer Gattung gehört, die durch einige oder alle der folgenden Merkmale charakterisiert wird: Klage, Bitte um Hilfe, Gelübde, Versicherung des Vertrauens auf oder Dank für die göttliche Hilfe. Die typische Absicht solcher Psalmen ist die Erlangung von göttlichem Beistand in aussichtslosen Situationen. Der ursprüngliche gesellschaftliche Bezug („Sitz im Leben") der Klagepsalmen war der Gottesdienst, das Gebet, entweder im Haus, im örtlichen Heiligtum oder im Jerusalemer Tempel.

Viele der wichtigsten Ergebnisse der Formgeschichte verdanken sich dem Studium von Gattung und Sitz im Leben der Psalmen, aber auch verschiedene andere Textgattungen der Bibel sind formkritisch untersucht worden. Einige schon besprochene Gattungen sind die Berufungsgeschichte (Kap. 6), das Sprichwort und die Belehrung (Kap. 5).

Die Formgeschichte hat eine immer größere Komplexität aufgedeckt, sowohl bei den Gattungen als auch bei deren Verbindung zu konkreten gesellschaftlichen Situationen. Viele Bibeltexte sind Mischgattungen, außerdem können Gattungen in ihr Gegenteil verkehrt werden, wie bei Amos, der ein Klagelied benutzt, um Unheil für Israel anzusagen. Manche Gattungen, wie z. B. die hebräische Kurzgeschichte, können in ein Geflecht kultureller Traditionen gehören statt in eine konkrete soziale Situation wie z. B. Gottesdienst/Gebet.

Weiterführende Literatur:

LOHFINK, Gerhard. Jetzt verstehe ich die Bibel. Stuttgart: Katholisches Bibelwerk, 1992 (Stuttgarter Biblische Taschenbücher 11)

SWEENEY, Marvin. Form Criticism. In: MCKENZIE, S.; HAYNES, S. (Hrsg.). *To Each Its Own Meaning*. Louisville: Westminster John Knox Press, 1999

UTZSCHNEIDER, Helmut (Hrsg.). Lesarten der Bibel. Untersuchungen zu einer Theorie der Exegese des Alten Testaments. Stuttgart: Kohlhammmer, 2006

Die Erforschung der Psalmen ist jedoch nicht an die Endform des Psalters gebunden. Für Wissenschaftler sind Psalmen eine reiche Informationsquelle zu Frömmigkeit und Gottesdienst im Alten Israel. Vor allem die Formkritik (s. obige Box) hat verschiedene Kategorien von Psalmen identifiziert, die im israelitischen Gottesdienst zu verschiedenen Zwecken benutzt wurden.

Der im Buch der Psalmen häufigste Typ ist der sogenannte **„Klagepsalm"**, auch **„Bittpsalm"** genannt. Der Ausdruck **„Klage"** (Klagelied) bezieht sich eigentlich auf die Klage über ein nicht rückgängig zu machendes negatives Ereignis wie Tod (2 Sam 1,18–27: Leichenklage) oder Zerstörung einer Stadt (Buch der Klagelieder: Untergangsklage). Im Gegensatz dazu ist der „Klagepsalm" eine Bitte um göttlichen Beistand in tiefer Not. Klagepsalmen wie Ps 22 schließen sogar mit einem Lobpreis der gewährten Hilfe, als ob das Eingreifen Gottes schon geschehen sei. So klagt der Beter zu Beginn: „Mein Gott, mein Gott, warum hast du mich verlassen / [...]? [...] ich rufe bei Tag, doch du gibst keine Antwort; / ich rufe bei Nacht und finde doch keine Ruhe" (22,2–3). Später jedoch dankt er Gott für dessen Antwort und sagt: „[...] er hat nicht verachtet, / nicht verabscheut das Elend des Armen. Er verbirgt sein Gesicht nicht vor ihm; / er hat auf sein Schreien gehört" (22,25). Wissenschaftler haben die verschiedensten Theorien entwickelt, um den abrupten Umschwung im Ton der Klagepsalmen zu erklären, sind aber zu keinem Konsens gekommen. Was immer ihre ursprüngliche Funktion gewesen sein mag, solche literarischen Klagen waren für viele Israeliten ein Vorbild, um tiefste Not und Zorn auszudrücken und dann neue Hoffnung zu schöpfen. Manche heutige Leser fühlen sich abgestoßen von den brutalen Bezeichnungen für Feinde und von dem Versuch, mit Gott zu handeln (vgl. Ps 22,17–22 und Ps 25). Andere betrachten solche Psalmen als erfrischende Alternativen zu stark zensierten und bereinigten Gebeten, die die Tiefe menschlicher Einsamkeit und menschlichen Leides nicht wirklich ausloten. Im Endeffekt ermutigen biblische Psalmen Menschen nicht hinzugehen und selbst Rache zu nehmen, sondern verleihen dem Leid Ausdruck und laden andere ein, sich dem Lob anzuschließen. Dadurch bewirken sie eher eine Bewegung hin zu einer Reintegration in die Gemeinde. Noch heute geben Klagepsalmen so den Betern eine Sprache, in der sie ihre tiefsten und persönlichsten Nöte ausdrücken können.

Es gibt noch zahlreiche andere Gattungen biblischer Psalmen. In **Dankpsalmen** wie z. B. Ps 32 preist ein einzelner Mensch Gott für die Errettung aus der Not und ruft andere dazu auf, in dieses Lob einzustimmen. In **Vertrauenspsalmen** wie Ps 23 („Der Herr ist mein Hirte") drückt sich das Vertrauen auf Gottes Schutz und Erhaltung aus. **Hymnen** enthalten einen Lobpreis Gottes, der oft mit kurzen Refrains durchsetzt ist, wie z. B. beim Lob der Schöpfung in Ps 8 oder dem Preis der machtvollen Geschichtstaten Gottes in Ps 136.

Mehrere Psalmengattungen stehen in einer Verbindung zum König, zum Beispiel das Gebet um den Sieg des Königs in Ps 20 oder der Dank für einen solchen Sieg in Ps 21 (Königspsalmen, vgl. Kap. 3). Generell scheinen die Autoren biblischer Psalmen diese und andere Gattungen sehr ausgiebig benutzt zu haben. Sie wussten offensichtlich mit den poetischen Möglichkeiten ihrer Psalmengattungen versiert umzugehen, ohne sich strikt an ein bestimmtes Modell zu halten. Die Psalmengattungen waren sozusagen die Melodien, zu denen die Verfasser der Psalmen frei improvisieren konnten.

Heutige Leser können sich mit Psalmen auf den verschiedensten Ebenen befassen, je nach ihren und ihrer Gemeinde Interessen. Die Erforschung der Psalmen in ihrem ursprünglichen geschichtlichen Kontext hat unter anderem ihre unterschiedlichen Typen und möglichen Verwendungsweisen im Gottesdienst, ihre Wurzeln in alten vorisraelitischen Traditionen und ihre reiche Metaphorik und Bildsymbolik erhellt.

B Das Buch der Psalmen: Teil 2

(Für „Das Buch der Psalmen: Teil 1“ s. die Box auf S. 92f.)

Überblick: Tora-zentrierter Lobpreis des Königtums Jahwes

I	Einleitung zu Tora und König	1–2
II	Fünfteilige Sammlung	3–145
	A Buch 1: Abschließender individueller Lobpreis des Königs	3–41
	B Buch 2: Abschluss mit einem Gebet für den König	42–72
	C Buch 3: Abschluss mit einer Klage über den Untergang des judäischen Königtums (Ps 89)	73–89
	D Buch 4: Bewegung in Richtung Exil (Ps 106) und Betonung von Jahwes Königtum (Ps 93; 95–99)	90–106
	E Buch 5: Bewegung in Richtung Wiederherstellung	107–145
III	Fünffacher abschließender Lobpreis Jahwes	146–150

Datierung

Nachexilisch (mit vorexilischen Quellen).

Themen

Außer der im Haupttext erwähnten Konzentration auf die Tora haben Wissenschaftler Hinweise entdeckt, wie die vorliegende komplexe Psalmensammlung den Weg Israels durch die Geschichte begleiten will, von der Monarchie ins Exil und dann zur nachexilischen Restauration. Der Überblick oben deutet schon an: Die Abschlusspsalmen der ersten vier Bücher markieren eine Bewegung von der Konzentration auf den König (3–*41*) und dessen Rolle für das Volk (42–*72*) hin zum Untergang der Monarchie (73–*89*) und dem Aufgang des Königtums Jahwes im Exil (90–*106*). Damit ist das letzte Buch vorbereitet, welches mit einem Psalm über die Rückkehr aus dem Exil beginnt (*107*–145).

Weitere Informationen: eine andere Fassung des Buches der Psalmen

Mehrere unter den Qumranschriften gefundene Psalmenrollen enthalten eine Fassung des Psalters, die sich von der oben dargestellten masoretischen Sammlung der jüdischen Tradition stark unterscheidet. Die Unterschiede häufen sich besonders ab Ps 89. Einige Forscher schließen daraus, dass die Psalmen 1–89 (Buch 1–3) schon früher in ihrer heutigen Form zusammengestellt wurden, während die folgenden Sammlungen (90–150) erst später ihre heute gebräuchliche Anordnung erhielten.

An spätere Generationen überlieferte Psalmen haben aber genau wie Prophetenworte deshalb überlebt, weil ihre Texte über die ursprünglichen Kontexte hinauszugehen vermochten. Viele Psalmen stammen wohl aus der Zeit des Ersten Tempels (Tempel Salomos), aber dieser Tempel war zerstört worden und seine Psalmen wurden (zusammen mit jüngeren) als Teil einer nachexilischen Tora-zentrierten Sammlung überliefert. Heute, Jahrtausende später, ist das Buch der Psalmen das meistgebrauchte biblische Buch im jüdischen und im christlichen Gottesdienst; jede Religionsgemeinschaft stellt die Psalmen in ihren eigenen Kontext. Juden verwenden sie im Zyklus ihrer Tora-orientierten Liturgie, während Christen oft eine *Relecture* als Christusweissagungen bevorzugen. So setzt sich der Prozess der Interpretation und Reinterpretation dieser stark berührenden alten Texte, der schon beim Entstehen des Buches selbst am Werk war, noch heute fort.

FOKUS-TEXT Die Einleitung in das Buch der Psalmen in Psalm 1 und 2

Die Psalmen 1–2 sind die Einleitung zum Psalter und zeigen seine große Bandbreite von Schwerpunkten und Materialien. Ihr Einleitungscharakter kommt dadurch zum Ausdruck, dass sie keine [ursprüngliche] Überschrift haben und in größere Themenzusammenhänge einführen, die das ganze Buch durchziehen. Die redaktionellen Überschriften beginnen erst in Ps 3 mit einem „Etikett", das diesen Klagepsalm in den Kontext von Davids Flucht vor Abschalom stellt (vgl. 2 Sam 15,14–17). Wie Kap. 3 zeigte (vgl. die Box auf S. 90), sind diese Überschriften nicht alt, sondern frühjüdische Bemühungen, die verschiedenen „Psalmen Davids" in den Kontext seines Lebens einzuordnen. Bei Ps 1 und 2 fehlen solche Überschriften, sie werden nicht einmal David oder einer anderen Gestalt zugeschrieben. Sie haben keine Eigenfunktion, sondern stellen andere Psalmen in den gewünschten Kontext und können deshalb als erweiterte „Überschriften" für den gesamten Psalter gelten.

Ps 1 gibt den Ton für das gesamte Buch an, indem er den Leser zur Toratreue aufruft. Es handelt sich um einen Lehrpsalm, oft **Weisheitspsalm** genannt, dessen konkreter Schwerpunkt die Weisung der Tora ist. Seine ersten Worte, „Wohl dem Mann ..." [= „Glücklich ist der Mensch"] sind ein typisch pädagogischer Ausdruck im Buch der Sprichwörter; wie dessen Sprüche betont auch dieser Psalm scharf den Gegensatz zwischen dem „Weg der Frevler" und dem „Weg der Gerechten" (1,1.6). Im Unterschied zum Buch der Sprichwörter ist aber das, was diese beiden Wege ausmacht, nicht eine Frage der „Furcht des Herrn" generell, sondern der ganz konkreten Meditation der Tora bei Tag und Nacht (1,2). Der Psalm nimmt die alte Baum-Metaphorik auf, die auch im Buch der Sprichwörter und in der altisraelitischen Religion zentral ist (der Baum ist das Symbol der Göttin Aschera). Mit ihr beschreibt er den Segen, den die Toratreue bringt: der Beständige ist „wie ein Baum, der an Wasserbächen gepflanzt ist", und „alles, was er tut, wird ihm gut gelingen" (1,3). Im Gegensatz dazu werden die Frevler, also Menschen, die keine Toratreue üben, vergehen (1,4–6).

So verweist die Eröffnung des Psalters sowohl auf die Tora selbst als auch auf ihre unmittelbaren Nachwirkungen, wie das Buch Josua sie beschreibt. Zu Beginn des Buches, kurz nach Moses Tod, wird Josua beauftragt, genau das zu tun, was dieser Psalm fordert: die Tora ständig zu rezitieren und „über sie nachzusinnen bei Tag und bei Nacht" (Jos 1,8). Psalm 1 erinnert an diesen Auftrag und fordert die Leser auf, Josua, dem Nachfolger des Mose, nachzueifern; sie sollen sich die Lehren des Mose, die in der nachexilischen Zeit noch wichtiger geworden waren, ständig vor Augen halten.

Damit endet aber die Einleitung in die Psalmen noch nicht, denn sie umfasst auch Psalm 2. In Kap. 3 sahen wir, dass Teile dieses Psalms – wie auch mehrere andere Königspsalmen – gute Chancen haben, zu den ältesten Texten Israels zu zählen. Königs- und Zionspsalmen wie dieser bezeugten dem alten Volk Israel, wie sehr Jahwe bei der Errichtung des Königtums in der neuen Hauptstadt Jerusalem seine Hand im Spiel gehabt hatte. Später wurde dieser Psalm mit Psalm 1 verbunden, zusammen mit ihm bildete er nun die Einleitung in den nachexilischen Psalter. Die rebellischen „Pläne" der „tobenden Völker" zu Beginn von Ps 2 (2,1, das hebräische Verb für „Pläne machen" heißt *hagah*) ist das Gegenstück zum ständigen „Nachsinnen" über die Tora zu Beginn von Ps 1 (1,2; ebenfalls *hagah*). Danach beschreibt Ps 2, wie der gesalbte König Jahwes auf dem Berg Zion seine Gegner vernichten wird (2,4–9), und nimmt wiederum ausdrücklich Ps 1 auf: „*Wohl* allen, die Jahwe vertrauen" („Glücklich sind alle …"; 2,12, vgl. 1,1). So finden wir in Ps 1–2 zwei Gruppen: die „glücklichen" gerechten Menschen, die über die Tora nachsinnen und bei Jahwe ihre Zuflucht suchen, und im Gegensatz zu ihnen die „frevlerischen" Menschen, in Ps 2 auch als „rebellische Völker" bezeichnet, die unnütz planen und nachsinnen, und die Jahwe durch seinen Gesalbten vernichten wird.

Der doppelte Schwerpunkt – auf der Tora und auf dem gesalbten König Jahwes – hat im Tora-zentrierten post-monarchischen Kontext der Perserzeit eine besondere Bedeutung, da es ja keinen gesalbten davidischen König mehr gab. Stattdessen hatten in der damaligen Gemeinde Tora und Tempel jenen zentralen Platz eingenommen, der einst dem davidischen Königtum zugekommen war. So setzten die Rückwanderer in Juda jetzt ihre *Hoffnung* auf die alten Königstraditionen. Sie lasen Psalmen wie Ps 2 neu, und zwar nicht als Rechtfertigung bestehender Machtstrukturen, sondern als *Verheißung*, dass Gott, der kosmische König, einen irdischen Herrscher salben werde, der die Imperien der Welt in ihre Schranken verweisen würde. Dies ist die Erwartung eines königlichen **Messias** (gräzisierte Form des hebräischen Wortes für „Gesalbter", s. Ps 2,2). Es ist die späte, nachexilische Hoffnung, dass Gottes Reich mit einem davidischen Monarchen an der Spitze die ausländischen Imperien vernichten werde, die das Volk Israel in ihrer Gewalt hatten.

So umfasst die Einleitung in den Psalter beide Elemente, die für die Jahrhunderte der jüdischen und der christlichen Psalmenauslegung wichtig wurden. Ps 1 nimmt den Schwerpunkt vorweg, den der Rest des Buches auf die Mose-Tora legt. Das ist ein zentrales Merkmal der jüdischen Psalmenexegese. Ps 2 richtet die Aufmerksamkeit auf das göttliche und menschliche Königtum, das anderswo im Psalter so wichtig wird, und betont die Erwartung, dass Gott sein Königreich errichten und fremde

Unterdrücker vernichten werde. Diese Hoffnung findet sich auch heute noch im Judentum, die Betonung von Gottes gesalbtem König im Psalter ist jedoch besonders stark im Christentum ausgeprägt, der Religion, deren Name vom griechischen Wort für „Gesalbter“ stammt – *Christus*. In ihrer Einleitungsfunktion zeigen die Psalmen 1–2, wie diese Hoffnung auf den *Messias* Gottes in der nachexilischen Zeit ein integraler Bestandteil der Treue zur Mose-Tora war.

Rückblick auf Kapitel 11

1. Überprüfen Sie Ihr Wissen zu folgenden Fachbegriffen, die in diesem Kapitel behandelt wurden:
   - Anerkennung durch die persische Regierung
   - Dankpsalm (Danklied)
   - Elefantine
   - Formgeschichte (Formkritik)
   - Gattung
   - Hymnus
   - Kyros-Zylinder (Gemeinsamkeiten mit und Unterschiede zu Esr 1,1–4)
   - Klagelied
   - Klagepsalm
   - Messias
   - Nachexilische Zeit
   - Psalter
   - Vertrauenspsalm
   - Weisheitspsalm
   - Wiederaufbau des Jerusalemer Tempels (Daten und nähere Umstände)
   - Zweiter Tempel

2. Überprüfen Sie Ihr Wissen zu den vier Hauptphasen des nachexilischen Wiederaufbaus der judäischen Gemeinde:
   - Mehrere Rückwanderungswellen
   - Wiederaufbau des Tempels
   - Wiederaufbau der Stadtmauern Jerusalems
   - Tora-Zentrierung
   - Rolle der Perser bei diesen damit zusammenhängenden Ereignissen

3. Warum stellt die Bibel die Perser so anders dar als die Assyrer und die Babylonier?

4. Nennen Sie einige Probleme für den Gebrauch von Esra-Nehemia als historische Quelle.

5. Welchen zwei Hauptquellen scheinen hinter Esra-Nehemia zu stehen, und wo finden sich ihre jeweiligen Teile?

6. Die Verstoßung „fremder“ Frauen ist eines der Ereignisse, die heutigen Lesern die größten Schwierigkeiten bereiten. Können Sie sich vorstellen, dass es Situationen gibt, in denen Sie den Wunsch einer Gemeinschaft unterstützen würden, dass ihre Kinder nur Mitglieder der eigenen Gemeinschaft heiraten sollten? Oder können Sie sich sonstige Situationen vorstellen, in denen eine Gemeinschaft legitimerweise ihre Identität auf andere Art und Weise schützen muss? Und umgekehrt: In welchen Situationen können solche Tendenzen besonders gefährlich sein?

7. Welche Bedeutung haben die Dokumente aus der nachexilischen jüdischen Kolonie von Elefantine?

8. Worin unterscheiden sich die Schöpfungsgeschichten von L und P, und welche Bedeutung hat ihre Verknüpfung?

9. Welche Bedeutung hat die Vereinigung der L- und P-Erzählungen über den Sinaibund?

10. Was lehren uns die Lobpreisungen Gottes in Ps 41,14; 72,18–19; 89,53; 106,48; 150 über die Zielsetzungen des Gesamtpsalters (zwei Beobachtungen bitte)?

11. Nennen Sie die wichtigsten Merkmale eines Klagepsalms. Welche andere Bezeichnung verwendet die Forschung für diese Gattung?

Weiterführende Literatur

(Literatur zu Esra-Nehemia s. u. Kap. 12)

GERSTENBERGER, Erhard S. *Israel in der Perserzeit*. Stuttgart: Kohlhammer, 2005 (BE 8)

Psalmen

GERSTENBERGER, Erhard S. Der bittende Mensch. Bittritual und Klagelied des Einzelnen im Alten Testament (1980). Neudruck: Eugene, OR: Wipf and Stock, 2009

GUMPERT, Gregor. *Lust an der Tora. Lektüren des ersten Psalms im 20. Jahrhundert*. Würzburg: Ergon Verlag, 2004 (ex oriente lux 3)

HOSSFELD, Frank-Lothar; ZENGER, Erich. *Die Psalmen I. Psalm 1–50*. Würzburg: Echter Verlag, 1993 (Die Neue Echter Bibel)

HOSSFELD, Frank-Lothar; ZENGER, Erich. *Psalmen 51–100*. Freiburg: Herder, ^{3}2007;

DIES. *Psalmen 101–150*. Freiburg: Herder, 2008 (Herders Theologischer Kommentar zum Alten Testament)

KEEL, Othmar. *Die Welt der altorientalischen Bildsymbolik und das Alte Testament. Am Beispiel der Psalmen*. Zürich usw. und Neukirchen-Vluyn: Benziger Verlag und Neukirchener Verlag, 1972

WEBER, Beat. Werkbuch Psalmen, Bd. 1: Die Psalmen 1–72 (2001); Bd. 2: Die Psalmen 73–150 (2003); Bd. 3: Theologie und Spiritualität des Psalters und seiner Psalmen (2010). Stuttgart: Kohlhammer, 2001–2010

ZENGER, Erich. Psalmen, 4 Bde: 1. Mit meinem Gott überspringe ich Mauern; 2. Ich will die Morgenröte wecken; 3. Dein Angesicht suche ich; 4. Ein Gott der Rache? Feindpsalmen verstehen. Freiburg: Herder, [2]2006

Bibliographie der englischen Originalausgabe (Chapter 11)

(Resources for study of Ezra–Nehemiah are listed at the end of Chapter 12.)

Psalms

Brown, William. *Seeing the Psalms: A Theology of Metaphor*. Louisville, KY: Westminster John Knox Press, 2002.

Brueggemann, Walter. *Praying the Psalms* (revised edition). Winona, MN: St. Mary's, 1993.

Holladay, William. *The Psalms Through Three Thousand Years: Prayerbook of a Cloud of Witnesses*. Minneapolis: Fortress, 1993. History of interpretation of Psalms.

Mays, James L. *Psalms*. Interpretation. Louisville, KY: Westminster John Knox Press, 1994.

Kapitel 12
Sonstige Texte in Zusammenhang mit dem nachexilischen Wiederaufbau

Trotz der in Kapitel 11 hervorgehobenen persischen Unterstützung bei der schrittweisen Wiedererrichtung Jerusalems brachte der Prozess des Wiederaufbaus den Rückwanderern einige größere Enttäuschungen. Der propersische Exilsprophet Deuterojesaja hatte verheißen, dass die Rückwanderung in Jauchzen geschehen und Jerusalem in seiner ganzen Pracht wiederaufgebaut würde (z. B. Jes 49,7–26). Aber die Lage war äußerst schwierig. Zum Beispiel musste der Prophet Haggai Rückkehrern versichern, dass der von ihnen erbaute kleine, schäbige Tempel eines Tages viel prächtiger dastehen werde (Hag 2,2–9). Angesichts solcher Frustrationen gaben biblische Verfasser verschiedene Erklärungen ab, warum es um die Dinge nicht besser stand und was geändert werden müsste.

Zudem war die Erinnerung an das Exil für die Rückwanderer noch sehr stark und schmerzlich. Sie waren sich nicht einig darüber, was zu tun sei, um eine erneute Deportation zu vermeiden. Wie wir in Kap. 11 sahen, war die Angst vor einer neuen Bestrafung so groß, dass Esra alle Rückwanderer dazu gebracht haben soll, ihre „fremden" Frauen zu verstoßen, um kein neues Risiko einzugehen. Hier muss „fremd" nun im Blick auf Frauen verstanden werden, die nicht zu den Rückkehrern aus Babylonien gehörten (einschließlich einiger judäischer Frauen). In diesem Kapitel werden wir noch andere Bibeltexte besprechen, die etwa aus derselben Zeit stammen, zum Beispiel den „Tritojesaja" („Dritter Jesaja", Jes 56–66) und das Buch Rut, das eine Eingliederung von – Tora-treuen – Ausländerinnen in die Gemeinde sehr positiv bewertet. Zusammen mit anderen – wohl späten – positiven Darstellungen von Fremden in Büchern wie etwa Jona und Ijob sind solche Zeugnisse ein bedeutendes Gegengewicht zu den schwer zu verstehenden Berichten über die Ehescheidungen unter Esra. Deshalb sollte dieses Kapitel mit der Bereitschaft gelesen werden, die ganze Bandbreite nachexilischer Perspektiven zu entdecken, die in verschiedenen Teilen der Hebräischen Bibel aufbewahrt wurden.

Texte, die in engem Zusammenhang mit der Wiederherstellung der jüdischen Gemeinschaft stehen

L

Sacharja 1 und 4; Haggai 1,1–2,9
Ijob 1–5 und 38–42 (für Exkurse)

Werfen Sie nochmals einen Blick in die Nehemia-Memoiren (Neh 1,1–7,4; 13,10–14.30b–31) und in die Tempel/Esra-Erzählung (Esr 1–10 und Neh 8; vgl. 1Esr in den Apokryphen).

B Das Buch Haggai

Überblick: Segen und neue Herrschaft nach dem Wiederaufbau des Tempels

I	Sprüche um den Beginn des Wiederaufbaus	1,1–2,9
	A Prophetisch inspirierter Anfang der Bauarbeiten (einschl. Verheißung von Segen für den Wiederaufbau 1,2–11)	1,1–14
	B Ermutigung: zukünftige Reichtümer Serubbabels	2,1–9
II	Sprüche nach dem Beginn der Bauarbeiten	2,10–23
	A Erneuerung der Segensverheißung	2,10–19
	B Ermutigung: zukünftige Herrschaft Serubbabels	2,20–23

Datierung

5. Jh. v. Chr. (vor 400, mit Prophetien aus der Zeit um 520).

Themen

In seinem ursprünglichen Kontext verhieß Haggai der entmutigten nachexilischen Gemeinde, dass die Investition in den Tempelwiederaufbau ihr reichen landwirtschaftlichen Segen und politische Unabhängigkeit unter Serubbabel bringen werde. Während der Wirren um Darius' Machtübernahme im Jahre 522 v. Chr. muss Haggai gehofft haben, dass Serubbabel, ein Nachkomme Davids, die Davidsmonarchie wiederaufrichten werde (2,23). Obwohl dies nicht geschah und der wiederaufgebaute Tempel später von den Römern zerstört wurde (70 n. Chr.), bewahrt das Buch Haggai bis heute die jüdische Hoffnung auf Erneuerung und Wiederherstellung auch jenseits eines Tempelwiederaufbaus.

Unsere Besprechung nachexilischer Literatur (außerhalb von Pentateuch und Psalmen) beginnt mit den Weissagungen Haggais und Sacharjas. In Esr 5,1 geben diese beiden Gestalten den Anstoß zur Wiederaufnahme des Tempelwiederaufbaus unter

Serubbabel und Jeschua. In der Tat: Abgesehen von einer Gruppe späterer Prophetenworte, die heute in Sach 9–14 stehen, konzentrierten sich viele der Sprüche Haggais und Sacharjas auf die besagten Figuren Serubbabel und Jeschua sowie auf Wiederaufbaufragen. Für Haggai sind die Rückkehrer an ihrer wirtschaftlichen Notlage selbst schuld: sie haben es versäumt, beherzt den Wiederaufbau des Tempels anzugehen (Hag 1,1–11; 2,10–19). Er versichert ihnen, dass der kleine Tempel, den sie gebaut haben, eines Tages viel prächtiger sein würde (Hag 1,12–2,9). Gott habe schließlich Serubbabel erwählt und zu einem „Siegelring" gemacht, offensichtlich eine Vorhersage der zukünftigen Ehrung und möglichen Königssalbung Serubbabels (Hag 2,23). Sacharja 1–8, auch „Protosacharja" genannt, enthält Weissagungen über den Wiederaufbau von Tempel und Zion (1,7–2,17) und über die zukünftige göttliche Inthronisation der Tempelbauer Serubbabel und Jeschua (3,1–10; 4,1–15; 6,9–15). Zusammen sind die beiden Weissagungsblöcke ein wertvolles Zeugnis über die Ereignisse rund um den Wiederaufbau des Tempels, denn zumindest einige dieser Texte stammen aus dieser Zeit.

B Das Buch Sacharja

Überblick: Von der Wiederherstellung des Tempels zur Herrschaft Jahwes

I	Sacharjas Visionen im Zusammenhang mit dem Tempelwiederaufbau	1–8
II	Spätere Visionen über Jahwes Herrschaftserrichtung	9–14

Datierung

5. Jh. v. Chr. (vor 400) für eine frühe Fassung von Kap. 1–8 (ältere Weissagungen).

4. Jh. v. Chr. (vor 300) für das Buch als Ganzes (s. die Söhne Jawans = Griechen in 9,13).

Themen

Das Buch Sacharja kombiniert eine ältere Sammlung von acht Sacharja zugeschriebenen Visionen (1–8) mit dem sog. „Deuterosacharja" (9–14). Wie Haggai propagierte das ältere Buch den Wiederaufbau des Tempels und die zukünftige Herrschaft von Serubbabel und Jeschua. In den Kapiteln 9–14 fehlen jedoch die Überschriften und Daten, die die vorherigen Kapitel mit Sacharja und dem Tempelbau verbinden. Dieser jüngere Teil ist in zwei große „Orakel" eingeteilt (9–11 und 12–14) und zeigt die Vision von Jahwes dramatischem Strafgericht über alle Feinde Judas und der Erhebung Jerusalems zum Mittelpunkt der Welt.

Im Gegensatz dazu ist der Bericht über den Tempelwiederaufbau / Esra, der hinter Esr 1–10 und Neh 8 steht, viel weiter von den erzählten Ereignissen entfernt. Er unterteilt den Wiederaufbau der Gemeinde in zwei große parallele Phasen, die jeweils mit einem Staatsakt des persischen Großkönigs beginnen, mit dem Ausschluss von AusländerInnen weitergehen und mit der Feier eines großen Festes abschließen. Die erste Phase, der Wiederaufbau des Tempels, reicht vom Weggang aus Babylonien über den Wiederaufbau des Tempels bis zur Feier des Pessachfestes. Die zweite Phase, die die Tora in den Mittelpunkt stellt, umfasst Esras Entsendung durch Artaxerxes zwecks Einsetzung der Tora bis zum Höhepunkt ihrer Verlesung vor dem versammelten Volk.

Phase 1: Wiederaufbau des Tempels	**Phase 2: Tora-Zentrierung**
Kyros-Edikt zum Wiederaufbau des Tempels (Esr 1,1–4)	Artaxerxes entsendet Esra – Tora (Esr 7)
Exilierte verlassen die Ausländer in Babylonien (Esr 1–2)	Rückwanderer verstoßen fremde Frauen (Esr 9–10)
Wiederaufbau des Tempels (Esr 3–6)	Verlesung der Tora (Neh 8)
Feier des Pessachfestes (Esr 6,19–22)	Feier des Laubhüttenfestes („Sukkot", Neh 8)

Die Parallelen zwischen diesen beiden Phasen zeigen eine auffallende Mischung von propersischen und antiausländischen Gefühlen. Einerseits stellt die Erzählung die persische Unterstützung zu Beginn jeder Phase des Wiederaufbaus der Gemeinde in den Mittelpunkt, und Esras Gebet in Esr 9 verstärkt dies, indem es sagt: Gott „wandte uns die Gunst der Könige von Persien zu, um uns neues Leben zu geben, so dass wir das Haus unseres Gottes wiederaufbauen und seine Ruinen reparieren können, und um uns eine neue Mauer in Juda und Jerusalem zu geben" (Esr 9,9). Andererseits betont der Bericht, dass jedem Abschnitt des Wiederaufbaus ein Akt vorausging, in dem sich Judäer von Fremden trennten: Sie verließen das Exil unter Ausländern in Babylonien (vor dem Wiederaufbau des Tempels) und sie verstießen und vertrieben „ausländische" Frauen und ihre Kinder (vor der Tora-Zentrierung).

Vermutlich sahen die Verfasser dieser Erzählungen darin keinen Widerspruch. Sie glaubten, dass es zum Exil gekommen sei, weil das Volk Gottes die Tora verlassen hatte und unter den Einfluss von Ausländern in seiner Nachbarschaft und in seiner Mitte geraten war. Wie heutige Juden sich dafür engagieren, einen neuen Genozid zu verhindern, wie er im 20. Jh. in Deutschland geschehen ist, wollten diese judäischen Rückwanderer alles tun, um sicherzustellen, dass fremde Einflüsse sie nicht wieder ins Exil bringen würden. Sie hatten keine Probleme mit persischen Sponsoren, die ihnen bei diesem Projekt helfen würden, denn nach den Erfahrungen des Exils waren die Ausländer *in ihrer Mitte* das Problem. Deshalb sind viele Aspekte der Tempel-/Esra-Erzählung von diesen theologischen Themen bestimmt.

Die Nehemia-Memoiren sind etwas schwieriger zu interpretieren, da sie weniger vollständig überliefert sind als die Tempel-/Esra-Erzählung. Aber auch sie erzählen eine Geschichte vom Wiederaufbau trotz fremden Widerstandes. Als Nehemia mit der Reparatur der Stadtmauern beginnen lässt, erfährt er Gegenwehr von mehreren einheimischen Anführern, einschließlich und besonders aus der Familie der Tobiaden, die in Samaria herrschte (Neh 2,19–20; 4,1–17; 6,1–13). Als die Mauer fertiggestellt ist, bestimmt er Leviten als Wachen an den Stadttoren und kümmert sich um die Neubevölkerung der Stadt mit Menschen aus Rückkehrergruppen (Neh 6,15–7,5). Später, nach einer weiteren Periode im Dienst des Artaxerxes (13,6), berichtet Nehemia über seine Auseinandersetzungen mit Exulanten, die „AusländerInnen" geheiratet hatten (13,23–27). Er verstößt sogar einen der Söhne des Hohepriesters aus dem Tempeldienst, weil er eine „fremde" Frau geheiratet hatte – eine Tochter der Tobiadenfamilie aus Samaria (13,28). Auf den ersten Blick ähnelt dies sehr der Verstoßung fremder Frauen in den Esra-Erzählungen (vgl. besonders Neh 13,25 mit Esr 9,2). Aber Nehemia scheint die Aktivitäten Esras nicht zu kennen; in seinen Memoiren konzentriert er sich auf die Säuberung innerhalb der Priesterschaft, indem er Priester mit fremdstämmigen Frauen ausschließt, statt die allgemeine Verstoßung solcher Ehepartnerinnen zu propagieren (13,28–30). Nehemia sucht die Judäer von *zukünftigen* Mischehen abzuhalten, aber bei den Priestern legt er wegen ihrer heiligen Berufung einen strengeren Maßstab an.

B Das Buch Ijob

Das Buch Ijob ist ein nachexilisches Buch, dessen Hauptfigur ein ausländischer Weiser ist. Dennoch liegt seine Bedeutung nicht in irgendeiner Botschaft über Ausländer, sondern in seinen Reflexionen über ungerechtes Leid. Das Buch, vor allem sein poetischer Hauptteil, stellt verschiedene Perspektiven dieses zeitlosen Themas vor und spielt auf subtile Weise auf eine große Bandbreite israelitischer Literatur bis zur Perserzeit an: Sprichwörter (in den Reden der Freunde), Klagepsalmen (in den Reden Ijobs), Lobpsalmen (in Gottes Antwort) und vieles mehr. Gott erscheint schließlich selbst, weist die Reden der Freunde zurück und bestärkt und belohnt Ijob (42,7–17). Dennoch wird diese Lösung am Ende des Buches der Tiefe seiner vorausgehenden poetischen Dialoge nicht gerecht. Ijob bleibt wesensmäßig unabgeschlossen. Das Buch bildet eine Symphonie von Stimmen und Perspektiven aus der israelitischen Überlieferung bis hin zur Perserzeit, die in ihrem Zusammenklang das Problem des Leides diskutieren, das damals so akut war wie zu allen Zeiten und es auch immer bleiben wird.

Überblick: Dialog über selbstlose Tugend und göttliche Gerechtigkeit

I	Vorbereitung der Szene: Ijobs Leid als Test seiner Selbstlosigkeit	1,1–2,13
II	Dialoge zwischen Ijob, seinen Freunden und Gott	3,1–42,6
III	Göttliche Bestätigung und Wiederherstellung Ijobs	42,7–17

Datierung
5. Jh. v. Chr. (vor 400), mit eventueller Benutzung einer älteren Prosaerzählung in Ijob 1–2.

Wichtige Information: „Ankläger“, nicht „Satan“
Viele Ausleger haben geglaubt, dass im Buch Ijob der Dialogpartner Gottes die böse Gestalt des Satans sei, aber das beruht auf einer Fehlübersetzung des hebräischen Wortes ***satan*** in 1,6–12 und 2,1–7. Im Buch Ijob (und auch in Sach 3) ist das Wort *satan* kein Eigenname (wie in 1 Chr 21,1), sondern steht mit dem bestimmten Artikel, so dass es „der *satan*“ bedeutet. Nach Ijob 1–2 und Sach 3–4 ist die *satan-Figur* ein umherstreifender Spion (das Wort kommt von der Wurzel „umherstreifen“). Es handelt sich um ein offizielles Amt in Jahwes Thronrat (s. 1 Kön 22; Jes 6), und sein Träger ist für die Aufdeckung der Untaten von Jahwes Volk verantwortlich.

Weitere Informationen
Die Gestalt Ijobs findet sich auch in der sonstigen biblischen und außerbiblischen Literatur, aber seine hier vorliegende Darstellung ist einzigartig. Im Mittelpunkt des Buches steht Ijobs leidenschaftliches Streitgespräch mit seinen Freunden und mit Gott über sein ungerechtfertigtes Leiden. Der Alte Orient kennt andere Beispiele solcher Dialoge über das unschuldige Leiden, z. B. die „Babylonische Theodizee“ oder das ägyptische „Streitgespräch eines Mannes mit seinem Ba“. Der biblische Lehrdialog wird durch ein ungewöhnliches und beunruhigendes narratives Vorspiel eingeleitet: der Entschluss Jahwes, Ijob seine Reichtümer, Gesundheit und Kinder zu nehmen, als Teil eines Tests, der zeigen soll, ob er nur deshalb fromm ist, weil er auf göttlichen Lohn zählt (1,6–12; 2,1–6).

In ihrer grundsätzlich positiven Haltung den Persern gegenüber kontrastieren beide Erzählungen mit dem weiter angefügten Material (Neh 9–11). In den beiden ersten Passagen sind die Hauptfiguren Exilsjudäer; sie haben eine hohe Position am persischen Hof erlangt, und beide beschreiben, wie sie ihre Beziehungen nutzen, um eine ansehnliche und förderliche persische Unterstützung für den judäischen Wiederaufbau zu leisten: für den Tempel, für die Tora, für die Stadtmauern Jerusalems. In seinem Gebet stellt Esra die vergangene Gefangenschaft und tiefe Schande seines Volkes der Chance zum Wiederaufbau gegenüber, welche die Perser ihm nun geben (Esr 9,7–9). Im Gegensatz dazu schließt das Gebet Nehemias in Neh 9,6–37, vermutlich ein späterer Zusatz zur Nehemia-Erzählung, mit folgender Klage über die ausländischen Herrscher:

> Darum sind wir heute Sklaven. Du hast unseren Vätern dieses Land gegeben, damit sie seine Früchte und seinen Reichtum genießen; wir aber leben darin als Sklaven. Sein reicher Ertrag geht an die Könige, die du wegen unserer Sünden über uns gesetzt hast. Sie verfügen nach ihrem Belieben über unsere Körper und unser Vieh. Darum sind wir in großer Not. (Neh 9,36–37)

Das dürften kaum die Worte eines Nehemia sein, der Mundschenk des Artaxerxes war (Neh 1,11) und später zurückkehrte, um diesem König noch weiter zu dienen (Neh 13,6). Diese Worte und das Gebet, von dem sie ein Teil sind, stammen aus einer anderen Zeit und aus einer Perspektive, die sich stark von den im allgemeinen propersischen Gefühlen der älteren Erzählungen von Esra und Nehemia unterscheiden. Wir werden im nächsten Kapitel im Zusammenhang mit einem anderen Großreich (dem hellenistischen) auf sie zurückkommen.

Texte, die Gottes Wohlwollen gegenüber AusländerInnen hervorheben

L	Jona; Rut; Ijob 1–5 und 38–42 Jesaja 56; 58; 61; 65–66

Es stimmt, dass die Geschichte von den Siegern geschrieben wird, aber im Fall des nachexilischen Juda hatten Propheten und andere Menschen eine Chance, eine Erwiderung zu verfassen. Mehrere Texte der Hebräischen Bibel scheinen wirklich eine Reaktion auf die feindliche Einstellung gegenüber ausländischen Menschen zu sein, die sich in nachexilischen Überlieferungen wie der Esras finden. Solche Antworten können eine erzählerische Form annehmen, z. B. die Geschichte von Gottes Erbarmen mit den Assyrern im Buch Jona, die Haltung Noomis im Buch Rut gegenüber ihrer moabitischen Schwiegertochter Rut oder die Geschichte des unschuldigen Leidens eines Edomiters im Buch Ijob. Manchmal nimmt die Reaktion aber auch die Form des direkten prophetischen Einspruchs an, wie bei dem Aufruf in Jes 56,3, dass die Fremden nicht sagen sollten: „Jahwe wird mich sicher aus seinem Volk ausschließen" (eine offensichtliche Antwort auf nachexilische Bemühungen, Israel durch die Ausweisung von AusländerInnen zu säubern). Obwohl es nicht völlig sicher ist, dass alle diese Texte aus der Nachexilszeit stammen, behandeln sie Fragen von ausländischen Menschen und Einflüssen, die in jener Zeit besonders wichtig wurden. Im folgenden Abschnitt fragen wir, was die einzelnen Texte Judäern der Zeit Esras und Nehemias gesagt haben können.

B Das Buch Jona

Überblick: Satire über einen Propheten mit Ausländerangst (Xenophobie)

I	Erste Berufung, prophetische Flucht und Auftrag des Jona	1–2
II	Erneuerung der Berufung, Prophetie und Zorn über die Bekehrung	3–4

Datierung

Was immer die Entstehungszeit dieser Fabel sein mag, sie liegt weit nach der neuassyrischen Zeit, von der sie erzählt. Der Name des assyrischen Königs wird nicht erwähnt.

Themen

Das Buch Jona stellt Jona in satirischer Form Ausländern wie der Schiffsbesatzung und den Assyrern gegenüber. Jona widersetzt sich wiederholt den Wünschen Jahwes: Er flieht nach Westen, als er berufen wird, nach Assyrien zu gehen und dort als Prophet aufzutreten (1,3), und protestiert verärgert gegen Jahwes Beschluss, Assyrien gnädig zu sein (4,1–5). Im Gegensatz dazu reagieren die Seeleute und die Assyrer gläubig auf Jahwes Handeln (1,7–16; 3,5–9). Selbst wenn das Buch ursprünglich nicht dazu gedacht war, Ausländerfragen der nachexilischen Zeit zu behandeln, bringt sein satirisches Porträt von Jona und Ausländern die Perspektive verschiedener anderer biblischer Bücher nun in eine gewisse Balance.

Auf den ersten Blick scheint uns das Buch Jona um mehrere Jahrhunderte in die Zeit Assyriens (8. bis 7. Jh.) zurückzuversetzen. Aber eine genauere Betrachtung zeigt, dass es in Wirklichkeit ein viel jüngeres Lehrgleichnis ist. Es erzählt, wie Gott Jona beruft, um dem mächtigen assyrischen Imperium eine Amos-ähnliche Botschaft der totalen Vernichtung anzusagen. Angesichts des assyrischen Rufes gnadenloser Grausamkeit ist es kein Wunder, dass Jona in die entgegengesetzte Richtung flieht (Jon 1). Hier bringt Gott den berühmten Wal ins Spiel, um Jona wieder in die richtige Spur zu bringen (Jon 2). Jona geht nach Ninive, predigt dessen Untergang, die Assyrer kehren um, und Jona ist höchst verärgert über Gottes Entschluss, sie nun doch nicht zu vernichten (Jon 3–4). Die Erzählung endet mit einem sanften Tadel Gottes an Jona wegen dessen hartnäckigen Wunsches, die Vernichtung von Ausländern zu erleben. Gott fragt Jona: „Sollte es mir etwa nicht leid tun um Ninive, die große Stadt, in der mehr als hundertzwanzigtausend Menschen leben, die nicht einmal rechts und links unterscheiden können – und außerdem so viel Vieh?“ (4,11). Die rhetorische Frage ist nur einer von mehreren Hinweisen auf die erzieherische Funktion der ganzen Geschichte. Das Buch Jona ist keine historische Reportage über die konkrete Zeit eines ganz bestimmten assyrischen Königs. Es erzählt eine Fabel darüber, dass Gott selbst einem so brutalen Imperium wie dem assyrischen gnädig sein kann. Die dem

Jona am Ende des Buches gestellte Frage ist auch eine Frage an die Leser: Soll Gott sich auch um fremde Menschen wie die Assyrer (und ihr Vieh!) kümmern? Im Gegensatz zu biblischen Büchern wie Nahum oder der fremdenfeindlichen Haltung im Buch Esra geht das Buch Jona davon aus, dass die Antwort auf die Frage nach Gottes Sorge auch für AusländerInnen ein „Ja" ist.

B Das Buch Rut

Überblick: Die Treue aller führt zur Geburt eines Vorfahren Davids

I	Potenzielles Problem: eine verwitwete Ausländerin in Juda	1–2
II	Vom Problem zur Lösung: eine Ausländerin gebiert einen Vorfahren Davids	3–4

Datierung
5. Jh. v. Chr. (vor 400, was die heutige Form des Buches betrifft).

Themen
s. die Besprechung des Buches im Haupttext.

Das Buch Rut ist eine weitere Erzählung, die auf subtile Weise das Ausländerproblem behandelt, vor allem die Frage der Heirat mit AusländerInnen. Zu Beginn sterben in Moab zwei Judäer, Machlon und Kiljon, etwa zehn Jahre nach ihrer Hochzeit mit moabitischen Frauen, Orpa und Rut (1,4–5). Durch die Brille der nachexilischen Angst vor der Ehe mit Ausländerinnen betrachtet, könnte ihr Tod als Strafe für diesen Schritt erscheinen. Die Figur Noomis, der Schwiegermutter der beiden Moabiterinnen, scheint solche Sorgen zu verkörpern, wenn sie Orpa und Rut drängt, ihr bei ihrer Rückkehr in die Heimat Juda nicht zu folgen (1,8–9). Nachexilische Leser konnten sicher mit Noomi sympathisieren, wenn sie auf Ruts, „der Moabiterin" (1,22), leidenschaftliche Erklärung hin, sie wolle ihr bis ins Grab folgen (1,16–18), still blieb und nicht entzückt und dankbar reagierte. Der Rest des Buches kann als die Belehrung Noomis über Ruts Bedeutung für sie verstanden werden. Am Ende des Buches gebiert Rut ein Kind, dessen Vater Boas ist. Es wird von Noomi als ihr eigenes anerkannt und zu einem der Vorfahren des großen Königs David (4,13–20). Diese Geschichte, besonders der Stammbaum, der David mit einer judäisch-moabitischen Mischehe in Verbindung bringt, musste in der Zeit Esras radikale Folgen haben. Einige Teile mögen schon früher geschrieben worden sein, aber die heutige Form des Buches versuchte, erzieherisch auf die Mischehen ablehnenden nachexilischen Judäer einzuwirken. Sie erzählte ihnen, wie Noomi ihre anfänglichen Bedenken hinsichtlich einer moabitischen Schwiegertochter überwand; sie wurde über die Moabiterin Rut Ahnmutter Davids, Israels Gründerkönig.

Schließlich kommen wir zur nachexilischen Prophetie im Buch Jesaja, besonders zu den in den Kapiteln 56–66 konzentrierten Weissagungen. Auch in vorhergehenden Jesaja-Kapiteln finden sich Abschnitte mit positiver Haltung gegenüber Fremden. In einem von ihnen geht es um die Verheißung, dass die Völker der Erde nach Zion strömen werden, um die Tora zu lernen (Jes 2,1–4). Ein anderer Abschnitt schließt in 19,19–25 mit folgendem Segen Jahwes: „Gesegnet ist Ägypten, mein Volk, und Assur, das Werk meiner Hände, und Israel, mein Erbbesitz". Heute nehmen viele Forscher an, dass diese und viele andere Texte in Jes 1–35 in der Perserzeit oder noch später geschrieben wurden. Bei den Kapiteln 56–66 ist es jedoch ganz klar, dass der allergrößte Teil aus dieser Zeit stammt (abgesehen von der möglicherweise exilischen Klage in 63,7–64,12). Dieser Abschnitt des Buches Jesaja wird auch **„Tritojesaja"** genannt und unterscheidet sich von den anderen dadurch, dass hier die Weissagungen des Deuterojesaja und des Propheten Jesaja aus dem 8. Jh. („Protojesaja") auf nachexilische Probleme wie die Verzögerung beim Wiederaufbau Jerusalems bezogen werden.

Deuterojesaja enthält großartige Verheißungen, dass Jahwe ein „Licht" für den Weg rückwandernder Exilierter sein (42,16) und Jerusalem wiederaufbauen werde. Aber manche Aussagen Tritojesajas zeigen, dass nicht alles so gut lief, wie man es erwartet hatte. In Jes 59,9 klagt eine Gruppe: „Wir hoffen auf Licht, / doch es bleibt finster; wir hoffen auf die Morgendämmerung, / doch wir gehen im Dunkeln." Und 58,3 zitiert Menschen, die zu Gott klagen: „Warum fasten wir, / und du siehst es nicht? Warum tun wir Buße, / und du merkst es nicht?" Das Kapitel 58 gibt auf diese Fragen eine machtvolle Antwort: Die Verheißungen des Deuterojesaja haben sich nicht erfüllt, weil das Fasten und die Opfer der Rückwanderer nicht mit Taten der Gerechtigkeit einhergingen (Jes 58,2–5; auch 66,1–4). Genau wie Menschen in der Zeit Protojesajas (1,10–17; 8. Jh.) haben sie ihre Gottesdienstpraktiken durch die Unterdrückung anderer korrumpiert. Tritojesaja verheißt sodann in Kap. 58, dass gerechte Taten und die Sabbatbeobachtung die Lage wenden werden. Wenn die Rückwanderer ihre Häuser mit den Armen teilen und aufhören, den Sabbat profitgierig zu missbrauchen, werden sich die Verheißungen Deuterojesajas erfüllen: Gottes Licht wird über ihnen anbrechen wie die Morgendämmerung (58,8.10), und Jerusalem wird aus ihren Trümmern wiederaufgebaut werden (58,12). Im Mittelteil des Tritojesaja kehren ähnliche Themen wieder, denn dort verkündet ein Sprecher (der Prophet selbst?), dass er von Gott beauftragt wurde, „den Armen eine gute Nachricht zu bringen" und „alle zu trösten, die in Zion klagen" (61,1–3). Diese Worte von Trost und Befreiung, die sich an die Armen richten, werden zum Wiederaufbau Jerusalems führen (61,4).

B Das Buch Jesaja

Überblick: Ermahnung zur Reue

I	Einleitung: erste Ermahnung zur Reue	1,1–31
II	Durchführung: Wiederherstellung von Zion nach dem reinigenden Gericht über Zion und die Völker	2,1–64,11
III	Abschließendes Orakelpaar: Konsequenzen von Ungehorsam (65,1–66,4) und Gehorsam (66,5–24)	65,1–66,24

Der obige Überblick basiert auf Beobachtungen einer *Inclusio* in Jesaja, die Themen aus der einleitenden Ermahnung zur Reue in 1,1–31 in den beiden Gottesreden zu Gehorsam und Ungehorsam in 65,1–66,24 wiederholt (vgl. unten die Liste der Parallelen in den beiden Buchhälften). Das Buch Jesaja weist noch andere Strukturen auf, aber es ist zu komplex, als dass man es auf eine Gliederung reduzieren könnte. Dies gilt auch für andere Bücher.

Datierung
5. Jh. v. Chr. (vor 400, mit älteren Quellen).

Themen
s. die Besprechung des Buches im Haupttext der Kapitel 7 und 10.

Für Tritojesaja hängt die Erfüllung der in Deuterojesaja gegebenen Aufbauverheißungen davon ab, ob die Menschen dem in Protojesaja ergangenen Ruf nach Recht und Gerechtigkeit folgen. Das zeigt sich vor allem in den vier letzten Kapiteln des Buches, die u. a. eine Klage aus der Exilszeit zitieren (63,7–64,11) und Gottes Antwort darauf mitteilen (65–66). Die Klage endet mit dem gequälten Schrei zu Gott, dass „Zion zur Wüste geworden ist" und mit der Frage: „Kannst du dich bei all dem zurückhalten, Herr, / kannst du schweigen und uns so sehr erniedrigen?" (64,10–11). Jahwe schweigt nicht, sondern spricht bedingte Hoffnungsworte: Für seine gerechten „Diener" wird er Zion wiederherstellen, aber all jene in Zion vernichten, die fremde Kultpraktiken in Grabkammern und Gärten vollziehen und dann sagen: „Bleib, wo du bist, komm mir nicht nahe, / denn ich bin heilig" (Jes 65,3–5; vgl. 1,29–31). Auf diese und andere Weise ist der Abschluss des Tritojesaja ein Widerhall der Weissagung Protojesajas, dass Jahwe Jerusalem von seiner korrupten Führungselite reinigen und seine frühere Herrlichkeit wiederherstellen wird (1,21–31).

Exegeten haben verschiedene Muster entdeckt, nach denen die Strukturen der unterschiedlichen Schichten des Gesamtbuches Jesaja organisiert sind, obwohl es über Jahrhunderte hinweg fortgeschrieben wurde. Zum Beispiel betrachten viele Jes 1,1–2,3 als Einleitung zum gesamten Buch, denn es führt ein in Themen von Gericht und Wiederherstellung, die sich in allen seinen Teilen finden. Die Kapitel 65–66 dienen als Abschluss und entsprechen in vielen Details Jes 1. Außerdem haben verschiedene Abschnitte der ersten Hälfte des Buches, Jes 1–33, Parallelstücke im zweiten Teil, Jes 34–66:

Jesaja 1–33: Plan für Jahwes Herrschaft über Zion		**Jesaja 34–66: Beginn der Ausführung des Planes**	
1	Einleitung: Aufruf zum Hören	34–35	Aufruf zum Hören: Rache und Wiederherstellung
6	Berufung des historischen Jesaja		
7–8	Jesaja-Ahas-Material	36–39	Jesaja-Hiskija-Material
		40,1–11	Berufung des Exilspropheten
13–27	Gegen die Völker / Babylonien	47	Sprüche gegen Babylonien
28–32	Sprüche mit Schwerpunkt Zion	49–66	Sprüche zur Wiederherstellung Zions

Die Qumranrollen zeigen, dass frühe jüdische Gemeinschaften die beiden Hälften manchmal auf zwei getrennte Rollen abgeschrieben haben (also 1 und 2 Jesaja, wie 1 und 2 Könige), aber diese und andere Entsprechungen verbinden das Buch auch zu einer komplexen Einheit. Es ist ein Chor von prophetischen Stimmen aus verschiedenen Jahrhunderten, die sich im Zeugnis von Jahwe, „dem Heiligen Israels", und in seinen Plänen für Zion und die Nachbarvölker treffen. Im Folgenden steht ein Abschnitt Tritojesajas im Zentrum einer ausführlicheren Besprechung, der sich auf sehr direkte Weise der Frage von Zion und AusländerInnen aus den „Völkern" zuwendet: Jes 56,1–8.

FOKUS-TEXT Jesaja 56,1–8

Jes 56,1–8 eröffnet eine Sammlung von nachexilischen Sprüchen in Jes 56–66, die unmittelbar auf die an Exilierte gerichteten „Trostworte" des Deuterojesaja (Jes 40–55) folgt. Der Zweite Jesaja hatte verheißen, dass Jahwe bald seine Rettung und Erlösung bringen werde. Der „Dritte Jesaja" versichert, die Erfüllung dieser Verheißungen könne nur eintreten, wenn zuvor das Volk selbst aktiv werde: Es müsse „Gerechtigkeit schaffen und in sozialer Solidarität handeln" (56,1). Der nachexilische Prophet fügt hinzu, es werde nur denjenigen Menschen „wohl" ergehen, die „den Sabbat halten" und „ihre Hand vor jeder bösen Tat bewahren" (56,2). Diese beiden Verse enthalten den tritojesajanischen Zusatz von moralischen Bedingungen zu den Verheißungen Deuterojesajas.

Insgesamt wendet sich der Abschnitt dann aber einem speziellen moralischen Anliegen der nachexilischen Gemeinde zu: Dem Status von Fremden und von Menschen, die als kultisch unrein betrachtet wurden. Verse des Deuteronomiums bestehen darauf, dass weder Eunuchen (kastrierte Männer) noch Ammoniter und Moabiter (ausländische Nachbarvölker) in die Gottesdienstgemeinschaft Jahwes aufgenommen werden dürfen (Dtn 23,1.3). In Jes 56,3–8 spricht Jahwe das Problem von Eunuchen und Ausländern an, die auf der Grundlage von Dtn 23,1.3 vom Tempel ausgeschlossen sind, obwohl sie den Sabbat beobachten und Jahwes Bund halten:

> Der Fremde, der sich dem Herrn angeschlossen hat,
> soll nicht sagen: /
> Sicher wird der Herr mich ausschließen aus seinem Volk.
> Und der Verschnittene soll nicht sagen: /
> Ich bin nur ein dürrer Baum. (56,3)

Diesen Menschen übermittelt der Prophet ein direktes Jahwewort, das dem Gesetz des Deuteronomiums widerspricht:

> Denn so spricht der Herr:
> Den Verschnittenen, die meine Sabbate halten, /
> die erwählt haben, was mir gefällt, /
> und an meinem Bund festhalten,
> ihnen allen errichte ich in meinem Haus /
> und in meinen Mauern ein Monument und einen Namen, /
> die mehr wert sind als Söhne und Töchter [...].
> Und die Ausländer, die sich dem Herrn angeschlossen haben, /
> die ihm dienen und seinen Namen lieben, [...]
> sie bringe ich zu meinem heiligen Berg /
> und helfe ihnen, in meinem Bethaus zu feiern.
> Ihre Brandopfer und Schlachtopfer finden Gefallen auf meinem Altar, /
> denn mein Haus wird ein Haus des Gebets für alle Völker genannt. (56,4–7)

So verkündet der Prophet ein direktes Wort Jahwes, das einem Abschnitt der Mose-Tora widerspricht. Wie wir wissen, war die Mose-Tora in der nachexilischen Zeit besonders wichtig; man verstärkte die Bemühungen, ein neuerliches Exil zu vermeiden, indem man sich von fremden Völkern „absonderte", wie die Maßnahmen Esras und Nehemias gegen Ehen mit fremden Frauen zeigen. Im vorliegenden Text geht es nicht um Mischehen, sondern um fremde Menschen (und „verschnittene" Judäer), die Jahwe treu sind, aber aufgrund der Mose-Tora wegen ihres Status vom Tempel ausgeschlossen bleiben. Jahwe widerspricht hier der Tora und versichert, dass alle Menschen, die den Sabbat ehren und am Bund festhalten, in seinem Haus willkommen sind.

Die Grundlage für den radikalen Widerspruch zur Mose-Tora ist die Botschaft Deuterojesajas. Der Exilsprophet beschreibt, wie Jahwe einen „Knecht" für eine Aufgabe bestimmt, die weit darüber hinausgeht, nur Judäer aus dem Exil zurückzubringen:

> Es ist zu wenig, dass du mein Knecht bist, /
> nur um die Stämme Jakobs wieder aufzurichten /
> und die Verschonten Israels wieder heimzuführen.
> Ich mache dich zum Licht für die Völker; /
> damit mein Heil bis an die Erde reicht. (49,6)

Der nachexilische Prophet Tritojesaja formuliert in Entsprechung zu dieser Botschaft:

> Spruch Gottes, des Herrn, /
> der die verstoßenen Israeliten sammelt:
> Noch mehr, als ich schon von ihnen gesammelt habe, /
> will ich dort versammeln. (56,8)

Zu jener Zeit konnte der Prophet auf eine bereits geschehene Zusammenführung von Exilierten zurückblicken. Sowohl er als auch seine nachexilischen Hörer kennen Jahwe jetzt als einen Gott, der seine Versprechungen, die Exulanten heimkehren zu lassen, eingehalten hat. Auf der Grundlage dieser Gewissheit und der Botschaft Deuterojesajas weitet er den Gedanken auf Ausländer aus und sagt, dass die Botschaft Deuterojesajas über das „Licht für die Völker" ebenfalls gültig ist. Jahwe hat ein größeres Sammlungsprojekt, nach dem Fremde, die sich Gott als Jahwes „Knechte" (56,6) angeschlossen haben, einen vollgültigen Platz im Gottesdienst auf Jahwes Berg erhalten sollen. Später, fast am Ende (Trito-)Jesajas, wird die Verkündigung der Einbeziehung von Ausländern wieder aufgenommen in der Weissagung, dass einige Fremde sogar Priester und Leviten werden sollen (66,18–23).

Solche Weissagungen stehen in scharfem Kontrast zu dem Gebrauch, den Esra-Überlieferungen von Botschaften aus dem Pentateuch und Deuterojesaja machen. Esra scheint seinen Zug von Babylonien nach Juda nach dem Exodus aus Ägypten gestaltet zu haben. Er zieht am ersten Tag des Jahres fort (Esr 7,9; vgl. Ex 12,2) und sorgt dafür, dass seine Karawane der des Mose entspricht, indem sie levitische Priester und zwölf Laienführer umfasst (Esr 8,1–20). Er scheint den zweiten Exodus aber auch nach dem Konzept Deuterojesajas verstanden zu haben, denn zum Beispiel betet er darum, dass Jahwe seinen „Weg gerade machen" möge auf der Reise in die Heimat Juda (Esr 8,21; vgl. Jes 40,3). Esra entdeckt bald, dass die Menschen, die schon vor ihm nach Juda gekommen waren, es versäumt hatten, sich von fremden Völkern zu „trennen", und Ehen mit ihnen eingegangen waren (Esr 9,1). Deshalb verstößt er fremde Frauen als Vorbedingung dafür, das Volk zur Treue gegenüber der Mose-Tora zu führen (Esr 9–10; Neh 8).

Tritojesaja konzentriert sich nicht auf genau die gleichen Themen, aber er stellt dennoch einen scharfen Kontrast zu Esra dar. Esras Ziel war die „Trennung" von fremden Menschen (Esr 9,1–3; 10,11), während Tritojesaja die Fremden im Namen Jahwes ermutigt: sie hatten nämlich Angst – vielleicht wegen Maßnahmen wie der Esras –, dass „Jahwe sie sicher ausschließen werde" (Jes 56,3). Esra konzentrierte sich auf die Botschaft Deuterojesajas, dass Jahwe die Exilierten in einem zweiten Exodus heimbringen werde. Tritojesaja hebt zusätzlich die andere Hälfte der deuterojesajanischen Botschaft hervor: Diese Heimkehr von Exilierten gehörte zu einem größeren Plan, in dem der Knecht Jahwes ein Licht „für die Völker" sein wird. Der Höhepunkt der Esra-Erzählung ist erreicht, als die Tora verlesen und das Volk ihr neu geweiht wird (Neh 8). Tritojesaja widerspricht einem Teil dieser Tora, der Fremde und Eunuchen aus Gottes Tempel ausschließt (Dtn 23,1.3), und verkündet Jahwes Wort: „Mein Haus soll ein Haus des Gebetes für alle Völker sein" (56,7). Dadurch gehört Tritojesaja in die Reihe oben besprochener Traditionen wie Rut und Jona und ist ein wichtiger Zeuge für den Fortbestand unterschiedlicher Perspektiven im Juda der Perserzeit. Wer diese Zeit nur durch die Brille von Esra und Nehemia sieht, dem bleibt ein wichtiger Teil des Gesamtbildes verborgen.

Schriften in nachexilischer Zeit

Letzten Endes wurden sowohl die Mose-Tora als auch das Buch Jesaja in das umfassendere Schriftenkorpus des nachexilischen Judentums aufgenommen. Aber die Mose-Tora, jetzt in der Kombi-Form von L+P, wurde in zunehmendem Maße das Fundament von allem anderen. Andere heilige Texte wurden immer mehr im Lichte der Tora verstanden. Zum Beispiel wurden alte Psalmensammlungen zu einem Buch mit fünf Teilen vereint, das sich an der Tora und am Lobpreis orientiert. Kleinere Prophetenbücher wie Hosea und Sacharja wurden in einer Sammlung von zwölf Büchern zusammengestellt, die mit einem Aufruf zum ständigen Gedächtnis an die „Tora meines Dieners Mose" endet (Mal 3,22). Und Leser sonstiger Texte werden die Erwähnung der „Tora" Gottes z. B. in Jesaja, Jeremia und Ezechiel als Hinweis auf die L/P-Tora verstanden haben.

So wurde die Tora, die unter Joschija aufkam und sich im Exil in den Formen von L und P konsolidierte, in der nachexilischen Perserzeit immer zentraler, wahrscheinlich mit Unterstützung der Perser selbst. Aber das war ein langer Prozess. Einige frühnachexilische Texte wie Tritojesaja und Ijob zeigen nicht die Prädominanz der Tora, die wir später sehen. Die Gemeinde Judas machte eine beachtliche Entwicklung durch, von den ersten Rückwandererwellen unter Mitgliedern der Daviddynastie (Scheschbazzar, Serubbabel) bis hin zu ihrer Konsolidierung unter dem Priester Esra und mit der Tora als Mittelpunkt. Erst gegen Ende dieser Zeit sehen wir klare Umrisse eines Tempel- und Tora-zentrierten Judentums, das die folgenden Jahrhunderte der hellenistischen Oberherrschaft überstehen sollte. Als nächstes wenden wir uns diesem Kapitel der Geschichte des Volkes und der Entwicklung der Bibel zu.

Rückblick auf Kapitel 12

1. Überprüfen Sie Ihr Wissen zu folgenden Fachbegriffen, die in diesem Kapitel behandelt wurden:
   - *satan* (nicht Satan!)
   - Tritojesaja

2. Wie verbanden die Autoren der Esra- und Nehemia-Überlieferungen ihre pro-persischen Sympathien mit ihren Vorbehalten gegenüber ausländischen Einflüssen?

3. Das Buch Ijob kann als ein Rollendialog zwischen verschiedenen israelitischen Traditionen bis in die nachexilische Zeit verstanden werden. Welche Teile repräsentieren welche Literaturgattungen? Welche Literaturgattung scheint in Ijob nicht besonders stark vertreten zu sein?

4. Was ist „Tritojesaja", und in welcher Beziehung steht Tritojesaja zu älteren Teilen Jesajas?

5. Welche Schwerpunkte sind der Tempelwiederaufbau-/Esra-Erzählung, die heute in Esra-Nehemia enthalten ist, und Tritojesaja gemein, worin unterscheiden sie sich?

6. Kennen Sie zeitgenössische Analogien für das Bedürfnis marginalisierter Gruppen, ihre Abgrenzungen zu verstärken? Wo sind solche Haltungen gefährlich oder falsch, und warum?

7. Wenn ein Prophet wie Tritojesaja zu unserer heutigen Zeit sprechen würde, an welche Situationen müssten sich seine oder ihre Weissagungen wenden? Der Verfasser des Dritten Jesaja baute u. a. auf frühe Jesaja-Überlieferungen und andere Quellen auf. Welche Traditionen würden heutige ProphetInnen verwenden?

8. Schreiben Sie Jes 56,1–8 für eine heutige Hörerschaft neu. Versuchen Sie, eine strukturelle Entsprechung zu finden – Satz für Satz, Bild für Bild, Metapher für Metapher.

Weiterführende Literatur

GERSTENBERGER, Erhard S. *Theologien im Alten Testament*. Stuttgart: Kohlhammer, 2001

Haggai und Sacharja 1–8

HALLASCHKA, Martin. *Haggai und Sacharja 1–8*. Berlin: de Gruyter, 2011(BZAW 411)
LUX, Rüdiger. *Prophetie und Zweiter Tempel*. Tübingen: Mohr Siebeck, 2009 (FAT 65)
WILLI-PLEIN, Ina. *Haggai, Sacharja, Maleachi*. Zürich: Theologischer Verlag, 2007 (Zürcher Bibelkommentar 24,4)

Esra und Nehemia

BECKER, Joachim. *Esra, Nehemia*. Würzburg: Echter Verlag 1990 (Die Neue Echter Bibel 25)
HIEKE, Thomas. *Die Bücher Esra und Nehemia*. Stuttgart: Katholisches Bibelwerk, 2005 (Neuer Stuttgarter Kommentar 9,2)

Jona

EBACH, Jürgen. *Kassandra und Jona. Gegen die Macht des Schicksals*. Frankfurt: Athenäum, 1987
JEREMIAS, Jörg. *Die Propheten Joel, Obadja, Jona, Micha*. Göttingen: Vandenhoeck & Ruprecht, 2007 (ATD 24,3)
STRUPPE, Ursula. *Die Bücher Obadja, Jona*. Stuttgart: Katholisches Bibelwerk, 1996 (Neuer Stuttgarter Kommentar 24,1)
TRIBLE, Phyllis. *Rhetorical Criticism: Context, Method, and the Book of Jona*. Minneapolis: Fortress, 1994
WEIMAR, Peter. *Eine Geschichte voller Überraschungen: Annäherungen an die Jona-Erzählung*. Stuttgart: Katholisches Bibelwerk, 2009 (SBS 217)

Rut

FISCHER, Irmtraud. *Rut*. Freiburg: Herder, [2]2005 (Herders Theologischer Kommentar zum Alten Testament)
KATES, Gail Twersky; REIMER, Judith. *Reading Ruth*. New York: Ballentine Books, 1994.1996 (ausgezeichnete Sammlung zeitgenössischer Interpretationen durch Jüdinnen)
KÖHLMOOS, Melanie. *Ruth*. Göttingen: Vandenhoeck & Ruprecht, 2010 (ATD 9,3)

Ijob

ENGLJÄHRINGER, Klaudia. *Theologie im Streitgespräch: Studien zur Dynamik der Dialoge des Buches Ijob*. Stuttgart: Katholisches Bibelwerk, 2003 (SBS 198)
KAISER, Otto. *Das Buch Hiob*. Stuttgart: Radius Verlag, 2006
SCHMID, Konrad. *Hiob als biblisches und antikes Buch: historische und intellektuelle Kontexte seiner Theologie*. Stuttgart: Katholisches Bibelwerk, 2010 (SBS 219)
SCHWIENHORST-SCHÖNBERGER, Ludger. *Ein Weg durch das Leid. Das Buch Ijob*. Freiburg: Herder, 2007

Jesaja 56–66

CROATTO, Severino J. *Imaginar el futuro: estructura retórica e querigma del Tercer Isaías, Isaías 56–66*. Buenos Aires: Editorial Lumen, 2001
STECK, Odil Hannes. *Studien zu Tritojesaja*. Berlin: de Gruyter, 1991 (BZAW 203)
ZAPFF, Burkard M. *Jesaja 56–66*. Würzburg: Echter Verlag, 2006 (Die Neue Echter Bibel 37)

(s. auch in Kap. 9, S. 225, Kommentare zu Jes 40–66)

Bibliographie der englischen Originalausgabe (Chapter 12)

Haggai and Zechariah 1–8

Petersen, David. *Haggai and Zechariah 1–8*. Old Testament Library. Philadelphia: Westminster Press, 1984.

Ezra, Nehemiah, and Esther

Blenkinsopp, Joseph. *Ezra-Nehemiah*. Old Testament Library. Philadelphia: Westminster Press, 1988.

Clines, David. *Ezra, Nehemiah, Esther*. New Century Bible Commentary. Grand Rapids: Eerdmans, 1984.

Williamson, H. G. M. *Ezra, Nehemiah*. Word Biblical Commentary 16. Waco, TX: Word Books, 1985.

Jonah

Lacocque, Andre, and Lacocque, Pierre-Emmanuel. *The Jonah Complex*. Atlanta: John Knox Press, 1981.

Trible, Phyllis. *Rhetorical Criticism: Context, Method, and the Book of Jonah*. Minneapolis: Fortress, 1994.

Ruth

Fewell, Danna Nolan, and Gunn, David Miller. *Compromising Redemption: Relating Characters in the Book of Ruth*. Literary Currents in Biblical Interpretation. Philadelphia: Westminster John Knox Press, 1990.

Kates, Gail Twersky, and Reimer, Judith. *Reading Ruth*. New York: Ballentine Books, 1994, 1996. Excellent collection of contemporary interpretations by Jewish women.

Job

Janzen, J. Gerald. *Job*. Interpretation. Atlanta: John Knox Press, 1985.

Newsom, Carol. "Job." Pp. 319–637 of vol. 4 of the New *Interpreters Bible*. Nashville: Abingdon, 1996.

Isaiah 56–66

Blenkinsopp, Joseph. *Isaiah 56– 66*. Anchor Bible. New York: Doubleday, 2005. (See also the end of Chapter 9 for commentaries on Isaiah 40–66.)

Kapitel 13
Hellenistische Reiche und die Entstehung der Hebräischen Bibel

Man kann sich im Verhältnis zu Imperien wohl kaum einen schärferen Kontrast vorstellen als den zwischen der judäischen Erfahrung persischen Wohlwollens und der späteren Quasi-Vernichtung durch den hellenistischen (griechischen) König Antiochus IV. Epiphanes. In den ersten 157 Jahren nach der Eroberung des Gebiets 332 v. Chr. durch Alexander d. Gr. war die hellenistische Oberherrschaft noch kein ernsthaftes Problem. In Juda kam es jedoch im Jahr 174 zu einer schweren Krise, als hellenisierende Juden die Kontrolle über Jerusalem zu übernehmen und in eine griechische Stadt zu verwandeln suchten. Der hellenistische König Antiochus IV. Epiphanes versuchte daraufhin das Judentum auszurotten. Das wiederum führte zu einem erfolgreichen Aufstand, der von einer nordwestlich von Jerusalem stammenden Priesterfamilie angeführt wurde, den Hasmonäern. Sie gründeten in Jerusalem ein von Priestern regiertes Königtum, das 80 Jahre lang bestand.

Im vorliegenden Kapitel untersuchen wir Schriften, die vor und nach diesen Zusammenstößen entstanden sind, und fragen nach dem vermutlichen Abschluss der Hebräischen Bibel unter den hasmonäischen Herrschern. Einige Schriften waren vorher schon in der früh-hellenistischen Zeit verfasst worden, wie Ben Sira oder apokalyptische Texte der Henoch-Literatur. Sie gelangten in das Alte Testament der Römisch-katholischen Kirche und/oder von Orthodoxen Kirchen, aber nicht in den jüdischen Tanach (und daher auch nicht in das protestantische Alte Testament). Mehrere spätere Bücher, die während oder nach der hellenistischen Krise entstanden, z. B. Daniel, fanden Eingang in den Tanach und damit auch in das AT aller Kirchen. Zum Abschluss des Kapitels behandeln wir die wichtige Frage, warum manche Texte in die Hebräische Bibel aufgenommen wurden und andere nicht.

W Die Entstehung des „Judentums“

Ab jetzt können wir von der Entstehung einer „jüdischen“ Identität sprechen – zusätzlich zu und verschieden von der „judäischen“ Identität. Das Wort „Jude“ kommt vom griechischen Wort für Judäer, *Ioudaios*. Obwohl es sich auf die in Juda lebenden Judäer bezieht, umfasste es auch die stetig wachsende Zahl von Juden, die ständig außerhalb dieser Region lebten. Diese Juden hatten weiterhin eine tiefe Verbindung zu Juda, aber sie zeichneten sich durch Unterschiede in ihrer Religion und ihren Gebräuchen aus.

Judentum und Hellenismus vor der Hellenisierungskrise

L Ben Sira / Sirach 1,1–10; 24,1–34; 44–50

Die frühe hellenistische Herrschaft begünstigte Religionen und Kulturen wie die der Judäer nicht, war ihnen gegenüber aber auch nicht feindlich eingestellt. In der Zeit zwischen der Eroberung des Gebiets 332 v. Chr. durch Alexander d. Gr. und den ersten Versuchen, Jerusalem zu hellenisieren (174 v. Chr.), wurde Juda von mehreren hellenistischen Herrschern regiert, ohne dass es zu größeren Zwischenfällen gekommen wäre. Nach Alexanders Tod im Jahr 323 wurde sein Reich unter seine Generäle aufgeteilt, zu denen auch Ptolemäus in Ägypten und Seleukos in Mesopotamien gehörten. Juda wurde zunächst von Ägypten aus durch die Nachfolger des Ptolemäus regiert (323–198). Nach einer Reihe schwerer Schlachten übernahmen im Jahr 198 die Seleukiden (Nachfolger des Seleukos) die Macht und regierten Juda fast ein Jahrhundert lang. Die Situation war angespannt, da die beiden hellenistischen Reiche um die Kontrolle der Region kämpften. Aber vor Antiochus IV. (mehr zu ihm unten) gibt es keine Anzeichen dafür, dass die ptolemäischen oder seleukidischen Herrscher sich in Religionsfragen der von ihnen unterworfenen Völker eingemischt oder sie anderweitig zu hellenisieren versucht hätten.

Dennoch waren griechische Städte und Menschen mit griechischer Bildung im Vorteil, denn sie erhielten staatliche Privilegien, während alles, was keine griechische Kultur aufwies, des öfteren benachteiligt wurde. Zum Beispiel beschwert sich ein nichtgriechischer Kameltreiber in einer Inschrift, dass er schlecht behandelt wurde. Er gibt als Grund an: „Ich bin ein Barbar“ und „Ich weiß mich nicht wie ein Grieche zu benehmen“. In einer anderen Inschrift klagt ein ägyptischer Priester, dass jemand, den er gerichtlich belangt hat, ihn „verachtet, weil ich ein Ägypter bin“. Innerhalb der hellenistischen Kulturen standen griechisch erzogene Kinder griechischer Eltern an der Spitze der sozialen Pyramide, gefolgt von griechisch gebildeten Kindern nichtgriechischer Eltern. Wer keine griechische Bildung besaß, war im Nachteil, selbst wenn sie oder er – wie der oben erwähnte ägyptische Priester – eine umfassende Bildung in einheimischer, nichtgriechischer Literatur besaß, etwa ägyptische Klassiker oder hebräische Schriften kannte.

Immer mehr Menschen suchten ihre Probleme dadurch zu lösen, dass sie nach griechischer Bildung strebten. Familien nahmen Hauslehrer für ihre Kinder oder bezahlten Privatlehrer, die kleine Gruppen von Schülern unterrichteten. Diese begannen mit dem griechischen Alphabet und lernten dann Texte aus der praktischen Weisheit, wie z. B. die Äsop-Fabeln. Danach kamen ausgewählte Autoren der klassischen griechischen Epoche auf den Lehrplan: Euripides, Thukydides, Platon und andere. Der Schwerpunkt der griechischen Erziehung lag jedoch auf den Schriften Homers, dessen Epen die Topklassiker griechischer Literatur waren. Schüler lernten zu Beginn ihres Unterrichts ausgewählte Teile der Ilias und der Odyssee auswendig und kamen später immer wieder auf diese Texte zurück. Viele von ihnen werden keine großen Fortschritte gemacht haben, besonders wenn sie aus Familien stammten, in denen kein Griechisch gesprochen oder gelesen wurde. Oft lernten Schüler gerade das Nötigste, um einfache Dinge aufschreiben zu können. Einige Nichtgriechen erlangten jedoch ein sehr hohes Niveau griechischer Bildung und hohe Posten in der hellenistischen Regierung und/oder Gesellschaft. Ihre Bildung machte sie kulturell zu „Griechen“: sie wurden anders behandelt als Menschen, denen diese Bildung fehlte.

Das bedeutet, dass in Gesellschaften unter hellenistischer Oberherrschaft die kulturelle Kluft immer größer wurde. Auf der einen Seite stand die griechische Kultur, deren Kenntnis Zugang zu Regierungsposten und/oder Geschäftskontakten mit der gesamten griechischen Welt eröffnete. Auf der anderen Seite standen die einheimischen Kulturen und Schriften der Völker Ägyptens, Judas und Mesopotamiens. Innerhalb der griechischen Kultur verlor die Kenntnis der altorientalischen Texte immer mehr an Bedeutung, aber in Tempel- und Priesterkreisen wurde sie immer noch hoch geschätzt. So blieben in Juda der Tempel und die mit ihm verbundene Priesterschaften der wichtigste Ort, an dem Menschen noch hebräische Texte lernten und schrieben. Ansonsten gerieten die Priester und ihre Pflege traditioneller Literatur immer mehr ins Abseits. In früheren Zeiten hatte die Kenntnis alter hebräischer Texte einem Menschen Privilegien in der hebräischen Monarchie oder im Persischen Großreich gebracht, aber im Hellenismus lagen die Dinge anders. Jetzt gehörte die politische und wirtschaftliche Macht in wachsendem Maße denjenigen, die von sich behaupten konnten, „griechisch“ zu sein.

Judäer und auch andere Betroffene gingen mit dieser Situation verschieden um. Einige Priestergruppen in Ägypten und Juda schrieben esoterische visionäre Texte, die nach dem griechischen Wort für „aufdecken“ **Apokalypsen** genannt wurden. Einige dieser Texte beschrieben detaillierte Himmelsreisen (**Himmelsapokalypsen**), während andere die jüngste Vergangenheit interpretierten und ein göttliches Eingreifen vorhersagten, das die hellenistischen Herrscher beseitigen und einheimische Herrscher wiedereinsetzen würde (**Geschichtsapokalypsen**). Solche Apokalypsen zeigen sowohl die umfassende Bildung ihrer priesterlichen Autoren wie auch deren Ablehnung der sie umgebenden griechischen Kultur. Das Buch Henoch (1 Henoch, Äthiopischer Henoch), das die äthiopische Kirche als kanonisch anerkennt, enthält einige der ältesten apokalyptischen Texte des Judentums, zum Beispiel die bevorstehende göttliche Vernichtung der bösen Engel (Hen 6–11) und Henochs Predigt an die aufständischen Engel (Hen 12–16). Vielen Lesern ist die Bedeutung dieser oft dunklen apokalyptischen Visionen zunächst unklar. Auf einer ersten Ebene benutzen sie biblische Erzählungen und bieten viele ungewohnte Figuren und Szenen, wie Schlachten zwischen Engeln usw. Auf einer anderen Ebene sind aber diese Henoch-Apokalypsen verschlüsselte Beschreibungen von Kämpfen zwischen hellenistischen Herrschern (Hen 6–11) oder der Krise im Jerusalemer Priestertum (Hen 12–16) wie auch des Planes Gottes, einzugreifen und die Dinge wieder in Ordnung zu bringen. Die Texte behandeln Probleme, die es im 3. Jh. v. Chr. mit der hellenistischen Oberherrschaft und der Korruption am Tempel gab, nennen als Verfasser aber einen alten vorhellenistischen Weisen, Henoch (vgl. Gen 5,21–24). Diese Zuschreibung einer späteren Komposition an einen alten Verfasser, **„Pseudepigraphie"** genannt, war besonders im hellenistischen Zeitalter gang und gäbe, denn die antike Verfasserschaft entschied darüber, ob ein bestimmter Text in Schulen behandelt wurde oder nicht. Im vorliegenden Fall benutzten jedoch jüdische Autoren die Pseudepigraphie im hellenistischen Stil, um ihren Vorhersagen einer Befreiung von den hellenistischen Königen und ihren eigenen korrupten Führern zusätzlich Autorität zu verleihen.

Das Buch **Ben Sira** (hebräisch; griechisch: Sirach) wurde ursprünglich auf Hebräisch geschrieben, und zwar um 200–180 v. Chr. von Jeschua ben Sira (s. Abb. 13.1). Es zeigt eine Alternative zur Kluft zwischen einheimischer und griechischer Kultur. In Reflexionen, die wohl esoterische Apokalypsen wie die Henochs kritisieren, wendet sich Ben Sira gegen Spekulationen über Himmelsgegenden (3,21–24) und weist Träume als generell irreführend zurück (34,1–8). Statt solcher Spekulationen bietet er Weisheitslehren, die sowohl zur Tora-Orientierung als auch zum hellenistischen Grundton seiner Zeit passen. So wie die alten Lehren der Sprichwörter wendet sich auch Ben Sira direkt an seine Schüler und ermahnt sie, in Klugheit zu leben und die Weisheit über alles zu stellen. Wie jüngere Werke aus der exilischen und nachexilischen Zeit stellt Ben Sira die Tora als die ultimative Weisheit dar und geht so weit, die Mose-Tora mit der weiblichen personifizierten Weisheit zu identifizieren, die auch in den Sprichwörtern und anderen Schriften gepriesen wird (Ben Sira 24, s. Spr 8).

Ben Sira zeigt jedoch auch den Einfluss der hellenistischen Kultur. Verschiedentlich ähneln seine Sprüche denen des griechischen Dichters Theognis aus dem 6. Jh., die in einem frühen Stadium griechischer Schulbildung Verwendung fanden. Außerdem nimmt die Tora bei Ben Sira einen Stellenwert ein, der dem Gebrauch der homerischen Epen in der griechischen Erziehung ähnelt. Wie die Dichtung Homers ist sie Grundlage und Ziel des Erziehungs- und Studienprozesses insgesamt. Schließlich endet das Buch Ben Sira mit einer Reihe von Lobpreisen, die viel mit der hellenistischen Gattung des *Enkomium* (Lobschrift) gemein haben: ein Lob der „großen

Abb. 13.1 Fragmente des hebräischen Buches Ben Sira; Fundort in der Nähe des Toten Meeres.

Väter", das Gestalten des Pentateuch (44–45) und der gesamten restlichen Hebräischen Bibel (46–49) rühmt, und dem ein ausführlicher Lobpreis Simons folgt, des Hohepriesters zur Zeit Ben Siras (50,1–21).

Viele Forscher haben zu Recht diesen „Lobpreis der großen Väter" als Indiz dafür erkannt, dass zur Zeit Ben Siras (200–180 v. Chr.) praktisch alle Bücher der Hebräischen Bibel bekannt waren und auch verehrt wurden. Andere Teile Ben Siras lassen jedoch vermuten, dass er noch nicht mit der Vorstellung von einer geschlossenen Sammlung biblischer Bücher arbeitet. Seine eigene Beschreibung dessen, was ein Schriftgelehrter zu studieren hat, schließt das „Gesetz des Allerhöchsten" ein (wahrscheinlich die Tora), die Weisheit der Vorväter, Weissagungen, Reden berühmter Männer, Gleichnisse und Sinnsprüche (39,1–3), aber auch die ausländische Weisheit (39,4). Das Buch Ben Sira, gegen Ende des 2. Jh.s von einem Weisen verfasst, versteht sich als Ergänzung zu diesem umfassenderen Curriculum für Schriftgelehrte.

Das Buch Ben Sira ist ein Beispiel für eine Reihe von Büchern, die in einer einheimischen Sprache (hier: Hebräisch) geschrieben wurden, aber griechische Bildung widerspiegeln. Juden schrieben jedoch auch griechische Werke und übersetzten ursprünglich hebräische ins Griechische. Zu einem nicht näher zu bestimmenden Zeitpunkt des 3. Jh.s v. Chr. wurde der Pentateuch ins Griechische übersetzt (die „Septuaginta"). Andere hebräische Schriften, einschließlich Jesaja, Ben Sira u. a., wurden später ebenfalls übersetzt, und nicht selten wurde diese gesamte Gruppe griechischer Übersetzungen als „Septuaginta" bezeichnet. Neue Bücher, die Juden auf Griechisch schrieben, sind oft stark beeinflusst von Vorbildern und Bewertungen, die sie bei ihren Studien der griechischen Literatur kennengelernt hatten. Einige von ihnen, z. B. 1 und 2 Makkabäer, Judit und Weisheit, gehören zu den deuterokanonischen Büchern z. B. der römisch-katholischen Kirche. Das Buch der Weisheit beispielsweise ist ein griechisch geschriebenes Werk, dessen Erzählung über Salomos Suche nach Weisheit vom Stoizismus und anderen Strömungen griechischer Philosophie stark beeinflusst ist.

Wegen des hohen Ansehens der griechischen Kultur schrieben viele Juden Bücher auf Griechisch, um das Image des Judentums in ihrem eigenen Volk und in der hellenistischen Welt insgesamt zu heben. Ein jüdischer Philosoph des 2. Jh.s v. Chr., Aristobulos, versuchte in einem seiner Werke zu zeigen, dass Mose die einzig wahre Quelle sei, sich griechische Bildung perfekt anzueignen. Ein anderer Autor, Ezechiel der Tragische, schrieb die Exodusgeschichte in Form einer griechischen Tragödie neu. Wieder andere verfassten Texte mit einem positiven Bild des Judentums, die sie als verlorengegangene Zeilen berühmter griechischer Werke oder verlorene Schriften berühmter heidnischer Autoren ausgaben. Solche „Fälschungen" verraten sowohl eine hohe Wertschätzung der griechischen Kultur als auch die defensive Haltung des Judentums ihr gegenüber.

Betrachten wir das gesamte Spektrum jüdischer Texte dieses Zeitalters, dann merken wir, dass alle Richtungen des Judentums vom Hellenismus und seiner Kultur stark betroffen waren, selbst dann, wenn sie einzelne Elemente dieser Kultur ablehnten. Die Apokalypsen untermauern ihre Botschaft mit hellenistisch stilisierter Pseudepigraphie. Ben Sira schreibt zwar Hebräisch, verwendet aber Sprüche, Vorstellungen und Formen der griechischen Bildung. Und der Autor des Buches der Weisheit (Weisheit Salomos) benutzt in seiner Darstellung verschiedene Richtungen griechischer Philosophie. Das Ergebnis ist, dass es keinen Unterschied zwischen einem „hellenistischen Judentum" und anderen Formen von Judentum gibt, da das gesamte Judentum von der hellenistischen Kultur und ihren Ideen berührt war. Gleichwohl gibt es einen wichtigen Unterschied bei den Formen hellenistischen Judentums: solche, die dem Hellenismus neutral oder positiv gegenüberstanden, und solche, die sich ihm entgegenstellten. Dieser Unterschied zeigt sich besonders deutlich in der Krise, die der Hellenisierungsversuch Jerusalems auslöste. Dieser Krise wenden wir uns jetzt zu.

Die Krise infolge des Hellenisierungsversuches Jerusalems und das Buch Daniel

Die Seleukiden unter Antiochus III. waren den Juden und dem Judentum zunächst relativ wohlgesonnen. Als Antiochus III. im Jahr 198 den Ptolemäern die Herrschaft über Juda abkämpfte, bestätigte er die ältere persische Politik. Er gewährte der Stadt [Jerusalem] Steuererleichterungen und Gelder für den Tempel und versicherte den Juden in einem königlichen Erlass das Recht, „nach (ihren) althergebrachten Gesetzen zu leben". Wenig später erlitt er jedoch Niederlagen gegen die Römer und begann ihnen hohe Tribute zu zahlen. Er starb bei dem Versuch, einen Tempel in seinem Herrschaftsgebiet zu plündern, um an Geld zu kommen; einen ähnlichen

L

Erzählungen über die Makkabäerkrise: 2 Makkabäer 4–8
Apokalyptischer Text: Daniel 7–12

Nachdem Sie diese Texte gelesen haben, schreiben Sie eine kurze Geschichtsapokalypse, die einer heutigen unterdrückten Gruppe Mut machen könnte. Versuchen Sie, Merkmale einzuarbeiten, die Sie in Dan 7 und 10–12 gesehen haben (Pseudepigraphie, Rückschau auf die Geschichte, Vorschau auf den göttlichen Triumph), aber entwickeln Sie eine eigene verschlüsselte Metaphorik und wählen Sie einen anderen Verfasser als Daniel. Bitten Sie jemand, diese Apokalypse zu lesen und zu entschlüsseln. Welche Ähnlichkeiten und Unterschiede bestehen zwischen Ihrer Apokalypse aus dem 21. Jh. und der in Dan 10–12?

Versuch unternahm anscheinend sein Nachfolger, Seleukos IV. (s. 2 Makk 3). Als Antiochus IV. Epiphanes im Jahr 175 den Thron übernahm, war sein Reich von den Römern in die Schranken gewiesen worden, und er brauchte Geld für die hohen jährlichen Tributzahlungen. Zu jenem Zeitpunkt war Juda eines der wenigen verbliebenen Gebiete am Westrand des seleukidischen Reiches.

In dieser Situation begann Antiochus IV. das Amt des Hohepriesters am Jerusalemer Tempel meistbietend zu versteigern. Das war ein gravierender Eingriff, denn der Jerusalemer Hohepriester war damals das örtliche Regierungsoberhaupt und der Steuereinnehmer der ganzen Region. Zunächst zahlte Jason, ein Bruder des amtierenden Hohepriesters, im Jahr 174 bei der Thronbesteigung des Antiochus hohe Summen, um zwei Privilegien zu erhalten: das Amt des Hohepriesters und das Recht, Jerusalem in eine griechische *Polis* zu verwandeln, einschließlich des Baus eines Stadions („Gymnasium“) in Sichtweite des Tempels. Menelaus von den Tobiaden, die einst gegen Nehemia Opposition gemacht hatten, überbot drei Jahre später (171) Jason, bemächtigte sich des Hohepriesteramtes und zwang Jason zur Flucht. Seine Herrschaft war jedoch höchst unbeliebt, und die Seleukiden mussten zweimal eingreifen, um seine Macht wiederherzustellen. Beim zweiten Mal, im Jahre 167, war Antiochus IV. der Revolten überdrüssig und ergriff harte Maßnahmen, die alle Spuren jüdischer Kultur auslöschen sollten. Er dekretierte die Todesstrafe für Juden, die weiterhin bestimmten Torageboten folgten, wie Speisevorschriften und Beschneidung, und ließ über dem Jahwealtar im Jerusalemer Tempel einen Altar für Zeus Olympios errichten. Was als leiser Versuch Jasons und anderer Jerusalemer begonnen hatte, Jerusalem und seinen Einwohnern griechische Privilegien zu sichern, war zu einem Kampf auf Leben und Tod um das Weiterbestehen der Tora-Observanz geworden.

Man schrieb die Visionen in Daniel 7–12 nieder, um Judäern in der Krise Hoffnung zu geben. Wie die apokalyptischen Visionen in Henoch werden diese Kapitel des Danielbuches einer älteren Gestalt zugeordnet, hier dem Exilshelden Daniel aus den Kapiteln 1–6. Außerdem bieten die Daniel-Visionen, wie auch andere Geschichtsapokalypsen, ein verschlüsseltes Panorama der neueren Geschichte, bevor sie Gottes Eingreifen vorhersagen, das die Dinge wieder ins Lot bringen wird. Ein gutes Beispiel ist die Vision der vier Tiere, die aus dem Meer aufsteigen (Dan 7). Sie entsprechen den vier großen Weltreichen bis zur Zeit von Antiochus IV.: Babylonien, das den Jerusalemer Tempel zerstörte (7,4); Medien, das die Länder östlich von Babylonien beherrschte (7,5); Persien (7,6) und Griechenland, besonders die zehn Herrscher („Hörner") der Seleukidendynastie (7,7), aus der das „Hörnchen" Antiochus IV. hervorspross (7,8).

Nach der Charakterisierung der vier Imperien geht die Vision zur Zukunft über und weissagt die Vernichtung der vierten Bestie (der griechischen) und die göttliche Übergabe ewiger Herrschaft an eine rätselhafte Figur, die „wie ein menschliches Wesen" aussieht (7,9–14). Viele Christen haben diesen Text im Lichte von neutestamentlichen Stellen gelesen, in denen Jesus von sich als dem „Menschensohn" spricht, und so Dan 7 als Vorhersage des Kommens Jesu verstanden. Die Einzelheiten des Textes, insbesondere die Daniel gegebene Auslegung (7,15–27), beweisen jedoch, dass das Kapitel ursprünglich Tora-treuen Juden angesichts der Bedrohung durch Antiochus Mut machen sollte. Es war nämlich Antiochus, der versucht hatte, Opfer und Toraobservanz abzuschaffen, also „die Festzeiten und das Gesetz zu ändern" (7,25). Daniel empfängt in seiner Vision die Verheißung, dass Gott das Königreich des Antiochus vernichten und ewige Herrschaft denen geben wird, die der Tora treu geblieben sind, nämlich „dem Volk der Heiligen des Höchsten" (7,27).

Obwohl die Dinge nicht genau so abliefen, wie diese oder andere Visionen in Dan 7–12 es vorhersagten, haben solche Weissagungen Generationen von Juden und

B Das Buch Daniel

Überblick: Apokalyptische Visionen mit vorangestellten Rettungserzählungen

I	Geschichten über Daniel und andere Exilierte	1–6
II	Die vier Visionen Daniels	7–12

Sprache

Mehrere Kapitel in Aramäisch (2–7), andere in Hebräisch (1; 8–12).

Datierung

Die aramäischen Legenden in 2–6 stammen vermutlich aus der späten Perser- oder der frühen hellenistischen Zeit. Das Buch als Ganzes, einschließlich seiner hebräischen Kapitel, entstand wohl kurz vor 164 und dokumentiert die Krise jener Zeit.

Weitere Informationen

Die griechische Übersetzung des Buches Daniel bietet noch andere Traditionen über Daniel und weitere Gestalten (z. B. Susanna und Daniel in Kap. 13). Auch wurde unter den Qumranrollen eine aramäische Geschichte über Nabonid gefunden, die eine andere Form der in Dan 4 enthaltenen Überlieferungen zeigt.

Christen Hoffnung geschenkt. Juden haben sie als Ansage gelesen, Gott werde durch den kommenden Messias seine Herrschaft aufrichten. Christen haben sie als Ankündigung verstanden, Gott werde die Welt beim zweiten Kommen (bei der Wiederkunft) Jesu Christi verwandeln. In beiden Fällen haben Menschen unzählige Möglichkeiten entdeckt, die rätselhaften Symbole in Dan 7–12 mit Gruppen und Ereignissen ihrer eigenen Zeit zu koordinieren. Im besten Fall haben derartige Interpretationen dringend nötige Hoffnung für Gemeinden bedeutet, wenn sie von Unterdrückern gequält wurden, die butal wie Antiochus IV. oder noch schlimmer vorgingen. Schlimmstenfalls brachten die Reinterpretationen von Daniels Visionen Menschen dazu, sich aus der Welt zurückzuziehen und passiv auf das baldige Eingreifen Gottes zu ihren Gunsten zu warten. Es ist zweifellos falsch, wenn irgendeine Gruppe glaubt, ihr spezielles Verständnis der Danielvisionen sei der einzig wahre Zugang, den Code des Buches zu entschlüsseln. Seine durch und durch eigenwillige Metaphorik widersetzt sich solcher ausschließenden Gewissheiten; sie gehört damit zu den Faktoren, die es Gemeinden auch lange nach der hellenistischen Krise erlauben, das Buch zu schätzen und neu auszulegen.

Das Hasmonäische Königtum und die Entstehung der Hebräischen Bibel

Antiochus IV. scheiterte tatsächlich, aber nicht in der Weise, wie Daniel 7–12 es sich vorgestellt hatte. Mitglieder einer eher unscheinbaren ländlichen Priesterfamilie in Juda, die **Hasmonäer** oder **Makkabäer**, begannen einen Guerillakrieg gegen die Seleukiden. Zunächst zerstörten sie heidnische Altäre, ermordeten Juden, die mit den Seleukiden paktierten, und erzwangen die Beschneidung von Knaben, die auf seleukidischen Befehl unbeschnitten geblieben waren. Ihre Aktionen kulminierten in der Eroberung Jerusalems und der Reinigung und Wiedereinweihung des Tempels (164; das jüdische **Chanukka-Fest** gedenkt dieses siegreichen Ereignisses und der Tempelreinigung). Außerdem erreichten die Hasmonäer in Verhandlungen die Abschaffung des Antiochus-Ediktes. Die Juden waren wieder frei, die Torabestimmungen zu befolgen, und wir hören nie wieder von Versuchen, diese Politik rückgängig zu machen.

All das bedeutete jedoch nicht das Ende der griechischen Oberherrschaft. Zwar starb Antiochus IV. um jene Zeit, aber die Seleukiden gewannen rasch die Kontrolle über Juda zurück, töteten in einer Schlacht den Anführer der hasmonäischen Familie, Judas Makkabäus („Hammer"), und schlugen die anderen Hasmonäer und ihre Anhänger in die Flucht. Etwa 152 entschieden sich die Hasmonäer jedoch, Demetrius zu unterstützen, und setzten damit auf den Gewinner im Machtkampf um den seleukidischen Thron. Im Gegenzug ernannte Demetrius Jonatan zum Hohepriester und damit zum Herrscher über die Provinz Juda. Als Jonatan zehn Jahr später ermordet wurde, erklärte sein Bruder Simon die Unabhängigkeit vom Seleukidischen Imperium (142). Die Seleukiden waren schon so schwach, dass sie Juda nicht mehr unter ihre Kontrolle bringen konnten.

W Wichtige Daten (v. Chr.):
Der Aufstieg des Hasmonäerreiches

Antiochus IV. ergreift die Macht im Seleukidenreich	175
Jason erwirbt das Amt des Hohepriesters und leitet die Hellenisierung ein	174
Menelaus erkauft sich das Amt des Hohepriesters (unbeliebt, Aufstände)	171
Antiochus IV. erlässt harte Maßnahmen zur Ausrottung des Judentums	167
Beginn des Makkabäeraufstandes unter Führung der Hasmonäer	
Reinigung und Wiedereinweihung des Tempels	164
Ende harter Edikte gegen das Judentum	
Unabhängige Herrschaft der Hasmonäer	142
Beginn der römischen Oberherrschaft in Palästina	63

So war Juda zum ersten Mal seit Jahrhunderten frei von einer direkten ausländischen Oberherrschaft. Für etwa 80 Jahre (142–63) kontrollierten die Hasmonäer Jerusalem und das Hohepriestertum. Außerdem erweiterten sie sukzessive ihr Herrschaftsgebiet über das alte Kernland von Juda und Israel hinaus auf Regionen, in denen kaum Juden lebten und die seit Jahrhunderten nicht von Jerusalem kontrolliert worden waren: die phönizische Küste, Edom mit dem restlichen Transjordanien und Galiläa (s. Karte 13.1). Anfangs kämpften die Hasmonäer nur für das jüdische Recht, nach der Tora zu leben. Später, als sie selbst an der Macht waren, wiesen sie Nichtjuden aus einigen eroberten Gebieten aus, missionierten andere und führten die (männliche) Zwangsbeschneidung der unterworfenen Bevölkerung ein. Ihr Eifer für die überkommene Lebensweise zeigt sich in der Verbreitung der Tora, der Förderung der hebräischen Sprache unter einer Bevölkerung, die damals schon Aramäisch sprach, und der althebräischen Schrift auf den von ihnen geprägten Münzen. Das Erste Buch der Makkabäer war ursprünglich auf Hebräisch geschrieben worden; es sollte das Hasmonäische Königreich verherrlichen und fördern. Danach sind die Hasmonäer die wahren Erben der israelitischen Richter, Verfechter des hebräischen Erbes und gerechte Rebellen gegen die Kräfte des Hellenismus.

Dennoch waren auch die Hasmonäer in vielfältiger Weise von der hellenistischen Kultur beeinflusst, die sie zu bekämpfen suchten. Das gesamte Münzwesen war hellenistisch; ihre Münzen trugen neben althebräischen Buchstaben auch Bilder und Symbole nach dem Vorbild älterer griechischer Münzen der Ptolemäer und Seleukiden. So zeigen sie, wie im Beispiel der Abb. 13.2, wieder jene kulturelle **Hybridität**, die wir schon in anderen Phasen der israelitischen Geschichte beobachtet haben: Die Mischung von Selbstbestimmung mit kulturellen Elementen der vormaligen Unterdrücker. Auch bei anderen Errungenschaften der Hasmonäer sehen wir diese Hybridität: Sie ließen Paläste mit griechischen Säulen und Friesen bauen, achteten aber

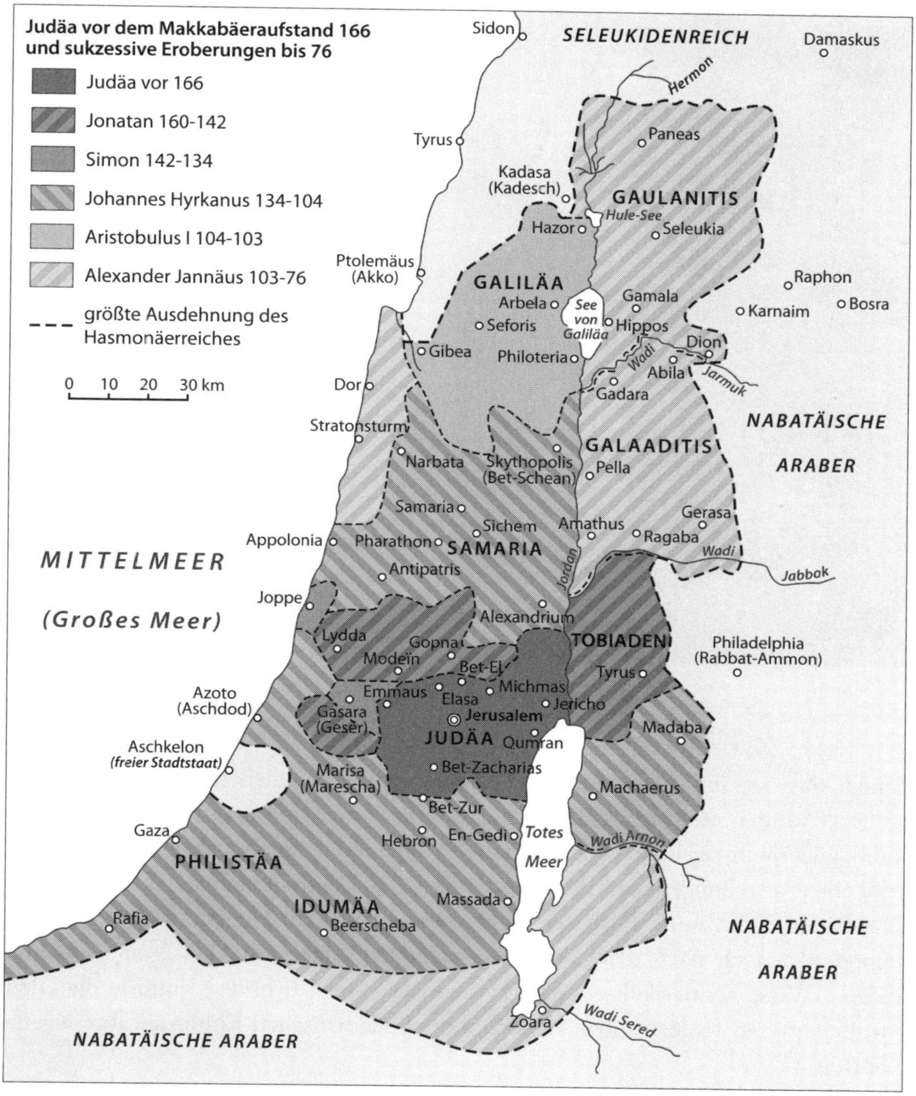

Karte 13.1 Das Hasmonäerreich in seinen verschiedenen Ausbreitungsphasen.

Abb. 13.2 Münze der Hasmonäerzeit, welche die griechische Münztradition (mit bildlichen Darstellungen!) mit einer althebräischen Inschrift verbindet.

darauf, dass sie mit Bädern für die vorgeschriebenen rituellen Waschungen ausgestattet wurden. Zeitgenössische jüdische Grabstätten sind praktisch identisch mit ihren griechisch-paganen Gegenstücken in anderen Ländern, aber sie vermeiden bildliche Darstellungen, um die Vorschriften des Deuteronomiums (Dtn 4,15–19) einzuhalten. Das Zweite Buch der Makkabäer verherrlicht Helden, die für die Tora kämpften, jedoch nach dem Vorbild griechischer Märtyrerhelden. Auf diese und andere Weise entwickelten die Hasmonäer eine hybride Kultur, die den Antihellenismus förderte, aber Merkmale der hellenistischen Kultur auf ihre eigene übertrug.

Es gibt verschiedene Anzeichen dafür, dass es auch die Hasmonäer waren, die den endgültigen Inhalt der uns heute vertrauten Hebräischen Bibel bestimmten. Zum Beispiel finden sich in ihrer Zeit zum ersten Mal Handschriften, die der späteren jüdischen Tradition des „Masoretischen Textes" nahestehen. In der gesamten jüdischen Geschichte nach der Zerstörung Jerusalems und des Tempels 587 v. Chr. besaß die hasmonäische Monarchie am ehesten die Stärke und Motivation, einen Kanon jüdischer Texte festzulegen und zu verbreiten, der sich mit ähnlichen, seinerzeit geschätzten Sammlungen griechischer Texte der hellenistischen Welt messen konnte. Die ausgewählten Schriften konnten ihnen helfen, ihr Miniimperium zu einigen, als es sich zu Ende des 2. und zu Beginn des 1. Jh.s auf Nachbarregionen ausdehnte.

So ist es sehr wahrscheinlich, dass in der Hasmonäerzeit darüber entschieden wurde, welche Bücher in die Hebräische Bibel aufgenommen wurden und welche nicht. Zuvor kannten Verfasser wie Ben Sira die Schriften nur als lose Sammlung, zu der noch dieses oder jenes Buch hinzugefügt werden konnte. Während der Hasmonäerzeit finden wir jedoch in frühjüdischen Texten Hinweise auf eine genau definierte Sammlung, die „Tora und Propheten" genannt wird. Außerdem führten die Makkabäerbücher die Vorstellung vom „Ende der Prophetie" ein, die die Anzahl der Bücher begrenzen sollte, die als „Propheten" verstanden wurden (1 Makk 9,27). Dieses Limit schließt Bücher wie Samuel, Jesaja und Daniel ein. Sie galten als Propheten, ebenso wie die Psalmen und die Sprichwörter, weil man sie für Schriften aus der prophetischen Inspiration Davids und Salomos hielt. Aber das Konzept vom „Ende der Prophetie" schloss Bücher wie Ben Sira und alle griechisch geschriebenen Werke aus, da sie klar aus der hellenistischen Zeit stammten. Darum hält ein Enkel von Ben Sira es für notwendig, im Vorwort zu seiner griechischen Übersetzung des Werkes seines Großvaters eine Erklärung abzugeben: Ben Sira habe nicht nur die „Tora und die Propheten" studiert und viel davon gelernt, sondern auch die „anderen Bücher unserer Väter". Während viele meinten, dass nur die „Tora und die Propheten" des Studiums wert seien, argumentiert er damit zugunsten der nachhaltigen Bedeutung auch der „anderen Büchern unserer Väter" wie des Buches Ben Sira selbst.

Das bedeutet allerdings nicht, dass alle Juden überall unverzüglich zu einem Konsens über die Bücher gekommen wären, die sie als verbindlich ansehen wollten. Die Juden in Qumran, die jene Schriften sammelten, die wir „Qumranrollen" nennen, erkannten eine größere Gruppe hebräischer Texte als „heilige" Schriften an, genau wie die ersten Christen, die ja auch Juden waren. Einige rabbinische Schriften zitieren sogar das Buch Ben Sira als verbindlich. Auf jeden Fall waren die Hasmonäer am besten dafür qualifiziert, eine klar definierte Sammlung Hebräischer (Heiliger) Schriften auf den Weg zu bringen. Sie besaßen die dazu nötigen politischen Machtstrukturen sowie die antihellenistischen prohebräischen (projudäischen) Motive und Interessen. Für sie war eine definitive Sammlung von „Tora und Propheten" ein authentischer hebräischer Ersatz für die griechischen Literaturtexte, die in hellenistischen Reichen wie dem der Seleukiden benutzt wurden. Während junge Menschen sich einst mit einem griechischen Curriculum auf den Dienst in der seleukidischen Regierung vorbereiteten, konnten die Hasmonäer jetzt solche Menschen für den Dienst in ihrem Miniimperium schulen, indem sie ihnen ein begrenztes Korpus hebräischer Schriften zum Studium vorschrieben. Es waren die Texte, die die hasmonäischen Priesterkönige überlieferten und sanktionierten, auch wenn andere jüdische Gruppen ihnen nicht zustimmten. Sie wurden später vom rabbinischen Judentum als die verbindliche Hebräische Bibel anerkannt.

Die hellenistische Zeit als Kontext anderer hebräischer Bibeltexte

L Schriften über das Leben in der Diaspora:
Ester und Daniel 3

Obwohl es wahrscheinlich die Absicht der Hasmonäer war, eine Sammlung vorhellenistischer Bücher zu schaffen, enthält die Hebräische Bibel auch mehrere Bücher, die wohl erst im hellenistischen Zeitalter verfasst wurden. Die Daniel-Visionen (s. oben, S. 301–303) zeigen klare Indizien für ihre Abfassung während der hellenistischen Krise 169–164 v. Chr. Aber auch andere biblische Bücher wurden entweder geschrieben oder überarbeitet, nachdem Alexander der Große die Region erobert hatte.

Ein Beispiel sind die Chronikbücher, zumindest in ihrer heutigen Gestalt. Die Genealogien zu Beginn (1 Chr 1–9) schließen zum Beispiel Menschen ein, die in der hellenistischen Zeit lebten (1 Chr 3,17–24). Teile des Geschichtsüberblicks von 1 Chr 10 bis 2 Chr 36 sind mit Sicherheit Parallelen von Teilen der Samuel- und Königsbücher, und dies bedeutet, dass sie aus der exilischen oder vorexilischen Zeit stammen. Einige Partien mögen sogar älter sein als ihre Gegenstücke in 1 Samuel – 2 Könige und historische Notizen aus dem 8. oder 7. Jh. enthalten. Dennoch zeigt das Gros jener Passagen, die sich nur in den Chronikbüchern finden – sowohl die Genealogien in 1 Chr 1–9 als auch Teile der folgenden Geschichtsdarstellungen –, sprachliche und sonstige Merkmale, die sie der persischen oder hellenistischen Zeit zuweisen. So sind die Chronikbücher weitere Zeugen für die Theologie und Wertevorstellungen spätnachexilischer Priestergruppen, speziell der Leviten, die in ihnen besonders hervorgehoben werden und deren Aufgaben im nachexilischen Juda der gottesdienstliche Gesang und der Unterricht waren.

B Die Bücher der Chronik

Überblick: Tempel- und Priester-zentrierte Geschichte der Könige Judas

I	Genealogie: Von Adam bis zum Exil	1 Chr 1–9
II	Königreich Davids	1 Chr 10–29
III	Königreich Salomos	2 Chr 1–9
IV	Judäisches Königtum bis zum Exil	2 Chr 10–36

Datierung
4. Jh. v. Chr.

Weitere Informationen
Obwohl das meiste Sondergut der Chronikbücher sehr jung ist, können vereinzelte Abschnitte historisches Material enthalten, das älter ist als 1 Samuel – 2 Könige.

Die Periode des Hellenismus ist außerdem sehr wahrscheinlich die Zeit, in der die Bücher Esra-Nehemia abgefasst wurden. Wie wir in Kapitel 12 sahen, entstand dieses Werk durch die Kombination von separaten Überlieferungen zu Esra und Nehemia, die wohl in der Perserzeit aufgezeichnet wurden. Diese älteren Traditionen wurden dann jedoch in Esra-Nehemia in einer ganz bestimmten Weise miteinander verbunden, wie die folgende Tafel zeigt:

Tempelwiederaufbau/ Esra-Erzählung	*Nehemia-Memoiren*	*Kombinierter Text*
Wiederaufbau des Tempels		Wiederaufbau des Tempels
Ausweisung fremder Frauen		Ausweisung fremder Frauen
	Wiederherstellung der Stadtmauer	Wiederherstellung der Stadtmauer
Tora-Zentrierung		Tora-Zentrierung
	Opposition gegen Tobiaden	Opposition gegen Tobiaden

Die so komponierte Erzählung entspricht den späteren Bemühungen der Hasmonäer, den Tora-Gehorsam durch Erlangung politischer Macht zu schützen. In der fortlaufenden Esra-Nehemia-Erzählung lässt Nehemia die Stadtmauern wiederaufbauen und schützt so Jerusalem, *bevor* Esra das Volk dazu anleitet, sich auf die Mose-Tora zu verpflichten. Außerdem diskreditierte die vereinte Esra-Nehemia-Erzählung Gegner der Hasmonäer, besonders die Familie der Tobiaden, die die Hellenisierung unterstützt hatten und von Antiochus IV. gefördert worden waren. Sie gehört an erster Stelle zu den Kräften, die sich dem Mauerbau unter Nehemia widersetzt hatten (Neh 2,10.19–20; 4,1–9; 6,1–19); das Schlusskapitel von Esra-Nehemia berichtet, wie Nehemia Tobija aus dem Tempel hinauswarf (Neh 13,4–9). Schließlich schrieben die Verfasser, die das ältere Material von Esra und Nehemia miteinander verbanden, auch eigene Texte. Ein wichtiges Beispiel ist das Gebet Esras in Neh 9, das beschreibt, wie das Volk unter der persischen Sklaverei leidet und „in großer Not" ist (Neh 9,36–37). Die negative Haltung gegenüber dem Perserreich ist den älteren Esra- und Nehemia-Überlieferungen fremd, aber sie passt ausgezeichnet in die hellenistische Zeit. Wir finden ähnlich negative Bilder der Perser in den Visionen Daniels und anderen Texten dieser Periode. Zum Beispiel ist sich die Mehrheit der Forscher einig, dass auch das Buch Ester aus dieser Zeit stammt, besonders aufgrund seiner relativ jungen Sprache. Den Hasmonäern und ihren Anhängern gefiel mit Sicherheit der im Esterbuch zum Ausbruch kommende Festjubel über den erfolgreichen jüdischen Widerstand gegen den Versuch eines korrupten persischen Beamten, alle Juden des Imperiums zu ermorden.

Wichtige Anhaltspunkte für die Datierung des Esterbuches in die hellenistische Zeit sind also seine relativ junge Sprache und sein wenig schmeichelhaftes Porträt der persischen Herrschaft.

B Die Bücher Esra und Nehemia

Überblick: Die kultische und politische Errichtung einer Tora-zentrierten judäischen Gemeinde

I	Heimkehr und Tempelwiederaufbau	Esr 1–6
II	Tempel- und Tora-zentrierte Gemeinde	Esr 7 – Neh 13
	A Vorbereitungen	Esr 7 – Neh 7
	1 Entsendung Esras und Verstoßung fremder Frauen	Esr 7–10
	2 Aufbau des politisch unabhängigen Jerusalem unter Nehemia	Neh 1–7
	B Aufbau einer Tora-zentrierten Gemeinde durch Esra und Nehemia	Neh 8–13

Sprache
Esr 4,8–6,18 und 7,12–26 Aramäisch, der Rest Hebräisch.

Datierung
Die heutige Form des Buches kann sehr spät sein, etwa Mitte des 2. Jh.s (160–150 v. Chr.).

Weitere Informationen
Der größte Teil des Buches ist wohl älter, insbesondere die in Kap. 12 besprochenen Quellen für Esra (Esr 7–10; Neh 8) und für Nehemia (Neh 1,1–7,4; 13,10–14.30b–31).
Das apokryphe/deuterokanonische Buch 1 Esra ist eine griechische Parallelerzählung zu Esr 1–10 und Neh 8, aber ohne das Nehemia-Material von Neh 1–7 und 9–13. Viele Forscher nehmen an, dass es die griechische Übersetzung einer älteren Form der Tempelwiederaufbau-/Esra-Erzählung ist (mit einem vorangestellten Fragment aus 2 Chr 35–36), bevor sie mit den Nehemia-Memoiren verknüpft wurde. 1 Esr enthält auch eine alte Hoferzählung über ein Streitgespräch von Leibwächtern darüber, wer mehr Macht besitzt: der Wein, der König, die Frauen oder die Wahrheit (1 Esr 3,1–5,6).

Obwohl sie älter sind als die Visionen in 7–12, stammen die aramäischen Hoferzählungen von Dan 2–6 wahrscheinlich ebenfalls vom Ende der Perser- oder Beginn der Griechenzeit. Sie feiern das Überleben und den Triumph Daniels und anderer Exilierter in der feindlichen Umwelt des Neubabylonischen Imperiums.

Überhaupt erhielten viele Teile der Hebräischen Bibel ihre heutige Form in der hellenistischen Zeit. Das scheint auch für Bücher wie das Hohelied und Kohelet zu gelten, die beide in einem späten hellenistischen Hebräisch geschrieben sind, das für

Texte dieses Zeitalters typisch ist. Oben in Kapitel 4 wurde dargelegt, dass Teile dieser Bücher während der frühen Königszeit verfasst worden sein können. Mit Sicherheit wurden sie aber später umgestaltet. Zum Beispiel hat wohl ein Schreiber der hellenistischen Zeit dem Buch Kohelet folgenden strenggläubigen Abschluss hinzugefügt:

> Hast du alles gehört, so lautet der Schluss:
> Fürchte Gott und achte auf seine Gebote!
> Das ist die Pflicht eines jeden Menschen.
> Denn Gott wird jedes Tun vor das Gericht bringen,
> das über alles Verborgene urteilt,
> sei es gut oder böse. (Koh 12,13–14)

Dieser Abschluss hegt Vorstellungen von Toragehorsam und Jüngstem Gericht, die in der hellenistischen Zeit weit verbreitet waren. Sie stehen in starkem Kontrast zum Skeptizismus in fast allen anderen Teilen des Buches Kohelet, wie z. B. „Sei nicht allzu gerecht und sei nicht allzu schlecht, warum solltest du dich zugrunde richten?" (Koh 7,16). So ist die heutige Hebräische Bibel (das Alte Testament) in vielerlei Hinsicht eine in sich verschlungene Mischung von alten und neuen Gedanken.

B Das Buch Ester

Überblick: Siegesgeschichte als Grundlage des Purimfestes

I	Esters Aufstieg und ihr Einsatz zur Rettung des Volkes	1–8
II	Rache der Juden und Beginn des Purimfestes	9–10

Datierung

3. Jh. v. Chr.

Weitere Informationen

Das hebräische Buch Ester zeichnet sich durch das Fehlen jeglicher Erwähnung Gottes und traditioneller Frömmigkeit aus. Seine griechische Übersetzung bietet Zusätze, die das Problem lösen, indem sie Gebete und Erwähnungen Gottes einfügen. Diese frommeren Formen von Ester wurden im Christentum bewahrt.
Im Judentum wird Ester beim turbulenten Purimfest Ende Februar oder Anfang März gelesen. Zu den Bräuchen gehören Verkleidung, Süßigkeiten und Gaben an die Armen sowie laut gesprochene Antworten der Gemeinde während des Verlesens der Ester-Rolle.

FOKUS-TEXT Daniel 10–12

Der Bericht über eine Vision Daniels in Dan 10–12 ist eines der besten Beispiele für einen Text, der als alt vorgestellt wird, obwohl er eindeutig jung ist. Zu Beginn hören wir, dass der Exilsheld Daniel die Vision „im dritten Jahr des Königs Kyros von Persien" empfing (10,1). Die folgenden Kapitel belegen jedoch, dass der Verfasser die Weltgeschichte bis zur hellenistischen Krise kannte, aber weiter nichts. Die Vision beginnt mit einem Engel, vielleicht Gabriel. Er erscheint dem Daniel und verkündet ihm zukünftige Ereignisse der Griechen- und Perserzeit: den Sieg Alexanders über das Perserreich (der „kriegerische König" von 11,3), die Aufteilung seines Reiches unter seine vier Generäle (11,4), verschiedene konkrete Ereignisse der ptolemäischen Geschichte in Ägypten („die Könige [der König] des Südens" in 11,5–12), die Eroberung Judas und Ägyptens durch den Seleukiden Antiochus III. (11,13–16), den Versuch der Plünderung des Jerusalemer Tempels unter seinem Nachfolger Seleukos IV. (11,20), den Aufstieg und die ersten Eroberungen von Antiochus IV. (11,21–28) sowie seine Tempelschändung und Verfolgung der Tora-observanten Juden (11,29–39). An diesem Punkt weicht der Text jedoch von den geschichtlichen Ereignissen ab, indem er Antiochus IV. fälschlicherweise weitere Eroberungen vorhersagt (11,40–45) sowie einen Zeitpunkt nennt, zu dem der Tempel gereinigt und neu geweiht würde (12,11–12). Diese Vision wurde eindeutig nach dem Beginn der hellenistischen Krise im Jahr 169, aber vor ihrem Ende und vor dem Tod des Antiochus IV. geschrieben.

Der Text ist besonders wichtig, weil er mit einer Vision der Auferweckung endet, die in der Hebräischen Bibel einzigartig ist. Generell zeigt die Hebräische Bibel keine Vorstellung von einem Leben nach dem Tode; sie kennt keinen Glauben an Himmel und Hölle. Stattdessen gingen alle Toten in eine Schattenexistenz in der „Scheol" über, die weder Lohn noch Strafe bedeutete. Wie die Sprichwörter zeigen, war die wichtigste Hoffnung auf einen Tugendlohn der Wohlstand in diesem Leben sowie Nachkommen und ein guter Name, in denen der Mensch nach seinem Tod fortlebte (z. B. Spr 10,4.7.27–28; 12,28). Diese Perspektive bot jedoch wenig Trost in einer Situation wie der hellenistischen Krise. Hier wurden Menschen (und ihre Kinder) ermordet, weil sie der Tora treu geblieben waren. Der Danieltext verheißt, dass dies für sie nicht das Ende sein wird. Stattdessen werden Menschen, die treu – „verständig" oder „weise" – waren, nach dem Tod des Antiochus IV. auferweckt werden und „strahlen, wie der Himmel strahlt". Auch ihre schon verstorbenen Verfolger werden auferweckt, aber zu Schmach und ewiger Strafe (12,1–3).

Die Griechen glaubten schon lange an eine Form von individuellem Leben nach dem Tod (zum Beispiel im Reich des Hades), aber die hebräische Vorstellung von einem kollektiven Leben nach dem Tode in Daniel stärkte nun den Widerstand gegen die griechische Unterdrückung. Sie gab den Menschen Mut, Antiochus IV. zu widerstehen, selbst wenn ihre Opposition gegen sein Dekret sie das Leben kosten würde. Hier sehen wir erneut, wie kulturelle Traditionen der Unterdrücker von den Unterdrückten für ihren Widerstand genutzt werden können. Außerdem hat die Vorstellung vom Leben nach dem Tod auch weiterhin Menschen zum Widerstand in hoffnungslosen Situationen befähigt. Der Glaube an den Lohn beim Jüngsten Gericht Gottes hat Generationen von Juden und Christen geholfen, ihrem Glauben treu zu bleiben, auch angesichts mächtiger Unterdrücker, die sie töten konnten.

Zweihundert Jahre später waren solche Formen des Glaubens an Gottes (zukünftige) Umwandlung der Welt weit verbreitet unter den Juden, zu denen auch Jesus und die ersten Christen gehörten. In jener Zeit hatte schon das nächste mächtige Imperium, das Römische Reich, die Kontrolle über Juda übernommen. Juda wurde sehr schnell von Krisen geschüttelt, die genauso schwer waren wie die hellenistische des 2. Jh.s v. Chr., wenn nicht noch schwerer. In diesem Kontext gaben Visionen wie Daniel 10–12 Juden Hoffnung, dass der Tod unter den Händen der Römer nicht das letzte Kapitel in ihrem Leben sein werde. Obwohl es scheinen mochte, dass die politischen Kräfte des Bösen triumphierten, versicherten ihnen Texte wie Daniel, dass Gott bald eingreifen, die bösen Imperien zerstören und die ihm treuen Menschen zur ewigen Herrlichkeit auferwecken werde.

Schlussbetrachtung

Im Zentrum dieses Kapitels standen Bibeltexte, die in der hellenistischen Zeit geschrieben oder überarbeitet wurden. Aber wir müssen stets bedenken, dass solche Schriften sehr schnell über ihren historischen Kontext hinauswuchsen. Die Geschichten in Dan 1–6 und Ester gaben jüdischen Exilierten späterer Jahrhunderte Hoffnung. Die Visionen in Dan 7–12 stärkten Juden und Christen in Verfolgungssituationen. Die Erzählungen in den Chronikbüchern und Esra-Nehemia vermittelten späteren Generationen eine Vision des Tempel- und Tora-zentrierten Judentums.

Auch machte die Hebräische Bibel als Ganzes, als „Tora und Propheten“, eine Wandlung durch, als sie zum Fundament zweier religiöser Bewegungen wurde: des Judentums und des Christentums. In beiden Fällen änderte sie sich durch den Gebrauch in den jeweiligen Glaubensgemeinschaften. Im Judentum wurden bestimmte Bücher der „Propheten“, zum Beispiel die Psalmen und die Sprichwörter, einer dritten Textkategorie zugeteilt, den „Schriften“, vielleicht weil diese „Schriften“ im Synagogengottesdienst nicht regulär „gelesen“ wurden. Im Christentum wurde die jüdische Sammlung von „Tora und Propheten“ durch das gesonderte christliche Korpus der „Evangelien und Briefe“ ergänzt, und die beiden Teile erhielten die Bezeichnungen „Altes Testament“ und „Neues Testament“. Zu jener Zeit schätzten die Menschen das Alte, so dass diese Bezeichnung der Hebräischen (Heiligen) Schriften als „*Altes* Testament“ eine bleibende Verehrung dieser Schriften andeutet. Die Bezeichnung der spezifisch christlichen Schriften als „*Neues* Testament“ zeigte aber auch die besondere Betonung, die das Christentum in seiner Theologie und in seinem Gottesdienst auf christliche Schriften wie die Evangelien und die Paulusbriefe legte.

Rückblick auf Kapitel 13

1. Überprüfen Sie Ihr Wissen zu folgenden Fachbegriffen, die in diesem Kapitel behandelt wurden:
   - Apokalypse
   - Chanukka
   - Geschichtsapokalypsen
   - Hasmonäer (Makkabäer)
   - Himmelsapokalypsen
   - Hybridität
   - Ben Sira / Sirach
   - Pseudepigraphie

2. Was war schon vor der hellenistischen Krise ein besonderes Merkmal der jüdischen Begegnung mit der hellenistischen Bildung und Literatur im Vergleich zu den älteren Literatursystemen, die Juda und Israel kannten?

3. Welche großen Imperien werden in den verschlüsselten Visionen von Dan 7 und 10–12 behandelt? Wie sehen diese Visionen das Persische Reich im Vergleich zu den Nehemia-Memoiren und der Tempelwiederaufbau-/Esra-Erzählung?

4. Worin unterschied sich das Hasmonäische Königtum von der alten Daviddynastie?

5. Wie zeigt sich das Phänomen der Hybridität in den Leistungen der Hasmonäer? Wie könnte es sich in der Endgestalt der Hebräischen Bibel widerspiegeln?

6. Nennen Sie Beispiele für jüdische Gruppen der hellenistischen Zeit, die noch kein klar geschlossenes Set Hebräischer (Heiliger) Schriften anerkannten.

7. Was gehört zum älteren und was zum jüngeren Material in den Büchern der Chronik? Und in Esra-Nehemia?

8. Welche sonstigen Schriften der Hebräischen Bibel wurden wahrscheinlich in der hellenistischen Zeit verfasst, und warum?

9. Sollten „Geschichtsapokalypsen“ wie die in Daniel in unserer heutigen Zeit eine Rolle spielen? Wenn ja, warum und wo? Wenn nein, was wären Gründe, solche Literatur nicht mehr zu verwenden?

Weiterführende Literatur

Jüdische Schriften aus der hellenistischen Zeit und dem Beginn der Römerzeit

KÜMMEL, Werner Georg (Hrsg.). *Jüdische Schriften aus hellenistisch-römischer Zeit*, Bd. 1, Lieferung 1–8. Gütersloh: Gütersloher Verlagshaus, 1973–1998; Bd. 2, Lieferung 1–6. Gütersloh: Gütersloher Verlagshaus, 1973–1999; Bd. 3, Lieferung 1–7. Gütersloh: Gütersloher Verlagshaus, 1974–2001; Bd. 4. Gütersloh: Mohn Verlag 1983; Bd. 5, Lieferung 1–9. Gütersloh: Gütersloher Verlagshaus, 1974–2003; Bd. 6, Lieferung 1–2. Gütersloh: Gütersloher Verlagshaus, 1999–2005. – Ergänzungsbände, hrsg. von Hermann Lichtenberger. Gütersloh: Gütersloher Verlagshaus, seit 2005

Jesus Sirach

MARBÖCK, Johannes. *Jesus Sirach 1–23*. Freiburg im Breisgau usw.: Herder, 2010 (Herders Theologischer Kommentar zum Alten Testament)

ZAPFF, Burkard M. *Jesus Sirach 25–51*. Würzburg: Echter Verlag, 2010 (Die Neue Echter Bibel 39)

Daniel

KOCH, Klaus. *Das Buch Daniel*. Darmstadt: Wissenschaftliche Buchgesellschaft, 1980 (Erträge der Forschung 144)

1 und 2 Makkabäer

BAUER, Wolfgang (Hrsg.). *Heiliger Krieg in der Bibel? Die Kämpfe der Makkabäer*. Stuttgart: Katholisches Bibelwerk, 2007 (Welt und Umwelt der Bibel 43)

DOBBELER, Stephanie von. *Die Bücher 1 und 2 Makkabäer*. Stuttgart: Katholisches Bibelwerk, 1997 (Neuer Stuttgarter Kommentar)

Dommershausen, Werner. *1 Makkabäer*. Würzburg: Echter Verlag, ^{2}1995 (Die Neue Echter Bibel 12)

Bücher der Chronik

JAPHET, Sara. *1 Chronik*. Freiburg: Herder, 2002 (Herders Theologischer Kommentar zum Alten Testament)

JAPHET, Sara. *2 Chronik*. Freiburg: Herder, 2003 (Herders Theologischer Kommentar zum Alten Testament)

Ester

KOSSMANN, Ruth. *Die Esthernovelle. Vom Erzählten zur Erzählung. Studien zur Traditions- und Redaktionsgeschichte des Estherbuches*. Leiden: Brill, 2000 (VTSuppl 79)

MÜLLER, Hans-Peter. *Das Hohelied, Klagelieder, das Buch Ester*. Göttingen: Vandenhoeck & Ruprecht, ^{4}1992 (ATD 16/2)

Entstehung der Hebräischen Bibel

CARR, David. *Writing on the Tablet of the Heart: Origins of Scripture and Literature*. New York: Oxford University Press, 2005

CARR, David. *Formation of the Hebrew Bible: A New Reconstruction*. New York: Oxford Press, 2011

Bibliographie der englischen Originalausgabe (Chapter 13)

Jewish writings from the Hellenistic and early Roman periods

Collins, John J. *Jewish Wisdom in the Hellenistic Age*. Old Testament Library. Louisville, KY: Westminster John Knox Press, 1997.

Nickelsburg, George. *Jewish Literature Between the Bible and the Mishnah* (revised edition). Minneapolis Fortress, 2005.

Daniel

Collins, John J. *Daniel*. Hermeneia. Minneapolis: Fortress, 1993.

Chronicles

Japhet, Sara. *1 and 2 chronicles*. Old Testament Library. Louisville, KY: Westminster, 1993.

Esther

Beal, Timothy. *The Book of Hiding: Gender, Ethnicity, Annihilation, and Esther*. London: Routledge, 1997.

Berlin, Adele. *Esther*. JPS Bible Commentary. Philadelphia: Jewish Publication Society, 2001.

The formation of the Hebrew Bible

Carr, David. *Writing on the Tablet of the Heart: Origins of Scripture and Literature*. New York: Oxford University Press, 2005.

Abbildungsverzeichnis

Kartenverzeichnis

Sämtliche Karten gezeichnet von Volker Schniepp, Heidelberg.

Abkürzungen

ANET	PRITCHARD, James (Hrsg.). *Ancient Near Eastern Texts Relating to the Old Testament with Supplement*. Princeton: Princeton University Press, 1969
ATD	*Das Alte Testament Deutsch*. Göttingen: Vandenhoeck & Ruprecht
BE	*Biblische Enzyklopädie*. Stuttgart: Kohlhammer
EB	*Echter Bibel*. Würzburg: Echter Verlag
EÜ	*Die Heilige Schrift. Einheitsübersetzung*. Stuttgart: Verlag Katholisches Bibelwerk / Deutsche Bibelgesellschaft, 1981
Livingstone	LIVINGSTONE, Alasdair (Hrsg.). *Court Poetry and Literary Miscellanea*. Helsinki: Helsinki University Press, 1989 (State Archives of Assyria, 3)
OT Parallels	MATTHEWS, Victor; BENJAMIN, Don. *Old Testament Parallels: Laws and Stories from the Ancient Near East*. Mahwah, NJ: ^{3}2007
TUAT	*Texte aus der Umwelt des Alten Testaments*. Gütersloh: Gütersloher Verlagshaus

Zu den Abkürzungen biblischer Bücher s. die Box „Weiterführende Informationen", S. 34f.

Sternchen nach Bibelzitaten (z. B. Genesis 12–50*) zeigen an, dass nur Teile des angegebenen Textes zitiert werden.

Zwei Schrägstriche (//) zeigen an, dass es sich um parallele Texte handelt.

Quellennachweis

Abb. **0.1,** *S. 24:* © John C. Trever, Ph.D., digital image by James E. Trever

Abb. **0.2,** *S. 24:* Biblia Hebraica Stuttgartensia, hg. v. Karl Elliger und Wilhelm Rudolph, fünfte, verbesserte Auflage, hg. v. Adrian Schenker, © 1977 und 1997 Deutsche Bibelgesellschaft, Stuttgart

Abb. **2.1,** *S. 54:* Z. Radovan/BibleLandPictures.com

Abb. **2.2,** *S. 55:* Nachzeichnung der Abbildung in King, Philip J.; Stager, Lawrence E., Life in Biblical Israel. Louisville, KY: Westminster John Knox Press, 2001, S. 29

Abb. **2.3,** *S. 57:* bpk / Vorderasiatisches Museum, SMB / Gudrun Stenzel

Abb. **2.4,** *S. 61:* Jürgen Liepe

Abb. **2.5,** *S. 65:* *Othmar* Keel/Christoph Uehlinger, Göttinnen, Götter und Gottessymbole. Neue Erkenntnisse zur Religionsgeschichte Kanaans und Israels aufgrund bisher unerschlossener ikonographischer Quellen. Quaestiones disputatae Bd. 134 © Verlag Herder GmbH, Freiburg i. Br. ^{5}2001, Seite 143 (Abb. 154a; 154b)

Abb. **3.1,** *S. 79:* © Lloyd K. Townsend

Abb. **3.2,** *S. 85:* Photo courtesy of William Schniedewind

Abb. **3.3,** *S. 86:* Photo: akg-images Ltd

Abb. **3.4,** *S. 87:* Courtesy of The Zeitah Excavations, R. E. Tappy, Director; photograph by B. Zuckerman and M. Lundberg; drawing by P. K. McCarter, Jr.

Abb. **3.5,** *S. 87:* Z.Radovan/BibleLandPictures.com

Abb. **4.1,** *S. 102:* © The Trustees of the British Museum

Abb. **4.2,** *S. 105:* ullstein bild – The Granger Collection

Abb. **4.3,** *S. 109:* Photo: akg-images / Erich Lessing

Abb. **4.4,** *S. 110:* © Francis G. Mayer/CORBIS

Abb. **5.1,** *S. 125:* Z.Radovan/BibleLandPictures.com

Abb. **5.2,** *S. 126:* Photo: akg-images / Erich Lessing

Abb. **5.3,** *S. 127:* Z.Radovan/BibleLandPictures.com

Abb. **5.4,** *S. 134:* Stiftung BIBEL+ORIENT

Abb. **5.5,** *S. 137:* Stiftung BIBEL+ORIENT

Abb. **5.6,** *S. 138:* Collection of Israel Antiquities Authority & Collection of The Israel Museum, Jerusalem
Photo © The Israel Museum, Jerusalem

Abb. **6.1,** *S. 147:* © The Trustees of the British Museum

Abb. **6.2,** *S. 154:* Stiftung BIBEL+ORIENT

Abb. **7.1,** *S. 167:* Stiftung BIBEL+ORIENT

Abb. **9.1,** *S. 205:* Z.Radovan/BibleLandPictures.com

Abb. ***9.2,*** *S. 207:*	Photo: akg-images / Erich Lessing
Abb. ***10.1,*** *S. 229:*	Copyright Natural History Museum, London
Abb. ***10.2,*** *S. 240:*	Stiftung BIBEL+ORIENT
Abb. ***11.1,*** *S. 252:*	© Gianni Dagli Orti/CORBIS
Abb. ***11.2,*** *S. 254:*	Photo: akg-images / Erich Lessing
Abb. ***13.1,*** *S. 299:*	Collection of The Israel Museum, Jerusalem Photo © The Israel Museum, Jerusalem
Abb. ***13.2,*** *S. 306:*	Courtesy of Carta, Jerusalem

Für die Übersetzung der Bibeltexte aus der englischen Originalausgabe „An Introduction to the Old Testament" wurden die Einheitsübersetzung (1980), aber auch andere deutsche Bibelübersetzungen (s. o. S. 32) mit herangezogen.

Glossar

Auf jedes Stichwort folgt in Klammern das Kapitel (einschließlich der „Einleitung"), in dem es zum ersten Mal vorkommt und eventuell eine andere wichtige Stelle. **Fettdruck** verweist auf andere Stichwörter des Glossars.

Altes Testament (Einleitung) – christliche Bezeichnung für die Heiligen Schriften, die aus dem Alten Israel stammen. Es sind (mit einigen Ausnahmen) fast dieselben Bücher wie die hebräischen, jedoch in einer anderen Reihenfolge, deren Höhepunkt die Weissagung Maleachis über die Wiederkunft Elijas darstellt (die auf Mt 3 verweist).

Anerkennung durch die Persische Regierung (11) – eine in verschiedenen Regionen des Perserreiches praktizierte Regelung, bei der einheimische Herrscher die offizielle Anerkennung ihrer lokalen Gesetze als persische Gesetze erbaten und erhielten. Manche Forscher meinen, dass die Laien- und Priesterführer Judas in der **Nachexilischen Zeit** diese persische Anerkennung ihrer Überlieferungen gesucht haben und dass dieser Prozess hinter der Verknüpfung von **P** und **Nicht-P** zum **Pentateuch** stehen kann.

Apokalypse (13) – in hellenistischer und späterer Zeit weit verbreitete Textgattung, die himmlische Offenbarungen an menschliche Empfänger beschreibt. Die Empfänger sind oft Gestalten aus Israels ferner Vergangenheit (z. B. Henoch, Levi usw.; s. **Pseudepigraphie**). A. haben oft Beziehungen zu Priesterkreisen, betonen esoterisches Wissen und kommen in zwei Haupttypen vor: **Himmelsapokalypsen** und **Geschichtsapokalypsen**.

Apokryphen (Einleitung) – protestantische Bezeichnung der **Deuterokanonischen Bücher**; hier die Bücher, die in der protestantischen Tradition nicht als voll kanonisch anerkannt werden (s. **Kanon**).

Aschera (2) – die Muttergöttin des kanaanäischen Pantheons, Gemahlin des höchsten Gottes **El**.

Assyrien (5) – mesopotamisches Reich in Gebiet des heutigen Nordirak.

Auslegungsgeschichte (1) – Untersuchung der verschiedenen Auslegungsweisen von Bibeltexten, besonders in Glaubensgemeinschaften (z. B. Judentum, Christentum, Islam). Die besondere Betonung der Interpretation in Glaubensgemeinschaften unterscheidet die Auslegungsgeschichte von der **Kulturkritik**, die untersucht, wie solche Texte in der Kultur im Allgemeinen verstanden und verwendet werden.

Baal (2) – Wettergott (Sturmgott) des kanaanäischen Pantheons.

Babylonisches Exil (1) – 586–538 v. Chr., eine Zeit, in der die meisten Angehörigen der Oberschicht Judas (besonders Jerusalems) gezwungen waren, außerhalb des Landes in Babylonien zu leben. Viele konnten nicht zurückkehren.

Ben Sira (13) – Sammlung von Lehrtexten aus dem frühen 2. Jh. v. Chr. (ca. 200–180). (Unter dem griechischen Namen Sirach) eines der **Deuterokanonischen Bücher** im **Alten Testament** der Römisch-katholischen und Orthodoxen Kirchen, aber nicht im jüdischen **Tanach** und im protestantischen AT.

Berufungsgeschichte, prophetische (6) – Geschichte, in der eine prophetische Gestalt (gewöhnlich in der Ich-Form) erzählt, wie sie von Gott zum Propheten (zur Prophetin) berufen wurde. Typische Elemente: Gotteserscheinung; einführendes Gotteswort an die zu berufende Person; Berufung; Einwand der berufenen Person, dass sie auf irgendeine Weise ungeeignet sei für die Aufgabe; göttliche Vergewisserung; Zeichen zur Bestätigung der göttlichen Vergewisserung. Beispiele sind Jes 6; Jer 1,4–10 und Ez 1–3, obwohl manche Forscher bezweifeln, dass einige dieser Texte wirklich „Berufungsgeschichten" sind und den Ausdruck „Berufung" (der aus der späteren christlichen Theologie stammt) als unpassend für diese alten hebräischen Erzählungen empfinden.

Bittpsalm (11) s. **Klagepsalm**.

Bund (5) – feierlicher Vertrag zwischen zwei Parteien, der im Alten Orient durch Eide besiegelt wurde und oft von rituelle Handlungen begleitet war, die eine eventuell vertragsbrüchige Partei mit Flüchen belegten.

Bundesbuch (4) – Gruppe alter Gesetze in Ex 20,22–23,33, die (abgesehen von einigen späten Erweiterungen) älter zu sein scheinen als die späteren Bestimmungen, Jahwe an einem einzigen Ort zu verehren (z. B. Dtn 12; vgl. 2 Kön 22–23). Die Parallelen zwischen den Themen dieser Gesetze und weiten Teilen des Hammurapi-Kodex deuten darauf hin, dass eine erste Form dieser Sammlung schon in der frühen Königszeit entstanden sein kann, vielleicht im 10. oder 9. Jh. v. Chr.

Chanukka (13) – jüdisches Fest, das die Reinigung und Wiedereinweihung des **Zweiten Tempels** im Jahr 164 durch Judas Makkabäus feiert, nachdem er durch Antiochus IV. Epiphanes vorübergehend in einen Tempel für Zeus Olympios umfunktioniert worden war.

Chiasmus (2) – zirkulare Literaturform, die durch eine Folge von Motiven hinweg zu einer Mitte gelangt (zum Beispiel A, B, C, D) und dann durch ähnlich Themen hindurch in umgekehrter Reihenfolge zurückläuft (zum Beispiel A', B', C', D'). Das Hauptgewicht liegt oft auf den Texten im Zentrum des Chiasmus.

Danklied (11) – Psalmengattung, die Gott für die Errettung aus der Not preist und andere aufruft, ihn ebenfalls zu loben.

Deuterojesaja (9) – auch **Zweiter Jesaja** genannt: Bezeichnung der Kapitel 40–55 des Buches Jesaja, ein Textteil mit vielen Anzeichen für die Abfassung während des **Babylonischen Exils** (mit eventuell noch späteren Teilen). Heute nimmt fast kein Wissenschaftler mehr an, dass der Verfasser dieser Kapitel „Jesaja" geheißen habe. Die Bezeichnung „D." identifiziert diesen Abschnitt des Buches Jesaja als den ersten, der von den Worten des ersten „Jesaja" zu unterscheiden ist, die sich heute hauptsächlich in Teilen von Jes 1–11 und 28–32 finden.

Deuterokanonische Bücher (Einleitung) – Bücher, die die römisch-katholische Kirche und die orthodoxen Kirchen als kanonisch anerkennen (s. **Kanon**), die aber nicht Teil des **Tanach** oder des protestantischen **Alten Testaments** sind.

Deuteronomistisch (7) – Adjektiv zur Bezeichnung von Bibeltexten mit einer Terminologie oder Theologie, die der des Deuteronomiums ähnelt.

Deuteronomistisches Geschichtswerk (DtrG) (7) – Geschichtswerk, das von der Moserede an Israel vor dem Einzug ins Land (Deuteronomium) über die Bücher Josua, Richter, 1–2 Samuel und 1–2 Könige zu Judas Exil außerhalb des Landes läuft (Ende von 2 Kön). Obwohl sie potenziell ältere Überlieferungsblöcke (z. B. eine mögliche frühe **„Thronfolge-Erzählung"**) verarbeitet hat, wird diese umfassendere Geschichte Israels in seinem Land durch eine spätere Theologie bestimmt, die sich am klarsten im Deuteronomium ausdrückt. Die meisten Forscher sind der Ansicht, dass das DtrG zum Teil im 7. Jh. verfasst und dann während des Exils vollendet wurde.

Dorf (2) – unbefestigte Ansiedlung (ohne Stadtmauern) mit wenigen Klans (50–300 Bewohnern), die in mehreren Großfamilien in Pfeilerhäusern lebten. Diese antike Lebensform wird in Kap. 2 bei der Besprechung des vorstaatlichen Israel vorgestellt, war aber während der gesamten Geschichte Israels die übliche Lebensweise der meisten Menschen.

Dreigliedriger Vers (3) – zusammen mit dem üblicheren **zweigliedrigen Vers** eine grundlegende Einheit der hebräischen Poesie, bei der die ersten beiden Halbzeilen den Höhepunkt der dritten vorbereiten. Manche Bibelausgaben (z. B. die **Einheitsübersetzung**) zeigen die Versgliederung durch Schrägstriche an.

Dritter Jesaja (12) s. **Tritojesaja**.

Dynamische Gleichwertigkeit der Übersetzung (Einleitung) – Fachausdruck für eine Übersetzung, die eine Sinnentsprechung zwischen den Aussagen eines (biblischen) Textes und seiner Übersetzung anstrebt. Sie weicht deshalb von der buchstäblichen Übertragung jedes Wortes ab, um einen genaueren und verständlicheren „gleichwertigen" Sinn zu bieten.

E (10) s. **Elohist**.

Einheitsübersetzung (Einleitung) – von der katholischen Bischofskonferenz seit 1962 hauptverantwortlich herausgegebene, als Gemeinde- und liturgische Bibel gedachte Übersetzung.

El (2) – Name des höchsten Schöpfergottes des kanaanäischen Pantheons, Gemahl der Göttin **Aschera**.

Elefantine (11) – jüdische Miltärkolonie am südlichen Nil in Oberägypten. Dort entdeckte antike Papyri dokumentieren das Leben und die religiösen Praktiken von Juden, die in der **Perserzeit** außerhalb ihres Heimatlandes lebten.

Elohist (E) (10) – *hypothetische* Quellenschrift des **Pentateuchs** (von der keine separaten Handschriften bekannt sind). Viele Forscher finden E-Texte in Gen 20–22 und in anderen **Nicht-Priesterschrift**-Abschnitten des Pentateuchs, in denen der Gottesname „Elohim" vorherrscht (die **Priesterschrift** nennt Gott in der Genesis auch Elohim, unterscheidet sich aber vom Elohisten). Nach dieser Hypothese wurde der Elohist im späten 9. oder frühen 8. Jh. im Nordreich Israel verfasst, stammt also aus einer anderen Zeit und Umgebung als der **Jahwist (J)**. *Das vorliegende Lehrbuch* zählt sich zu den neueren Abhandlungen, die nicht mehr von einer definierbaren Quelle E im Pentateuch ausgehen. In der älteren und z.T. auch neueren Literatur finden sich jedoch noch viele Verweise auf eine angenommene E-Schicht.

Emendation (Einleitung) – von Forschern vorgeschlagene Verbesserung eines Bibeltextes, die in keiner **Handschrift** vorkommen.

Ersatztheologie (engl. *supersessionism*) (Einleitung) – die Vorstellung, dass das Christentum und die christliche Kirche das Judentum und das Volk Israel überholt und somit ersetzt haben.

Erwählungstheologie (2) – Reihe von Glaubensüberzeugungen bezüglich der göttlichen Erwählung und des besonderen Schutzes des Volkes Israel. Sie unterscheidet sich von der **Zionstheologie** durch ihre Betonung der Beziehung Gottes zu einem Volk statt zu einem Ort (Jerusalem).

Feministische Kritik (1) – ein auf die Bibel angewendetes Set von Methoden zur kritischen Analyse der biblischen Darstellungen von Frauen (oder dem Fehlen solcher Darstellungen) und des biblischen Gebrauchs von weiblicher Symbolik.

Formale Übereinstimmung der Übersetzung (Einleitung) – Ansatz, der bei der Übersetzung von (biblischen) Texten eine Wort-für-Wort-Wiedergabe anzielt.

Formgeschichte (Formkritik) (1 und 11) – Analyse von verschiedenen biblischen Texttypen, **Gattungen**, im Zusammenhang mit ihren typischen gesellschaftlichen Kontexten und Verwendungen.

Gattung (11) – bestimmter Texttyp, z. B. **Klagepsalm** oder **Berufungsgeschichte**.

Genderkritik (1) – die auf die Bibel angewendete Analyse von Genderaspekten (Geschlechterkonstruktion und -rollen) in Bibeltexten, sowohl männlichen als auch weiblichen, menschlichen und nichtmenschlichen.

Geschichtsapokalypsen (13) – Gattung von **Apokalypsen**, die (oft in codierter Form) die vergangenen Geschichtsepochen interpretiert, zur gegenwärtigen Krise hinführt und ein göttliches Eingreifen verheißt. Obwohl sie während der jeweiligen Krisen verfasst wurden, werden sie oft einem antiken Weisen zugeschrieben (s. **Pseudepigraphie**), der nach ihrer Darstellung in der Vergangenheit eine Offenbarung empfing, als codierte Prophetie für *zukünftige* Zeiten, Krisen und Ereignisse (z. B. Dan 10–12).

Geteiltes Königtum (1) – 930–722 v. Chr.: die Zeit, in der zwei getrennte Königreiche existierten, das Südreich Juda (Hauptstadt Jerusalem, von Nachkommen Davids regiert) und das Nordreich Israel (letzte Hauptstadt Samaria, von mehreren Dynastien regiert).

Götterrat (9) – Vorstellung, dass die Welt der Gottheiten analog zu einem menschlichen Königshof organisiert sei, mit einem göttlichen König, seiner Gemahlin, seinen Ministern und Beamten und sonstigen Untergebenen. Das Konzept zeigt sich in vielen außerbiblischen Texten und auch in der Bibel selbst.

Gottesknecht (9) – Bezeichnung in Teilen von **Deuterojesaja**, die sich besonders in den **Gottesknechtsliedern** auf eine bestimmte Person oder Größe zu beziehen scheint. In der Forschung ist kontrovers, ob dieser „Knecht“ eine bestimmte Person oder eine Metapher für das Volk (oder eine seiner Untergruppen) ist.

Gottesknechtslieder (9) – Gruppe von Texten in Jes 42,1–8; 49,1–6; 50,4–9 und 52,13–53,12, in deren Mittelpunkt die Gestalt des „**Gottesknechtes**“ steht. Einige Forscher waren der Ansicht, dass die Gottesknechtslieder eine eigene literarische Schicht **Deuterojesajas** darstellen.

Große Propheten (6) – die drei größeren Prophetenbücher Jesaja, Jeremia und Ezechiel.

Großreich (Imperium) (2) – in der hier verwendeten Definition eine antike Gesellschaftsorganisation, in der ein monarchischer Staat die Oberherrschaft über andere Staaten ausübt, und zwar durch Akkumulation militärischer Macht (oft unter Nutzung der Kräfte der unterworfenen Staaten), wirtschaftliche Vernetzungen und Anwendung von propagandistischem Terror.

H (10) – Abkürzung für das **Heiligkeitsgesetz** in Lev 17–26 oder für eine breitere Schicht von Textmaterial im **Tetrateuch**, die sich durch eine starke Betonung von Lev 17–26 auszeichnet (z. B. die große Bedeutung der Heiligkeit Israels).

Handschrift (Einleitung) – antike Abschrift oder Zitation als Textzeuge eines biblischen Buches in seiner Originalsprache oder in einer Übersetzung.

Hasmonäer (1 und 13) – Priesterfamilie aus dem Landesinneren, die einen Aufstand gegen Antiochus IV. Epiphanes geleitet hatte und anschließend das **hasmonäische Königtum** gründete.

Hasmonäisches Königtum (1) – 142–63 v. Chr.: Regierungszeit der Priesterfamilie der **Hasmonäer**, Nachfahren des Judas Makkabäus, der einen erfolgreichen Aufstand gegen die hellenistische Oberherrschaft des Antiochus IV. Epiphanes angeführt hatte.

Hebräische Bibel (Einleitung) – Heilige Schriften, die Juden und Christen gemeinsam sind.

Heiligkeitsgesetz (10) – Gesetzessammlung in Lev 17–26, von der *hypothetisch* angenommen wird, dass sie zunächst separat existiert habe, von der aber keine separaten Handschriften bekannt sind. Sie zeichnet sich durch die häufige Forderung aus, Israels müsse seine Heiligkeit bewahren. Die neuere Forschung bevorzugt jedoch den Gedanken, dass die vorherrschende(n) Sprache und Themen in Lev 17–26 charakteristisch sind für eine breitere Schicht von **H**-Material, das sich im restlichen **Tetrateuch** findet, und das von anderen Forschern **P** zugeschrieben wird.

Hellenistische Zeit (1) – 332–167 v. Chr.: Zeitalter, in dem Palästina nach der Eroberung des Perserreiches durch Alexander den Großen von sukzessiven griechischen Großkönigen regiert wurde, deren Basis Ägypten (Ptolomäer) oder Mesopotamien (Seleukiden) war.

Himmelsapokalypsen (13) – Gattung von **Apokalypsen**, in der einer antiken Gestalt eine Himmelsreise gewährt wird.

Historisch-kritische Methode (1) – mit dieser Methode kann analysiert werden, wie und wo Bibeltexte (und in ihnen enthaltenen **Mündliche Überlieferungen**) entstanden sind.

Hybridität (7 und 13) – Konzept aus der **Postkolonialen Kritik**, das die Mischung von Selbstbestimmung mit Elementen aus der Kultur der vormaligen Unterdrücker bezeichnet. Sie ist nicht identisch mit der einfachen Vermischung von verschiedenen kulturellen Elementen in einer bestimmten Identität, sondern bezieht sich auf eine komplexe Identität, die sich während und nach Erfahrungen von Unterdrückung und Fremdherrschaft bildet.

Hymnus (11) – auch als „Lobpsalm“ bezeichnet; ein Psalm mit Schwerpunkt auf dem Lob Gottes. Zu seinen typischen Merkmalen gehören Themen aus der Schöpfung oder Refrains, die zum Lobpreis Gottes auffordern.

Ideologiekritik (1) – Analyse der unterschiedlichen Weisen, in denen Bibeltexte im Zusammenhang von systemimmanenten Machtstrukturen ausgelegt wurden bzw. werden können bzw. werden sollten. Sie überschneidet sich mit anderen Methoden (z. B. **Auslegungsgeschichte**), hat aber ihren besonderen Schwerpunkt in der kritischen Analyse von Ideologie und Macht.

Imperium (2) s. **Großreich**.

Inclusio (9) – Literarstruktur, bei der ein Text mit ähnlichen Elementen beginnt und endet, die einen größeren Mittelteil einschließen. Auch „Rahmen" oder „Schachtel" genannt, wenn kürzere Anfangs- und Endelemente den Rahmen der Mitte bilden.

Intertextualität (9) – Fachwort für die unzähligen Weisen, in denen Texte miteinander in Beziehung stehen können. Sie kann sich auf die bewussten oder unbewussten Arten beziehen, wie Texte auf Inhalte anderer Texte anspielen oder auf ihnen aufbauen, aber auch auf die Weisen, in denen das Verständnis eines jeden Textes durch das beeinflusst werden kann, was Leser (oder eine Lesergemeinschaft) von anderen Texten wissen, die vor oder nach ihm entstanden sind.

Israel (1) – zwei verschiedene Bedeutungen: im engeren Sinne die Stammesgruppen im nördlichen Bergland von Kanaan und das Nordreich Israel der Königszeit; im weiteren Sinne Juda im Süden zusammen mit diesen Gruppen aus dem Norden.

J (4 und 10) – Abkürzung für die **Jahwist** genannte hypothetische Quellenschrift, zu deren wichtigsten Merkmalen der Gebrauch des Gottesnamens „Jahwe" gehört.

Jahwe (1) – Name des Gottes Israels, in Bibelausgaben oft als „Herr" (oder „HERR") wiedergegeben. In der jüdischen Tradition wird dieser Name als besonders heilig verehrt.

Jahwist (J) (4 und 10) – *hypothetische* frühe Quellenschrift des **Pentateuchs** (von der keine separaten Handschriften bekannt sind). Viele Forscher meinen, dass sie mit der Erzählung vom Garten Eden und Material über Kain und Abel beginnt (Gen 2,4b–4,26) und dann folgendes Material bietet: eine Parallelversion der Flutgeschichte von **P** (z. B. Gen 6,1–4; 7,1–5 bis 8,20–22), eine Geschichte über Noach und seine Söhne, umfangreiche Teile der Abrahamsgeschichte (der größte Teil von Gen 12–13; 16–19), sowie verschiedene **Nicht-P**-Abschnitte im restlichen **Tetrateuch**, die den Gottesnamen **Jahwe** gebrauchen (in Bibelausgaben oft als „Herr" oder „HERR" wiedergegeben). Nach dieser Hypothese wurde der Jahwist zu Beginn der Königszeit im Südreich Juda verfasst, vermutlich im 10. Jh. v. Chr. *Das vorliegenden Lehrbuch* hält die Existenz dieser umfangreicheren Quellenschrift **J** für unwahrscheinlich und nimmt lediglich die Existenz eines jahwistischen Erzählstranges in der **Urgeschichte** an, der wohl zu Beginn der Monarchie im Südreich Juda erfasst wurde.

JE (10) – „Jehovist", die hypothetische Kombination der Quellenschriften **J** und **E** im **Tetrateuch**. Die ihr von einigen Wissenschaftlern zugerechneten Texte ähneln den **Nicht-P**-Texten. *Das vorliegende Lehrbuch* bespricht diese Texte als Material von **L (Laienquelle)**, weil es nicht davon ausgeht, dass sie aus einer Verbindung von J und E entstanden sind. Es ist also eine von vielen neueren Abhandlungen, die nicht mehr mit JE rechnen, obwohl sich in der Literatur viele entsprechende Argumentationen finden.

Joschija-Reform (7) – ca. 623 v. Chr.: eine sozio-religiöse Reform, die angeblich unter König Joschija im Gefolge des Nachlassens der assyrischen Kontrolle über die Region (2 Kön 23; vgl. 2 Chr 34) stattgefunden hat. Heiligtümer außerhalb Jerusalems sollen zerstört und Ansprüche auf einige Gebiete des ehemaligen Nordreiches erhoben worden sein.

Kanon / kanonisch (Einleitung) – ein „Kanon" ist eine Sammlung von Büchern, die von einer bestimmten Religionsgemeinschaft als göttlich inspirierte Heilige Schriften anerkannt werden, also als „kanonische" Schriften.

Klagelied (11) – obwohl diese Bezeichnung gelegentlich für **Klagepsalmen** verwendet wird, bezieht sie sich spezieller auf die Klage (Trauer) über ein nicht rückgängig zu machendes trauriges Ereignis, wie z. B. Davids Klage über den Tod Sauls in 2 Sam 1,18–27 oder die Volksklage über die Zerstörung Jerusalems im Buch der Klagelieder.

Klagepsalm (11) – Psalmengattung: Bitte um göttlichen Beistand in der Not. Typische Elemente sind Klage, Bitte um Hilfe, Gelübde, Versicherung des Vertrauens auf Gottes Hilfe und Dank für die gewährte Hilfe. Der Klagepsalm unterscheidet sich vom **Klagelied** dadurch, dass er nicht ein schon geschehenes Ereignis betrauert (z. B. Tod), sondern um die Besserung einer Situation bittet. Darum sprechen einige Forscher lieber von Bittpsalm.

Kleine Propheten (5) – die zwölf kleineren Prophetenbücher (Hosea, Joël, Amos, Obadja, Jona, Micha, Nahum, Habakuk, Zefanja, Haggai, Sacharja, Maleachi), die gewöhnlich auf die Bücher der **Großen Propheten** folgen, nach Ezechiel oder nach (Ezechiel und) Daniel.

Königspsalmen (3) – Gruppe von Psalmen im **Psalter**, in deren Mittelpunkt der König und Gottes besondere Beziehung zu ihm stehen (s. **Königstheologie**).

Königstheologie (3) – Glaubensüberzeugungen und Bilder der göttlichen Einsetzung des Königs als Herrscher und Hoherpriester, seiner Ausstattung mit Macht, Gerechtigkeit und Segen sowie die Gewissheit, dass Gott ihm alles verleihen wird, was er wünscht, insbesondere militärische Siege und langes Leben.

Koran (Einleitung) – wichtigste der Heiligen Schriften des Islams. Nach muslimischem Glauben die Sammlung der Formulierungen, die der Prophet Mohammed den empfangenen göttlichen Offenbarungen verlieh. Viele beziehen sich auf biblische Überlieferungen, jedoch oft in einer Weise, wie frühe jüdische und/oder christliche Auslegungen sie interpretierten.

Kulturelles Gedächtnis (2) – gemeinsame Erinnerungen, die jeder Generation vermittelt und in gemeinsamen Ritualen gefeiert werden, und die zur Definition einer Gruppe auf Grund ihrer gemeinsamen Geschichte beitragen.

Kulturkritik (1) – auf die Bibel angewendet das Studium der unzähligen Weisen, in denen Bibeltexte sich in der allgemeinen Kultur widerspiegeln oder in ihr verwendet werden. Der Schwerpunkt auf der Volkskultur im Allgemeinen unterscheidet die kulturkritische Analyse eines Bibeltextes vom Studium seiner **Auslegungsgeschichte**.

Kyros-Zylinder (11) – Tonzylinder, auf dem der persische Großkönig Kyros verkündet, die babylonischen Gottheiten hätten ihn auserwählt, die Babylonier zu befreien und ihre Tempel wiederherzustellen. Die Inschrift zeigt viele Parallelen zum Kyros-Edikt in Esr 1,1–4. Auch dort wird er zitiert, Jahwe habe ihn erwählt, den Tempel wiederaufzubauen und den Judäern die Rückwanderung aus Babylonien zu gestatten.

L (10) s. Laienquelle.

Laienquelle (10) – im *vorliegenden Lehrbuch* benutztes Fachwort für eine *hypothetische* Quellenschrift des **Pentateuchs** (von der keine separaten Handschriften bekannt sind). Sie umfasst den größten Teil des Pentateuchmaterials, das im Tetrateuch nebst dem Deuteronomium nicht der **Priesterschrift (P)** zugeschrieben wird, und wurde wohl von Verfassern außerhalb des Priestertums geschaffen und überliefert. Die meisten heutigen Autoren bezeichnen dieses Textkorpus einfach als nichtpriesterschriftlich **(nicht-P)** oder, wenn sie ältere Entstehungsmodelle des Pentateuchs vertreten, als **JE**.

Leidender Gottesknecht (9) – das besondere Bild des **Gottesknechtes** in **Deuterojesaja**, wie es in Jes 52,13–53,12 erscheint und von Christen oft in Bezug zur Kreuzigung und Auferstehung Jesu Christi ausgelegt wird.

Literaturkritik (1) – hier der Gebrauch von Interpretationsmethoden der modernen Literaturwissenschaft (z. B. Analyse der Handlung, der Charakterisierungen, der Bedeutungen), wodurch man die poetische und narrative Dynamik biblischer Texte zu erhellen möchte.

Lutherbibel (Einleitung) – erschien vollständig zum ersten Mal 1545; wurde über die Jahrhunderte immer wieder der deutschen Sprachentwicklung angepasst (letzte Revision 1984) und ist in vielen protestantischen Gemeinden noch immer die Bibel schlechthin.

LXX (Einführung) – Abkürzung für **Septuaginta**.

Makkabäer (1 und 13) – anderer Name für die **Hasmonäer**.

Masoretischer Text (Einleitung) – verbindliche Version des hebräischen Textes des **Tanach** / der Hebräischen Bibel, die von jüdischen Gelehrten im Mittelalter erarbeitet wurde und die Grundlage der meisten modernen Übersetzungen bildet.

Messias (11) – gräzisiertes hebräisches Wort, das „Gesalbter“ bedeutet. Seit der Zeit des

Zweiten Tempels bezeichnet es den erhofften gesalbten König, der die Juden von der Fremdherrschaft befreien würde, oder den erhofften gesalbten Priester, der die Priester in Jerusalem ersetzen würde, die manche für unrechtmäßig und verderbt hielten.

Monotheismus (9) – Fachwort für den Glauben, dass es nur einen einzigen Gott gebe und dass alle anderen Gottheiten Götzen („falsche Götter") seien. Dieses Konzept ist zu unterscheiden vom Glauben der spätvorexilischen Zeit, dass ein bestimmtes Volk nur eine einzige Gottheit unter den vielen existierenden verehren dürfe (auch „Henotheismus" genannt).

MT (Einleitung) – Abkürzung für **Masoretischer Text**.

Mündliche Überlieferungen (2) – in allen Entstehungsphasen der Bibel wichtige Überlieferungen, besonders bei Einschluss der mündlichen Aspekte schriftlicher Texte, da auch diese oft auswendig gelernt und rezitiert wurden. In den schriftlichen Überlieferungen der Bibel finden sich auch Spuren von ausschließlich mündlichen Überlieferungen, und diese sind der typische Gegenstand der biblischen **Traditionskritik**.

Nachexilische Zeit (1 und 11) – ab 538 v. Chr.: die Zeit nach dem zwangsweisen Exil von Angehörigen der judäischen Oberschicht in Babylonien, die mit der **Perserzeit** beginnt und oft vor allem als Perserzeit verstanden wird. Obwohl sie als *nach*exilisch bezeichnet wird, ist klar, dass auch nach 538 viele Judäer weiterhin außerhalb des Landes lebten.

Nicht-P / Nichtpriesterschrift (10) – Bezeichnung für Texte des **Pentateuchs** (besonders des **Tetrateuchs**), die nicht der **Priesterschrift** zugeschrieben werden. Sie bezieht sich auf viele Texte, die früher als **JE** identifiziert wurden, und wird von Forschern verwendet, die nicht mehr an die Existenz der Quellenschriften **J** und **E** glauben.

P (4 und 10) s. **Priesterschrift**.

Parallelismus membrorum (3) – Parallelismus der Glieder: in der deutschsprachigen Bibelwissenschaft übliche Bezeichnung für ein Stilmerkmal der biblischen Poesie bei **zweigliedrigen Versen** oder **dreigliedrigen Versen**. Die letzte Zeile führt die erste(n) in erweiterter Weise fort und „unterstützt" sie dadurch. In der englischsprachigen Bibelwissenschaft wird teilweise der Ausdruck *seconding* (unterstützen, sekundieren) benutzt, der als eine flexiblere und genauere Bezeichnung dieses Phänomens betrachtet wird als die älteren und üblicheren Termini wie „Parallelismus" oder *Parallelismus membrorum*.

Pentateuch (Einleitung und 4) – die ersten fünf Bücher der Bibel, also Genesis, Exodus, Levitikus, Numeri und Deuteronomium (1 – 5 Mose), auch (schriftliche) **Tora** genannt.

Perserzeit (1) – 538–332 v. Chr.: Zeit der persischen Oberherrschaft über Juda, während der die Perser nach biblischen Erinnerungen die Judäer unterstützten, die als Rückkehrer den Tempel und die Stadtmauern Jerusalems wiederaufbauten und die **Tora** als verbindliches Gesetz ihrer Gemeinde einführten.

Postkoloniale Kritik (1 und 7) – kritische Analyse, die das Entstehen von Texten wie der Bibel innerhalb imperialer Kontexte untersucht und/oder die Rolle, die Bibeltexte später im kolonialen Imperialismus gespielt haben (z. B. bei Missionsbemühungen).

Priesterschrift (4 und 10) – *hypothetische* Quellenschrift des **Pentateuchs** (von der keine separaten Handschriften bekannt sind). Nach Meinung der meisten Forscher gehörten zu ihr Texte wie die Schöpfungsgeschichte in Gen 1 und Stammbäume wie in Gen 5; ein Erzählstrang der Flutgeschichte, in dem keine Opfer erwähnt werden (z. B. Gen 6,9–22 bis 9,1–17); der Beschneidungsbund mit Abraham (Gen 17); die zweite Berufungsgeschichte Moses (Ex 6,2–8), der gesamte Sinai-Abschnitt (Ex 19 bis Num 10,10) und viele andere Texte im **Tetrateuch** mit ähnlicher Sprache und Themen (die nicht alle den Schwerpunkt auf Priester legen). Obwohl diese Schicht viel ältere Überlieferungen enthält, sind sich die meisten Forscher einig, dass die Priesterschrift als solche nicht vor dem **Babylonischen Exil** oder zu Beginn der **nachexilischen Zeit** geschaffen wurde.

Psalter (11) – anderer Name für das Buch der Psalmen.

Pseudepigraphie (13) – Zuschreibung eines jüngeren Textes an einen älteren Verfasser. Diese Technik war besonders beliebt in der hellenistischen Zeit, als das Judentum der griechischen Kultur begegnete, welche großen Wert auf die antike Verfasserschaft von autoritativen Texten legte.

Quellenkritik (1) – die Bemühungen, die (verlorenen) schriftlichen Quellen zu rekonstruieren, welche die Verfasser der heutigen Bibeltexte benutzt haben. Sie ist eine Form der **Überlieferungsgeschichte**.

Redaktionskritik (Redaktionsgeschichte) (1) – die Bemühungen zu rekonstruieren, wie Verfasser oder Redaktoren der heutigen biblischen Bücher durch die Anordnung, Umformung und Erweiterung des vorliegenden Quellenmaterials die jeweilige Endform eines Buches geschaffen haben. Sie ist eine Form der **Überlieferungsgeschichte**.

Religionsgeschichte (10) – innerhalb der Bibelforschung das wissenschaftliche Studium von religiösen und rituellen Konzepten und Themen in den Kulturen des Alten Orients außerhalb Israels, zum Zweck eines besseren Verständnisses von biblischen Konzepten und Praktiken.

Römerzeit, Beginn der (1) – 63 v. Chr.: Ende des **Hasmonäischen Königtums**; Palästina wird von jetzt an durch von Rom eingesetzte Herrscher regiert.

***satan*, der** (11) – hebräisches Wort im Buch Ijob: der Ankläger („der *satan*"). Ein Wesen, das *für* Gott handelt, indem es dessen Herrschaftsgebiet durchstreift und Untertanen überprüft. Es handelt sich hier nicht um den Dämon Satan der späteren jüdischen und christlichen Theologie, denn das Wort ist eine Amtsbezeichnung und kein Eigenname wie später für den Teufel.

Segmentierte Gesellschaft (2) – soziologisches Fachwort für die dezentralisierte und horizontale Gesellschaftsform, die Israel in der Stammeszeit, also vor der Monarchie, kennzeichnete.

Septuaginta (Einleitung) – eine Gruppe von antiken Übersetzungen hebräischer (aramäischer) biblischer („alttestamentlicher") Bücher ins Griechische.

Sirach (13) s. **Ben Sira**.

Soziologische Analyse (9) – auf die Bibel angewendet eine Analyse, die moderne soziologische und anthropologische Forschungen nutzt, um eine detaillierteres Bild des Alten Israel zu entwerfen.

Stadtstaat (2) – ein Staat, dessen Zentrum eine befestigte (ummauerte) Stadt ist (oft durch befestigte Siedlungen verstärkt) und der von einer königlichen Dynastie (Königtum in Erbfolge) regiert wird. Diese antike soziale Organisationsform erlaubte eine Akkumulation von militärischer Macht und Reichtum, die in mehr dezentralisierten Stammesverbänden unmöglich war.

Stammeszeit (1) s. **Vorstaatliche Zeit**.

Syrisch-efraimitischer Krieg (5) – Krieg um 735 v. Chr., bei dem Syrien und das Nordreich Israel Jerusalem belagerten und so versuchten, Juda unter König Ahas zum Beitritt zu einer Koalition von regionalen Staaten zu zwingen, die sich der assyrischen Oberherrschaft widersetzten (obwohl Juda ihr noch nicht unterstand). Ahas erbat und erhielt assyrische Unterstützung gegen die Belagerer, geriet aber dadurch im Gegenzug selbst unter assyrische Oberherrschaft.

Tag Jahwes (Tag des Herrn) (8) – biblischer Ausdruck, der zunächst wohl einen Tag meinte, an dem Jahwe sein auserwähltes Volk retten werde (Element der **Erwählungstheologie**), aber von Propheten (z. B. Amos, Zefanja) oft reinterpretiert wurde als ein Tag, an dem Jahwe dieses Volk richten wird.

Tanach (Einleitung) – die jüdische Bezeichnung für die Hebräischen Heiligen Schriften, die in abgekürzter Form ihre drei Hauptteile erwähnt: **Tora**, *Neviim* (hebräisch: „Propheten") und *Ketuvim* (hebräisch: „Schriften"). Der Höhepunkt des Tanach am Ende von 2 Chr ist das Kyros-Edikt, welches den Wiederaufbau des Tempels verspricht.

TaNaK (Einleitung) – andere Form für **Tanach**.

Tetrateuch (4 und 10) – die ersten vier Bücher der Bibel: Genesis, Exodus, Levitikus und Numeri. Dieser Teil des **Pentateuchs**, der dem Deuteronomium vorangeht, ist aus einer Kombination der Quellenschriften **P** und **L** gebildet.

Textkritik (Einleitung) – die Sammlung und Auslegung der verschiedenen Wortlaute in Handschriften, z. B. der verschiedenen Lesarten in hebräischen Handschriften und frühen Übersetzungen hebräischer Handschriften von Büchern der Hebräischen Bibel.

Theophanie (6) – Gotteserscheinung. Der Ausdruck bezieht sich oft auch auf einen Text, der eine Gotteserscheinung beschreibt.

Thronfolgeerzählung (7) – *hypothetische* ältere Erzählung (von der keine separaten Handschriften bekannt sind), die in 2 Sam 9–20 und 1 Kön 1–2 enthalten ist. Sie beschreibt die Wirren um die Thronnachfolge Davids und wurde wohl um die Zeit Salomos geschrieben.

Tora (Einleitung) – die ersten fünf Bücher der Bibel, also Genesis, Exodus, Levitikus, Numeri und Deuteronomium. Juden unterscheiden oft zwischen dieser „schriftlichen Tora“ und der „mündlichen Tora“, die Mose gegeben und von den Weisen überliefert wurde, und die in der Mischna und anderen normativen jüdischen Schriften enthalten ist.

Traditionsgeschichte (2) – die Geschichte der Überlieferungen, die vor und oft neben den schriftlichen Texten der heutigen Bibel bestanden. Obwohl diese Überlieferungen sowohl schriftlich als auch mündlich sein können, bezieht sich der Ausdruck oft hauptsächlich auf die Geschichte der vorbiblischen **mündlichen Überlieferungen**, die von der **Traditionskritik** rekonstruiert werden.

Traditionskritik (1) – exegetische Methodik, ausgehend von den schriftlichen Bibeltexten die hinter ihnen stehenden Überlieferungen zu erschließen, gewöhnlich mit besonderem Schwerpunkt auf den **mündlichen Überlieferungen**, die sich im schriftlichen Text widerspiegeln.

Trickster (2) – Kulturheld, dessen Fähigkeit, durch List, Tricks und sogar Gesetzesmissachtung zu überleben, in Religion, Literatur und anderen Bereichen einer Kultur gefeiert wird.

Tritojesaja (12) – Bezeichnung für die Kapitel 56–66 des Buches Jesaja. Dieser Abschnitt unterscheidet sich von **Deuterojesaja** dadurch, dass er sich eindeutiger an die Situation der **nachexilischen Zeit** Judas wendet.

Tun-Ergehen-Zusammenhang (moralischer) (4) – die Vorstellung, dass der Kosmos eine moralische Kohärenz besitzt, dass also gute Taten den sie vollbringenden Menschen letztlich gute Ergebnisse zeitigen, während böse Taten ins Verderben führen.

Überlieferungsgeschichte (2) – übergreifende Bezeichnung für die Erforschung verschiedener Prozesse, die zur endgültigen Abfassung biblischer Bücher führten. Sie kann die **Traditionskritik**, die **Quellenkritik** und die **Redaktionskritik** umfassen.

Urgeschichte (4) – die Erzählungen hauptsächlich von Gen 1–11 über Schöpfung, Sintflut und andere Ereignisse, die die frühe Menschheit betreffen.

Vasallenvertrag (5 und 7) – eine Art antiker **Bund**, der von einer Supermacht den von ihr beherrschten Nationen auferlegt wurde. Der unterworfene König und sein Volk wurden verpflichtet, dem Großkönig der Supermacht Tribut zu zahlen, ihm ständige und ausschließliche Treue zu geloben und Flüche auf sich zu ziehen, wenn sie diesen Schwur brachen.

Vereinigtes Königtum (1) – 1000–930 v. Chr.: die Zeit, in der David und Salomo von Jerusalem aus sowohl über das Südreich Juda als auch über das Nordreich Israel regierten und einige Nachbarregionen kontrollierten.

Vertrauenspsalm (11) – Psalmengattung, die das Vertrauen auf Gottes Schutz und Vorsehung ausdrückt.

Vordere Propheten (7) – die „geschichtlichen“ Bücher Josua, Richter, 1–2 Samuel und 1–2 Könige.

Vorstaatliche Zeit (Stammeszeit) (1) – 1250–1000 v. Chr.: eine Zeit, in der Israel ohne König im Bergland in Dörfern lebte, die in lockeren größeren Stammesverbänden zusammengeschlossen waren.

Weisheitspsalm (11) – Psalmengattung, die sich besonders durch lehrhafte Elemente auszeichnet und oft die typische Sprache der Weisheitsliteratur verwendet (z. B. der Sprichwörter).

Wiederaufbau des Jerusalemer Tempels (11) – 515 v. Chr. (Fertigstellung). In der Bibel beschrieben als ein Prozess, der über viele Jahre hinweg und mit persischer Unterstützung geschah. Der **Zweite Tempel** war ein wichtiges Zentrum der Regierung und sozialen Organisation Judas in **nachexilischer Zeit**, also nach dem Untergang der Monarchie und der babylonischen Unterdrückung.

Wirkungs- oder Rezeptionsgeschichte (1) – das gesamte Untersuchungsspektrum von Möglichkeiten, wie Texte im Laufe der Zeit in den verschiedenen Glaubensgemeinschaften und in sonstigen Kontexten benutzt wurden, sowohl in literarischen als auch in anderen Medien (z. B. künstlerischen). Sie umfasst die Spektren der **Auslegungsgeschichte** und der **Kulturkritik**.

zedaqah (3) – hebräisches Wort, das oft mit „Gerechtigkeit" übersetzt wird, aber vielleicht besser mit „sozialer Verantwortung" (oder „Solidarität") wiedergegeben werden sollte, da es sich um die Erfüllung der Pflichten gegenüber anderen in der Gesellschaft handelt, insbesondere gegenüber ihren schwächsten Gliedern.

Zerstörung Jerusalems (1) – 586 v. Chr.: eins der wichtigsten Ereignisse in der Geschichte Judas, nämlich die Zerstörung des Salomonischen Tempels und das Ende der heiligen Stadt, die von vielen für uneinnehmbar gehalten wurde.

Zerstörung des Zweiten Tempels (1) – 70 n. Chr.: Ereignis im Gefolge des jüdischen Aufstandes gegen Rom. Zusammen mit der völligen Zerstörung Jerusalems im Jahr 135 n. Chr. nach einem weiteren Aufstand bedeutete sie das Ende des lokalen jüdischen Tempelstaates und eine umfassende Reorganisation von jüdischem Leben in Gemeinden außerhalb des Landes.

Zion (3) – Name des heiligen Berges, auf dem die Burg und der Tempel Jerusalems standen; oft Synonym für Jerusalem.

Zionspsalmen (3) – Gruppe von Psalmen im biblischen **Psalter**, in deren Mittelpunkt Zion/Jerusalem steht, und die Themen der **Zionstheologie** betonen.

Zionstheologie (3) – Glaubensüberzeugungen, nach denen Gott in Jerusalem wohnt, von der Stadt ein hohes ethisches Niveau fordert und sie vor jeglicher Zerstörung durch Feinde schützen wird. Wichtig: es handelt sich hier *nicht* um eine „zionistische" Theologie.

Zürcher Bibel (Einleitung) – reformierte Bibelübersetzung (Kanton Zürich) seit 1529. Besonders benutzt in deutschsprachigen Gemeinden zwingliisch-calvinistischer Tradition. Letzte Revision 2007.

Zweigliedriger Vers (3) – zusammen mit dem selteneren **Dreigliedrigen Vers** eine grundlegende Einheit der hebräischen Poesie, bei der die zweite Halbzeile die Vorstellung oder Argumentation der ersten in erweiterter Weise fortführt oder kontrastiert (***„Parallelismus membrorum"***, Parallelismus der Glieder). Manche Bibelausgaben (z. B. die **Einheitsübersetzung**) zeigen die Versgliederung durch Schrägstriche an.

Zweiter Jesaja (9) s. **Deuterojesaja**.

Zweiter Tempel (11) – der mit persischer Unterstützung bis etwa 515 v. Chr. neu erbaute Tempel (s. **Wiederaufbau …**), der im Jahr 70 n. Chr. von den Römern zerstört wurde. Er war in den ca. 600 Jahren seines Bestehens ein wichtiges Zentrum der Verwaltung und sozialen Organisation Judas.

Zwölfprophetenbuch (5) – Buch im jüdischen **Tanach**, das die zwölf **Kleinen Propheten** umfasst (Hosea bis Maleachi).

Register

B Nach der Seitenzahl: Box
Kursivdruck bei Seitenzahlen: Abbildung